Günther Deegener / Wilhelm Körner

Risikoerfassung bei Kindesmisshandlung und Vernachlässigung

Günther Deegener / Wilhelm Körner

Risikoerfassung bei Kindesmisshandlung und Vernachlässigung

Theorie, Praxis, Materialien

Pabst Science Publishers
Lengerich, Berlin, Bremen, Miami,
Riga, Viernheim, Wien, Zagreb

Anschriften der Autoren:
Prof. Dr. Günther Deegener
Klinik für Kinder- und Jugendpsychiatrie und Psychotherapie
Universitätskliniken des Saarlandes
66421 Homburg (Saar)

Dr. Wilhelm Körner
Hittorfstr. 49 B
48149 Münster

Bibliografische Information Der Deutschen Bibliothek
Die Deutsche Bibliothek verzeichnet diese Publikation in der Deutschen Nationalbibliografie; detaillierte bibliografische Daten sind im Internet über <http://dnb.ddb.de> abrufbar.

II. Auflage, 2008

Lektorat: Gerhard Tinger
Konvertierung: Claudia Döring
Druck: KM Druck, D-64823 Groß Umstadt

ISBN-10: 3-89967-318-2
ISBN-13: 978-3-89967-318-0

Inhaltsverzeichnis

1. EINLEITUNG

Der Grundstein zum vorliegenden Buch mit dem Haupttitel „Risikoerfassung bei Kindesmisshandlung und Vernachlässigung" entstand während der Herausgebertätigkeit der beiden Autoren bei dem Handbuch „Kindesmisshandlung und Vernachlässigung" (Deegener & Körner, 2005), in deren Verlauf wir zu der Absicht gekommen sind, mit dem im Untertitel angeführten Schwerpunkt „Theorie, Praxis und Materialien" einige Bausteine zur Erforschung und Einschätzung des Risikos einer Kindeswohlgefährdung beizutragen, da uns die Lage in Forschung und Praxis insgesamt noch unzureichend zu sein scheint. Zwar hat sich in den letzten 20 Jahren in Deutschland der (professionelle) Umgang mit Kindesvernachlässigung, Kindesmisshandlung und Kindesmissbrauch verbessert, es hat eine breite Diskussion über Fälle „zu späten" oder „zu frühen" Eingreifens bei Verdacht auf Kindesmisshandlungen stattgefunden, es sind erste Verfahrenstandards in der Jugendhilfe eingeführt worden und es ist eine Novellierung des SGB VIII erfolgt.

Aber dennoch besteht aus unserer Sicht ein großer Nachholbedarf bei der differenzierten Erfassung der verschiedenen Misshandlungsarten:

Aber dennoch besteht aus unserer Sicht ein großer Nachholbedarf bei der differenzierten Erfassung der verschiedenen Misshandlungsarten

So wird nach unserer Einschätzung im deutschsprachigen Raum z.B. die Vernachlässigung eher zu global definiert, darauf fußend wird zu wenig nach Unterformen der Vernachlässigung differenziert (z.B. emotionale, körperliche und kognitive Vernachlässigung und mangelnde Beaufsichtigung) und diese Unterformen werden zu wenig konkretisiert/operationalisiert. Außerdem fehlt ein fachlicher Konsens (wie auch bei anderen Misshandlungsformen) darüber, ab welcher Schwelle bei Vernachlässigung die Erfüllung von Grundbedürfnissen der Kinder nur noch sehr eingeschränkt verwirklicht wird und ab wann solch eine Art Mindeststandard eindeutig unterschritten ist. Dies würde auch bedeuten, dass die Gesellschaft (z.B. bei armen Familien) diesen Mindeststandard zuverlässig finanzieren und garantieren müsste.

Für die verschiedenen Formen der Misshandlung müsste also auch versucht werden, einen fachlichen Konsens darüber zu erzielen, wie deren jeweiliger Schweregrad klassifiziert werden kann. Erst auf dieser Grundlage könnten dann auch Klassifizierungsmodelle entwickelt und erprobt werden, um in Forschung und Praxis den Überlagerungen der Misshandlungsformen gerecht zu werden, z.B. durch Gewichtungen in bezug auf Schweregrad, Häufigkeit und zeitlicher Dauer mehrerer Misshandlungsformen im Einzelfall.

Auch zwischen empirischer Forschung und Jugendhilfepraxis bedarf es einer besseren Kooperation, u.a. im Rahmen der gemeinsamen Erarbeitung und empirischen Überprüfung von Verfahren zur Einschätzung von Misshandlungsrisiken, aber auch bezüglich der gemeinsamen Evaluierung und Verbesserung der Jugendhilfepraxis.

Auf der Grundlage der geforderten eindeutigeren Klassifikations-/Einstufungskriterien müssen in Zukunft vermehrt Untersuchungen durchgeführt werden, die repräsentativ die Häufigkeiten (Inzidenz, Prävalenz) der einzelnen Misshandlungsformen sowie ihrer Überlagerungen erfassen. Nur so kann das gesamte Ausmaß von Gewalt gegen Kinder und Jugendliche hinreichend sicher ermittelt sowie der personelle und finanzielle Bedarf für Prävention und Therapie genügend zuverlässig geschätzt, diskutiert und eingefordert werden.
Es besteht unseres Erachtens ein großer (Nachhol-)Bedarf für eine theoretisch und methodisch hinreichende Erforschung der Kindesmisshandlung. Zum Beispiel ist die Aussagekraft zahlreicher Untersuchungen der letzten Jahrzehnte über die Folgen des sexuellen Missbrauchs als sehr eingeschränkt anzusehen, weil nicht gleichzeitig versucht wurde, die weiteren erlittenen Formen der Kindesmisshandlung mit zu berücksichtigen (wobei zusätzlich z.B. an Belastungen durch das Erleben elterlicher Partnergewalt oder aber Persönlichkeitsstörungen der Eltern oder Armut usw. gedacht werden muss). Letztlich sind hier multizentrische Langzeitstudien zu fordern, welche auch die Multidimensionalität des Forschungsgegenstandes bezüglich der mit zu erfassenden Variablen hinreichend berücksichtigen (siehe beispielhaft das Projekt LONGSCAN: Consortium for Longitudinal Studies of Child Abuse and Neglect, http://www.iprc.unc.edu/longscan/).
Auch zwischen empirischer Forschung und Jugendhilfepraxis bedarf es einer besseren Kooperation, u.a. im Rahmen der gemeinsamen Erarbeitung und empirischen Überprüfung von Verfahren zur Einschätzung von Misshandlungsrisiken, aber auch bezüglich der gemeinsamen Evaluierung und Verbesserung der Jugendhilfepraxis.
In diesem Zusammenhang gehen wir weiter davon aus, dass die Einstufungen von SozialarbeiterInnen/SozialpädagogInnen in den verschiedenen Bereichen der Risikoeinschätzung von Kindeswohlgefährdung noch überwiegend zu global und intuitiv erfolgen, d.h. es wird z.B. nicht auf eine ausgearbeitete Checkliste von zu beachtenden Kriterien im Bereich der verschiedenen Unterformen der Vernachlässigung mit vorgegebenen Einstufungskodierungen zurückgegriffen (wobei dann auch diese Checklisten differenziert nach dem Alter der Kinder/Jugendlichen angelegt sein müssten).
Bleibt man beim Beispiel der Vernachlässigung, so ist bei der notwendigen Einbeziehung der Kinder und Jugendlichen in den Entscheidungsprozess der Jugendhilfe auch zu fragen, ob genügend Erfahrungen und Konzepte vorliegen, wie die Minderjährigen selbst nach ihren Ansichten zu den Vernachlässigungsaspekten bzw. auch nach vorhandenen Ressourcen (halb-)strukturiert exploriert werden können.
Denkt man an die verschiedenen zu erfassenden Bereiche bei der Risikoeinschätzung der Kindeswohlgefährdung und -misshandlung wie z.B. individuelle und familiäre Stressbelastungen, soziales Netzwerk

sowie Eltern-Kind-Beziehung und Erziehungsstile, so gilt hier wohl zumindest vergleichbares wie beim Beispiel der Vernachlässigung, nämlich: eher intuitive, auf persönlichen Erfahrungen und impliziten Theorien aufbauende globale Einstufungen der Familie oder einzelner Familienangehöriger, aber kein (hinreichender) Rückgriff auf ausgearbeitete Konzepte, Checklisten, Verfahrensstandards, Fragebogen u.ä.
In diesem Zusammenhang ist darauf hinzuweisen, dass solche Konzepte differenziert für jede Zielgruppe sein müssen: für Einschätzungen bei Begegnungen mit den Kindern und Jugendlichen, mit ihren Eltern sowie mit nicht zur Familie gehörenden Personen (z.B. in Schulen oder Kindergärten sowie von sog. Fremdmeldern von Kindesmisshandlung).
Ergänzend ist anzuführen, dass natürlich auch z.B. in Pflegefamilien bei Inobhutnahme von Kindern oder in Heimeinrichtungen der freien Jugendhilfeträger ebenfalls Überprüfungen dahingehend erfolgen können, ob die Grundbedürfnisse der betreuten Kinder und Jugendlichen hinreichend erfüllt werden.
Insgesamt gehen wir weiter davon aus, dass in der alltäglichen Praxis freier und öffentlicher Jugendhilfe, in Beratungsstellen und Kliniken immer noch zu wenig die Ressourcen der Familienmitglieder und des familiären sozialen Umfeldes beachtet werden.

Ergänzend ist anzuführen, dass natürlich auch z.B. in Pflegefamilien bei Inobhutnahme von Kindern oder in Heimeinrichtungen der freien Jugendhilfeträger ebenfalls Überprüfungen dahingehend erfolgen können, ob die Grundbedürfnisse der betreuten Kinder und Jugendlichen hinreichend erfüllt werden.

Verbesserungen können wir uns auf folgenden Ebenen vorstellen:
Auf einer ersten Ebene können die o.a. eher intuitiv-global und unstrukturiert erfolgenden Einschätzungen im Rahmen der Erfassung des Risikos von Kindeswohlgefährdung und -misshandlung z.B. im Bereich der „Stressbelastung innerhalb der Familie“ durch die angeführten Fragen/Feststellungen/Items eines Fragebogens zu den täglichen Stressoren dazu führen, dass im Routinealltag von SozialarbeiterInnen vollständiger die Belastungen eines Elternteils erfasst werden, zumal dann, wenn als Grundpfeiler die über alle Fragen hinweg abgedeckten Problembereiche (z.B. Rollenüberlastung, finanzielle Sorgen, Erziehungsprobleme, Arbeitsplatzprobleme, interpersonale Konflikte) im „fachlichen Gedächtnis“ gespeichert werden. Primäres Ziel wäre also, für die vielfältigen Aspekte zu sensibilisieren, die bei der Einschätzung der Kindeswohlgefährdung innerhalb der verschiedenen Bereiche relevant sind sowie zu erreichen, dass diese Aspekte im beruflichen Alltag leichter abgerufen und abgewogen werden können – sowohl bei einer differenzierteren Diagnostik als auch bei gezielteren Hilfemaßnahmen und präventiven Angeboten.
Eine Verbesserung auf einer zweiten Ebene wäre dann darin zu sehen, wenn sich z.B. der einzelne Sozialarbeiter aufgrund der im Bereich „Stressbelastung innerhalb der Familie“ angeführten Fragebogen selbst eine Art „Verfahrensstandard“ erarbeitet, d.h. z.B. für verschiedene Familienmitglieder (Eltern, Kinder u.a.) bestimmte Bereiche (Schule, Erziehung, Finanzen, Ehe, Arbeit, Gesundheit usw.)

und/oder Listen mit angeführten stressvollen Lebensereignissen (Krankheiten, Todesfälle, Trennung, Kündigung, Unfälle, usw.) festlegt, mit deren Hilfe er seine Einschätzungen vornimmt und auf Vollständigkeit der erfassten Kriterien überprüft.
Dieser „individuelle" Ansatz könnte auf einer dritten Ebene auch durch die Gesamtheit der MitarbeiterInnen einer Institution, z.B. eines Jugendamtes oder eines freien Trägers der Jugendhilfe verwirklicht werden, d.h. die Verfahrensstandards werden „von unten" institutionell erarbeitet und festgelegt. In diesem Rahmen könnte darüber hinaus auch eine Einigung darüber erzielt werden, ob und welche genormten Fragebogen ggf. auch in der täglichen Arbeit mit verwendet werden.
Auf einer vierten Ebene könnte der o.a. „institutionelle" Ansatz im Sinne der Dormagener kooperativen bzw. dialogischen Qualitätsentwicklung einrichtungsübergreifend in einer Region zu einem neuen Qualitätskatalog mit Verfahrensstandards führen.
Letztlich, auf einer fünften Ebene, möchten wir zu einer besseren Kooperation zwischen Forschung und Jugendhilfe anregen. Hierbei ginge es einmal ganz allgemein um die Evaluation der täglichen Arbeit und der Entscheidungsprozesse zur Erfassung der Kindeswohlgefährdung und -misshandlung, auch bezüglich der Kooperation/Vernetzung eines HelferInnen-Systems. Zum anderen wird aber auch befürwortet, dass im Rahmen der Jugendhilfe die Entscheidungsprozesse ergänzend durch empirisch erforschte Fragebogen/Screening-Verfahren usw. gestützt werden. Letztlich wäre auch an vermehrte gemeinsame Forschungsprojekte z.B. zwischen Jugendhilfeeinrichtungen und Universitäten zu denken, u.a. bezüglich der empirischen Überprüfung der verwendeten Verfahrensstandards/Einstufungskriterien in der öffentlichen Jugendhilfe. In diesem Zusammenhang erschien es uns wichtig, mitunter bei der Darstellung einzelner Verfahren auch auf unterschiedliche Aspekte testpsychologischer Gütekriterien und statistischer Kennwerte/Verfahren hinzuweisen, welche wohl im Rahmen freier und öffentlicher Jugendhilfe weniger geläufig sind als in Forschungseinrichtungen, bei denen sie zum grundlegenden Rüstzeug gehören.

Vor diesem Hintergrund haben wir das vorliegende Buch folgendermaßen aufgebaut

Vor diesem Hintergrund haben wir das vorliegende Buch folgendermaßen aufgebaut:
Im zweiten Kapitel geben wir einen Überblick über multidimensionale Erklärungsansätze zur Gefährdung des Kindeswohls und zur Kindesmisshandlung mit einer differenzierten Darstellung der Risiko- und Schutzfaktoren für eine gesunde Entwicklung von Kindern und Jugendlichen. Zwar gehen wir davon aus, dass z.B. ein biopsychosoziales Bezugssystems in Forschung und Praxis von allen bejaht sowie als grundlegend für die Arbeit der eigenen Institution auch in Schriften und Reden vertreten und verbreitet wird, aber dieses Modell sich letztlich in der Realität und alltäglichen Praxis meist nur noch höchst verschlankt wieder findet.

Das dritte Kapitel ist als Einführung in die Theorie der empirischen Risikoeinschätzung zu verstehen, wobei auch auf Klassifizierungsfehler bei der Einschätzung zukünftiger Kindesmisshandlung, auf die Unterscheidung von Screening und Diagnose, auf die Entwicklung von Verfahrensstandards zur Risikoeinschätzung im Rahmen der Jugendhilfe und auf institutionelle(s) Risikoanalyse und -management eingegangen wird.
Die Kapitel vier bis sechs beziehen sich auf die in den letzten 20 Jahren „vernachlässigten" Formen der Kindesmisshandlung, also: Vernachlässigung, seelische Misshandlung und körperliche Misshandlung. Ergänzt werden diese Misshandlungsbereiche durch das achte Kapitel, welches das Miterleiden der Gewalt unter den Eltern durch Kinder/Jugendliche abhandelt, während im siebten Kapitel spezifische Aspekte des sexuellen Missbrauchs skizziert werden.
Es folgen die Kapitel neun bis dreizehn, in denen wir auf Kernbereiche eingehen, die unseres Erachtens besonders wichtig bei der Einschätzung des Risikos der Kindeswohlgefährdung und Kindesmisshandlung sind, nämlich: Eltern-Kind-Beziehungen und Erziehungsstile; Temperament und Persönlichkeit; Selbstwirksamkeit, Coping, Resilienz; Stressbelastung innerhalb der Familie; soziales Netzwerk und soziale Unterstützung. Im vierzehnten Kapitel wird dann noch ergänzend auf Bereiche eingegangen, die diesen Kapiteln inhaltlich nicht hinreichend zuzuordnen waren, z.B. die Einschätzung des Wohnumfeldes/der Nachbarschaft.
Im abschließenden fünfzehnten Kapitel versuchen wir Hinweise zu geben, auf welche Weise die notwendigerweise zu erfassende Vielzahl von Daten in (leicht verständliche) Befundüberblicke ordnend und zusammenfassend dargestellt werden können, wobei auch auf neuere Klassifikations- und Einstufungssysteme zur Kindesmisshandlung eingegangen wird.
Insgesamt stellen wir in den Kapiteln vier bis fünfzehn (außer im siebenten Kapitel) unterschiedlich ausführlich weit über einhundert Verfahren (Fragebogen, Screening-Verfahren, Checklisten, Einstufungsbogen usw.) vor.

Insgesamt stellen wir in den Kapiteln vier bis fünfzehn (außer im siebenten Kapitel) unterschiedlich ausführlich weit über einhundert Verfahren (Fragebogen, Screening-Verfahren, Checklisten, Einstufungsbogen usw.) vor.

Wir weisen darauf hin, dass sich unter den dargestellten Fragebogen, Checklisten usw. recht viele ausländische Verfahren befinden, die wir übersetzt haben (wobei anzumerken ist, dass auch in der Forschung in Deutschland vielfach auf Übersetzungen ausländischer Verfahren zurückgegriffen wird und Eigenentwicklungen eher selten sind). Diese Übersetzungen können natürlich nur als vorläufig angesehen werden, da hinreichend den wissenschaftlichen Anforderungen genügende Übersetzungen u.a. erfordern, dass z.B. nach der Übersetzung eines englischsprachigen Fragebogens ins Deutsche diese deutsche Version wiederum ins Englische durch eine andere Person (rück-) übersetzt werden muss, um dann zu entscheiden, ob eine hinreichende Übereinstimmung der Intentionen und Inhalte der Fragen erzielt werden konnte. Außerdem ist darauf hinzuweisen, dass die Nor-

men der angeführten ausländischen Verfahren nicht einfach auf deutsche Verhältnisse übertragen werden können. Einfügen möchten wir hier weiter, dass wir uns bemüht haben, möglichst viele Literaturverweise auf Internetseiten aufzunehmen, um so den Zugang zur umfangreich angeführten Literatur zu erleichtern.
Die bisherigen Ausführungen zu den Intentionen und zum Aufbau des vorliegenden Buches werden in dem nachfolgenden Schema veranschaulicht, wobei uns die Integration aller Aspekte äußerst wichtig ist, also z.B.

- von Theorie und Praxis bzw. des Umsetzens von Wissen um die Multidimensionalität der Entwicklungspathologie und der Ursachen der Kindesmisshandlung in eine entsprechend differenzierte alltägliche Arbeit von freier und öffentlicher Jugendhilfe, Beratungsstellen, Kliniken usw.;
- von empirischer Forschung und Praxis der Sozialarbeit;
- von allen Formen der Kindesmisshandlung;
- von der Beachtung aller relevanten Bereiche für eine umfassende Risikoeinschätzung der Kindesmisshandlung;
- von der Einbeziehung der Biographien, Persönlichkeitsmerkmale, Erziehungsstile usw. in einem Mehrgenerationenansatz;
- von der Zusammenfassung der erhaltenen Daten zu Befundüberblicken als breite Grundlage der Entscheidungsfindung aller an der Fallarbeit Beteiligter.

Vor diesem Hintergrund und angesichts der zu fordernden stärkeren Vernetzung und Kooperation im Hilfesystem möchten wir mit dem vorliegenden Buch ansprechen

Vor diesem Hintergrund und angesichts der zu fordernden stärkeren Vernetzung und Kooperation im Hilfesystem möchten wir mit dem vorliegenden Buch ansprechen:

- klinische PsychologInnen/PsychotherapeutInnen
- forensische PsychologInnen
- SozialarbeiterInnen/-pädagogInnen in der Jugendhilfe
- Kinder- und JugendpsychiaterInnen und PädiaterInnen,
- MitarbeiterInnen spezialisierter Beratungsstellen bei Kindesmisshandlung/sexuellem Missbrauch
- LehrerInnen, ErzieherInnen (als sog. Fremdmelder bei Verdacht auf sexuellen Missbrauch)
- PolizeibeamtInnen mit dem Tätigkeitsbereich sexueller Gewalt und Partnergewalt sowie nicht zuletzt
- an Universitäten und anderen Einrichtungen Forschende.

Neben aller implizit in dieser Einleitung zum Ausdruck kommenden Strukturierung und Standardisierung der Risikoeinschätzungen von Kindeswohlgefährdung und Kindesmisshandlung sind wir uns darüber im klaren, dass die höchst differenzierte, vielschichtige Abklärung der Kindeswohlgefährdung in vielerlei Hinsicht ein sehr dynamischer Prozess ist, der auch sehr viel Flexibilität und Kreativität (in den Konzepten, in der Vernetzung, in den Reaktionen, in den Entscheidungs-

2. Kapitel: Multidimensionale Erklärungsansätze zur Gefährdung des Kindeswohls und zur Kindesmisshandlung; biopsychosoziales Bezugssystem; Entwicklungspsychopathologie; Risiko- und Schutzfaktoren; Ressourcenpotential

3. Kapitel: Theorie der empirischen Risikoeinschätzung; Klassifizierungsfehler bei der Einschätzung zukünftiger Kindesmisshandlung; Unterscheidung von Screening und Diagnose; Entwicklung von Verfahrensstandards zur Risikoeinschätzung; institutionelle Risikoanalyse und -management

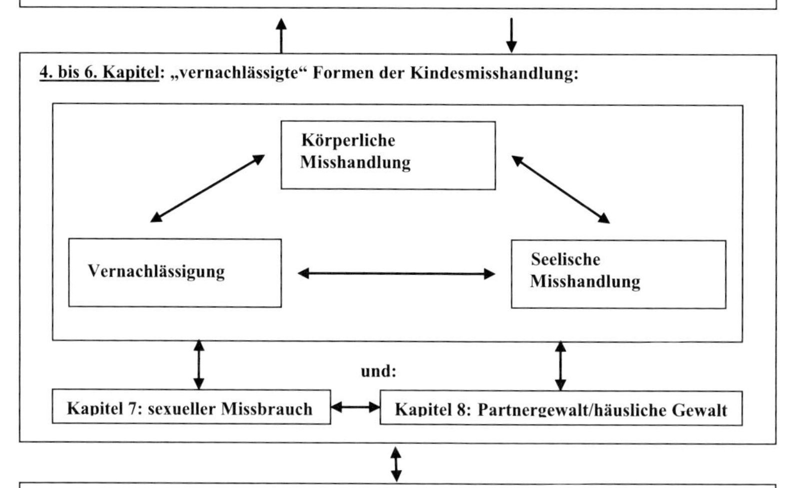

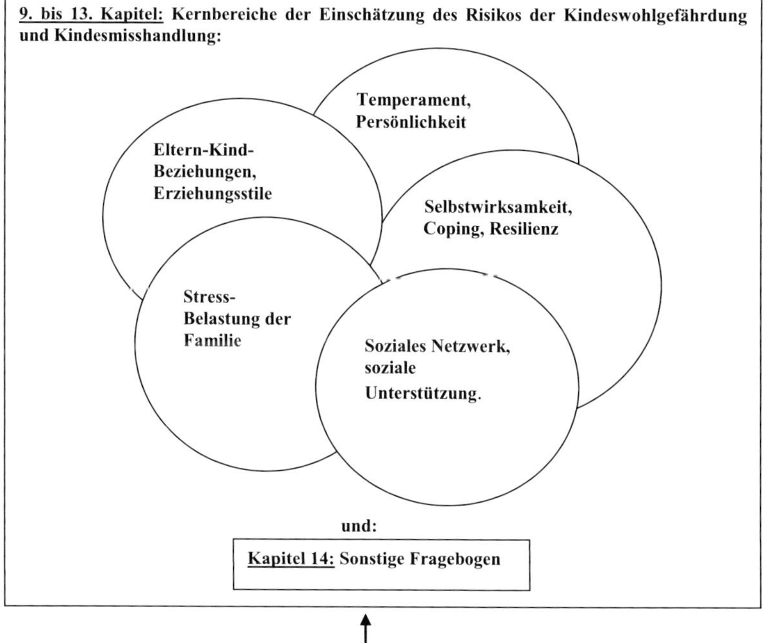

15. Kapitel: Bereichsübergreifende (Risiko-)Einstufungen; zusammenfassende Befundüberblicke; Klassifikations- und Einstufungssysteme zur Kindesmisshandlung

Dabei muss angestrebt werden, die Wahrscheinlichkeit von gravierenden Fehlentscheidungen so weit wie möglich zu senken – vermeidbar sind sie letztlich nicht.

prozessen, in der sich selbst evaluierenden und weiterentwickelnden Praxis) erfordert. Dabei muss angestrebt werden, die Wahrscheinlichkeit von gravierenden Fehlentscheidungen so weit wie möglich zu senken - vermeidbar sind sie letztlich nicht. Der Grat ist gelegentlich sehr schmal, auf dem Entscheidungen nach dem Grundsatz der Verhältnismäßigkeit zwischen der Pflicht zur Unterstützung für Familien einerseits sowie der Pflicht zum Eingriff in die Elternrechte andererseits getroffen werden müssen.

Für wertvolle Anregungen und anderweitige Unterstützung danken beide Autoren ihren Familien und den Mitarbeiterinnen und Mitarbeitern des Pabst Verlags, Wilhelm Körner bedankt sich außerdem bei seinen KollegInnen Gregor Hensen, Jolanthe Kiwus, Maja Koutsandreou und Andrea Peter.

Homburg und Münster, Februar 2006

Günther Deegener *Wilhelm Körner*

2. Multidimensionale Erklärungsansätze zur Gefährdung des Kindeswohls und zur Kindesmisshandlung

2.1 Einleitung

In diesem Kapitel wird versucht, einen allgemeinen Überblick zur Entwicklungspsychopathologie von Störungen des Verhaltens und Erlebens von Kindern und Jugendlichen sowie speziell zu den Ursachen von Kindesmisshandlungen zu geben. Neben der Berücksichtigung von Belastungen, Defiziten, Störungen und Risikofaktoren wird gleichzeitig die verstärkte Beachtung der Schutzfaktoren und Ressourcen im Rahmen von Risikoeinschätzungen und diagnostischen Maßnahmen sowie auch bei Behandlung, Beratung und Prävention betont. Bezüglich der Formen der Kindesmisshandlung wird gefordert, diese in Zukunft - auch hinsichtlich ihrer Überschneidungen im Einzelfall - differenzierter zu erfassen.

Neben der Berücksichtigung von Belastungen, Defiziten, Störungen und Risikofaktoren wird gleichzeitig die verstärkte Beachtung der Schutzfaktoren und Ressourcen im Rahmen von Risikoeinschätzungen und diagnostischen Maßnahmen sowie auch bei Behandlung, Beratung und Prävention betont.

2.2 Biopsychosoziales Bezugssystem der Ursachen von Entwicklungsstörungen und Kindesmisshandlung

Auf der Grundlage eines Modells von Garbarino (1977) ordnete Belsky (1980) die Ursachen von Kindesmisshandlungen den folgenden Ebenen eines übergreifenden Bezugssystems zu:

1. die ontogenetische bzw. individuelle Ebene (z.B. Merkmale der Biographie und Persönlichkeit wie z.B. belastete Kindheit, psychische Störungen, Drogen- oder Alkoholmissbrauch, Minderbegabungen verbunden mit mangelnden Fähigkeiten im Umgang mit Stress und bei der Lösung von Konflikten, mangelndes Wissen über die Entwicklung von Kindern),
2. die Mikrosystem- bzw. familiäre Ebene (u.a. Partnerkonflikte, gestörte Eltern-Kind-Beziehungen, beengte Wohnverhältnisse),
3. die Exosystem- bzw. soziale/kommunale Ebene (z.B. sozial unterstützendes Netzwerk der Familie, Kriminalitätsrate in der Gemeinde, sozialer Brennpunkt),

4. die Makrosystem- bzw. gesellschaftlich-kulturelle Ebene (z.B. hohe Armutsquote, Toleranz gegenüber aggressiven/gewaltförmigen Konfliktlösungen oder Erziehungsgewalt, Macht- und Beziehungsgefälle zwischen den Geschlechtern).

Belsky (s.a. Belsky und Vondra, 1989) betonte dabei die Verzahnung dieses Bezugssystems: Innerhalb dieser Ebenen und auch zwischen ihnen bestehen zahlreiche Wechselwirkungen, bei denen spezifische Faktoren oder Faktorenkombinationen im Gesamtkontext die Wahrscheinlichkeit von Misshandlungen erhöhen oder auch reduzieren könnten. Kein Faktor sei allerdings typisch für Kindesmisshandlungen, jeder könne auch in Familien auftreten, in denen es nicht zu Kindesmisshandlungen komme. Erst spezifische Konstellationen würden zur Destabilisierung auf familiärer und individueller Ebene führen, die eine Kindesmisshandlung nach sich ziehen könnte. Allerdings könnten spezifische Wechselwirkungen auch stützend-kompensatorisch wirken und damit das Risiko von Kindesmisshandlung senken. Für Prävention, Therapie und Beratung bedeutet dieses Modell von Belsky, dass auf allen Ebenen an die Minderung von Risikofaktoren bei gleichzeitiger Erhöhung der kompensatorischen Faktoren gedacht werden muss (Daro, 1990).

Für Prävention, Therapie und Beratung bedeutet dieses Modell von Belsky, dass auf allen Ebenen an die Minderung von Risikofaktoren bei gleichzeitiger Erhöhung der kompensatorischen Faktoren gedacht werden muss.

Stellt man innerhalb solcher Modellvorstellungen das elterliche Erziehungsverhalten, die Eltern-Kind-Beziehung, die elterlichen Bewertungen und Erwartungen an das Kind usw. in den Mittelpunkt, so könnten die Beeinflussungsbereiche und Wechselwirkungen beispielhaft folgendermaßen veranschaulicht werden:

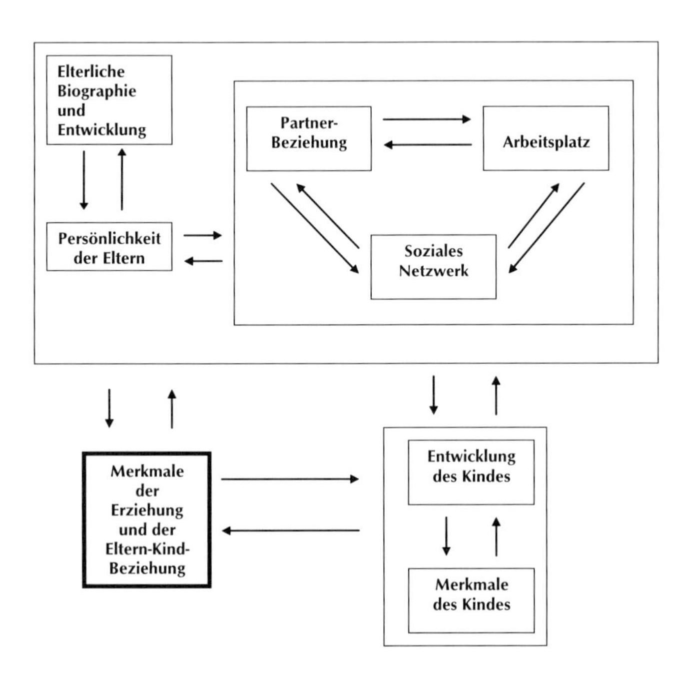

Cicchetti und Rizley (1981; s.a. Cicchetti, 1989) griffen solche Modellvorstellungen auf und forderten weiter empirische Untersuchungen über ‚potentiating factors', welche die Wahrscheinlichkeit von Misshandlungen erhöhen, sowie über ‚compensatory factors', die das Risiko einer Misshandlung senken. Dabei unterscheiden sie auf einer zeitlichen Achse nach eher überdauernden sowie eher vorübergehend wirkenden Faktoren (sowohl bezüglich der Risikofaktoren als auch der kompensatorischen Faktoren). Auch diese Autoren nehmen an, dass erst eine spezifische Kombination von individuellen, familiären und sozialen Faktoren das Risiko der Gewaltanwendung erhöht oder eben auch herabsetzt. Dabei geht es letztlich nicht nur um Kindesmisshandlungen, sondern ganz generell um Kindeswohlgefährdungen bzw. um äußerst komplexe Bedingungsgefüge, welche die kindliche Entwicklung in misshandelnden wie auch nicht misshandelnden Familien negativ bzw. positiv beeinflussen können. Heute spricht man in diesem Zusammenhang von der Entwicklungspsychopathologie, also einem interdisziplinärem Aufgabengebiet, welches die Entstehung von Entwicklungsrisiken und den Verlauf abweichender Entwicklungen auf dem Hintergrund biopsychosozialer Sichtweisen erforscht (Resch et al., 1999; Petermann et al., 2000).

Dabei geht es letztlich nicht nur um Kindesmisshandlungen, sondern ganz generell um Kindeswohlgefährdungen bzw. um äußerst komplexe Bedingungsgefüge, welche die kindliche Entwicklung in misshandelnden wie auch nicht misshandelnden Familien negativ bzw. positiv beeinflussen können.

Konkretisiert und veranschaulicht man nun solche Modellvorstellungen am spezifischen Beispiel von Schreibabys, so verdeutlicht die folgende Abbildung von Wollwerth de Chuquisengo und Kreß (2005, S. 43) die Komplexität der Modellvorstellungen sowie die Vielzahl möglicher Wechselwirkungen zwischen den Risiko- und Schutzfaktoren (weitere Literatur zu frühkindlichen Regulationsstörungen – u.a. exzessives Schreien, Übererregbarkeit sowie schwer gestörter Schlaf-/Wach-Rhythmus – : Lindner, 2004; Papoušek et al., 2004; zur Beziehung zwischen Schreibabys und Misshandlung siehe Reijneveld et al., 2004):

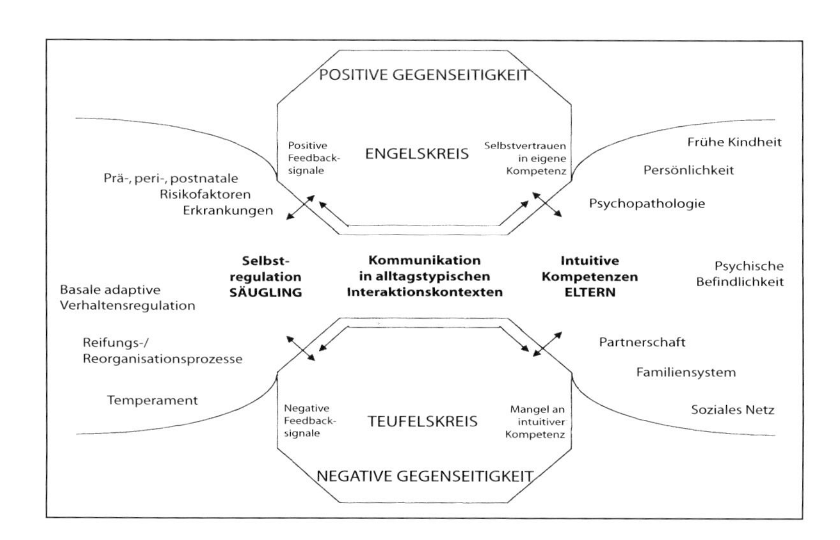

2.3 Risiko- und Schutzfaktoren für die gesunde Entwicklung von Kindern

2.3.1 *Überblick zu Modellvorstellungen der Risiko- und Schutzfaktoren*

Die Modellvorstellungen über die Risiko- und Schutzfaktoren bei der Entstehung von Kindesmisshandlungen, Kindeswohlgefährdungen und Entwicklungsstörungen haben sich im Verlaufe der Zeit sehr ausdifferenziert (Petermann et al., 2000; Bettge, 2004; Bender und Lösel, 2000, 2005). So werden beispielsweise die Faktoren danach unterschieden, ob sie eher als **a** distal (weiter entfernt) oder proximal (zentral gelegen) sowie **b** eher dauerhaft (kontinuierlich) oder kurzzeitig-vorübergehend sind. Zum Beispiel kann als distaler Faktor der sozioökonomische Status einer Familie oder die Wohngegend angesehen werden, als proximaler Faktor der Erziehungsstil der Eltern oder Paarkonflikte, als dauerhafter Faktor chronische Erkrankungen und als kurzzeitiger Faktor Lebensereignisse wie Tod eines Verwandten oder andere traumatische Belastungen. Kombinationen ergeben sich dann beispielsweise bezüglich dauerhafter distaler Risikofaktoren (z.B. Armut, Langzeitarbeitslosigkeit), dauerhafter proximaler Schutzfaktoren (z.B. langfristig gute, sichere Bindung des Kindes an die Eltern oder eine andere Bezugsperson), kurzfristiger proximaler Risikofaktoren (z.B. vorübergehende Trennung der Eltern) sowie kurzfristiger distaler Schutzfaktoren (z.B. zeitliche begrenzte Aufnahme eines Kindes bei Pflegeeltern).

Vereinfacht man solche Modellvorstellungen, so kann zunächst allgemein nach risikoerhöhenden bzw. -reduzierenden Bedingungen unterschieden werden, die dann wiederum jeweils nach kind- oder umgebungsbezogenen Faktoren aufgeteilt werden.

Vereinfacht man solche Modellvorstellungen, so kann zunächst allgemein nach risikoerhöhenden bzw. -reduzierenden Bedingungen unterschieden werden, die dann wiederum jeweils nach kind- oder umgebungsbezogenen Faktoren aufgeteilt werden.

Die kindbezogenen Risikofaktoren bezeichnet man auch als primäre Vulnerabilitäts-/Verletzbarkeits-Faktoren oder fixe/strukturelle Marker, d.h. diese Bedingungen verändern sich nicht (z.B. Geschlecht, genetisch bedingte Erkrankungen). Sekundäre Vulnerabilitäts-Faktoren entstehen dagegen im Verlaufe der Zeit sowie dabei auftretenden Phasen erhöhter Vulnerabilität in der Auseinandersetzung mit der Umwelt (z.B. Teenager-Mütter, Drogenabhängigkeit des Vaters). Die Gesamtheit der auftretenden Risikofaktoren kann dann als Belastungen eines Individuums gekennzeichnet werden.

Die kindbezogenen risikomildernden Faktoren (z.B. gute Intelligenz, ausgeglichenes Temperament in der frühen Kindheit) sowie die umgebungsbezogenen risikomildernden Bedingungen (= Schutzfaktoren; z.B. erfahrene Eltern, viele Entwicklungs- und Lernanreize) führen in ihren Wechselwirkungen beim Kind zur Resilienz (= Widerstandsfähigkeit, „Unverwundbarkeit", d.h. die Fähigkeit, auch ausgeprägtere Lebensbelastungen mehr oder weniger erfolgreich bewältigen/überstehen zu können) und zur Erweiterung vielfältiger Kompeten-

zen (z.B. kognitive und psychosoziale Kompetenzen, Problemlösungs-Fähigkeiten), die dann insgesamt den Bereich der Ressourcen eines Kindes ergeben.
Das Zusammenspiel aller bisher angeführten Faktoren in den Bereichen der Belastungs- und Risikofaktoren kann linear additiv, multiplikativ oder exponentiell sein. Vereinfacht erklärt: so kann das gemeinsame negative Potential von drei Risikofaktoren nicht nur durch Addition (also z.B. 3 + 3 = 6), sondern auch durch Multiplikation (3 x 3 = 9) oder als Potenzierung ($3^3 = 27$) zustande kommen.
Die angeführten Modellvorstellungen können folgendermaßen veranschaulicht werden:

Die angeführten Modellvorstellungen können folgendermaßen veranschaulicht werden

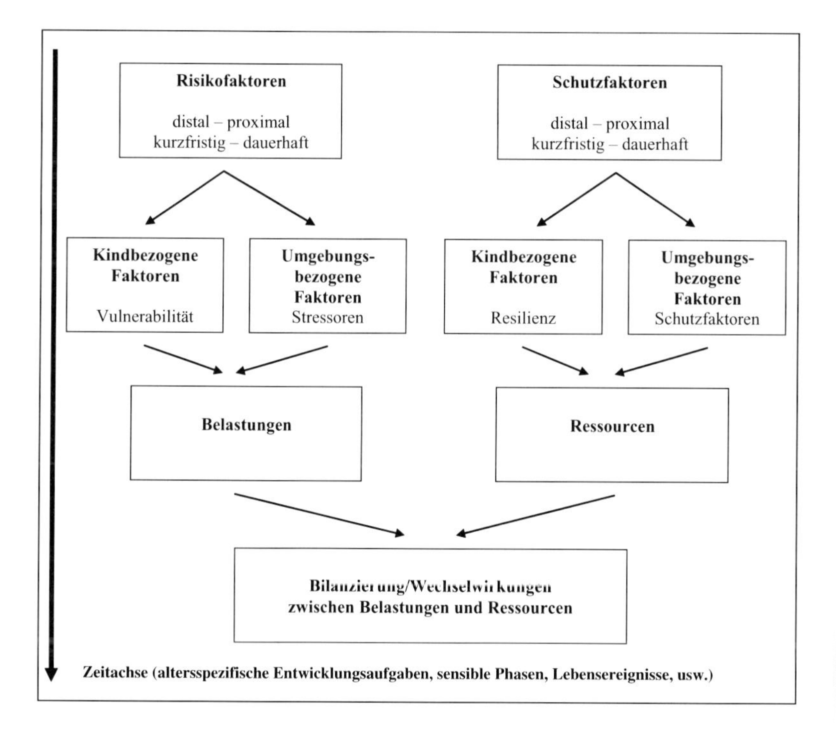

Für die alltägliche Praxis zur Abschätzung der Gefährdung des Kindeswohls dürfte die nachfolgende Abbildung übersichtlicher sein:

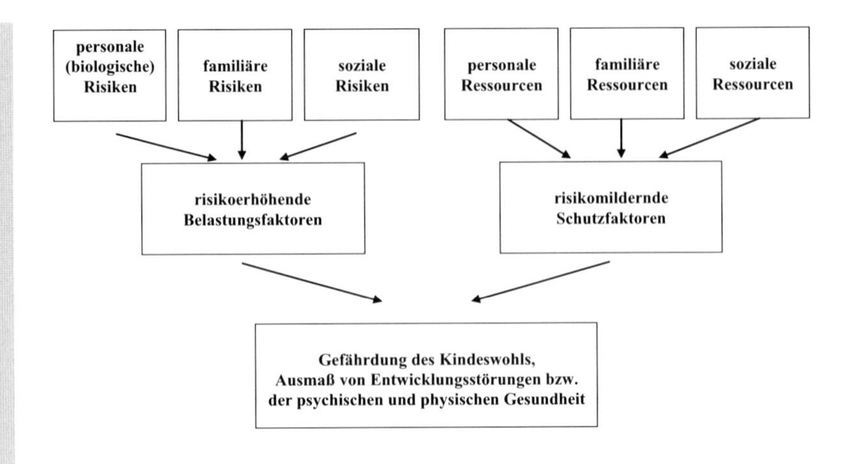

2.3.2 Risikofaktoren

Aufgrund der Forschung können folgende Risikofaktoren für eine positive, gesunde Entwicklung von Kindern als gesichert angesehen werden

Aufgrund der Forschung (Überblick bei Egle und Hoffmann, 2000; siehe auch die Forschungsübersicht von Krahé & Greve, 2002 zu den Ursachen von Aggression und Gewalt sowie die Übersichten des Deutschen Jugendinstituts zu situativen, kindlichen, elterlichen und sozialen Risikofaktoren von Kindeswohlgefährdungen von Reinhold & Kindler, 2005a,b,c sowie Seus-Seberich, 2005) können folgende Risikofaktoren für eine positive, gesunde Entwicklung von Kindern als gesichert angesehen werden:

- Niedriger sozioökonomischer Status
- Große Familie und beengte Wohnverhältnisse, soziale Ghettos
- Belastungen der Eltern mit
  - psychischen Störungen
  - schlechter Schulbildung
  - schwerer körperlicher Erkrankung/Behinderung
  - Alkohol- oder Drogenabhängigkeit
  - starker beruflicher Anspannung (beider Eltern oder des alleinerziehenden Elternteils)
- Trennungen/Verluste von Elternteilen durch
  - Scheidung, Tod
  - frühe mütterliche Berufstätigkeit (außer Haus) im 1. Lebensjahr ohne feste, dauerhafte Bezugsperson für das Kind
  - Trennungen von anderen wichtigen Bezugspersonen, z.B. Geschwistern, engen FreundInnen, Großeltern
- Chronische Disharmonie in der Familie
  - Ehekonflikte, Erziehungsprobleme, Gewaltklima
  - Kriminalität in der Familie
- Mütter-Merkmale
  - Alleinerziehende
  - Teenager-Mütter
  - sehr alte Mütter

- nicht verheiratete Mütter
  - schlechte Schulbildung
- Väter-Merkmale
  - permanente Abwesenheit in der frühen Kindheit
  - autoritäre Väter
  - Arbeitslosigkeit
  - sehr junge oder sehr alte Väter
  - schlechte Schulbildung
- Häufig wechselnde Beziehungen im Zusammenhang von
  - Umzügen, Schulwechseln, Trennung von Elternteilen, Stiefeltern, Heimaufenthalten usw.
- Kindesmisshandlung (körperliche, seelische, sexuelle, vernachlässigende)
- Mangelnde soziale Unterstützung
  - soziale Isolierung der Familie
  - mangelnde familiäre Bindungen bzw. soziale Unterstützung in der Verwandtschaft
  - schlechte Kontakte zu Gleichaltrigen
- Geringer Altersabstand zum nächstjüngeren Kind (kleiner als 18 Monate)
- Erhebliche Belastungen durch Geschwister
- Uneheliche Geburt
- Geschlecht: Jungen sind vulnerabler als Mädchen

Solche Risikofaktoren dürfen allerdings nicht einfach dahingehend interpretiert werden, dass ein einzelner Faktor als sicherer Hinweis für spätere Entwicklungsstörungen von Kindern angesehen wird. Die Notwendigkeit einer präzisen Interpretation soll am Beispiel „mütterliche Berufstätigkeit" erläutert werden. So wurde etwa in einigen Untersuchungen gefunden, dass „mütterliche Berufstätigkeit" ein Risikofaktor für die gesunde Entwicklung von Kindern sei. Nimmt man einen solchen Befund ernst, so müsste gefolgert werden, dass Mütter wieder zurück an den Herd gehen und in der Familie bleiben sollten, damit sie die Entwicklung ihrer Kinder nicht schädigen. Weitere Untersuchungen ergaben aber zunächst einmal, dass nicht generell die „mütterliche Berufstätigkeit" als Risikofaktor angesehen werden kann, sondern mütterliche Berufstätigkeit vor allen Dingen im 1. Lebensjahr des Kindes. Jedoch ist auch diese Formulierung noch ungenau, denn im Grunde erhöht sich dadurch nur die Wahrscheinlichkeit von späteren Entwicklungsstörungen der Kinder, d.h. solche Störungen müssen nicht zwangsläufig auftreten. Aber auch diese Position ist noch zu unpräzise: offensichtlich erhöht die „mütterliche Berufstätigkeit vor allem im ersten Lebensjahr ihres Kindes" die Wahrscheinlichkeit nur dann, wenn eine bestimmte Stundenzahl der wöchentlichen Tätigkeit überschritten wird, also die Belastungen für die Mütter wachsen und auch die Zeit der Trennung vom Kind ein bestimmtes Ausmaß übersteigt. Aber auch dies reicht zur Erklärung die-

Solche Risikofaktoren dürfen allerdings nicht einfach dahingehend interpretiert werden, dass ein einzelner Faktor als sicherer Hinweis für spätere Entwicklungsstörungen von Kindern angesehen wird.

In der Regel sind es mehrere Risikofaktoren, die gemeinsam wirken und dann zu einer verhängnisvollen Entwicklung für Eltern und Kinder führen.

ses Risikofaktors noch nicht vollständig aus. Es zeigte sich nämlich weiter, dass seine Auswirkungen auch davon abhängig sind, inwieweit gleichzeitig eine konstante und positive Ersatzbeziehung für das Kind vorhanden ist. Dies heißt, dass der potenzielle Risikofaktor „mütterliche Berufstätigkeit usw." auch abhängig ist von anderen Gegebenheiten: so können z.B. Kleinkinder-Krippen zu Risikofaktoren werden, wenn sie nur im Sinne von Kinderparkplätzen geführt werden. Oder: berufstätigen Müttern, die gleichzeitig Alleinerziehende sind, werden häufig von der Gesellschaft noch weitere Risikofaktoren auferlegt wie z.B. Armut und beengte Wohnverhältnisse. Letztlich muss natürlich auch betont werden, dass der Risikofaktor „mütterliche Berufstätigkeit usw." eigentlich umbenannt werden müsste in „Berufstätigkeit der primären Bezugsperson des Kindes".
Die Interpretation von Risikofaktoren sollte also vorsichtig erfolgen. Ein einzelner Faktor müsste schon relativ ausgeprägt sein, um die Wahrscheinlichkeit des Auftretens von Entwicklungsstörungen beim Kind stark zu erhöhen. In der Regel sind es mehrere Risikofaktoren, die gemeinsam wirken und dann zu einer verhängnisvollen Entwicklung für Eltern und Kinder führen. Aber auch diese Risikofaktoren müssen dann nicht jeder für sich ein sehr großes Ausmaß aufweisen, um zu ausgeprägt negativen Auswirkungen auf die Kinder zu führen. Laien, aber auch Fachleuten der Jugendhilfe, fallen häufig nur herausragende, besonders erschütternde und stark traumatisierende Ereignisse ein, wenn sie an Kinder denken, die sehr stark unter ihren Eltern/Bezugspersonen leiden. Nicht selten führen aber verschiedene Faktoren mit jeweils nur geringer Ausprägung aufgrund ihrer Wechselwirkungen schnell zur Eskalation. Lösel et al. (2004) etwa fanden zwar signifikante, aber letztlich nur mäßig bedeutsame Zusammenhänge zwischen einzelnen Aspekten elterlichen Erziehungsverhaltens und kindlichen Verhaltensproblemen. Sie untersuchten aber auch die Auswirkungen der Kumulation ungünstiger Erziehungsmerkmale, wobei jeweils als ein Risiko gezählt wurde, „wenn Mütter oder Väter zu jenen 10 Prozent der Eltern gehörten, die am meisten körperlich straften, am wenigsten engagiert waren, am inkonsistentesten erzogen, am wenigsten mit ihrer Erziehung zufrieden waren oder in anderen Erziehungsmerkmalen ungünstige Ausprägungen berichteten" (ebda., S. 10). Die folgende Abbildung zeigt den deutlichen Zusammenhang zwischen der Zunahme von Risikofaktoren und der Intensität kindlicher Verhaltensprobleme (ebda., S. 11; ungefähre Angaben, da keine Zahlenangaben in der Originalgrafik):

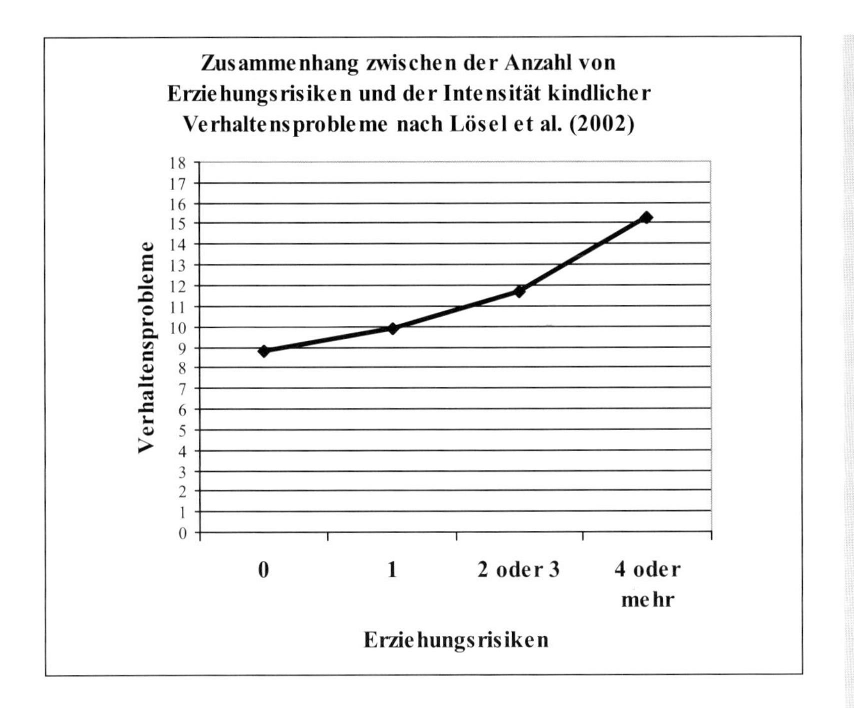

Im folgenden sollen einige zusätzliche Besonderheiten von Risikofaktoren aufgeführt werden. Häufig wird angenommen, dass Risikofaktoren recht unmittelbar zu Störungen führen und dann mehr oder weniger langfristig die Entwicklung beeinträchtigen. Dabei wird zu wenig beachtet, dass sie auch erst zeitlich verzögert, also in einem späteren Lebensabschnitt zum Tragen kommen können. So ist z.B. denkbar, dass Kinder durch einige recht geringfügig ausgeprägte Risikofaktoren im Verlaufe der Zeit immer stressempfindlicher werden, also ihre allgemeine Belastbarkeit abnimmt. Daher können neue, in einem späteren Lebensalter auftretende „kleine" Risikofaktoren zur Eskalation führen. Haben sich außerdem z.B. sehr früh in der Kindheit auftretende Risikofaktoren dahingehend ausgewirkt, dass ein Kind sich häufig aggressiv in der Kindergarten- sowie Schulgruppe verhielt und wurde es deswegen von den Gleichaltrigen abgelehnt, so kann es geschehen, dass dieses Kind im Jugendlichenalter vielleicht Kontakte zu Außenseitergruppen wählt, weil es sich dort „unter Seinesgleichen" fühlt und wegen seiner Aggressivität sogar eher bewundert wird. Dieses ungünstige Umfeld wird nun vielleicht zu einem neuen Risikofaktor. Aber auch bereits früher wird das Kind wohl häufig wegen seiner Aggressionen z.B. das Verhalten von seinen Familienmitgliedern negativ beeinflussen und so zunehmend mehr Ablehnung erfahren. Nicht unwahrscheinlich ist es wohl auch, dass dieses Kind in der Schulzeit zunehmend eine „Null-Bock-Haltung" entwickelte, durch die seine Schulleistungen sanken, es sein Potenzial nicht ausschöpfen konnte und schließlich einen sehr schlechten

So ist z.B. denkbar, dass Kinder durch einige recht geringfügig ausgeprägte Risikofaktoren im Verlaufe der Zeit immer stressempfindlicher werden, also ihre allgemeine Belastbarkeit abnimmt.

Schulabschluss erzielte, welcher ihm Wege in Ausbildung und Beruf verbaute.

Im folgenden soll an Untersuchungsergebnissen der Risikogruppe „Teenager-Mütter“ gezeigt werden, wie vielfältig die Wechselwirkungen zwischen verschiedensten Risikofaktoren sein können.

Im folgenden soll an Untersuchungsergebnissen der Risikogruppe „Teenager-Mütter" gezeigt werden, wie vielfältig die Wechselwirkungen zwischen verschiedensten Risikofaktoren sein können (nach Deegener, 1992):

- Bei Teenager-Müttern war das Ausmaß, in welchem sie soziale Unterstützung und Hilfe suchten, abhängig von ihrer familiären Sozialisation, also z.B. Haltungen der eigenen Eltern wie „wir brauchen niemanden, das können wir allein, wir fragen nicht um Hilfe".
- Teenager-Mütter, welche unzufrieden waren mit dem gesamten Ausmaß ihrer sozialen Unterstützung, verhielten sich feindseliger und zurückweisender gegenüber ihren Kindern als Teenager-Mütter, welche mit ihrer sozialen Unterstützung zufrieden waren.
- Teenager-Mütter wachsen häufiger in gestörten familiären Verhältnissen auf.
- Teenager-Mütter fliehen nicht selten aus ihren Familien in eine frühe Heirat sowie Schwangerschaft und suchen dann Halt und Geborgenheit beim „nächstbesten" Mann.
- Misshandelnde Mütter stammen häufig aus einem Misshandlungsmilieu und binden sich sehr früh sowie dann an gestörte, auch gewaltsame Partner.
- Minderjährige Vaterschaft korrespondiert mit einer Reihe von typischen Problemen wie häufigem Ausbildungsabbruch, schlechteren Arbeits- und Einkommensverhältnissen, instabileren Ehen der Eltern.
- Mütter, die in ihrer Kindheit frühe Trennungen/Heimaufenthalte erlitten, weisen eine bessere Qualität in der Erziehung ihrer Kinder auf, wenn eine positive Partnerbeziehung besteht und/oder sie mit einem Partner zusammenleben, bei dem keine psychosozialen Probleme auftreten (wie psychiatrische Störungen, Kriminalität, Alkohol- und Drogensucht, langwährende Schwierigkeiten in Beziehungen).
- Mütter 'mit Lebensplan' (definiert als Mütter, welche ihren Partner mindestens sechs Monate vor dem Zusammenziehen kannten sowie für die Partnerschaft positive Gründe aufführten – also nicht z.B. Flucht aus dem Elternhaus/Heim oder ungewollte Schwangerschaft) wählten häufiger einen Partner ohne psychosoziale Probleme als Mütter 'ohne Lebensplan', wobei Mütter 'mit Lebensplan' weniger frühe Heimaufenthalte aufwiesen. Wenn Mütter 'mit Lebensplan' früher im Heim gewesen waren, so wurde zu 0 Prozent eine schlechte Qualität der Erziehung ihrer Kinder gefunden, wenn gleichzeitig Unterstützung durch den Partner vorhanden war – ohne diese positive Partnerbeziehung stieg der Prozentsatz der schlechten Erziehungsqualität auf 53 Prozent.

- Depressive Teenager-Mütter waren häufig unzufrieden mit ihrer Mutterrolle und zeigten wenig Verständnis für die Entwicklungsbedürfnisse ihres Kindes.
- Mütter, die erhöht nervös und angespannt waren sowie geringes Selbstbewusstsein aufwiesen, waren weniger effektiv, ihr Kind zu beruhigen und zeigten weniger Interesse an ihm.
- Jüngere Mütter waren im Vergleich zu älteren Müttern weniger an ihren Neugeborenen interessiert und ihnen zugewandt, zeigten weniger positive Affekte und Sprachkontakte gegenüber ihren 8 Monate alten Kindern und wiesen unrealistischere Erwartungen gegenüber der kindlichen Entwicklung auf.
- Frauen, die im Verlauf ihrer Schwangerschaft besonders starken Belastungen unterworfen waren, jedoch emotionale Unterstützung bekamen, wiesen weniger Komplikationen während Schwangerschaft und Geburt auf sowie eine sehr viel geringere Geburtsdauer als Frauen mit gleich starken Belastungen, aber ohne sozial-emotionale Unterstützung.
- Mütter mit Trennungserlebnissen in der eigenen Kindheit verhielten sich weniger einfühlsam beim Stillen und Füttern ihrer Kinder, ihre Kinder wiesen mehr Verhaltensauffälligkeiten auf, erlitten mehr Unfälle und hatten mehr Krankenhausaufenthalte.
- Kleinkinder mit einer guten, sicheren, positiven Bindung an die Mutter zeigten ein stärkeres Neugierverhalten, einen höheren aktiven Wortschatz, ein geringeres Ausmaß an aggressiven Phantasien, mehr prosoziales Verhalten, waren aufgeschlossener, empathischer, dem Leben zugewandter, wiesen mehr Selbstwertgefühl auf.

In bezug auf die Risikofaktoren muss nun noch ein wichtiger Nachtrag erfolgen, und zwar in bezug auf den Unterschied zwischen „objektiv erfassbaren" Risikofaktoren und deren „objektiven" Folgen sowie deren „subjektiven" Bewertungen. So kann es z.B. sein, dass Eltern mit ihrem Kind in die ambulante Behandlung kommen, weil das Kind sehr aggressiv sei und sie deswegen kaum mehr andere Möglichkeiten sehen als strenge Strafen und Klapse. Bei der Schilderung der Aggressionen des Kindes ergibt sich nun der Eindruck, dass es sich eigentlich eher um natürliche und recht „normale" Äußerungen des kindlichen Willens und Trotzes handelt, also „objektiv" gesehen keine ausgeprägte und übermäßige Aggression des Kindes vorliegt. Die Eltern sehen dies aber für sich („subjektiv") ganz anders: sie bewerten das kindliche Verhalten schon sehr früh als ausgeprägte Aggression und reagieren dementsprechend zu stark und unangemessen. In der Forschung zeigten sich die folgenden Auswirkungen solcher subjektiver Bewertungen und Überzeugungen (Überblick z.B. bei Bugental et al., 1989):

In bezug auf die Risikofaktoren muss nun noch ein wichtiger Nachtrag erfolgen, und zwar in bezug auf den Unterschied zwischen „objektiv erfassbaren" Risikofaktoren und deren „objektiven" Folgen sowie deren „subjektiven" Bewertungen.

- Misshandelnde Eltern sahen im Verhalten ihrer Kinder wesentlich mehr Probleme als neutrale Beobachter, d.h. diese Eltern neigten dazu, dass Ausmaß der Probleme ihrer Kinder zu überschätzen.

- Eltern, welche glaubten, geringere Fähigkeiten zu besitzen, das kindliche Verhalten zu beeinflussen, reagierten übersensibel auf ansatzweise bzw. mögliche bedrohliche Situationen mit ihren Kindern, während Eltern, welche sich sicherer in ihrer Beeinflussbarkeit des kindlichen Verhaltens fühlten, in vergleichbaren Situationen viel gelassener reagierten.
- Extravertierte Mütter mit stark dominierenden Zügen stuften ihre Kinder als „nicht schwierig" ein, auch wenn neutrale Beobachter aufgrund von Beobachtungen im Elternhaus das Verhalten negativ beurteilten. Diese Mütter empfanden offensichtlich das Verhalten ihrer Kleinkinder als „unter ihrer Kontrolle" und deswegen nicht als „problematisch".
- Aggressive Jungen reagierten in einer eigentlich völlig reizarmen Situation eher so, als ob ein Gleichaltriger in feindseliger Absicht gehandelt hätte, während nicht-aggressive Jungen in den gleichen Situationen sich eher so verhielten, als ob ein Gleichaltriger in wohlwollender Absicht gehandelt hätte.

2.3.3 Schutzfaktoren

Die möglichen Auswirkungen von Risikofaktoren dürfen nicht getrennt von den „kompensatorischen" Schutzfaktoren bewertet werden, welche die Folgen von Risikofaktoren mildern bis aufheben können. Dabei sollte ein Schutzfaktor nicht lediglich in dem Sinne definiert werden, dass er den Gegenpol eines Risikofaktors auf einem bestimmten Kontinuum darstellt, also z.B. „wenig" gegenüber „viel" soziale Unterstützung. Holtmann & Schmidt (2004, S. 196) fordern in diesem Zusammenhang, „dass ein Schutzfaktor besonders oder ausschließlich dann wirksam ist, wenn eine Gefährdung vorliegt. Bei fehlender Resilienz kommen die risikoerhöhenden Umstände voll zum Tragen; beim Vorhandensein eines protektiven Faktors hingegen werden die entwicklungshemmenden Einflüsse des Risikos gemindert (´gepuffert´) oder ganz beseitigt."

In den als aussagekräftig anzusehenden Untersuchungen wurden vor allen Dingen die folgenden biographischen Schutzfaktoren vor Entwicklungsstörungen gefunden

In den als aussagekräftig anzusehenden Untersuchungen wurden vor allen Dingen die folgenden biographischen Schutzfaktoren vor Entwicklungsstörungen (nach Egle & Hoffmann, 2000, S. 21; eine Übersicht zur Erforschung biologischer Korrelate von Resilienz geben Holtmann et al., 2004) gefunden:
- dauerhafte gute Beziehung zu mindestens einer primären Bezugsperson
- seelisch gesunde Eltern
- sicheres Bindungsverhalten in der frühen Kindheit
- Großfamilie, kompensatorische Elternbeziehungen, Entlastung der Mutter
- gutes Ersatzmilieu nach frühem Mutterverlust

- wenig konflikthaftes, offenes und auf Selbständigkeit orientiertes Erziehungsklima
- überdurchschnittliche Intelligenz
- robustes, aktives und kontaktfreudiges Temperament
- internale Kontrollüberzeugungen, hohe Selbstwirksamkeits-Erwartungen (d.h. das Gefühl, die Probleme und Konflikte und zukünftigen Lebensaufgaben bewältigen zu können)
- wenig kritische Lebensereignisse
- positive Schulerfahrungen
- soziale Förderung (z.B. Jugendgruppe, Schule, Kirche)
- verlässlich unterstützende Bezugsperson(en) im Erwachsenenalter

Trotz des Vorhandenseins von z.T. erheblichen Risikofaktoren können also diese Schutzfaktoren eine recht gesunde Entwicklung ermöglichen, sogar bei ausgeprägten Traumatisierungen, wie sie schwere und langwährende Kindesmisshandlungen darstellen. Sie bewirken dies offensichtlich durch den Aufbau u. a. der folgenden Faktoren:

- positives Selbstwertgefühl
- geringes Gefühl der Hilflosigkeit
- starke Überzeugung, das eigene Leben und die Umwelt zu kontrollieren
- optimistische Lebenseinstellung
- positive Sozialkontakte und soziale Unterstützung
- hohe soziale Kompetenz, gute Beziehungen
- gutes Einfühlungsvermögen
- hohe Kreativität, viele Interessen
- gute kognitive Funktionen.

Trotz des Vorhandenseins von z.T. erheblichen Risikofaktoren können also diese Schutzfaktoren eine recht gesunde Entwicklung ermöglichen, sogar bei ausgeprägten Traumatisierungen, wie sie schwere und langwährende Kindesmisshandlungen darstellen.

Es verwundert aufgrund der bisherigen Ausführungen wohl kaum, dass viele wissenschaftliche Untersuchungen ergaben, dass insbesondere „gute" Beziehungen die Folgen von Misshandlungen und anderer Risikofaktoren sehr stark abmildern können. In solchen „guten" Beziehungen werden nämlich die eben angeführten Faktoren stark gefördert.

Auch die Gefahr, dass misshandelte Kinder zu misshandelnden Eltern werden, wird durch „gute" Beziehungen herabgesetzt. Dies wurde durch Forschungen bestätigt, in denen Erwachsene, die in ihrer Kindheit misshandelt wurden, in zwei Gruppen aufgeteilt wurden. Die eine Gruppe umfasste dann jene, die ebenfalls ihre eigenen Kinder misshandelten, während in der anderen Gruppe der sog. „Misshandlungszyklus" durchbrochen wurde, die Erwachsenen also ihre selbst erlittene Misshandlung in der Kindheit nicht an die eigenen Kinder „weitergaben". Dornes (2000, S. 81) fasst drei Hauptunterschiede zusammen, welche insbesondere zwischen den „Wiederholern" und „Nicht-Wiederholern" von Misshandlungen gefunden wurden:

Es verwundert aufgrund der bisherigen Ausführungen wohl kaum, dass viele wissenschaftliche Untersuchungen ergaben, dass insbesondere „gute" Beziehungen die Folgen von Misshandlungen und anderer Risikofaktoren sehr stark abmildern können.

„Nichtwiederholer hatten in der Kindheit mindestens eine Person, an die sie sich mit ihrem Kummer wenden konnten und/oder hatten irgendwann in ihrem Leben eine längere (mehr als 1 Jahr) Psychotherapie absolviert und/oder lebten gegenwärtig häufiger in einer befriedigenden Beziehung mit Ehepartner/Freund. Ohne die Bedeutung der aktuell befriedigenden Beziehung schmälern zu wollen ..., kann doch die Fähigkeit, eine solche einzugehen, zum großen Teil auf den unter Punkt 1 und 2 beschriebenen Einfluss zurückgeführt werden: Die in der Kindheit oder der Therapie gemachte Erfahrung, dass es auch menschliche Beziehungen gibt, die befriedigend sind, erlauben es dem Betroffenen, ihre Misshandlungsschicksale zu relativieren. Theoretisch gesprochen sind ihre Selbst- und Objektrepräsentanten (in Bowlbys [1976] Terminologie die ‚inneren Arbeitsmodelle' vom Selbst, vom anderen und von der Beziehung) flexibler und reichhaltiger, weil sie auch Erfahrungen mit Bindungsfiguren einschließen, die verfügbar waren, und ebenso Vorstellungen von sich selbst als liebenswert beinhalten. Dies erhöht die Bereitschaft, eine Beziehung einzugehen bzw. die Fähigkeit, sie erfolgreich zu gestalten."

Die in der Kindheit oder der Therapie gemachte Erfahrung, dass es auch menschliche Beziehungen gibt, die befriedigend sind, erlauben es dem Betroffenen, ihre Misshandlungsschicksale zu relativieren.

Bender und Lösel (2000, S. 58) kommen bei ihrer Auswertung der Forschung zu sehr ähnlichen Ergebnissen. Für Kinder, welche in der Kindheit häufiger misshandelt oder stark vernachlässigt wurden, können die daraus sich ergebenden vielfältigen negativen Folgen zumindest teilweise abgemildert werden,

- wenn sie eine gute und dauerhafte Versorgung durch eine andere Person erhalten,
- wenn sie eine positive emotionale Beziehung zu einem anderen Erwachsenen (z.B. Verwandte, Lehrer, Pfarrer) haben, der auch als ein Modell für die positive Problembewältigung dienen kann,
- wenn sie lern- und anpassungsfähig bzw. gute soziale Problemlöser sind,
- wenn sie einen Bereich haben, in dem sie Erfahrungen der Kompetenz und Selbstwirksamkeit entwickeln können (z.B. akademischer, sportlicher, künstlerischer oder handwerklicher Natur),
- wenn sie emotionale Unterstützung, Sinn und Struktur auch außerhalb der Familie finden (z.B. in Schule, Heim oder Kirche).

Auch bei der Einschätzung von Schutzfaktoren müssen nun noch einige Punkte beachtet werden. Allgemein gilt, je mehr Risikofaktoren auftreten, um so mehr Schutzfaktoren werden als Gegengewicht benötigt, um eine positive Entwicklung zu ermöglichen. Außerdem: Ein Faktor, der in dem einen Zusammenhang schützend wirkt, kann in einem anderen Zusammenhang einen Risikofaktor darstellen (und umgekehrt), d.h. die jeweiligen Auswirkungen einzelner Faktoren müssen immer im Zusammenhang mit anderer Einflüssen gesehen werden. Zur Verdeutlichung sei nochmals die „mütterliche Berufstätigkeit" aufgegriffen: Wenn sie als Risikofaktor aufgefasst wird, so bedeutet eine Nicht-Berufstätigkeit der Mutter nicht, dass dies an sich

Allgemein gilt, je mehr Risikofaktoren auftreten, um so mehr Schutzfaktoren werden als Gegengewicht benötigt, um eine positive Entwicklung zu ermöglichen.

als ein Schutzfaktor angesehen werden kann, da natürlich andere Variablen wie Persönlichkeit der Mutter und deren Erziehungsstil beachtet werden müssen und so ggf. die Berufstätigkeit einer Mutter für das Kind eine Entlastung darstellen kann, zumal dann, wenn z.B. noch gleichzeitig dadurch eine positive Beziehung zu einer dritten Person aufgebaut werden kann. Umgekehrt gibt es auch Untersuchungen, die einen positiven Einfluss mütterlicher Berufstätigkeit z.B. auf die Leistungsmotivation und die Gesamtentwicklung der Kinder nachweisen, nicht zuletzt deswegen, weil z.B. diese Mütter für die Töchter ein nachahmenswertes Modell darstellen.
Schutzfaktoren mildern weiter nicht nur die Belastungen durch Risikofaktoren, sondern sie führen auch zu einer relativ eigenständigen besseren Überwindung von Störungszuständen nach z.B. Traumatisierungen und stärken gleichzeitig ganz allgemein die seelische Widerstandskraft von Kindern.

Schutzfaktoren mildern weiter nicht nur die Belastungen durch Risikofaktoren, sondern sie führen auch zu einer relativ eigenständigen besseren Überwindung von Störungszuständen nach z.B. Traumatisierungen und stärken gleichzeitig ganz allgemein die seelische Widerstandskraft von Kindern.

2.3.4 Ressourcenpotential

Nach Klemenz (2003a, 2003b) sei nochmals schwerpunktmäßig auf die differenzierte Erfassung und Stärkung von Ressourcen eingegangen, wobei das individuelle Ressourcenpotential (hier: eines Kindes oder Jugendlichen) folgendermaßen veranschaulicht werden kann:

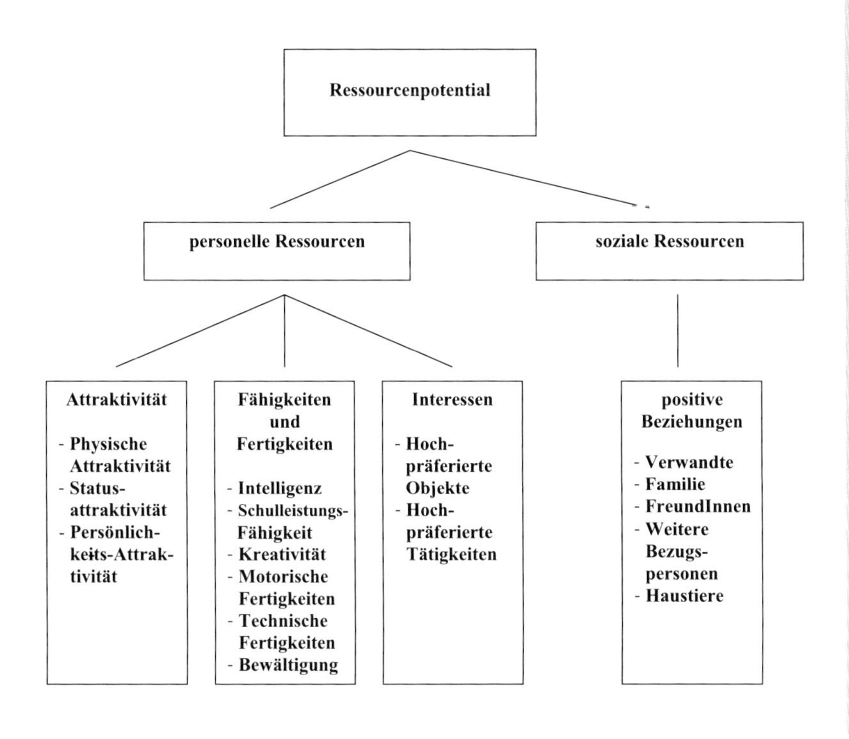

Grundlegend geht es bei den personellen Ressourcen um

Grundlegend geht es (weiter am Beispiel von Kindern und Jugendlichen, und zwar im Rahmen einer Kindertherapie, nach Klemenz, 2003b, S. 302f.) bei den personellen Ressourcen um:

1) die Aktivierung verfügbarer Ressourcen: (z.B. Lieblingsbeschäftigungen, Hobbys, besondere Fähigkeiten),
2) die Nutzbarmachung nicht wahrgenommener Personenressourcen (z.B. Sensibilisierung für nicht wahrgenommene oder unterschätzte Fähigkeiten),
3) die allgemeine Verbesserung der Ressourcennutzung (z.B. Förderung, Training, Fortbildung bezüglich nicht optimal genutzter Personenressourcen oder Kompensation von Defiziten durch selektive Optimierung verfügbarer Ressourcen oder Beratung zur äußeren Erscheinung und Hygiene) sowie
4) die Entwicklung/den Aufbau personaler Ressourcen (z.B. Ressourcenaufbau durch Störungsabbau bzw. Entwicklungsförderung bei Kindern mit Lese-Rechtschreib-Schwäche mit spezifischen Lernhilfen oder bei sozial ängstlichen Kindern mit geringem Selbstwertgefühl durch ein Trainingsprogramm zum Erlernen sozialer Kompetenz; Aufbau neuer Interessen/Aktivitäten bei einseitiger Beschäftigung mit Computerspielen; Aufbau von Selbstwirksamkeitsüberzeugungen durch Ermutigung und Hilfen zur Verwirklichung eigener Ideen, Wünsche, sich nicht zugetrauter künstlerischer/technischer/kreativer Fähigkeiten).

Bezüglich der sozialen (Umwelt-)Ressourcen führt Klemenz folgende Kategorien und mögliche Ressourcenaktivierungen an

Bezüglich der sozialen (Umwelt-)Ressourcen führt Klemenz (2003b, S. 308f.) folgende Kategorien und mögliche Ressourcenaktivierungen an:

1) Aktivierung sozialer Ressourcen
    a) Förderung und Entwicklung von Familienressourcen
        - Solidaritäts- und bewältigungsfördernde Familienrituale zum Aufbau von bewusst zu pflegenden, haltgebenden und nicht einengenden Familienritualen oder -traditionen wie z.B. Zubettgeh- oder Entspannungsrituale, gemeinsame Planung und Gestaltung von (Kinder-)Geburtstagen oder anderen Höhepunkten im Leben des Kindes oder gemeinsamen Aktivitäten an den Wochenenden oder in den Ferien, Familienkonferenzen zur Konfliktbewältigung und Regelung der Pflichten im Haushalt
        - Stärkung elterlicher Erziehungskompetenz durch Erziehungsberatung, Elternkurse, sozialpädagogische Familienhilfe, usw.
    b) Aktivierung von Netzwerkunterstützung
        - Aktivierung von Netzwerkunterstützung durch Eltern: zum Beispiel Nachhilfeunterricht für das Kind, Aufnahme des Kindes in eine Schülerhilfe oder Nachmittagsbetreuung, Reduzierung der mütterlichen oder väterlichen (Berufs-, Freizeit-)Tätigkeiten zugunsten von Kontakten mit dem Kind, Betreuung des Kindes durch Großeltern, Inanspruchnahme einer Tagesmutter, Bah-

nung von Nachbarschaftskontakten (sowohl zwischen Eltern als auch zwischen Kindern), Förderung von Wochenendbesuchen zwischen Schulkindern, Förderung von Mitgliedschaft in Vereinen, Unterstützung von gemeinsamen Hobbys und Aktivitäten mit Gleichaltrigen
  - Aktivierung von Unterstützungsressourcen durch andere HelferInnen oder Hilfsangebote z.B. nach Scheidungen, nach Tod eines Elternteils, bei psychisch kranken oder straffälligen Eltern, bei Eltern mit Drogen- oder Alkoholmissbrauch
  - Mobilisierung von Unterstützungsressourcen durch Kinder/Jugendliche, z.B. durch Kompetenzentwicklung zur Selbstmobilisierung von benötigter Unterstützung (u.a. Bestimmung des richtigen Zeitpunktes zum Erhalt benötigter Hausaufgabenhilfe oder emotionaler Unterstützung bei überlasteten Eltern), durch verbesserte Beziehung zum Lehrer durch Erlernen einer ordentlicheren Heftführung und vollständigeren Hausaufgabenerledigung und verringerten Störung des Unterrichts, durch Hilfen zur positiveren Beziehung zu Geschwistern

c) Nutzung/Nutzbarmachung ökonomischer Ressourcen
  - Erlernen eines vernünftigen Umgangs mit Geld und Besitz (Stichworte: Verzichten lernen; Abwarten/Bedürfnisaufschub und Sparen; „Erkaufen" von Anerkennung und Beziehungen; Kaufhausdiebstähle; Teilen mit Anderen lernen; Geld einteilen lernen; teuere Status-Kleidung)

d) Nutzung ökologischer Ressourcen
  - Verbesserung von Wohnung und Wohnumfeld; Gefühl zu bekommen, sich „Zuhause" wohl zu fühlen, sein „Zuhause" zu haben, von dem sicheren „Zuhause" aus die Welt zu erkunden.
  - Sichern der Privatheitsphäre des eigenen Zimmers, des privaten Refugiums
  - Aushandeln der Privatheit und gegenseitigen Rücksichtnahme im mit Geschwistern geteilten Zimmer für Besuche, Ordnung, Lärmbelästigung bei Schularbeiten, usw.
  - Mitgestaltungsmöglichkeiten/Selbstbestimmung/Erprobung der Selbstgestaltungskräfte bezüglich eigenem Zimmer, Wohnungsrenovierung, besonderen Anschaffungen der Familie, eigener Bereich im Garten, Basketballkorb an der Garage, usw.

Aufgrund der Resilienzforschung ordnet Wustmann (2005, S. 16) die Ressourcen nicht nur nach Kind, Familie und engerem sozialem Umfeld, sondern auch nach Bildungsinstitutionen, dem weiteren sozialen Umfeld und den gesellschaftlichen Normen und Werten folgendermaßen:

Aufgrund der Resilienzforschung ordnet Wustmann (2005, S. 16) die Ressourcen nicht nur nach Kind, Familie und engerem sozialem Umfeld, sondern auch nach Bildungsinstitutionen, dem weiteren sozialen Umfeld und den gesellschaftlichen Normen und Werten folgendermaßen

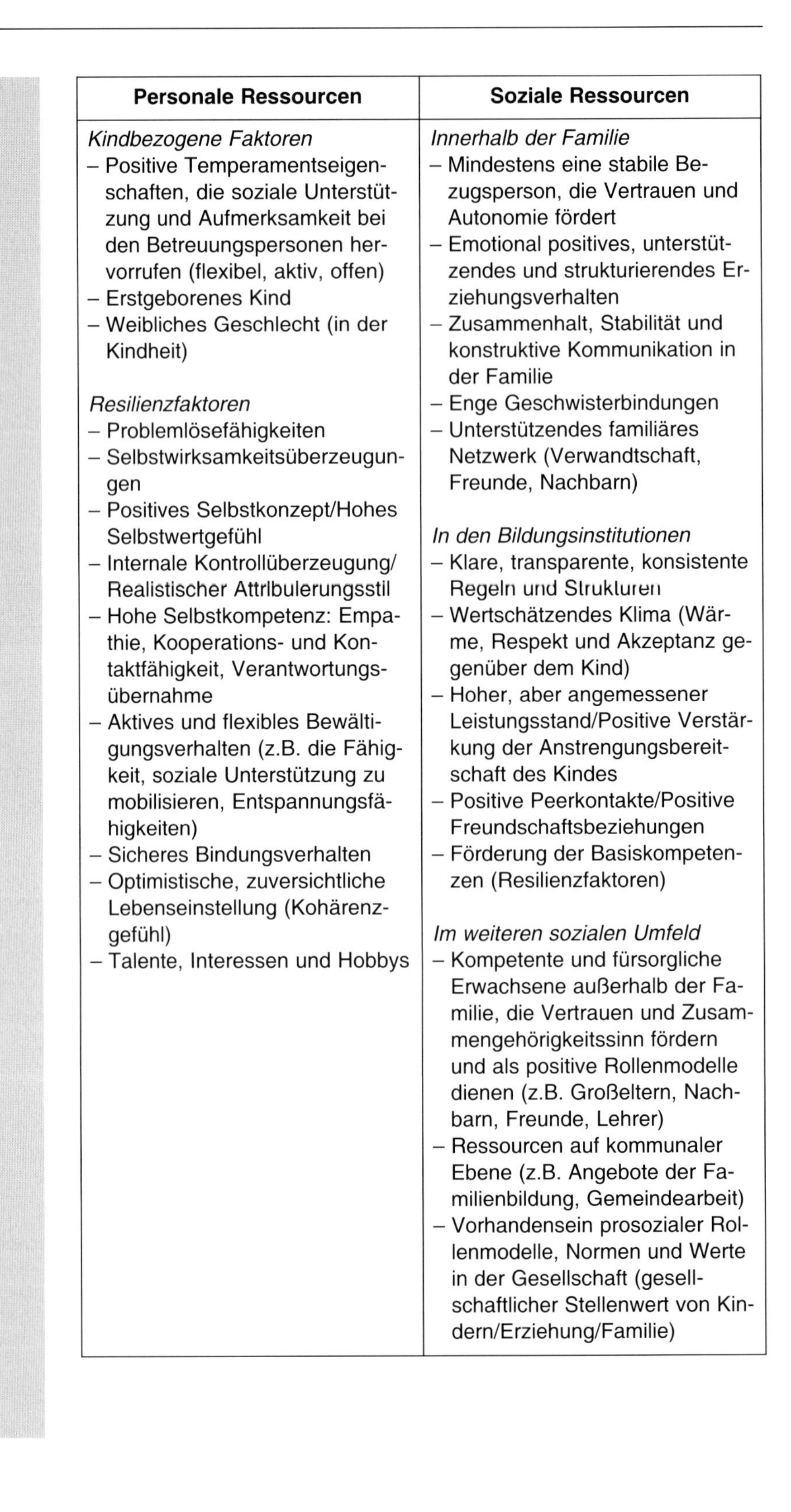

Personale Ressourcen	Soziale Ressourcen
Kindbezogene Faktoren – Positive Temperamentseigenschaften, die soziale Unterstützung und Aufmerksamkeit bei den Betreuungspersonen hervorrufen (flexibel, aktiv, offen) – Erstgeborenes Kind – Weibliches Geschlecht (in der Kindheit)	*Innerhalb der Familie* – Mindestens eine stabile Bezugsperson, die Vertrauen und Autonomie fördert – Emotional positives, unterstützendes und strukturierendes Erziehungsverhalten – Zusammenhalt, Stabilität und konstruktive Kommunikation in der Familie – Enge Geschwisterbindungen – Unterstützendes familiäres Netzwerk (Verwandtschaft, Freunde, Nachbarn)
Resilienzfaktoren – Problemlösefähigkeiten – Selbstwirksamkeitsüberzeugungen – Positives Selbstkonzept/Hohes Selbstwertgefühl – Internale Kontrollüberzeugung/ Realistischer Attribuierungsstil – Hohe Selbstkompetenz: Empathie, Kooperations- und Kontaktfähigkeit, Verantwortungsübernahme – Aktives und flexibles Bewältigungsverhalten (z.B. die Fähigkeit, soziale Unterstützung zu mobilisieren, Entspannungsfähigkeiten) – Sicheres Bindungsverhalten – Optimistische, zuversichtliche Lebenseinstellung (Kohärenzgefühl) – Talente, Interessen und Hobbys	*In den Bildungsinstitutionen* – Klare, transparente, konsistente Regeln und Strukturen – Wertschätzendes Klima (Wärme, Respekt und Akzeptanz gegenüber dem Kind) – Hoher, aber angemessener Leistungsstand/Positive Verstärkung der Anstrengungsbereitschaft des Kindes – Positive Peerkontakte/Positive Freundschaftsbeziehungen – Förderung der Basiskompetenzen (Resilienzfaktoren)
	Im weiteren sozialen Umfeld – Kompetente und fürsorgliche Erwachsene außerhalb der Familie, die Vertrauen und Zusammengehörigkeitssinn fördern und als positive Rollenmodelle dienen (z.B. Großeltern, Nachbarn, Freunde, Lehrer) – Ressourcen auf kommunaler Ebene (z.B. Angebote der Familienbildung, Gemeindearbeit) – Vorhandensein prosozialer Rollenmodelle, Normen und Werte in der Gesellschaft (gesellschaftlicher Stellenwert von Kindern/Erziehung/Familie)

Wie wenig heute noch in der täglichen Praxis eine Beachtung der Ressourcen erfolgt, zeigt z.B. Bange (2002, S. 218) auf: „Wie selten dies [die Beachtung der Ressourcen] geschieht, belegt die Studie von Margarete Finkel (1998, S. 361 f.): In mehr als einem Drittel der untersuchten Akten von stationär untergebrachten tatsächlich und vermutlich sexuell missbrauchten Mädchen und Jungen fand sich kein Hinweis auf Ressourcen der Kinder, ihrer Familien und ihres sozialen Umfeldes. Eine bundesweite Strukturanalyse über die Qualität von Hilfeplänen kommt zu dem Ergebnis, dass nur in 11,7 % der dreihundert untersuchten Hilfeplanformulare explizit nach den Ressourcen der Kinder bzw. Familien gefragt wird (Becker, 2000, S. 87 f.)."

2.4 Risiko- und Schutzfaktoren bei Kindesmisshandlung

Bei den bisherigen Ausführungen lag der Schwerpunkt noch eher auf der (allgemeinen) Entwicklungspsychopathologie bzw. den Risiko- und Schutzfaktoren für eine gesunde Entwicklung von Kindern. Überträgt man diese auf die Risiko- und Schutzfaktoren von Kindesmisshandlungen durch Eltern, so bedeutet dies zunächst, dass man sehr genau deren gesamte Biographie erfassen muss, um die Auswirkungen ihres Kindes-, Jugend- und Heranwachsendenalters auf Persönlichkeitsmerkmale, Erziehungsverhalten, Beziehungsgestaltungen usw. im Erwachsenenalter abschätzen zu können. Dabei sind die Risikofaktoren weitgehend unspezifisch gegenüber bestimmten Misshandlungsformen, wobei aber in den letzten Jahren vermehrt zu erforschen versucht wird, welche Faktoren insbesondere z.B. die Wahrscheinlichkeit von körperlicher Misshandlung oder aber Vernachlässigung erhöhen. Zwar kann vielleicht davon ausgegangen werden, dass ausgeprägte Armut in Verbindung mit schlechten Wohnverhältnissen sowie Überforderung/Krisen/Krankheiten der Eltern usw. insbesondere die Wahrscheinlichkeit für Vernachlässigungen wachsen lässt. Auch könnten z.B. folgende Faktoren insbesondere sexueller Gewalt den Weg bereiten: sexuelle Aktivität als Gradmesser von Männlichkeit, von psychosozialer Potenz; Sexualisierung von Beziehungen, von Bedürfnissen, von Aggression; Entwertung des weiblichen Geschlechts und dessen Verfügbarkeit als Blitzableiter, Sündenbock- und Sexualobjekte; Gleichsetzung von Männlichkeit mit Macht, Kontrolle und Dominanz; Verdrängung der Gefühlswelt. Aber insgesamt müssen solche Risikofaktoren immer in einem übergreifenden Rahmen betrachtet werden, wobei sie im gesellschaftlichen, sozialen, familiären und persönlichen Bereich auch ohne Auftreten von Kindesmisshandlung ganz allgemein die gesunde Entwicklung von Kindern stark beeinträchtigen können. Ein Beispiel: Dong et al. (2003) untersuchten in einer Befragung Erwachsener den Zusammenhang von sexuellem Missbrauch mit neun weiteren Belastungs-

Aber insgesamt müssen solche Risikofaktoren immer in einem übergreifenden Rahmen betrachtet werden, wobei sie im gesellschaftlichen, sozialen, familiären und persönlichen Bereich auch ohne Auftreten von Kindesmisshandlung ganz allgemein die gesunde Entwicklung von Kindern stark beeinträchtigen können.

Es ergaben sich – statistisch signifikante – Zusammenhänge zwischen sexuellem Missbrauch und jedem der neun Belastungsfaktoren, so dass die AutorInnen zusammenfassen, dass sexueller Missbrauch selten als ein isoliertes Ereignis auftritt, sondern eindeutig Überlappungen mit anderen Misshandlungsformen sowie den weiteren untersuchten Belastungsfaktoren in Kindheit und Jugend aufweist.

faktoren (bis zum 18. Lebensjahr), worunter neben emotionaler und körperlicher Misshandlung sowie emotionaler und körperlicher Vernachlässigung auch erfasst wurden: Partnergewalt gegen die Mutter, Trennung/Scheidung der Eltern, Inhaftierung eines kriminellen Familienmitglieds, psychische Störung sowie Drogen-/Alkoholmissbrauch eines Familienmitgliedes. Es ergaben sich - statistisch signifikante - Zusammenhänge zwischen sexuellem Missbrauch und jedem der neun Belastungsfaktoren, so dass die AutorInnen zusammenfassen, dass sexueller Missbrauch selten als ein isoliertes Ereignis auftritt, sondern eindeutig Überlappungen mit anderen Misshandlungsformen sowie den weiteren untersuchten Belastungsfaktoren in Kindheit und Jugend aufweist.

Entsprechend den angeführten differenzierten Modellvorstellungen von den Bedingungsfaktoren sind auch die Folgen von Kindesmisshandlungen von vielfältigen Faktoren, z.B. von den spezifischen Merkmalen der Misshandlungserfahrungen des Kindes (Art, Häufigkeit, Dauer, Schweregrad), von den Ressourcen des Kindes, von der Verletzbarkeit des Kindes, von der sozialen Unterstützung des Kindes durch Verwandte oder Bekannte, von psychotherapeutischen Maßnahmen, usw. abhängig. Greift man beispielhaft den sexuellen Missbrauch heraus, so belegen die meisten wissenschaftlichen Untersuchungen zwar, dass sexuell missbrauchte Kinder mehr psychische Symptome und Verhaltensstörungen aufweisen als nicht missbrauchte Kinder und dass es keine spezifischen Auswirkungen gibt, wohl aber eine große Spannweite der möglichen Folgen. Allerdings wurden bei etwa einem Drittel der missbrauchten Kinder keine Symptome gefunden. Dieses Resultat wird u. a. mit folgenden Umständen erklärt:

- durch wenig intensiv erlittenen Missbrauch,
- durch Messinstrumente, welche die speziellen Folgen von sexueller Gewalt nicht angemessen erfassen,
- durch sog. „schlafende Effekte", d.h. einige Symptome könnten sich vielleicht erst zu einem späteren Zeitpunkt entwickeln,
- durch Verdrängungsprozesse,
- durch die häufig zu wenig berücksichtigten Stärken, Selbstheilungspotentiale, Konfliktbewältigungsfähigkeiten der Kinder,
- durch positive psychosoziale Unterstützung,
- durch mangelnde - moralische, gedankliche - Bewertungsmöglichkeiten des sexuellen Missbrauchs z.B. bei sehr jungen oder geistig behinderten Opfern,
- durch frühes Glauben an die Aussagen des Kindes und entsprechende familiäre Unterstützung und Hilfen bei der Verarbeitung des Erlebten (auch in einer früh vermittelten Therapie).

Das Ausmaß der Folgen bei sexuellem Missbrauch ist weiter abhängig von:
- der Täter-Opfer-Beziehung
- der Intensität, Dauer und Häufigkeit des Missbrauchs
- der Anwendung von Drohung und Gewalt
- dem Alter des Opfers
- der Altersdifferenz zwischen Opfer und Täter
- der Länge des Verschweigens
- den Elternreaktionen
- den institutionellen Reaktionen wie z.B. Heimunterbringung
- der erfolgten oder nicht erfolgten Therapie
- dem Vorliegen weiterer Misshandlungsformen (körperliche und seelische Misshandlung, Vernachlässigung)
- den weiteren Belastungsfaktoren in der Entwicklung und Familie des Opfers; usw.

Das Ausmaß der Folgen bei sexuellem Missbrauch ist weiter abhängig von

Zu den letzten beiden Punkten seien noch einige wichtige Anmerkungen gemacht bezüglich der Überlagerungen und - auch absoluten - Häufigkeiten, zu denen es in Deutschland bei den verschiedenen Formen der Kindesmisshandlung sowie der beobachteten elterlichen Partnergewalt kommt. Das Kriminologische Forschungsinstitut Niedersachsen kam zu folgenden Ergebnissen (Pfeiffer und Wetzels, 1997; Wetzels, 1997):

Zu den letzten beiden Punkten seien noch einige wichtige Anmerkungen gemacht bezüglich der Überlagerungen und – auch absoluten – Häufigkeiten, zu denen es in Deutschland bei den verschiedenen Formen der Kindesmisshandlung sowie der beobachteten elterlichen Partnergewalt kommt.

1. Bei Opfern von körperlicher Misshandlung durch die Eltern trat eine mehr als dreimal so hohe Rate der Beobachtung von Gewalt zwischen den Eltern auf als bei Nichtopfern (59% gegenüber 18,2%).
2. Kinder, die Opfer sexuellen Missbrauchs waren (hier nur Opfer von Delikten mit Körperkontakt sowie vor dem 16. Lebensjahr) wiesen eine etwa doppelt so hohe Rate von Gewalt zwischen den Eltern auf als Nichtopfer (45,4% gegenüber 21,3%).
3. Die Mehrheit (64,3%) der Opfer der o.a. Form des sexuellen Missbrauchs gaben an, gleichzeitig auch häufigere bzw. besonders intensive elterliche körperliche Gewalt erlitten zu haben.
4. Umgekehrt wächst in Fällen elterlicher körperlicher Gewalt auch (statistisch bedeutsam) die Wahrscheinlichkeit, dass die Betroffenen gleichzeitig auch Opfer sexuellen Kindesmissbrauchs werden.
5. Werden nur die schweren Formen der direkt gegen die Kinder gerichteten Gewalt - sexueller Missbrauch mit Körperkontakt vor dem 16. Lebensjahr und körperliche Misshandlung - bei der Häufigkeitsberechnung berücksichtigt, so finden sich unter den Befragten 13,5% männliche und 16,1% weibliche Opfer.
6. Wird zusätzlich noch die häufigere Konfrontation mit elterlicher Partnergewalt einbezogen (d.h. nur die Kategorie „häufiger als selten"), so erhöhen sich die Opferraten auf 18,3% bei den Männern und 20,5% bei den Frauen.

7. Für die Schätzungen der Prävalenzraten des sexuellen Missbrauchs (hier nur Formen mit Körperkontakt vor dem vollendeten 16. Lebensjahr) für die Grundgesamtheit der Bevölkerung im Alter von 16 bis 29 Jahren ergibt sich, dass zwischen 1,4% und 4,2% der Männer und zwischen 7,0% und 11,8% der Frauen mit 95%iger Wahrscheinlichkeit Opfer waren. Bei vorsichtiger Schätzung (untere Intervallgrenze) errechnet sich, dass mindestens 120 000 Männer und 520 000 Frauen aus dieser Altersgruppe mindestens einmal Opfer dieser sexuellen Gewalt waren.
8. Für die gleiche Altersgruppe wird geschätzt, dass zwischen 18,9% und 23,7% in ihrer Kindheit elterliche Gewalt beobachtet hatten. „Häufiger als selten" waren zwischen 6,8% und 10,2% betroffen: für diese Gruppe beläuft sich die Zahl der Betroffenen auf mindestens 1,04 Millionen.
9. Bei der Zusammenfassung von elterlicher körperlicher Misshandlung, sexuellem Missbrauch sowie häufigerem Erleben von elterlicher Partnergewalt gehen die Autoren letztlich davon aus, dass die Prävalenzrate für die 16 bis 29 Jahre alten Personen in der Gesamtbevölkerung mit 95%iger Wahrscheinlichkeit zwischen 16,1% und 20,7% liegt, d.h. etwa ein Fünftel der jüngeren Generation betrifft. Bei Verwendung der unteren Intervallgrenze müssten mindestens 2,5 Millionen in dieser Weise in der Kindheit von Gewalt betroffene Personen angenommen werden. Klammert man das Erleben elterlicher Partnergewalt aus, so muss davon ausgegangen werden, dass etwa jeder sechste Jugendliche oder junge Erwachsene mindestens einmal Opfer von Gewalt in Form häufiger oder schwerer elterlicher physischer Gewalt oder sexuellen Kindesmissbrauchs war.

Bei Verwendung der unteren Intervallgrenze müssten mindestens 2,5 Millionen in dieser Weise in der Kindheit von Gewalt betroffene Personen angenommen werden.

Richter-Appelt (1994) bezog in ihrer Befragung von 616 Studentinnen neben sexuellem Missbrauch und körperlicher Misshandlung auch körperliche und seelische Vernachlässigung sowie seelische Misshandlung ein und kam zu folgenden Ergebnissen: „[Die Ergebnisse] machen deutlich, dass sexueller Missbrauch und körperliche Misshandlung, vor allem wenn sie zusammen auftreten, häufig bei gleichzeitiger körperlicher und seelischer Vernachlässigung stattfinden."

Thyen et al. (2000) fanden bei 263 Kindern und Jugendlichen aus 251 Familien, die 1997 in Kinderschutz-Zentren vorgestellt wurden, dass 154 sexuelle Kindesmisshandlung, 77 körperliche Misshandlung, 62 emotionale Misshandlung und 99 Vernachlässigung erlitten hatten (Mehrfachnennungen waren möglich). Die Überschneidungen waren erheblich: Von 134 Kindern, die sexuelle Misshandlung mit Körperkontakt erlitten hatten, waren 32 auch vernachlässigt und 17 körperlich misshandelt worden, wobei 12 dieser Kinder alle drei genannten Misshandlungsformen erlitten. Von den 77 körperlich misshandelten Kindern waren 45 ebenfalls vernachlässigt und 31 au-

ßerdem auch emotional misshandelt worden. Von den 62 emotional misshandelten Kindern waren 37 auch vernachlässigt. 19 Kinder hatten sowohl körperliche Misshandlung wie auch emotionale Misshandlung und Vernachlässigung erlitten.
An einer nicht-repräsentativen Stichprobe von 964 Erwachsenen versuchten Libal und Deegener (2005) umfassend verschiedenste Formen des Gewalterlebens in Kindheit und Jugend zu erfassen, und zwar sexuelle Gewalt (elterlicher sexueller Missbrauch, geschwisterlicher sexueller Missbrauch, sexuelle Gewalt/Belästigung in der Schule sowie sexuelle Gewalt/Belästigung in der Freizeit), körperliche Gewalt (elterliche körperliche Gewalt, geschwisterliche körperliche Gewalt, körperliche Gewalt in der Schule, körperliche Gewalt in der Freizeit) sowie elterliche Partnergewalt. Die differenzierte Auswertung ergab einerseits innerhalb der einzelnen Gewaltbereiche etwa vergleichbare Häufigkeiten, wie sie bereits in der Literatur aufgeführt werden, es fanden sich aber auch erhebliche Überschneidungen zwischen den verschiedenen Bereichen.
Im Gegensatz zum Ausland (Jonson-Reid et al., 2003; Daro, 1988; Levy et al., 1995; Sedlak & Breadhurst, 1996; English, 2002; Marshall und English, 1999) steckt die Forschung zu den Überlagerungen von Gewalterfahrungen in Deutschland noch völlig in den Anfängen, und zwar einmal bezüglich des Erleidens unterschiedlicher Gewalterfahrungen bei einem spezifischen Ereignis oder während eines begrenzten zeitlichen Verlaufs, zum anderen in bezug auf die erfahrenen Gewalthandlungen über einen längeren Zeitraum (z.B. Kindheit und Jugend), sowie letztlich auch bei der empirischen Erfassung der Risikofaktoren, welche die Wahrscheinlichkeit späteren Erleidens von Gewalt erhöhen (um darauf aufbauend gezielter Prävention einsetzen zu können). Dabei sind bei den Folgen von Misshandlungen auch die sich häufig überlagernden Auswirkungen weiterer belastender Lebensereignisse zu wenig berücksichtigt worden, wie z.B. Tod eines Elternteils oder nahestehender Verwandter, eigene schwere (chronische) Erkrankungen oder Unfälle. Gleiches gilt für die Beachtung der überlagernden Folgen aufgrund z.B. der Persönlichkeitsauffälligkeiten der Eltern, der familiären Beziehungsstörungen, der entstehenden Selbstwertprobleme und damit verbundenen Kontaktschwierigkeiten zu Gleichaltrigen, d.h. es sind die Risiko- und Schutzfaktoren der o.a. Entwicklungspsychopathologie ebenfalls in Rechnung zu stellen. Letztlich sei der Vollständigkeit halber angeführt, dass die von Misshandlungen betroffenen Kinder auch noch weiteren Formen von Gewalt ausgesetzt sein können:

- Gewalt gegen alte Menschen in der Familie
- Gewalt in der Schule (auch: verbale und psychische Gewalt durch LehrerInnen; Pilz, 2005; Krumm et al., o. J.)
- Gewalt im sozialen Umfeld, z.B. „sozialem Brennpunkt"
- Gewalt im Fernsehen, in Computerspielen, in Filmen, in Videos

Im Gegensatz zum Ausland steckt die Forschung zu den Überlagerungen von Gewalterfahrungen in Deutschland noch völlig in den Anfängen, und zwar einmal bezüglich des Erleidens unterschiedlicher Gewalterfahrungen bei einem spezifischen Ereignis oder während eines begrenzten zeitlichen Verlaufs, zum anderen in bezug auf die erfahrenen Gewalthandlungen über einen längeren Zeitraum sowie letztlich auch bei der empirischen Erfassung der Risikofaktoren, welche die Wahrscheinlichkeit späteren Erleidens von Gewalt erhöhen.

- Formen struktureller Gewalt (= vorgegebene gesellschaftliche Strukturen und Einstellungen, wodurch bestimmte Personengruppen benachteiligt, ausgegrenzt und in ihren Möglichkeiten der Selbstverwirklichung behindert werden) wie z.B. Armut, mangelnde Chancengleichheit zwischen den Geschlechtern, unterschiedliche Sozialisation/Erziehung von Mädchen und Jungen, fehlende Ausbildungsplätze bei Jugendlichen, Arbeitslosigkeit und mangelnde Zukunftschancen.

Ebenfalls fast ausschließlich im Ausland (z.B. Lau et al., 2005; English et al., 2005; May-Chahal & Cawson, 2005) mehren sich die Bemühungen, die Überlagerungen der verschiedenen Formen der Kindesmisshandlungen z.B. nach dem Schweregrad der jeweiligen Misshandlungsform, nach der zeitlichen Dauer und den Häufigkeiten des Gewalterleidens, dem Alter oder der Entwicklungsphase der betroffenen Kinder zu klassifizieren und zu gewichten. Dadurch wird einmal die Diskussion angestoßen, einheitliche Definitionen und Erfassungen der verschiedenen Misshandlungsformen zu entwickeln, zum anderen kann aufgrund eindeutigerer Klassifikations-/Einstufungskriterien die Häufigkeit (Prävalenz, Inzidenz) aller Formen der Kindesmisshandlung und ihrer Überlagerungen eindeutiger und aussagekräftiger erfasst werden, um so hinreichend gesichert den personellen und finanziellen Bedarf für Prävention und Therapie abschätzen und einfordern zu können.
In diesem Zusammenhang ist auch weitere empirische Forschung einmal zu den Folgen der - sich überlagernden - Formen der Kindesmisshandlung zu fordern, zum anderen aber vor allen Dingen auch zu der Risikoeinschätzung zukünftiger Kindesmisshandlungen (s. nächstes Kapitel). Im Zusammenhang des vorliegenden Kapitels erscheint es aber sinnvoll, eine knappe Übersicht über Faktoren anzuführen, welche aufgrund der vorliegenden Forschung das Risiko zur Kindesmisshandlung erhöhen, wobei weitgehend der umfassenden Literaturübersicht von Bender und Lösel (2005; vgl. auch die bei Deegener, 1992, angeführten empirischen Untersuchungsbefunde) mit Schwerpunkt auf der körperlichen Misshandlung gefolgt wird:

Im Zusammenhang des vorliegenden Kapitels erscheint es aber sinnvoll, eine knappe Übersicht über Faktoren anzuführen, welche aufgrund der vorliegenden Forschung das Risiko zur Kindesmisshandlung erhöhen.

1. Merkmale der Eltern
   1.1 Demographische Variablen:
      - Je jünger die Mütter bei der Entbindung, je höher Misshandlungsrisiko
      - Jüngere Mütter höheres Misshandlungsrisiko als ältere Mütter
      - Große Kinderzahl höheres Misshandlungsrisiko
   1.2 Psychische Störungen und Persönlichkeitsmerkmale
      - Misshandelnde Eltern überzufällig häufig depressiv

- Negative Befindlichkeiten wie erhöhte Ängstlichkeit, emotionale Verstimmung, Unglücklichsein können das Misshandlungsrisiko erhöhen
- Gleiches gilt für erhöhte Erregbarkeit, geringe Frustrationstoleranz, Reizbarkeit verbunden mit Impulskontroll-Störungen
- Stress und Gefühl der Überbeanspruchung erhöhen das Misshandlungsrisiko
- Erhöhtes Misshandlungsrisiko bei Alkohol- und Drogenproblemen
- Erziehungsstil mit vielen Drohungen, Missbilligungen, Anschreien erhöht das Risiko zur körperlichen Misshandlung
- Dissoziale, soziopathische bzw. psychopathische Eltern (uneinfühlsam, manipulativ, impulsiv, bindungsarm) neigen zu Kindesmisshandlungen
- Überhöhte Erwartungen an die Kinder, auch in Verbindung mit mangelnden Kenntnissen über die kindlichen Entwicklungsnormen, erhöhen das Misshandlungsrisiko
- Befürwortung körperlicher Strafen senkt die Schwelle zur körperlichen Kindesmisshandlung

1.3 Eigene Gewalterfahrungen

Eigene Gewalterfahrungen in der Kindheit erhöhen das Risiko, diese auch selbst in der Erziehung auszuüben. Die Rate dieses Gewalttransfers wird auf etwa 30% geschätzt.

Eigene Gewalterfahrungen in der Kindheit erhöhen das Risiko, diese auch selbst in der Erziehung auszuüben. Die Rate dieses Gewalttransfers wird auf etwa 30% geschätzt.

2. Merkmale des Kindes

2.1 Demographische Merkmale

- Tendenzen zu Häufigkeitsgipfeln für Misshandlungen in der frühesten Kindheit und der Pubertät
- Tendenzen zu häufigerer körperlicher Misshandlung von Jungen

2.2 Physische Merkmale

- Mangelgeburten, geringes Körpergewicht führt zu erhöhtem Misshandlungsrisiko
- Gleiches gilt für gesundheitliche Probleme, Entwicklungsverzögerungen, Behinderungen

2.3 Verhaltensprobleme

- Schwieriges Temperament bei Kleinkindern (schwer zu beruhigen, Schlafstörungen, Schreikinder, Fütterstörungen) erhöhen das Risiko zu Misshandlungen
- Bei Kinder mit Verhaltensproblemen (externalisierenden wie internalisierenden) erhöhte sich das Misshandlungsrisiko

3. Merkmale des direkten sozialen Umfeldes

3.1 Unterschicht und Arbeitslosigkeit

- Geringe finanzielle Ressourcen und Abhängigkeit von staatlicher Unterstützung erhöhen das Risiko zu Misshandlung und Vernachlässigung
- Arbeitslosigkeit bei Männern erhöht das Risiko für körperliche Misshandlung

3.2 Wohngegend und Nachbarschaft
Wohngegend und Nachbarschaft mit hoher Gewaltrate und hoher Armutsrate erhöhen das Misshandlungsrisiko

3.3 Soziales Netzwerk
- Soziale Isolierung, wenig Kontakte zu Verwandten erhöhen das Misshandlungsrisiko
- Das Gleiche gilt für Familien mit wenig sozialer Unterstützung, vielen Umzügen

4. Kulturelle und gesellschaftliche Faktoren
In diesem Bereich müssen folgende Faktoren beachtet werden, die die Schwelle zu (körperlicher) Gewalt reduzieren können: Erziehungseinstellungen und -praktiken (auch in unterschiedlichen ethnischen Gruppen), hohe Armutsrate bzw. hohe Anzahl von Sozialhilfeempfängern, Normen/Gesetze der Gesellschaft gegenüber körperlichen Strafen, Ausmaß der staatlichen Hilfen/Jugendhilfemaßnahmen, gesellschaftliche Verbreitung von Gewalt und Ausmaß von Gewalterfahrungen in Kindheit und Jugend.

Diese Übersicht darf natürlich nicht in dem Sinne verstanden werden, dass die angeführten Faktoren nun in der Praxis einfach als Risikoliste mit zu summierendem Gesamtwert angewendet werden kann.

Dagegen ist sie eher als Hinweisliste zu betrachten, an welche Faktoren in unterschiedlichen Bereichen u.a. zu denken ist. Aufgrund der angeführten Komplexität und Wechselwirkungen des multidimensionalen Erklärungsmodells für Kindesmisshandlungen kann deswegen die Liste nur im Sinne von ‚besonders im Kopf zu behaltenden Hinweisen' empfohlen werden.

Diese Übersicht darf natürlich nicht in dem Sinne verstanden werden, dass die angeführten Faktoren nun in der Praxis einfach als Risikoliste mit zu summierendem Gesamtwert angewendet werden kann (siehe aber zum Beispiel die gewichtete Risikoliste von Dührssen, 1984, sowie Dührssen & Liebertz, 1999; diese Liste wurde von Egle & Hoffmann, 2000 um die Risikofaktoren der körperlichen Misshandlung und des sexuellen Missbrauchs erweitert, wobei ihre Untersuchung zeigen konnte, dass bei schweren psychischen Erkrankungen von Erwachsenen höhere Kindheitsbelastungswerte auftraten als bei leichten psychischen Erkrankungen; s.a. die neuere deutsche empirische Untersuchung von Hardt, 2003 zu den psychischen Langzeitfolgen manifester Kindheitsbelastungen). Dagegen ist sie eher als Hinweisliste zu betrachten, an welche Faktoren in unterschiedlichen Bereichen u.a. zu denken ist. Aufgrund der angeführten Komplexität und Wechselwirkungen des multidimensionalen Erklärungsmodells für Kindesmisshandlungen kann deswegen die Liste nur im Sinne von ‚besonders im Kopf zu behaltenden Hinweisen' empfohlen werden. Damit wird aber keine Aussage darüber getroffen, inwieweit diese Faktoren im individuellen Fall überhaupt oder aber mit welchem Gewicht zu Kindesmisshandlungen beitragen. Dies würde auch gelten, wenn in der Übersicht gleichzeitig angegeben würde, wie stark ausgeprägt der Effekt eines Faktors in einer bestimmten Untersuchung bezüglich des Risikos zur Kindesmisshandlung war. Außerdem können nicht aufgeführte Faktoren dennoch eine mehr oder weniger hohe Wahrscheinlichkeit aufweisen, das Risiko zur Kindesmisshandlung zu erhöhen. Entsprechendes gilt für eine Liste von Risikofaktoren, die von den Autoren des vorliegenden Buches zur Zeit in einer Studie zur Erfassung des Misshandlungsrisikos verwendet wird (Deegener & Körner, 2004):

Risikofaktoren	**unbekannt/ nicht zutreffend**	**geringgradig**	**mittelgradig**	**hochgradig**
Partnergewalt durch Vater				
Partnergewalt durch Mutter				
Körperliche Misshandlung der Mutter in ihrer Kindheit				
Körperliche Misshandlung des Vaters in seiner Kindheit				
Sexueller Missbrauch der Mutter in ihrer Kindheit				
Sexueller Missbrauch des Vaters in seiner Kindheit				
Vernachlässigung der Mutter in ihrer Kindheit				
Vernachlässigung des Vaters in seiner Kindheit				
Mütterlicher Drogen- und/oder Medikamentenmissbrauch				
Väterlicher Drogen- und/oder Medikamentenmissbrauch				
Mütterlicher Alkoholmissbrauch				
Väterlicher Alkoholmissbrauch				
Psychiatrische Erkrankung der Mutter				
Psychiatrische Erkrankung des Vaters				
Kriminalität der Mutter oder in der Familie mütterlicherseits				
Kriminalität des Vater oder in der Familie väterlicherseits				
Arbeitslosigkeit der Mutter				
Arbeitslosigkeit des Vaters				
Mangelnde mütterliche Erziehungskompetenz				
Mangelnde väterliche Erziehungskompetenz				
Mutter mit körperlicher Behinderung/chronischer Krankheit				
Vater mit körperlicher Behinderung/chronischer Krankheit				
Mütterliche soziale Isolierung				
Väterliche soziale Isolierung				
Viele familiäre Konflikte				
Chronische Disharmonie in der Familie				
Uneinigkeit der Eltern in der Erziehung				
Finanzielle Schwierigkeiten				
Häufige Wohnortwechsel				
Soziales Umfeld/Wohngegend mit vielen Multiproblemfamilien				
Kind(er) mit psychiatrischen Erkrankungen				
Kind(er) mit Verhaltensauffälligkeiten				
Kind(er) mit körperlichen Behinderungen/chronischen Krankheiten				
Kind(er) entwicklungsverzögert				
Erhöhte berufliche Anspannung der Mutter				
Erhöhte berufliche Anspannung des Vaters				

Letztlich ist erneut auf vielfältige Wechselwirkungen und Ursachenzusammenhänge hinzuweisen.

Letztlich ist erneut auf vielfältige Wechselwirkungen und Ursachenzusammenhänge hinzuweisen, wobei Bender und Lösel (2005) u.a. die folgenden anführen: „Das Misshandlungsrisiko dürfte gerade dann erhöht sein, wenn Kinder mit schwierigem Temperament auf überlastete, impulsive und wenig kompetente Eltern treffen" (S. 329). Letzteres trifft zum Beispiel vermehrt auf Familien der Unterschicht zu: „Geringe finanzielle Ressourcen und die Abhängigkeit von staatlicher Unterstützung erwiesen sich in verschiedenen prospektiven Studien als signifikante Prädiktoren von Misshandlung und Vernachlässigung" (S. 330). Dabei kann dann auch „das Risiko für Entwicklungs- und Gesundheitsprobleme der Kinder" in unteren sozialen Schichten erhöht sein (S. 390), weiter kann zusätzlich „weniger Kenntnis von kindlichen Entwicklungsnormen" (S. 322) bestehen, was wiederum zu unangemessenen Erwartungen bezüglich des kindlichen Verhaltens sowie negativem Erziehungsverhalten führen kann. Auch ist an das soziale Umfeld von Familien der unteren sozialen Schicht zu denken: „Ist die Nachbarschaft eher depriviert, arm und durch hohe Gewaltrate gekennzeichnet, erhöht sich das Ausmaß an Gewalt in Familien generell" (S. 330). Dies wiederum kann zu einer erhöhten Rate der Weitergabe von familiärer Gewalt und Kindesmisshandlung von Generation zu Generation führen. Wenn dann Misshandlung in der Familie auftritt, führt dies zu einem erhöhten Risiko, „dass misshandelnde Familien sozial isolierter sind, kleinere Netzwerke haben und weniger Kontakte zu ihren Verwandten aufweisen und sich insgesamt weniger unterstützt fühlen" (S. 331). Schwieriges Temperament des Kindes kann dann bei Müttern dazu führen, dass sie „auf kindliches Schreien stärker physiologisch" reagieren und auch längere Zeit brauchen, um sich wieder zu beruhigen (S. 321), aber misshandelnde Mütter können zusätzlich eine Reihe von Merkmalen aufweisen, die sie „anfällig für eskalierende Eltern-Kind-Interaktionen" machen können (S. 321) wie z.B.: „Sie disziplinierten ihre Kinder häufiger mit feindseligen, verbalen Reaktionen" (S. 321), „befürworteten häufiger körperliche Bestrafungen als Erziehungsmittel" (S. 322), „hatten geringere erzieherische Kontrollüberzeugungen ... und ein negativeres Selbstkonzept" (S. 322).

Empirische Untersuchungen zu Risikofaktoren von Kindesmisshandlung können dazu beitragen, für Prävention spezifische Schwerpunkte zu setzen.

Empirische Untersuchungen zu Risikofaktoren von Kindesmisshandlung können dazu beitragen, für Prävention spezifische Schwerpunkte zu setzen. So führten z.B. Wu et al. (2004) eine Untersuchung zu Risikofaktoren von Kindesmisshandlung bei Kleinstkindern im Alter bis zu einem Jahr durch. Die von ihnen gefundenen wichtigsten Risikofaktoren waren: Mutter rauchte während der Schwangerschaft; mehr als zwei Geschwister; Inanspruchnahme des Gesundheitsdienstes für Bedürftige; unverheiratete Mutter; geringes Geburtsgewicht. Bei Kleinstkindern, die vier dieser fünf Risikofaktoren aufwiesen, trat eine sieben Mal höhere Rate von Kindesmisshandlung auf als bei der Gesamtstichprobe. Bezüglich präventiver Maßnahmen meinen die AutorInnen, dass z.B. das Rauchen in der Schwangerschaft als Hinweis auf eine allgemein hohe Stressbelastung der Mutter angesehen werden kann: Dies würde bedeuten, dass Hilfe zum Verzicht auf Rauchen zwar wichtig für die körperliche Gesundheit von Mutter und Kind ist, aber zur hinreichenden Vorbeugung von Kindesmisshandlung Hilfen zur Reduzierung der Stressbelastungen der Mutter notwendig sind.

Versucht man nun die Risikofaktoren (allgemein für die gesunde Entwicklung von Kindern oder aber für Kindesmisshandlungen) nochmals im Rahmen der eingangs angeführten Modellvorstellungen zu ordnen, so ist ein weiterer Akzent in der Klassifizierung von Patry und Perrez (2003) erwähnenswert. Sie unterteilen einmal nach sozialen, materiell-räumlichen und soziokulturellen Bereichen mit jeweiligen Untergruppen, zum anderen - und dies scheint z.B. für die Jugendhilfepraxis als differenzierendere qualitative Charakterisierung von risikoerhöhenden Bedingungen beachtenswert - nach Defiziten, Unangemessenheiten, Diskontinuitäten und Exzessen. Die Autoren entwickelten ihr Modell bezüglich störender Bedingungen des Lernens und der Entwicklung, es ist wohl aber auch leicht auf die Anforderungen bei der Einschätzung der Gefährdung des Kindeswohls bzw. des Risikos bei Kindesmisshandlung übertragbar:

Bezüglich präventiver Maßnahmen meinen die AutorInnen, dass z.B. das Rauchen in der Schwangerschaft als Hinweis auf eine allgemein hohe Stressbelastung der Mutter angesehen werden kann: Dies würde bedeuten, dass Hilfe zum Verzicht auf Rauchen zwar wichtig für die körperliche Gesundheit von Mutter und Kind ist, aber zur hinreichenden Vorbeugung von Kindesmisshandlung Hilfen zur Reduzierung der Stressbelastungen der Mutter notwendig sind.

Störende Bedingungen des Lernens und der Entwicklung nach Patry & Perrez (2003, S. 79)

Bereich	**Gruppe**	**Qualität**	**Beispiele**
Sozialer Bereich	Erzieher	Defizit	Vernachlässigung; Mangel an Modellen; mangelnde Anregung; „laissez-faire"-Stil; Unterforderung (zu wenig Erwartungen)
		Unangemessenheit	Inkonsequente Erziehung; zu streng oder zu wenig streng; Geringschätzung, Ungerechtigkeit
		Diskontinuität	Umzug; Tod; Scheidung; Schulwechsel; unterschiedlicher Erziehungsstil der Eltern; keine Alltagsroutine
		Exzess	Überbehütung; rigide Kontrolle; altersunangemessene Erwartungen; überzogene Strafen; körperliche Misshandlung
	Peers	Defizit	Mangelnder Kontakt mit Gleichaltrigen des gleichen oder anderen Geschlechts
		Unangemessenheit	Kontakt mit dissozialen Randgruppen (Alkohol, Drogen, Diebstähle, Vandalismus usw.)
		Diskontinuität	Umzug; Schul- und Kindergartenwechsel; Abbruch von Freundschaften; häufig wechselnde Vereine
		Exzess	Überaktivität im sozialen Bereich zu Lasten anderer Aktivitäten; Schulschwänzen
Materiell räumlicher Bereich	mikro-ökologisch	Defizit	Kleine Wohnung mit vielen Familienmitgliedern; zu wenig anregendes Material (Spielzeug, Bücher usw.)
		Unangemessenheit	Zugang zu gefährlichen/gefährdenden Dingen (Messer, Medikamente, Drogen/Alkohol, Sex-Zeitschrift)
		Diskontinuität	Verlust eines geliebten Gegenstandes, Haustieres
		Exzess	Reizüberflutung; zu viel Spielzeug, Fernsehen, Computerspiele

<table>
<tr><th colspan="4">Störende Bedingungen des Lernens und der Entwicklung nach Patry & Perrez (2003, S. 79) (Fortsetzung)</th></tr>
<tr><th>Bereich</th><th>Gruppe</th><th>Qualität</th><th>Beispiele</th></tr>
<tr><td rowspan="6">Materiell räumlicher Bereich</td><td rowspan="3">makro-ökologisch</td><td>Defizit</td><td>Verkehrsreiche Umgebung; kein Freizeitangebot</td></tr>
<tr><td>Unangemessenheit</td><td>Entlegene Wohnung mit reduziertem außerschulischem Kontakt zu Gleichaltrigen</td></tr>
<tr><td>Diskontinuität</td><td>Umzug von der Stadt aufs Land oder umgekehrt</td></tr>
<tr><td rowspan="3">sozio-ökologisch</td><td>Defizit</td><td>Armut; Verschuldung</td></tr>
<tr><td>Diskontinuität</td><td>Verlust oder Einbuße materieller Ressourcen z.B. durch Arbeitslosigkeit</td></tr>
<tr><td>Defizit</td><td>Mangelnde Ordnungsregeln</td></tr>
<tr><td rowspan="7">Sozio-kultureller Bereich</td><td rowspan="3">explizit kodifiziert</td><td>Unangemessenheit</td><td>Regeln nicht altersgemäß oder unvereinbar mit humanen Standards</td></tr>
<tr><td>Diskontinuität</td><td>Wechsel gesetzlicher Bestimmungen (z.B. Sexualstrafrecht, Kindschaftsrecht)</td></tr>
<tr><td>Exzess</td><td>Übermäßig einengende Regelungen für Spielmöglichkeiten in der Nähe der Wohnung</td></tr>
<tr><td rowspan="4">nicht oder informell kodifiziert</td><td>Defizit</td><td>Mangel an positiven Stereotypien gegenüber Randgruppen</td></tr>
<tr><td>Unangemessenheit</td><td>Negative Vorurteile gegenüber Randgruppe; negative Normen/Einstellungen von Jugendgruppen, z.B. bezüglich gewaltförmiger Konfliktbewältigung; rigide Geschlechtsrollen</td></tr>
<tr><td>Diskontinuität</td><td>Wechsel von „Erziehungsmoden“</td></tr>
<tr><td>Exzess</td><td>Subgruppen einer Gesellschaft (z.B. Sekten), die informell übermäßige soziale Kontrolle ausüben</td></tr>
</table>

Mit Bezug auf den „Defizit“-Bereich fordern Kendall-Tackett et al., dass in Untersuchungen zur Kindesmisshandlung sehr viel stärker Behinderungen/Erkrankungen der Kinder/Jugendlichen aufgrund des mit ihnen verbundenen ausgeprägt erhöhten Risikos des Erleidens von Misshandlung berücksichtigt werden müssen.

Mit Bezug auf den „Defizit“-Bereich fordern Kendall-Tackett et al. (2005), dass in Untersuchungen zur Kindesmisshandlung sehr viel stärker Behinderungen/Erkrankungen der Kinder/Jugendlichen aufgrund des mit ihnen verbundenen ausgeprägt erhöhten Risikos des Erleidens von Misshandlung berücksichtigt werden müssen. Im einzelnen verlangen sie die Beachtung folgender Bereiche: (1) Emotionale und Verhaltens-Störungen, codiert nach Diagnosen von ICD-10 oder DSM-IV, z.B. depressive Störungen oder schizophrene Erkrankungen; (2) ausgeprägte Entwicklungsstörungen (wie z.B. Autismus oder Asperger Syndrom); (3) geistige Behinderungen und Lernbehinderungen; (4) Störungen der Sprachentwicklung, Lernstörungen, neuropsychologische Defizite; (5) körperliche Behinderungen, z.B. im Rahmen von Muskeldystrophie, Zerebralparese und Spina Bifida; (6) sensorische Beeinträchtigungen bezüglich Hören und Sehen; (7) andere Einschränkungen und Behinderungen z.B. im Zusammenhang mit Diabetes, HIV/AIDS und Herzerkrankungen (siehe auch Kapitel 15.7 zum Patienten/Probanden-Einstufungs-Gitter bezüglich der überblicksartigen Zusammenfassung und Visualisierung von Befunden z.B. verschiedener Fachdisziplinen über das Kind/den Jugendlichen).

2.5 Literatur

Bange, D. (2002). Intervention - die „Regeln der Kunst". In D. Bange & W. Körner (Hrsg.), Handwörterbuch sexueller Missbrauch (S. 216-224). Göttingen: Hogrefe.

Becker, P.N. (2000). Welche Qualität haben Hilfepläne? Frankfurt a.M.: Verlag des Deutschen Vereins.

Belsky, J. (1980). An ecological integration. Amer. Psychologist, 35, 320-335.

Belsky, J. & Vondra, J. (1989). Lessons from child abuse: the determinants of parenting. In: D. Cicchetti & V. Carlson (Hrsg.), Child maltreatment. (S. 153-202). Cambridge: Cambridge University Press.

Bender, D. & Lösel, F. (2000). Risikofaktoren, Schutzfaktoren und Resilienz bei Misshandlung und Vernachlässigung. In U. T. Egle, S. O. Hoffmann & P. Joraschky (Hrsg.), Sexueller Missbrauch, Misshandlung, Vernachlässigung (S. 85-104). Stuttgart: Schattauer.

Bender, D. & Lösel, F. (2005). Misshandlung von Kindern: Risikofaktoren und Schutzfaktoren. In G. Deegener & W. Körner (Hrsg.), Kindesmisshandlung und Vernachlässigung. Ein Handbuch (S. 317-346). Göttingen: Hogrefe.

Bettge, S. (2004). Schutzfaktoren für die psychische Gesundheit von Kindern und Jugendlichen. Charakterisierung, Klassifizierung, Operationalisierung. Dissertation an der Fakultät VII - Wirtschaft und Management/Institut für Gesundheitswissenschaften - der Technischen Universität Berlin. Internet: http://edocs.tu-berlin.de/diss/2004/bettge_susanne.pdf

Bugental, D.B., Mantyla, S.M. & Lewis, J. (1989). Parental attributions as moderators of affective commnunication to children at risk for physical abuse. In D. Cicchetti & V. Carlson (Hrsg.), Child maltreatment (S. 254-279). Cambridge: Cambridge University Press.

Cicchetti, D. (1989). How research on maltreatment has informed the study of child development: perspectives from developmental psychopathology. In D. Cicchetti & V. Carlson (Hrsg.), Child maltreatment (S. 377-431). Cambridge: Cambridge University Press.

Cicchetti, D. & Rizley, R. (1981). Developmental perspectives on the etiology, intergenerational transmission, and sequelae of child maltreatment. New Directions for Child Development, 11, 31-35.

Daro, D. (1988). Confronting child abuse: Research for effective programm design. New York: The Free Press.

Daro, D. (1990). Prevention of Child Physical Abuse. In R. T. Ammermann & M. Hersen, (Hrsg.), Treatment of family violence. A sourcebook (S. 331-353). New York: Wiley.

Deegener, G. (1992). Orientierungshilfen bei Kindesmisshandlung. Tabellarische Übersicht zu kompensatorischen Bedingungen und Risikofaktoren. Mainzer Schriften zur Situation von Kriminalitätsopfern. Bd. 4. Mainz: Weisser Ring.

Deegener, G. & Körner, W. (2004). Einstufungsbogen zum Schweregrad von Kindesmisshandlungen und Liste familiärer Risikofaktoren. Unveröffentlichtes Manuskript.

Dong, M., Anda, R.F., Dube, S.R., Giles, W.H. & Felitti, V.J. (2003). The relationship to exposure to childhood sexual abuse to other forms of abuse, neglect, and household dysfunction during childhood. Child Abuse & Neglect, 27, 625-639.

Dornes, M. (2000). Vernachlässigung und Misshandlung aus der Sicht der Bindungstheorie. In U. T. Egle, S. O. Hoffmann & P. Joraschky (Hrsg.), Sexueller Missbrauch, Misshandlung, Vernachlässigung (S. 70-83). Stuttgart: Schattauer.

Dührssen, A. (1984). Risikofaktoren für die neurotische Kindheitsentwicklung. Ein Beitrag zur psychoanalytischen Geneseforschung. Z. psychosom. Med., 30, 18-42.

Dührssen, A. & Liebertz, K. (1999). Der Risiko-Index. Ein Verfahren zur Einschätzung und Gewichtung von psychosozialen Belastungen in Kindheit und Jugend. Göttingen: Vandenhoek & Rupprecht.

Egle, U.T. & Hoffmann, S.O. (2000). Pathogene und protektive Entwicklungsfaktoren in Kindheit und Jugend. In U. T. Egle, S. O. Hoffmann & P. Joraschky (Hrsg.), Sexueller Missbrauch, Misshandlung, Vernachlässigung (S. 3-22). Stuttgart: Schattauer.

English, D.J. (2002). The importance of understanding a child's maltreatment experience cross-sectionally and longitudinal. Child Abuse & Neglect, 27, 877-882.

English, D.J., Bangdiwala, S.I. & Runyan, D.K. (2005). The dimensions of maltreatment. Child Abuse & Neglect, 25, 441-460.

Finkel, M. (1998). Das Problem beim Namen nennen! – Kinder und Jugendliche mit sexuellen Gewalterfahrungen in Hilfen zur Erziehung. In D. Baur (Hrsg.), Leistungen und Grenzen von Heimerziehung (S. 351-385). Stuttgart: Kohlhammer.

Garbarino, J. (1977). The human ecology of child maltreatment: A conceptual model for research. Journal of Marriage and the Family, 39, 721-736.

Hardt, J. (2003). Psychische Langzeitfolgen manifester Kindheitsbelastungen: Die Rolle von Eltern-Kind-Beziehungen. Lengerich: Pabst Science Publishers.

Holtmann, M. & Schmidt, M.H. (2004). Resilienz im Kindes- und Jugendalter. Kindheit und Entwicklung, 13 (4), 195-200.

Holtmann, M., Poustka, F. & Schmidt, M.H. (2004). Biologische Korrelate der Resilienz im Kindes- und Jugendalter. Kindheit und Entwicklung, 13 (4), 201-211.

Jonson-Reid, M., Drake, B., Chung, S. und Way, I. (2003). Cross-type recidivism among child maltreatment victims and perpetrators. Child Abuse & Neglect, 27, 899-917.

Kendall-Tackett, K., Lyon, T., Taliaferro, G. & Little, L. (2005). Why child maltreatment researchers should include children's disability status in their maltreatment studies. Child Abuse & Neglect, 29, 147-151.

Klemenz, B. (2003a). Ressourcenorientierte Diagnostik und Intervention bei Kindern und Jugendlichen. Tübingen: DGVT-Verlag.

Klemenz, B. (2003b). Ressourcenorientierte Kindertherapie. Praxis der Kinderpsychologie und Kinderpsychiatrie, 52 (5), 297-315.

Krahé, B. & Greve, W. (2002). Aggression und Gewalt: Aktueller Erkenntnisstand und Perspektiven künftiger Forschung. Zeitschrift für Sozialpsychologie, 33 (3), 123-142.

Krumm, V., Lammberger-Baumann, B. & Haider, G. (o. J.). Gewalt in der Schule - auch von Lehrern. Internet-Publikation: www.sbg.ac.at/erz/salzburger_beitraege/krumm1.htm.

Lau, A.S., Leeb, R.T., English, D., Graham, J.C., Briggs, E.C., Brody, K.E. & Marshall, J.M. (2005). What's in a name? A comparison of methods for classifying predominant type of maltreatment. Child Abuse & Neglect, 29, 533-551.

Levy, H., Markovic, J., Chaudry, U., Ahart, S. & Torres, H. (1995). Reabuse rates in a sample of children followed for 5 years after discharge from a child abuse inpatient assessment Program. Child Abuse & Neglect, 19, 1363-1377.

Libal, R. & Deegener, G. (2005). Häufigkeiten unterschiedlicher Gewalterfahrungen in Kindheit und Jugend sowie Beziehungen zum psychischen Befinden im Erwachsenenalter. In G. Deegener & W. Körner (Hrsg.), Kindesmisshandlung und Vernachlässigung. Ein Handbuch (S. 59-93). Göttingen: Hogrefe.

Lindner, E.J. (2004). Evaluation präventiver Beratungsarbeit am Beispiel des Modellprojektes ‚Aufbau von Beratungs- und Unterstützungsmaßnahmen für Familien, deren Säuglinge und Kleinkinder von Vernachlässigung, Misshandlung und Gewalt bedroht oder betroffen sind' des Deutschen Kinderschutzbundes, Kreisverband Schaumburg e.V. Eine empirische Analyse. Dissertation zur Erlangung des Doktorgrades Dr. phil. im Fach Psychologie, Universität Paderborn. Internetseite: http://ubdata.uni-paderborn.de/ediss/02/2004/lindner/.

Lösel, F., Beelmann, A., Jaursch, S. & Stemmler, M. (2004). Soziale Kompetenz für Kinder und Familien. Ergebnisse der Erlangen-Nürnberger Entwicklungs- und Präventionsstudie. Hrsg.: Bundeminsiterium für Familie, Senioren, Frauen und Jugend, Berlin. Internet: http://www.bmfsfj.de/Kategorien/Forschungsnetz/forschungsberichte,did=18436.html.

Marshall, D.B. & English, D.J. (1999). Survival analysis of risk factors for recidivism in child and neglect cases. Child Maltreatment, 4, 296-297.

May-Chahal, C. & Cawson, P. (2005). Measuring child maltreatment in the United Kingdom: A study of the prevalence of child abuse and neglect. Child Abuse and Neglect, 29, 969-984.

Ney, P., Fung, T. & Wickett, A. (1992). The worst combinations of abuse and neglect. Child Abuse & Neglect, 18, 705-714.

Papoušek, M., Schieche, M. & Wurmser, H. (2004). Regulationsstörungen in der frühen Kindheit. Bern: Huber.

Patry, J.-L. & Perrez, M. (2003). Störende Bedingungen des Lernens und der Entwicklung im Kindesalter. Ein Klassifikationsversuch. Salzburger Beiträge zur Erziehungswissenschaft, 7 (2), 73-93. Internet: http://www.sbg.ac.at/erz/salzburger_beitraege/herbst2003/patry_perrez_02_03_sbg.pdf.

Petermann, F., Niebank, K. & Scheithauer, H. (Hrsg., 2000). Risiken der frühkindlichen Entwicklung. Entwicklungspsychopathologie der ersten Lebensjahre. Göttingen: Hogrefe.

Pfeiffer, C. & Wetzels, P. (1997). Kinder als Täter und Opfer. Eine Analyse auf der Basis der PKS und einer repräsentativen Opferbefragung. Forschungsbericht Nr. 68. Hannover: Kriminologisches Forschungsinstitut.

Pilz, G.A. (2005). Gewalt und Gewaltprävention in der und durch die Schule. In G. Deegener & W. Körner (Hrsg.), Kindesmisshandlung und Vernachlässigung. Ein Handbuch (S. 198-219). Göttingen: Hogrefe.

Reijneveld, S.A., van der Wal, M.F., Brugman, E., Sing, R.A. & Verloove-Vanhorick, S.P. (2004). Infant crying and abuse. Lancet, 364 (9442), 1295-1296.

Reinhold, C. & Kindler, H. (2005a). In welchen Situationen kommt es vor allem zu Kindeswohlgefährdungen? In Handbuch Kindeswohlgefährdung nach § 1666 BGB und Allgemeiner Sozialer Dienst (ASD). Internet: http://213.133.108.158/asd/20.htm.

Reinhold, C. & Kindler, H. (2005b). Gibt es Kinder, die besonders von Kindeswohlgefährdungen betroffen sind? In Handbuch Kindeswohlgefährdung nach § 1666 BGB und Allgemeiner Sozialer Dienst (ASD). Internet: http://213.133.108.158/asd/17.htm.

Reinhold, C. & Kindler, H. (2005c). Was ist über Eltern, die ihre Kinder gefährden, bekannt? In Handbuch Kindeswohlgefährdung nach § 1666 BGB und Allgemeiner Sozialer Dienst (ASD). Internet: http://213.133.108.158/asd/18.htm.

Resch, F., Parzer, P., Brunner, R.M., Haffner, J., Koch, E., Oelkers, R., Schuch, B. & Strehlow, U. (1999). Entwicklungspsychopathologie des Kindes- und Jugendalters. Weinheim: Beltz.

Richter-Appelt, H. (1994): Sexuelle Traumatisierungen und körperliche Misshandlungen. In K. Rutschky & R. Wolff (Hrsg.), Handbuch sexueller Gewalt (S. 116-142). Hamburg: Ingrid Klein Verlag.

Sedlak, A. & Broadhurst, D.D. (1996). The 3. National incidence study on child abuse and neglect, Washington, DC: National Center on Child Abuse and Neglect, US Government Printing Office. Zusammenfassung siehe Internetseite: http://www.calib.com/nccanch/pubs/statinfo/nis3.cfm.

Seus-Seberich, E. (2005). Welche Rolle spielt soziale Benachteiligung in Bezug auf Kindeswohlgefährdung? In Handbuch Kindeswohlgefährdung nach § 1666 BGB und Allgemeiner Sozialer Dienst (ASD). Internet: http://213.133.108.158/asd/21.htm.

Thyen, U., Kirchhofer, F. und Wattam, C. (2000). Gewalterfahrungen in der Kindheit – Risiken und gesundheitliche Folgen. Gesundheitswesen, 62, 311-319.

Wetzels, P. (1997). Zur Epidemiologie physischer und sexueller Gewalterfahrungen in der Kindheit. Ergebnisse einer repräsentativen Prävalenzstudie für die BRD. Forschungsbericht Nr. 59. Hannover: Kriminologisches Forschungsinstitut.

Wollwerth de Chuquisengo, R. & Kreß, H. (2005). Exzessives Schreien in den ersten Lebensmonaten und seine Behandlung in der Münchner Sprechstunde für Schreibabys. IKK-Nachrichten, 1-2, 40-45.

Wu, S.S., Ma, C.-X., Carter, R-L., Ariet, M., Feaver, E.A., Resnick, M.B. & Roth, J. (2004). Risk factors for infant maltreatment: a population-based study. Child Abuse & Neglect, 28, 1253-1264.

Wustmann, C. (2005). „So früh wie möglich!" – Ergebnisse der Resilienzforschung. IKK-Nachrichten, 1-2, 14-19.

3. Risikoeinschätzungen von Kindeswohl-gefährdungen und -misshandlungen

3.1 Einleitung

Kindler (2005a, S. 386) umschreibt die allgemeinen Aufgaben von Risikoeinschätzungen folgendermaßen: „In einem weiten Wortsinn lässt sich Risikoeinschätzung ... definieren als Prozess der Informationssammlung und der darauf aufbauenden fallbezogenen Überlegungen zur Wahrscheinlichkeit des zukünftigen Auftretens einer oder mehrerer Formen von Kindeswohlgefährdung. ... In einem engeren Wortsinn bezeichnet Risikoeinschätzung das Ergebnis eines formalisierten Verfahrens, das unter ausdrücklicher Vorgabe von Kriterien und Bewertungsregeln für einen begrenzten Vorhersagezeitraum zu einer Einschätzung der Wahrscheinlichkeit des Auftretens einer oder mehrerer spezifizierter Formen der Kindeswohlgefährdung in der Beziehung zwischen einem bestimmten Kind und einem oder mehreren Bezugspersonen führt". Nach Kindler (2005a, S. 385) kann dann nach folgenden Gesichtspunkten unterschieden werden:

- „der Aspekt einer ersten Dringlichkeitseinschätzung nach Eingang einer Gefährdungsmeldung,
- der Aspekt der Sicherheitseinschätzung nach Kontakten zum Kind und den Betreuungspersonen,
- der Aspekt der Risikoeinschätzung nach intensiver Informationssammlung,
- der Aspekt der Einschätzung bereits eingetretener langfristig bedeutsamer Entwicklungsbeeinträchtigungen und -belastungen beim Kind,
- der Aspekt der Einschätzung der vorhandenen Stärken und Probleme in den Erziehungsfähigkeiten der Hauptbezugspersonen eines Kindes und im Familiensystem zur Auswahl geeigneter und erforderlicher Hilfsangebote und
- der Aspekt der kontinuierlichen Einschätzung der bei den Sorgeberechtigten vorhandenen Veränderungsmotivation und Kooperationsbereitschaft."

In einem engeren Wortsinn bezeichnet Risikoeinschätzung das Ergebnis eines formalisierten Verfahrens, das unter ausdrücklicher Vorgabe von Kriterien und Bewertungsregeln für einen begrenzten Vorhersagezeitraum zu einer Einschätzung der Wahrscheinlichkeit des Auftretens einer oder mehrerer spezifizierter Formen der Kindeswohlgefährdung in der Beziehung zwischen einem bestimmten Kind und einem oder mehreren Bezugspersonen führt.

Da es bisher keine verbindlichen Standards für Risikoeinschätzungen gibt, werden diese vermutlich auf völlig unterschiedlichen Grundlagen vorgenommen. Im einfachsten Fall ist davon auszugehen, dass eine bestimmte Fachkraft aufgrund ihres erworbenen Wissens über die Ursachen von Kindesmisshandlungen und ihrer ganz persönlichen Erfahrungen und Annahmen zur Bedeutung/Gewichtung spezifischer Risikofaktoren eine subjektive Einschätzung der Kindeswohlgefährdung bzw. des zukünftigen Risikos einer Kindesmisshandlung vornimmt.

Der Rückgriff auf oder die Erstellung von Risikolisten durch die Fachkraft oder ihre Institution, welche sich aufgrund vielfältiger Forschung in der Literatur finden lassen und/oder von Experten aufgestellt wurden, wäre ein Schritt zur Verbesserung der Praxis in dieser äußerst schwierigen Problematik.

Der Rückgriff auf oder die Erstellung von Risikolisten durch die Fachkraft oder ihre Institution, welche sich aufgrund vielfältiger Forschung in der Literatur finden lassen und/oder von Experten aufgestellt wurden, wäre ein Schritt zur Verbesserung der Praxis in dieser äußerst schwierigen Problematik (vgl. Albrecht, 2004). Die in solchen Risikolisten aufgeführten Faktoren bzw. die gesamte Risikoliste können auf sehr unterschiedlicher empirischer Basis stehen. So gibt es einmal eine extrem große Vielfalt von Untersuchungen, welche korrelative Zusammenhänge und Wechselwirkungen zwischen einer begrenzten Auswahl von Risikofaktoren sowie Kindesmisshandlung zu erfassen versuchten und immer wieder mehr oder weniger stark ausgeprägt auch fanden, z.B. bezüglich körperlicher Kindesmisshandlung und familiärer Stressbelastung, Armut, Misshandlung in der eigenen Kindheit, rigiden Erziehungshaltungen sowie hyperaktiven Kindern. Denkt man an die im vorangegangenen Kapitel dargestellten Erklärungsansätze zu den Ursachen der Kindesmisshandlung und Kindeswohlgefährdung mit ihrer Vielzahl von möglichen Risikofaktoren, so wird verständlich, wie hoch die Kombinationsmöglichkeiten sind, die sich für die Forschung ergaben und noch ergeben bezüglich der in den Studien untersuchten unterschiedlichsten Stichproben bei Verwendung verschiedenster Erhebungsinstrumente zur Erfassung einer begrenzten Auswahl von Risikofaktoren.

Der wohl weltweit am besten empirisch überprüfte Fragebogen dieser Art zur Erfassung des Risikos zukünftiger körperlicher Misshandlung ist das *Child Abuse Potential Inventory* (CAPI)

Darüber hinaus wurden Fragebogen erstellt, mit deren Hilfe mehr oder weniger breit Risikofaktoren für Kindesmisshandlung abgefragt werden, wobei dann an vielfältigen Stichproben die erhaltenen Mittelwerte der Gesamtskala oder aber von Unterskalen des Fragebogens mit den Ergebnissen in anderen Fragebogen oder weiter erfassten Variablen in Beziehung gesetzt werden, d.h. es wird die (Konstrukt-)Validität des Fragebogens geprüft (misst er inhaltlich auch das, was er messen soll?). Der wohl weltweit am besten empirisch überprüfte Fragebogen dieser Art zur Erfassung des Risikos zukünftiger körperlicher Misshandlung ist das *Child Abuse Potential Inventory* (CAPI) von Milner (1980, 1990). Sehr breit angelegt ist z.B. die *Family Risk Factor Checklist* (FRFC-P) von Dwyer et al. (2003). Sie wird von den Eltern ausgefüllt und umfasst die Bereiche ‚belastende Lebensereignisse und familiäre Instabilität', ‚Familienstruktur und sozioökonomischer Status', ‚Erziehungsmerkmale', ‚verbale Konflikte und Stress zwischen den Eltern' sowie ‚elterliches antisoziales Verhalten, Drogen-/Alkoholprobleme und psychische Störungen' (wobei eine erste Untersuchung mit diesem Verfahren ergab, dass die Unterskala ‚elterliches antisoziales Verhalten, Drogen-/Alkoholprobleme und psychische Störungen' am stärksten mit dem Beginn von Störungen des Verhaltens und Erlebens der Kinder im Alter von 4 bis 8 Jahren zusammenhing, während die übrigen Unterskalen am stärksten die spätere Aufrechterhaltung der Symptomatik bewirkten).

3.2 Grundlagen und Probleme zum Screening des Misshandlungsrisikos

Im Folgenden sollen anhand des o.a. CAPI einige wichtige Grundlagen und Probleme der standardisierten Fragebogenerfassung des Risikos von körperlicher Kindesmisshandlung erläutert werden. Die Ergebnisse des CAPI wurden zunächst in zahlreichen Untersuchungen zu gleichzeitig erfassten Variablen wie z.B. Selbstwertgefühl und Ich-Stärke der Eltern, Stressbelastung, Depression, Neurotizismus, physiologische Erregung, Erziehungsstil, Familienklima, Wahrnehmung des kindlichen Verhaltens, soziale Isolierung, usw. in Beziehung gesetzt. Außerdem wurde die Reliabilität des Fragebogens geprüft, also z.B. die Frage, ob der Fragebogen-Gesamtwert nach einer gewissen Zeit (z.B. vier Wochen) bei dem gleichen Individuum sehr ähnlich ist oder nicht (Retest-Reliabilität). Würde ein Fragebogen innerhalb einer solchen Zeitspanne sehr unterschiedliche Ergebnisse erbringen, so ist zu vermuten, dass er z.B. keine zeitlich eher länger andauernden Merkmale erfasst; d. h. die Leistung des Fragebogens, die Wahrscheinlichkeit zukünftigen Verhaltens vorherzusagen, ist sehr stark eingeschränkt. Weiter werden bei der Normenerstellung solcher Fragebogen natürlich auch die möglichen Einflüsse auf den Gesamtwert durch Alter, Geschlecht, ethnische Herkunft, sozioökonomischer Status, Bildungsniveau usw. beachtet, d.h. es können ggf. differentielle Normen erstellt werden z.B. bezüglich Alter und Geschlecht der Befragten.

Probleme der standardisierten Fragebogenerfassung

Im Rahmen der Thematik des vorliegenden Kapitels zur Abschätzung des Risikos zukünftiger Kindesmisshandlung ist es aber weiter extrem wichtig, die so genannte Vorhersage-Validität des CAPI-Fragebogens zu erfassen. Diese Vorhersage-Validität kann auf zwei Arten erfasst werden: Einmal werden zu einem bestimmten Zeitpunkt die Ergebnisse im CAPI dahingehend verglichen, inwieweit MisshandlerInnen hohe Werte sowie Nicht-MisshandlerInnen niedrige Werte im Fragebogen erzielen. Zum anderen kann z.B. eine Stichprobe untersucht werden, die nach Ansicht von Fachkräften der Jugendhilfe ein mehr oder weniger hohes Risiko für Kindesmisshandlung aufweist. Mit diesen Personen wird nun das CAPI durchgeführt, und nach einem zeitlichen Intervall von z. B. vier Monaten werden von den Fachkräften die Personen dahingehend eingestuft, ob zwischenzeitlich erneute

Im Rahmen der Thematik des vorliegenden Kapitels zur Abschätzung des Risikos zukünftiger Kindesmisshandlung ist es aber weiter extrem wichtig, die so genannte Vorhersage-Validität des CAPI-Fragebogens zu erfassen.

Kindesmisshandlung aufgetreten war oder nicht. Wenn das CAPI wirklich das Risiko zukünftiger Kindesmisshandlung misst, so muss erwartet werden, dass die Risikopersonen, die im Untersuchungszeitraum nicht misshandelten, niedrigere Werte im CAPI aufweisen als diejenigen Risikopersonen, die im Untersuchungszeitraum misshandelten.
Das Problem bei der „richtigen" Klassifizierung liegt nun darin, dass zwischen z.B. MisshandlerInnen und Nicht-MisshandlerInnen ganz überwiegend Überlappungen in den Fragebogenwerten auftreten, was zu Fehlklassifizierungen führt:

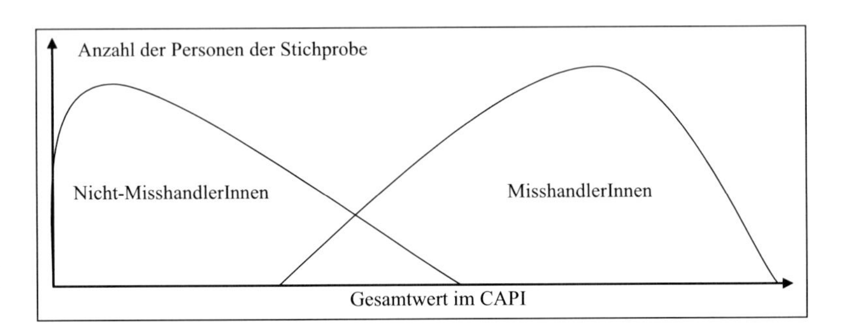

Sensitivität des Screening-Verfahrens

Um nun die untersuchten Personen allein aufgrund der CAPI-Ergebnisse nach Nicht-MisshandlerInnen und MisshandlerInnen aufzuteilen, so sind zwei richtige und zwei nicht richtige Klassifikationen möglich (siehe nachfolgende Abbildung). Die Wahrscheinlichkeit, mit der ein Screening-Verfahren MisshandlerInnen richtig identifiziert, wird mit dem Ausmaß der Sensitivität des Screening-Verfahrens angegeben. Die Wahrscheinlichkeit, dass ein Screening-Verfahren Nicht-MisshandlerInnen als misshandelnd einstuft, wird mit der Rate der falsch positiven Klassifikationen gekennzeichnet. Die Anzahl falsch negativer Klassifikationen beruht auf jenen Fällen, bei denen tatsächliche MisshandlerInnen aufgrund des Screening-Verfahrens als nicht-misshandelnd erfasst werden. Schließlich wird mit Spezifität die Wahrscheinlichkeit bezeichnet, mit der Nicht-MisshandlerInnen richtig als nicht misshandelnd identifiziert werden.
Sensitivität + Spezifität geben also die Gesamthäufigkeit richtiger Klassifizierungen, falsch positive + falsch negative Klassifizierung dagegen die Gesamthäufigkeit falscher Klassifizierungen durch das CAPI wieder.
Welche Art der Fehlklassifikation möglichst zu vermeiden ist, hängt in großem Ausmaß von den Konsequenzen ab, die mit falsch positiven oder falsch negativen Klassifikationen verbunden sind. Wenn es z.B. nicht um eine eindeutige diagnostische Zuordnung als „MisshandlerInnen vs. Nicht-MisshandlerInnen" geht (ggf. verbunden mit der Herausnahme eines Kindes aus dem Elternhaus), sondern auf-

	tatsächliche MisshandlerInnen	tatsächliche Nicht-MisshandlerInnen
Misshandlung aufgrund des CAPI	A	B
keine Misshandlung aufgrund des CAPI	C	D

A: Richtige Klassifizierung als MisshandlerIn (Sensitivität)
B: Falsche Klassifizierung als MisshandlerIn (falsch positive Klassifizierung)
C: Falsche Klassifizierung als Nicht-MisshandlerIn (falsch negative Klassifizierung)
D: Richtige Klassifizierung als Nicht-MisshandlerIn (Spezifität)

Folgen von Klassifizierung

grund des Screening-Verfahrens eher allgemein-präventive Maßnahmen erfolgen sollen wie u.a. Erziehungsberatung, Elternkurse, Therapie und Vermittlung von Hilfe und Unterstützung, so könnten die schädlichen Auswirkungen falsch positiver Klassifikationen als eher gering eingestuft werden im Vergleich mit dem möglichen positiven präventiven Effekt für Kinder. In diesen Fällen liegt die praktische Konsequenz der falsch positiven Klassifikation darin, dass ein eigentlich nicht misshandelnder Elternteil Hilfen zur Erziehung u.ä. erhält, obwohl die nicht zwingend notwendig sind wie bei einem misshandelnden Elternteil. Ganz anders sind falsch positive Entscheidungen zu bewerten und so weit als möglich zu vermeiden, wenn es um eindeutige Diagnosen und damit ggf. verbundene Jugendamtsmaßnahmen oder Gerichtsverfahren geht. In diesen Fällen können die praktischen Konsequenzen falsch positiver Klassifikationen für Eltern und Kinder sehr einschneidend sein und ihnen schrecklich Unrecht tun (z.B. Entzug des elterlichen Sorgerechts).
Das Ausmaß der Klassifizierungsfehler hängt nun davon ab, wo der sogenannte cut-off-Wert (Trennwert zwischen Misshandlung und Nicht-Misshandlung) angesetzt wird. Beim CAPI wurde ein cut-off-Wert von 215 (entspricht dem erzielten individuellem Gesamtwert im CAPI-Fragebogen) festgelegt. Oberhalb dieses Wertes befanden sich nur noch 5% der Untersuchungsstichprobe, d.h. also jene 5% Personen mit dem höchsten Misshandlungsrisiko aufgrund des CAPI. Dieser cut-off-Wert bedeutete gleichzeitig, dass relativ wenige falsch positive Klassifizierungen (falsche Einstufung aufgrund des CAPI als hoch misshandlungsgefährdet) auftreten bei mehr falsch negativen

Klassifizierungen (falsche Einstufung aufgrund des CAPI als nicht hoch misshandlungsgefährdet). Dies bedeutet auch die Entscheidung, dass eher in Kauf genommen wird, tatsächlich hoch misshandlungsgefährdete Personen zu übersehen, als nicht hoch misshandlungsgefährdete Personen fälschlicherweise aufgrund des CAPI in die Gruppe von Personen mit hohem Misshandlungsrisiko einzustufen.
Wird nun der cut-off-Wert des CAPI heruntergesetzt auf einen Wert von 166, so ergibt sich umgekehrt, dass relativ mehr falsch positive Klassifizierungen (falsche Einstufung aufgrund des CAPI als hoch misshandlungsgefährdet) auftreten bei weniger falsch negativen Klassifizierungen (falsche Einstufung aufgrund des CAPI als nicht hoch misshandlungsgefährdet). Hier fällt also die Entscheidung dahingehend, möglichst alle Personen mit hohem Misshandlungsrisiko zu erfassen, wobei in Kauf genommen wird, dass unter diesen auch Personen sind, die nicht hoch misshandlungsgefährdet sind.

Die Vorhersagekraft des CAPI hängt nun weiter auch von der Basisrate der Kindesmisshandlung in der untersuchten Stichprobe ab.

Die Vorhersagekraft des CAPI hängt nun weiter auch von der Basisrate der Kindesmisshandlung in der untersuchten Stichprobe ab. Diese Basis-Rate gibt wieder, wie oft ein Verhalten (hier: körperliche Kindesmisshandlung) in derjenigen Stichprobe auftritt, welche der/die zu Untersuchende repräsentiert. Die Basis-Rate gegenwärtiger körperlicher Kindesmisshandlung in einer allgemeinen, unausgelesenen Stichprobe von Eltern wird nach Einschätzung des CAPI-Autors bei weniger als 5% liegen. Dagegen wird die Basis-Rate in einer Stichprobe von Eltern, die wegen körperlicher Kindesmisshandlung gemeldet, angezeigt oder verdächtigt werden, in einem Bereich zwischen 30% bis 50% schwanken (Prozent der nachgewiesenen Fälle von Misshandlung in dieser Stichprobe).
Jeder Test, also auch die Kindesmisshandlungs-Skala des CAPI, liefert nun seine höchste Validität (hier im Sinne der Verbesserung der Prognose durch das CAPI), wenn die Basis-Rate in der Ziel-Stichprobe um 50% liegt. Eine der empfohlenen Anwendungsgebiete des CAPI, das Screening bei Verdacht auf körperliche Kindesmisshandlung, stellt deswegen aufgrund seiner Basis-Rate eine sehr gute Voraussetzung dar für die optimale Erhöhung der Vorhersage-Validität.
Wird das CAPI bei ProbandInnen von Stichproben mit niedrigen Basis-Raten angewendet, so wird auch das Ausmaß der Validität des CAPI abnehmen. Bei Stichproben mit sehr niedrigen Basis-Raten kann dann die Anwendung des CAPI ggf. nicht angemessen bis unangebracht sein.
Zur Erläuterung: Wenn z.B. die Basis-Rate für körperliche Kindesmisshandlung in einer Ziel-Stichprobe 50% beträgt sowie aufgrund des Screening-Verfahrens (z.B. CAPI) die Klassifikationsrate für MisshandlerInnen 80% und für nicht-misshandelnde Eltern 80% beträgt, dann werden 80% der MisshandlerInnen und 80% der Nicht-MisshandlerInnen richtig klassifiziert sowie insgesamt 80% richtige Klassifikationen erreicht (Beispiele nach Milner, 1980):

Beispiel: Stichprobe von 100 Personen mit einer Basis-Rate von 50% für körperliche Kindesmisshandlung sowie Klassifikationsraten von jeweils 80% der MisshandlerInnen und Nicht-MisshandlerInnen aufgrund des Screening-Verfahrens (Normalschrift: Zahlen aufgrund der Basis-Rate; Kursivschrift: Zahlen aufgrund des Screening):

	tatsächlich	
	Misshandlung	**keine Misshandlung**
Misshandlung aufgrund Screening	N = 50 (50%) **A** *N = 40 (80 %)*	N = 0 (0%) **B** *N = 10 (20%)*
keine Misshandlung aufgrund Screening	N = 0 (0%) **C** *N = 10 (20 %)*	N = 50 (50%) **D** *N = 40 (80%)*

A: Richtige Klassifizierung der Misshandlung (Sensitivität)
B: Falsche Klassifizierung der Misshandlung (falsch positive Klassifizierung)
C: Falsche Klassifizierung der Misshandlung (falsch negative Klassifizierung)
D: Richtige Klassifizierung der (Nicht-)Misshandlung (Spezifität)
Gesamtzahl richtiger Klassifikationen aufgrund des Screening 80%.

Wenn jedoch in der Ziel-Stichprobe die Basis-Rate für MisshandlerInnen nur 5% beträgt (entsprechend 95% nicht misshandelnde Personen) und das Screening-Verfahren die gleichen Klassifikations-Raten besitzt (also 80% für MisshandlerInnen und 80% für Nicht-MisshandlerInnen) wie im vorangegangen Beispiel, so ergeben sich andere Klassifikationsergebnisse. Wenn also die Basis-Rate für körperliche Kindesmisshandlung 5% beträgt und der Test eine Klassifikationsrate von 80% bei den MisshandlerInnen aufweist, so werden bei einer Stichprobe von 100 Personen aufgrund des Screening 4 von 5 MissbraucherInnen richtig klassifiziert und eine Person falsch (= falsch negative Klassifikation, also fälschlich als nicht missbrauchend eingestuft). Hinzu kommt, dass 80% der 95 nicht-misshandelnden Personen richtig erkannt werden, also 76 von 95 Personen, während die restlichen 19 Personen aufgrund des Screening fälschlich als MisshandlerInnen eingestuft werden (falsch positive Klassifikation). Zusammengefasst: Bei einer Stichprobe von 100 Personen mit einer Basis-Rate für körperliche Kindesmisshandlung von 5% werden 4 Personen durch das Screening richtig als MisshandlerInnen, aber 19 Personen mit erhöhten Testwerten falsch als MisshandlerInnen eingestuft. Das heißt, von den 23 Personen (4 + 19), die aufgrund des Screening als MisshandlerInnen eingestuft wurden, wurden 19 Personen bzw.

Wenn also die Basis-Rate für körperliche Kindesmisshandlung 5% beträgt und der Test eine Klassifikationsrate von 80% bei den MisshandlerInnen aufweist, so werden bei einer Stichprobe von 100 Personen aufgrund des Screening 4 von 5 MissbraucherInnen richtig klassifiziert und eine Person falsch.

Beispiel: **Stichprobe von 100 Personen mit einer Basis-Rate von 5% für körperliche Kindesmisshandlung sowie Klassifikationsraten von jeweils 80% der MisshandlerInnen und Nicht-MisshandlerInnen aufgrund des Screening-Verfahrens (Normalschrift: Zahlen aufgrund der Basis-Rate; Kursivschrift: Zahlen aufgrund des Screening):**

	tatsächlich	
	Misshandlung	**keine Misshandlung**
Misshandlung aufgrund Screening	N = 5 (5%) **A** *N = 4 (80 %)*	N = 0 (0%) **B** *N = 19 (20%)*
keine Misshandlung aufgrund Screening	N = 0 (0%) **C** *N = 1 (20 %)*	N = 95 (95%) **D** *N = 76 (80%)*

A: Richtige Klassifizierung der Misshandlung (Sensitivität)
B: Falsche Klassifizierung der Misshandlung (falsch positive Klassifizierung)
C: Falsche Klassifizierung der Misshandlung (falsch negative Klassifizierung)
D: Richtige Klassifizierung der (Nicht-)Misshandlung (Spezifität)
Gesamtzahl richtiger Klassifikationen aufgrund des Screening 80%.

82,6% der Fälle nicht richtig klassifiziert (falsche positive Klassifikation) aufgrund der niedrigen Basis-Rate in dieser Stichprobe.

In beiden Beispielen kommt es also trotz unterschiedlicher Basis-Raten für körperliche Kindesmisshandlung zur gleichen Gesamtzahl richtiger Klassifikationen von 80% aufgrund des Screening-Verfahrens.

In beiden Beispielen kommt es also trotz unterschiedlicher Basis-Raten für körperliche Kindesmisshandlung zur gleichen Gesamtzahl richtiger Klassifikationen von 80% aufgrund des Screening-Verfahrens. Allerdings trifft es auch zu, dass im zweiten Beispiel gegenüber den 76 Personen, die durch das Screening als Nicht-MisshandlerInnen eingestuft wurden, nur eine Person (= 1,3% von 77 Personen) steht, die falsch als Nicht-MisshandlerIn eingestuft wurde (falsche negative Klassifikation). In diesem (zweiten) Beispiel weisen also aufgrund der geringen Basis-Rate in der untersuchten Stichprobe sowohl die Screening-Gruppe der MisshandlerInnen wie auch die Screening-Gruppe der Nicht-MisshandlerInnen eine geringere Wahrscheinlichkeit für Misshandlung auf, als es die Klassifikationsraten des Verfahrens (80%) nahe legen: Verhältnis A zu B = 4 zu 19 Personen = 17,4% zu 82,6% anstatt 20% zu 80%; C zu D = 1 zu 76 Personen = 1,3% zu 98,7% anstatt 20% zu 80%.

Das Problem der falsch positiven Klassifikationen (tatsächliche/r Nicht-MisshandlerIn wird im Screening-Verfahren als MisshandlerIn eingestuft) kann zum Teil dadurch gelöst werden, das ergänzende Beurteilungen/diagnostische Maßnahmen mit derjenigen Gruppe durchgeführt werden, die aufgrund des Screening als MisshandlerInnen eingestuft wurden. Zum Beispiel kann das CAPI zunächst als Screening für Risikopersonen angewendet werden. Danach kann in einem zweiten Schritt diese Risikogruppe einer neuen Diagnostik mit weiteren Kriterien unterzogen werden, um so eine kleinere Gruppe zu identifizieren, welche eine höhere Wahrscheinlichkeit für körperliche Kindesmisshandlung aufweist. Alternativ kann auch umgekehrt vorgegangen werden: Experten könnten zunächst aufgrund vorhandener bekannter Kriterien eine Gruppe von Hoch-Risiko-Probanden identifizieren, und danach könnte das CAPI als zweites Screening-Kriterium angewendet werden, um eine kleinere Gruppe von Personen zu erkennen mit höherer Wahrscheinlichkeit für körperliche Kindesmisshandlung. Auf beiden Wegen kann ein mehrstufiger Screening-Ansatz die Anzahl falsch positiver Klassifikationen verringern, welche aufgrund eines einstufigen Screening bei niedrigen Basis-Raten auftreten. Das Problem von sehr hohem Auftreten falsch positiver Klassifikationen kann deswegen durch ein mehrstufiges Screening zum Teil gelöst werden, weil auf jeder Screening-Stufe sich die Basis-Rate für körperliche Kindesmisshandlung bei der verbleibenden Stichprobe erhöht.

Das Problem von sehr hohem Auftreten falsch positiver Klassifikationen kann deswegen durch ein mehrstufiges Screening zum Teil gelöst werden, weil auf jeder Screening-Stufe sich die Basis-Rate für körperliche Kindesmisshandlung bei der verbleibenden Stichprobe erhöht.

Auch wenn hinreichend adäquate Basis-Raten vorliegen, so sollte die Misshandlungs-Skala niemals alleine angewendet werden, um eine zu untersuchende Person zu diagnostizieren oder als MisshandlerIn einzustufen. Diese Einschränkung gilt für alle Tests, welche als Screening für Kindesmisshandlung eingesetzt werden. Die Kindesmisshandlungs-Skala muss in Verbindung mit anderen diagnostischen Maßnahmen eingesetzt werden wie z.B. Interviews, Krankengeschichten, Anamneseerhebung, direkte Beobachtung, medizinische Daten und andere psychologische Tests. Verschiedenartige diagnostische Maßnahmen erhöhen die Wahrscheinlichkeit für eine richtige individuelle Klassifikation.

3.3 Screening vs. Diagnostik

Betont werden muss, dass das CAPI als Screening-Verfahren und nicht als Diagnose-Instrument entwickelt wurde. Im Rahmen einer Beurteilung bezeichnet Screening einen raschen und häufig eher etwas groben Auswahlprozess. Gewöhnlich bezieht sich Screening auf die ersten Bemühungen zu bestimmen, ob bei einem Individuum oder einer Gruppe eine bestimmte Eigenschaft oder ein bestimmtes Verhalten vorhanden oder nicht vorhanden ist. Meistens findet dann das Screening im Anfangsstadium eines mehrstufigen Beurteilungsprozesses statt. Die Diagnose bezeichnet dagegen einen anderen Teil des Beurteilungsprozesses, nämlich intensive und umfangreiche Untersuchungs- und Bewertungsprozesse, die gewöhnlich am Ende des gesamten Beurteilungsprozesses stattfinden. In der nachfolgenden Abbildung wird dieser Prozess mit seinen typischen Stufen beispielhaft veranschaulicht (nach Milner, 1980):

Gewöhnlich bezieht sich Screening auf die ersten Bemühungen zu bestimmen, ob bei einem Individuum oder einer Gruppe eine bestimmte Eigenschaft oder ein bestimmtes Verhalten vorhanden oder nicht vorhanden ist.

Stufen des Beurteilungsprozesses

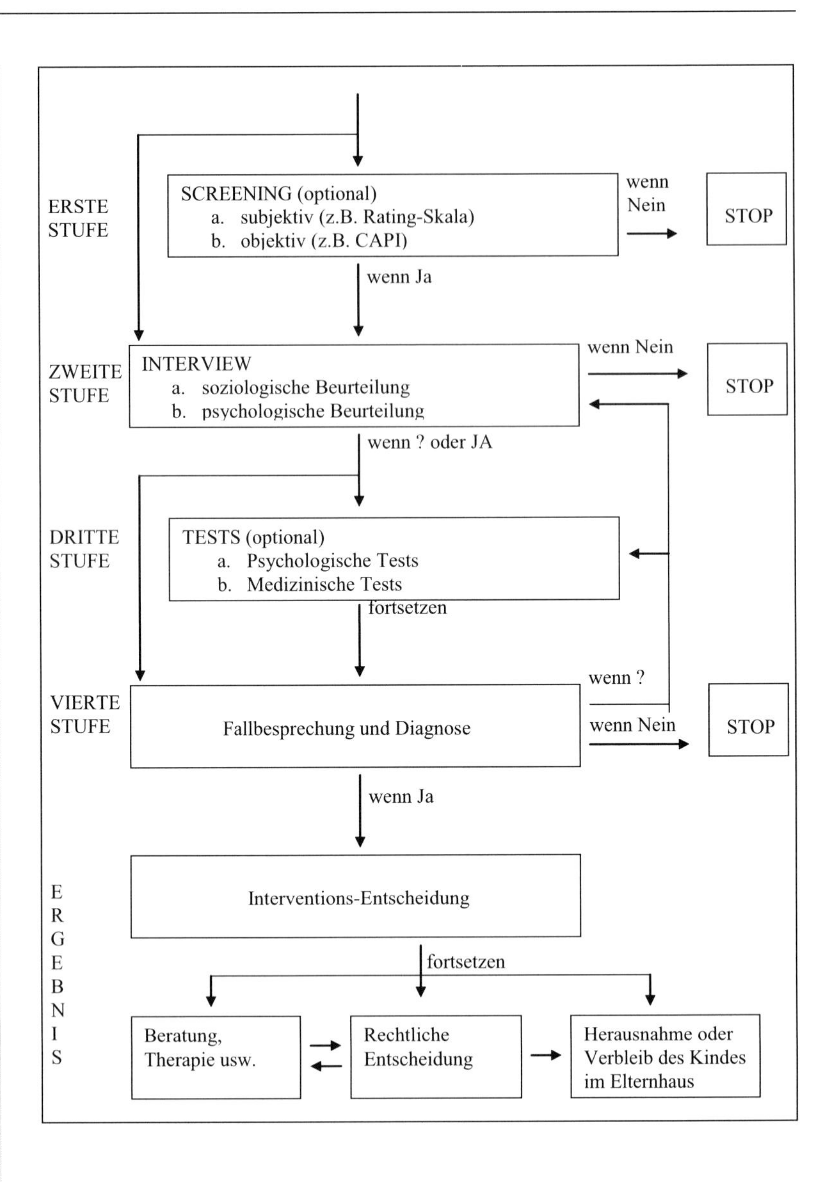

Das Schema stellt einen sequentiellen Entscheidungsprozess dar, weil neue Informationen und die Hypothesen bestätigende oder verwerfende Daten gewonnen werden, wenn Experten von Stufe zu Stufe fortschreiten.

Der Beurteilungsprozess beginnt mit dem Screening (1. Stufe) und führt über mehrere Stufen zur Diagnose (5. Stufe). Experten sollten diesem Beurteilungs-Schema mit seiner stufenweisen Strategie folgen, wobei auf allen Stufen aufgeführt wird, was je nach dem Ergebnis der Beurteilungsprozesse zu tun ist. Das Schema stellt einen sequentiellen Entscheidungsprozess dar, weil neue Informationen und die Hypothesen bestätigende oder verwerfende Daten gewonnen werden, wenn Experten von Stufe zu Stufe fortschreiten.
Die von Stufe zu Stufe zusätzlich gewonnenen Daten können zu einer Veränderung der endgültigen Diagnose führen. Wenn die gesammelten Informationen unklar oder unvollständig geblieben sind, so sollte selbst auf der letzten Stufe des Beurteilungsprozesses zu den

Maßnahmen einer vorangegangenen Stufe zurückgekehrt werden, um zusätzlich benötigte Daten zu erhalten. Deswegen sollte auch auf der 4. Stufe der ‚Fallbesprechung und Diagnose' auf eine entsprechend frühere Stufe zurückgegangen werden, wenn sich herausstellt, dass zusätzliche biographische Angaben, Persönlichkeits-Tests oder medizinische Daten notwendig sind. Beweglichkeit und Vollständigkeit sind ausschlaggebende Merkmale dieses sequentiellen Beurteilungsprozesses, um auf diese Weise Fehlklassifikationen so weit als möglich zu vermeiden, wenn die endgültige Diagnose gestellt wird.

Das Schema weist eine klare Trennung zwischen Screening und Diagnose auf. Das Screening erfolgt am Anfang des Beurteilungsprozesses, wobei meist eine Methode gewählt wird, nach der die untersuchten Personen in eine von zwei Kategorien eingeordnet werden. Das heißt entweder wird einem Individuum aufgrund der Screening-Kriterien eine bestimmte Eigenschaft (z.B. Risiko für Kindesmisshandlung) zugeschrieben oder eben nicht: Ein anderes Ergebnis gibt es nicht. Screening-Verfahren sind weiter in der Regel relativ kurz, während Diagnose-Prozesse im Gegensatz dazu sehr viel umfangreicher und zeitraubender sind.

Das Schema weist eine klare Trennung zwischen Screening und Diagnose auf.

Von Stufe zu Stufe des Beurteilungsprozesses variiert auch die Bewertung und Toleranzschwelle bezüglich der Typen der Klassifikationsfehler. In der anfänglichen Screening-Stufe (1. Stufe) sollten falsche negative Klassifikationen möglichst vermieden werden, weil es auf dieser Stufe das Ziel ist, jeden tatsächlichen/realen Fall (z.B. von Kindesmisshandlung) trotz Reduzierung der Stichprobe für die nachfolgende Beurteilungs-Stufe zu erfassen. Da auf den nachfolgenden Stufen alle falsch positiven Klassifikationen ausgeschlossen werden sollen, ist es zunächst wichtig, den cut-off-Wert des Screening-Verfahrens niedrig anzusetzen, um so keine tatsächliche Kindesmisshandlung zu übersehen. Im Gegensatz dazu ist es auf der diagnostischen Stufe (4. Stufe) des Beurteilungsprozesses extrem wichtig, falsch positive Klassifikationen (falsche Anschuldigung einer unschuldigen Person) zu vermeiden, da keine weiteren Beurteilungs-Stufen mehr folgen, um die Diagnose zu bestätigen oder zurückzuweisen. Deswegen sollten auf dieser diagnostischen Stufe die Kriterien für die Zuweisung in eine Misshandlungsgruppe sehr viel umfangreicher und vollständiger sein sowie der cut-off-Wert höher liegen als beim vorangegangenen Screening.

Von Stufe zu Stufe des Beurteilungsprozesses variiert auch die Bewertung und Toleranzschwelle bezüglich der Typen der Klassifikationsfehler.

3.4 Zum Stand von Risikoeinschätzungen bei Kindesmisshandlung in Deutschland

Als Ausgangspunkt zu diesem Abschnitt seien Ausführungen von Kindler und Lillig (2005) zur Vorhersagegültigkeit von Screeningverfahren zu Misshandlungs- bzw. Vernachlässigungsrisiken im Ausland

Derzeit liegt etwa ein Dutzend Studien vor, in denen Screeningverfahren auf ihre Vorhersagegüte überprüft wurden.

Die Sensitivität der untersuchten Instrumente reicht dabei von etwa 30 bis 100% mit einem deutlichen Schwerpunkt oberhalb von 80%. Etwas ungünstiger sind die Zahlen zur Spezifität, die über alle Untersuchungen hinweg von etwa 20 bis 90% reichen, wobei die Werte etwas gleichmäßiger über die gesamte Bandbreite hinweg verteilt sind, mit einem noch erkennbaren Schwerpunkt um die 80%.

zitiert (S. 11): „Derzeit liegt etwa ein Dutzend Studien vor, in denen Screeningverfahren auf ihre Vorhersagegüte überprüft wurden (für Forschungsübersichten siehe Leventhal, 1988; McCurdy, 1995; Peters & Barlow, 2003; Nygren et al., 2004). Die Sensitivität der untersuchten Instrumente reicht dabei von etwa 30 bis 100% mit einem deutlichen Schwerpunkt oberhalb von 80%. Etwas ungünstiger sind die Zahlen zur Spezifität, die über alle Untersuchungen hinweg von etwa 20 bis 90% reichen, wobei die Werte etwas gleichmäßiger über die gesamte Bandbreite hinweg verteilt sind, mit einem noch erkennbaren Schwerpunkt um die 80%. Zur Veranschaulichung dieser Zahlen lässt sich eine Untersuchung von Murphy et al. (1985) verwenden, in der ein bestimmtes Instrument, das ‚Kempe Family Stress Inventory', auf seine Aussagekraft hin überprüft wurde. Hierzu wurden 600 Frauen während einer Schwangerschaft mit dem Instrument interviewt und einer Gruppe mit einem hohen oder eher niedrigen Risiko zugeordnet. Zu einem späteren Zeitpunkt, als die Kinder ein bis zwei Jahre älter waren, wurde bei allen Familien aus der Risikogruppe und einer Zufallsauswahl der Fälle mit einem als gering eingeschätzten Risiko anhand von Krankenhausunterlagen untersucht, ob die betroffenen Kinder zwischenzeitlich im Zusammenhang mit Misshandlung bzw. Vernachlässigung hatten behandelt werden müssen. Die Sensitivität des Instruments betrug 80%, d.h. von den 25 Fällen mit dokumentierter Misshandlung bzw. Vernachlässigung waren 20 bereits während der Schwangerschaft als Risikofälle eingestuft worden. Die Spezifität betrug 89%, d.h. von 170 Kindern, bei denen keine Hinweise auf Misshandlung bzw. Vernachlässigung vorlagen, waren 152 vorab der Gruppe mit geringem Risiko zugeordnet worden. Die vorliegenden Zahlen zur Sensitivität von Screeningverfahren deuten darauf hin, dass ein hoher Anteil der Kinder, die später Misshandlung bzw. Vernachlässigung erleben müssen, mit relativ einfachen Mitteln bereits vorab für Präventionsmaßnahmen erkennbar wäre. Die Zahlen zur Spezifität erzählen dagegen eine ganz andere Geschichte. Da die Gruppe der nicht-misshandelnden und nicht-vernachlässigenden Eltern sehr groß ist, bedeutet selbst eine Spezifität von 80% und darüber, dass in absoluten Zahlen viele Eltern fälschlich der Hochrisikogruppe zugeordnet werden. In der Untersuchung von Murphy et al. (1985) lag die Rate der Eltern aus der Hochrisikogruppe, deren Kinder später tatsächlich misshandelt bzw. vernachlässigt wurde, bei 51%. Dies hat eine ganz klare Konsequenz: Screeningverfahren filtern nicht ausschließlich zukünftige Kindesmisshandler heraus. Bei einem Teil der risikobehafteten Eltern würde es auch ohne Hilfe nie zu einer Kindeswohlgefährdung kommen. Deshalb ist ein sorgfältiger und reflektierter Umgang mit diesen Instrumenten vonnöten, um betroffene wie auch nicht betroffene Eltern in den Augen der Fachwelt oder der Öffentlichkeit nicht zu diskreditieren. Es geht nur darum, gezielt solche Eltern zu erreichen, die mit größerer Wahr-

scheinlichkeit als andere mit ihren Kindern in schwierige oder gar gefährliche Situationen geraten."
In Deutschland steckt die Entwicklung und empirische Erforschung von Verfahren/Skalen/Fragebogen zur Einschätzung des Risikos verschiedener Formen der Kindesmisshandlung eher noch in den Kinderschuhen. Im 255 Seiten umfassenden Dormagener Qualitätskatalog wird z. B. unter „PPQ 8 Kinderschutz" bezüglich einer „gründlichen Risikoeinschätzung" nur angeführt (Stadt Dormagen, 2001, S. 89f.):

Im 255 Seiten umfassenden Dormagener Qualitätskatalog wird z. B. unter „PPQ 8 Kinderschutz" bezüglich einer „gründlichen Risikoeinschätzung" nur angeführt.

„Die Einschätzung des eventuell vorhandenen Risikos in einer Familie gelingt am besten, wenn vier Fragen beantwortet werden:
1. Gewährleistung des Kindeswohles: Inwieweit ist das Wohl des Kindes durch die Sorgeberechtigten gewährleistet oder ist dies nur zum Teil oder überhaupt nicht der Fall?
2. Problemakzeptanz: Sehen die Sorgeberechtigten und die Kinder selbst ein Problem oder ist dies weniger oder gar nicht der Fall?
3. Problemkongruenz: Stimmen die Sorgeberechtigten und die beteiligten Fachkräfte in der Problemkonstruktion überein oder ist dies weniger oder gar nicht der Fall.
4. Hilfeakzeptanz: Sind die betroffenen Sorgeberechtigten und Kinder bereit, die ihnen gemachten Hilfeangebote anzunehmen und zu nutzen oder ist dies nur zum Teil oder gar nicht der Fall?

Die Einschätzung des eventuell vorhandenen Risikos in einer Familie gelingt am besten, wenn vier Fragen beantwortet werden.

Diese Beurteilungen können in einer quantitativen Skala erfasst werden, um die Risikoeinschätzung zu konkretisieren: [Hier wird eine Tabelle angeboten mit den o.a. vier Punkten sowie Einstufungsmöglichkeiten zwischen 1 = sehr gut, 2 = gut, 3 = befriedigend, 4 = ausreichend, 5 = mangelhaft. Die Addition dieser vier Werte entspricht dann der Risikorate]. Bei einer Rate, deren Wert kleiner oder gleich 4 ist (ausreichend), ist eine Fremdunterbringung nicht angeraten (Weiterer Prozessverlauf siehe PPQ Hilfen zur Erziehung). Bei einer Rate, deren Wert größer als 4 ist (nicht ausreichend), ist eine Fremdunterbringung angeraten.
Faktoren, die bei der Einschätzung der Gewährleistung des Kindeswohls eine Rolle spielen:
- Das Ausmaß/die Schwere der Beeinträchtigung, Schädigung (Misshandlung, Vernachlässigung)
- Die Häufigkeit/Chronizität der Schädigung (Misshandlung und Vernachlässigung)
- Die Verlässlichkeit der Versorgung durch die Sorgeberechtigten
- Das Ausmaß und die Qualität der Zuwendung der Sorgeberechtigten zum Kind und dessen Annahme
- Die Qualität der Erziehungskompetenz der Sorgeberechtigten
- Die Selbsthilfekompetenz des Kindes (entsprechend seinem Alter und Entwicklungsstand), seine Widerstandsfähigkeit (‚Resilience') und die Fähigkeit, Hilfe zu holen."

Zum praktischen Vorgehen bei Gefahrenmeldungen zu Kindesmisshandlungen und zu Einschätzungen des Risikos erneuter Kindesmisshandlungen liegen im Bereich der Jugendhilfe zahlreiche Vorschläge vor.

Direkt im Anschluss an das o.a. Zitat wird konstatiert: „Nach dieser Risikoeinschätzung ist es möglich zu beurteilen, ob Kinderschutz notwendig ist oder nicht" - eine Behauptung, der in dieser Vereinfachung und Verallgemeinerung nicht zugestimmt werden kann.
Zum praktischen Vorgehen bei Gefahrenmeldungen zu Kindesmisshandlungen und zu Einschätzungen des Risikos erneuter Kindesmisshandlungen liegen im Bereich der Jugendhilfe zahlreiche (mehr oder weniger vergleichbare) weitere Vorschläge (theoretische Erörterungen, Einstufungsbogen, Verfahrensvorschriften u. a.) vor, wobei beispielhaft nach dem „Masterplan Kinderschutz" des Jugendamts des Stadtverbandes Saarbrücken (2004) die folgenden zentralen Punkte bezüglich „Standards, Verfahren und Instrumentarien der Fallbearbeitung" (S. 4f) aufgeführt werden sollen:

- „ Verfahrensgrundsätze zur Gewährung und fachlichen Umsetzung von Hilfen, z.B.
  - die Steuerung und Qualitätssicherung durch das Hilfeplanverfahren
  - die Bedeutung der Fallberatung
  - die Einbeziehung von Vorgesetzten
- Standards zur Vorgehensweise bei Gefährdungsmeldungen, z.B.
  - Hausbesuch, auch unangemeldet
  - Fallberatung
  - Verfügung zu Auskunftsersuchen der Polizei
- Richtlinien zur Ausgestaltung einzelner Hilfearten, z.B.
  - Verfahrensregelung zur Zusammenarbeit zwischen Familienzentren und Sozialem Dienst
  - Verwandtenpflege
  - Betreutes Wohnen
  - Therapeutische Einzelfallhilfe
- Regelwerk zu Zuständigkeit, Falldokumentation und Aktenführung, z.B.
  - Verfügungen zu internen und externen Zuständigkeitsregelungen
  - Arbeitshilfen und Formulare
- Bestehende Kooperationsstrukturen, z.B.
  - Clearingstelle Sozialer Dienst – Kinder- und Jugendpsychiatrie
  - Clearingstelle §35a Seelische Behinderung Jugendamt – Gesundheitsamt
  - Verschiedene sozialräumliche und thematische Arbeitskreise.

Standards, Verfahren und Instrumente im Bereich des Kinderschutzes sind keine statischen Modelle, die einmal fest geschrieben, für alle Zeiten Gültigkeit besitzen.

Standards, Verfahren und Instrumente im Bereich des Kinderschutzes sind keine statischen Modelle, die einmal fest geschrieben, für alle Zeiten Gültigkeit besitzen. Vielmehr handelt es sich um einen stetigen Prozess der Qualitätsfindung und Qualitätsentwicklung, der neben dem Mut neue Wege zu gehen auch die Bereitschaft beinhalten muss, Vertrautes aufzugeben. Im Mittelpunkt des Qualitätsentwicklungsprozesses ... stehen:

- Entwicklung, Fortschreibung, Prüfung der Standards der Fallbearbeitung
- Entwicklung und Fortschreibung von Verfahren der Dokumentation;
  hierzu gehören:
  - Prognoseerstellung
  - Risikoanalyse
  - Wirksamkeitsprüfung
  - Evaluation
- Aufbau eines Fachcontrollings zur Einhaltung und Weiterentwicklung festgelegter Standards und Handlungsanweisungen."

In diesem Rahmen der Qualitätsentwicklung und Verfahrensstandards seien im Folgenden Hinweise zur Literatur in Deutschland aufgeführt:

In diesem Rahmen der Qualitätsentwicklung und Verfahrensstandards seien im Folgenden Hinweise zur Literatur in Deutschland aufgeführt

Deutscher Städtetag (Hrsg.) (2003). Strafrechtliche Relevanz sozialarbeiterischen Handelns. Empfehlungen zur Feststellung fachlicher Verfahrensstandards in den Jugendämtern bei akut schwerwiegender Gefährdung des Kindeswohls. Internetseite: http://www.dijuf.de/german/dok/Empfehlungen%20Staedtetag.pdf

Deutsches Institut für Jugendhilfe und Familienrecht e.V. (Hrsg.) (2004). Verantwortlich handeln - Schutz und Hilfe bei Kindeswohlgefährdung. Saarbrücker Memorandum. Bundesanzeiger Verlag: Köln. Internetseite: http://www.stadtverband-saarbruecken.de/allgemein/pages_allgemein/frame.php

Deutsches Jugendinstitut (2005). Handbuch Kindeswohlgefährdung nach § 1666 BGB und Allgemeiner Sozialer Dienst (ASD), Hrsg.: Kindler, H., Blüml, H. & Werner, A. (Internet: http://213.133.158/asd/index.htm) mit u. a. folgenden Beiträgen:

Kindler, H. & Reich, W. Wie kann der Pflege- und Versorgungsaspekt elterlicher Erziehungsfähigkeit eingeschätzt werden? Internet: http://213.133.108.158/asd/63.htm

Kindler, H. Welche Einschätzungsaufgaben stellen sich in Gefährdungsfällen? Internet: http://213.133.108.158/asd/59.htm

Kindler, H. Wie kann ein Verdacht auf Misshandlung oder Vernachlässigung abgeklärt werden? Internet: http://213.133.108.158/asd/68.htm

Lillig, S. Wie kann eine erste Gefährdungseinschätzung vorgenommen werden? Internet: http://213.133.108.158/asd/48.htm

Lillig, S. Welche Phasen der Fallbearbeitung lassen sich unterscheiden? Internet: http://213.133.108.158/asd/44.htm

Lillig, S. Wie ist mit der Neu-Meldung einer Kindeswohlgefährdung umzugehen? Internet: http://213.133.108.158/asd/47.htm

Schieche, M. & Kreß, H.: Was sind bedeutsame Abweichungen in der altersgemäßen Entwicklung. Internet: http://213.133.108.158/asd/16.htm

Dormagener Qualitätskatalog der Jugendhilfe (2001). Ein Modell kooperativer Qualitätsentwicklung (Hrsg. Stadt Dormagen). Verlag für Sozialwissenschaften: Wiesbaden. Siehe auch Internetseite: http://www.dormagen.de/kommunen/stadt-dormagen/FB_51.nsf/0/D96B77C9E7F13B5DC1256B82003A4314?Open mit einer PDF-Datei zu einer Dokumen-

tation einer Fachtagung zum Dormagener Qualitätskatalog sowie einer PDF-Datei mit einer Einleitung zu diesem Qualitätskatalog.
Jordan, E. (2005). Qualifiziertes Erkennen und Beurteilen - vom Aktenvermerk zum qualifizierten Beobachtungskatalog. . In Deegener, G. & Körner, W., Kindesmisshandlung und Vernachlässigung. Ein Handbuch (S. 485-510). Hogrefe: Göttingen.
Jugendamt Stadtverband Saarbrücken (2004). Masterplan Kinderschutz. Die Schlussfolgerungen des Saarbrücker Memorandums und deren Umsetzung in die Praxis des Jugendamtes. Saarbrücken.
Landkreistag Saarland (2003) (Hrsg.). Gefährdung des Kindeswohls - Krisenintervention -. Empfehlungen fachlicher Verfahrensstandards in saarländischen Jugendämtern. Internetseite: http://www.landkreistag-saarland.de/Kindeswohl2011.htm
Lausch, T. (2000). Das Kindeswohl als Entscheidungskriterium für sozialarbeiterisches Handeln im Jugendamt. Eine Untersuchung der Bedingungen des Kindeswohls. Diplomarbeit zur Erlangung des Diploms der Erziehungswissenschaft und Psychologie an der Freien Universität Berlin. Internetseite: http://www.soz-paed.com/diplim/diplom-html
Münder, J., Muthke, B. & Schone, R. (2000). Kindeswohl zwischen Jugendhilfe und Justiz. Professionelles Handeln in Kindeswohlverfahren. Votum Verlag: Münster.
Reich, W. (2005). Erkennen - Bewerten - Handeln. Ein Diagnoseinstrument bei Kindeswohlgefährdung: Der Stuttgarter Kinderschutzbogen. In Deegener, G. & Körner, W., Kindesmisshandlung und Vernachlässigung. Ein Handbuch (S. 511-532). Hogrefe: Göttingen.
Schultz, R. (2005). Psychosoziale Diagnostik von Kindeswohlgefährdung. In Deegener, G. & Körner, W., Kindesmisshandlung und Vernachlässigung. Ein Handbuch (S. 466-484). Hogrefe: Göttingen.
Stolz, K. (o. J.). Vernachlässigte Kinder - Kindeswohl zwischen Jugendhilfe und Familiengericht. In: SGB VIII - Online-Handbuch (Hrsg. Becker-Textor, I. & Textor, M.). Internetseite: http://www.sgbviii.de/S103.html
Verein für Kommunalwissenschaften e.V. (Hrsg.) (1999). Probleme und Risiken sozialpädagogischer Entscheidungen bei Kindeswohlgefährdung zwischen fachlicher Notwendigkeit und strafrechtlicher Ahndung. Dokumentation, Fachtagung 16.-17.11.1998, Band 17, Berlin.
Verein für Kommunalwissenschaften e.V. (Hrsg.) (2002). Die Verantwortung der Jugendhilfe zur Sicherung des Kindeswohls. Dokumentation, Fachtagung 29.-30.11.2001, Band 34, Berlin.
Verein für Kommunalwissenschaften e.V. (Hrsg.) (2003). Konzepte und Modelle zur Früherkennung von Entwicklungsgefährdungen bei Säuglingen und Kleinkindern. Fachtagung, Dokumentation 14.-16.05.2003, Berlin.

Für das Ausland können beispielhaft die folgenden Quellen genannt werden

Für das Ausland können beispielhaft die folgenden Quellen genannt werden:

California Structured Decision Making Model and Tools (2002). Internetseite: http://www.childsworld.ca.gov/res/pdf/2002_12_10_PP2Manual.pdf
DePanfilis, D. & K. Salus, M.K. (2003). Child Abuse and Neglect User Manual Series: Child Protective Services. A Guide for Caseworkers. Hrsg.: U.S. Department of Health and Human Services; Administration for Children and Families; Administration on Children, Youth and Families; Children's

Bureau; Office on Child Abuse and Neglect. Internetseite: http://nccanch.acf.hhs.gov/pubs/usermanuals/cps/cps.pdf
English, D.J., Graham, J.C., Brummel, S.C. & Coghlan, L.K. (2002). Final Report: Factors That Influence the Decision Not to Substantiate a CPS Referral:
- Phase I: Narrative and Empirical Analysis: Internetseite: http://www1.dshs.wa.gov/pdf/ca/CPSFctrs1.pdf
- Phase II: Mail and Telephone Surveys of Child Protective Services Social Workers: Internetseite: http://www1.dshs.wa.gov/pdf/ca/CPSFctrs2.pdf
- Phase III: Client Perceptions of Investigation: Internetseite: http://www1.dshs.wa.gov/pdf/ca/CPSFctrs3.pdf
Department of Social and Health Services, Children's Administration Management Services Division, Office of Children's Administration Research, P.O. Box 45701, Olympia, WA 98504-5701
Nevada Family Assessment: Family Risk Assessment Protocol (FRAP). http://www.nvsupremecourt.us/DOCS/misc/aoc_cip/cip_frapGuidelines_20050609.pdf
University of Wisconsin-Green Bay (o.J.). New Partnership for Children and Families.
Internetseite: http://www.uwgb.edu/newpart/Index.htm. Über diese Seite sind z.B. erreichbar:
- Family Assessment/Evaluation of Progress: https://weba.uwgb.edu/newpart/WisconsinModelForms/OngoingReferenceGuideFINAL.pdf
- Final Family Assessment and Case Closure: http://www.uwgb.edu/newpart/WisconsinModelForms/OngoingFinalFamilyAssessmentform.pdf
- Assessment of Family: http://www.uwgb.edu/newpart/WisconsinModelForms/OngoingFamilyAssessmentform.pdf
- Anchors for Maltreatment: http://www.uwgb.edu/newpart/WisconsinModelForms/IAAnchorsforMaltreatment.pdf
Washington State Department of Social and Health Services (2002). Risk Assessment Report: http://www1.dshs.wa.gov/pdf/EA/GovRel/leg1002/RAR.pdf

Die o.a. Verfahrensstandards und Qualitätsverbesserungen können – bei grober Gegenüberstellung – im Rahmen 1.) eines „Top-Down-Modells" und 2.) der sogenannten „kooperativen Qualitätsentwicklung" oder „dialogischen Qualitätsentwicklung" erarbeitet werden. Diese beiden Modelle seien nun dargestellt:

Die o.a. Verfahrensstandards und Qualitätsverbesserungen können – bei grober Gegenüberstellung – im Rahmen 1.) eines „Top-Down-Modells" und 2.) der sogenannten „kooperativen Qualitätsentwicklung" oder „dialogischen Qualitätsentwicklung" erarbeitet werden.

Zu 1.): „Top-Down-Modell": Armbruster & Bartels (2005, S. 413) charakterisieren dieses Modell am Beispiel der Kooperation und Vernetzung sozialer Dienste folgendermaßen (zu „Kooperation und Vernetzung von Institutionen zur Abschätzung der Risiko- und Schutzfaktoren bei Kindeswohlgefährdung" siehe auch Blank & Deegener, 2004): „Es wird von cleveren Führungskräften, Behördenleitern und

Klinikchefs ‚von oben' eingeführt. Sie proklamieren (...) Kooperation als Qualitätsmerkmal professionellen Handelns, welches in Zeiten knapper Kassen eine signifikante Steigerung an Effektivität, aber als side effect (...) zugleich Klientenorientierung und mehr Schutz für die Opfer von Misshandlung bringt. Kooperation als guter Deal, bei welchem sie mehrere Fliegen mit einer Klappe schlagen. Verantwortung wird geteilt, die Problemlösung optimiert und Wissen und Ressourcen werden gesteigert - eine erstklassige Kosten-Nutzen-Relation. Allerdings nicht zum Nulltarif: Im positiven Fall wird die Kooperation als fixe Größe mit entsprechendem finanziellen Kontingent und personellem Deputat eingerechnet. Zugleich wird Erwartungsdruck bzgl. vernetzten Handelns auf die Teams und Arbeitsgruppen ausgeübt; das bedeutet, Kooperation wird forciert und instrumentalisiert, sobald sie politisch opportun ist und einen ‚Mehrwert' zu schaffen verspricht. (...) Jedoch müssen arbeitsorganisatorische und betriebswirtschaftliche Gesichtspunkte im Kinderschutz an und für sich nicht schlecht sein, falls auch die eigentlichen Adressaten, die Misshandlungsopfer, davon profitieren." Schweitzer-Rothers (2000, S. 17) meint formelhaft und überpointiert: „Wer andere zum Kooperieren bringen will, muss ihnen effektiv Dampf machen", worunter er wohl insbesondere die Beantwortung der Frage meint, wie den Beteiligten eindringlich verdeutlicht werden kann, dass sich Kooperation lohnen kann: Dies wiederum würde von den jeweiligen spezifischen Währungssystemen abhängen: „Anders als am Devisenmarkt gibt es aber im Gesundheitswesen eine babylonische Vielfalt wertbestimmender Währungssysteme; und es gibt keine Schilder, auf denen man einfach die Umtauschkurse ablesen könnte" (ebda., S. 16).
In diesem Rahmen „effektiv Dampf machen" bedeutet dann, auch „von oben" die Kooperation leichter und lohnend zu machen, und zwar durch verbesserte Rahmenbedingungen (z.B. Case-Management-Konferenzen, Besuche anderer Einrichtungen, Hospitationen), durch Förderung von Selbstreflexion (z.B. Team- und Fallsupervision sowie Diskurse über die Unterschiede zwischen den Währungssystemen).

„Kooperative Qualitätsentwicklung" oder „dialogische Qualitätsentwicklung"

Zu 2.): „Kooperative Qualitätsentwicklung" oder „dialogische Qualitätsentwicklung": Diese Qualitätsentwicklung liegt dem „Dormagener Qualitätskatalog der Jugendhilfe" (2001) zugrunde, wobei dieser Qualitätskatalog sich einmal dadurch auszeichnet, dass die Jugendhilfe/das Jugendamt „sich in die Karten" schauen und an den veröffentlichten Standards auch messen lässt, zum anderen die Erstellung auf einem dynamischen Diskurs der in der Region befindlichen Institutionen und deren MitarbeiterInnen beruht. Beschrieben wird diese Qualitätsentwicklung folgendermaßen (ebda., S. 14-16): „In der Dormagener Qualitätsentwicklung – woraus schließlich ein Modell entstanden ist, das wir ‚kooperative Qualitätsentwicklung' nennen – ist das Interesse für Qualitätsentwicklung aus dem Kreis der Fachkräfte selbst heraus entstanden. Daher setzten wir auch bei uns selbst an und haben, ausgehend von den eigenen Erfahrungen, die Praxis der Fachkräfte selbst untersucht, die Aufgaben, Ziele und Zwecke ebenso wie die immer wieder erfahrenen Probleme, Fehler, Irrtümer, Peinlichkeiten und Bedrohungen und die sie stützenden Grundannahmen. Insofern könnte man sagen: Unsere Qualitätsentwicklung war ein Selbstgespräch, eine Verständigung mit den alltäglichen Praxis-Situationen (...). Und je mehr wir uns auf diese Praxisforschung, auf eine selbstevaluative Reflexion, einließen, um so komplexer stellten sich uns die Prozesse und Handlungsfelder der Jugendhilfe dar. Daraus können wir die Schlussfolgerung ziehen: Neue Spielräume sind offenbar nur um den Preis einer erheblichen Komplexitätszunahme zu gewinnen, die instrumentell nicht beherrschbar ist, sonst produzieren wir Kurzschlüsse und Systemabstürze. Günstiger ist ein selbstreflexives Driften und Balancieren im praktischen Experimentieren mit Versuch und Irrtum, vom Erfolg lernend, interessiert an der Kunst, neue Praxis-Architekturen zu entwerfen und neue lebenspraktische Handlungsmuster zu erfinden. Dazu bedarf es eines offenen Klimas in der Begegnung ebenso wie eines neuen Verständnisses sozialer Hilfepraxis. Vor allem muss man jedoch den Gedanken aufgeben, Qualitätsentwicklung könnte man in einem ordentlichen Verfahren, gewissermaßen im bürokratischen Handlungsvollzug, organisieren, in Auftrag geben. Viel eher handelt es sich um den Versuch, das alltägliche Chaos heutiger Lebensverhältnisse und moderner Hilfesysteme produktiv zu bewältigen, denn was wir tatsächlich als unsere berufliche Aufgabe in der Jugendhilfe vor uns haben, ist: ‚We are managing messes'. Wir versuchen, gangbare Wege in unwegsamem Gelände zu finden. Wir lassen uns auf Risiken ein, die wir als Herausforderung annehmen, ohne größenwahnsinnig zu phantasieren, wir könnten sie ausschalten, denn in humaner Hilfepraxis ist gelingende Intervention unwahrscheinlich. D.h. nun andererseits nicht, sie sei völlig unmöglich, sondern: sie ist nicht sicher planbar. Darum erweisen sich auch die schlauen Qualitätshandbücher und methodischen Fahrpläne für die Qualitätszirkel und ein Totales Qualitätsmanagement als grundsätzlich zu einfach. ... Dialog ist für einen solchen Prozess der Qualitätsentwicklung der richtige Ausdruck. Dialog lebt von der Bereitschaft, sich aktiv einzubringen, zu sagen, welche Gedanken und Bilder im eigenen Kopf bei einem besprochenen Thema/Gegenstand kreisen. Dialog ist eine Chance, das Selbstverstehen und das Fremdverstehen zu verbessern. Dies geschieht durch ‚beständiges Hinterfragen von Prozessen, Sicherheiten und Strukturen, die menschlichen Gedanken und Handlungen zugrunde liegen', wobei zwischen ‚generativem Dialog', in dem die Grundmuster/Herkünfte des Denkens untersucht werden, und ‚zielgerichtetem Dialog', in dem bestimmte Probleme, Interessen oder Ziele geklärt und zu neuen Lösungen geführt werden, unterschieden werden kann (David Bohrn)....

Vor allem muss man jedoch den Gedanken aufgeben, Qualitätsentwicklung könnte man in einem ordentlichen Verfahren, gewissermaßen im bürokratischen Handlungsvollzug, organisieren. Viel eher handelt es sich um den Versuch, das alltägliche Chaos heutiger Lebensverhältnisse und moderner Hilfesysteme produktiv zu bewältigen.

Unsere Leitwerte, das Hauptprogramm, die nicht in die Sackgasse der Abwehr führen, können wir so zusammenfassen:
Lernen wollen - nicht schon alles wissen
Trotz sachlicher Differenzen - den persönlichen Respekt wahren
Offen sein für andere Sichtweisen/Vorstellungen
Das Wesentliche, das mir Wichtige aussprechen
Mir und anderen zuhören (nach innen hören - Hören mit dem ,dritten Ohr')
Geduld im Prozess haben/Gedanken sich herausbilden lassen, sie zulassen, ihnen nachgehen
Sich selbst verstehen, eigene Denkmuster ergründen, Argumentieren unter Einschluss der Gegenargumente

Wir schauen nach allen Seiten (multiperspektivisches Beobachten):
- in Richtung auf uns selbst (alles Wahrnehmen ist eine Selbstwahrnehmung)
- in Richtung unserer Klienten, ihrer Bedürfnisse, ihres Hilfebedarfs
- in Richtung auf die Geschichte (fragen nach den Hintergründen der historischen Entwicklung)
- in Richtung auf den rechtlichen Rahmen unserer Praxis
- in Richtung auf die institutionelle Aufgabe (Programmqualität), unsere Ressourcen (Strukturqualität) und unsere Kompetenzen (Fachkräftequalität)
- in Richtung auf das gesellschaftliche Umfeld/den Kontext moderner Lebensverhältnisse
- in Richtung auf den politischen und öffentlichen Raum
- über Dormagen hinaus

Auch wenn wir jetzt den ersten deutschen Qualitätskatalog der Jugendhilfe vorlegen können, wissen wir doch, dass wir noch ganz am Anfang stehen. Und natürlich werden wir weiter arbeiten. Jedenfalls freuen wir uns auf den Dialog mit unseren Fachkolleginnen und -kollegen in der Jugendhilfe aber auch in der weiteren Öffentlichkeit."

3.5 Risikoanalyse und -management

Auf die Notwendigkeit der Qualitätsverbesserung weist auch eine kleine Studie von Schmitt (1999) vom Kinderschutzzentrum Wien über das Ausmaß sekundärer Traumatisierungen im Kinderschutz durch das Helfersystem hin.

Auf die Notwendigkeit der Qualitätsverbesserung weist auch eine kleine Studie von Schmitt (1999) vom Kinderschutzzentrum Wien über das Ausmaß sekundärer Traumatisierungen im Kinderschutz durch das Helfersystem hin: Danach wurden ein Drittel der Klienten und Klientinnen im Kinderschutzbereich durch das Helfersystem sekundär traumatisiert, darunter ungefähr 10 Prozent mit beträchtlichen sowie nachhaltigen sekundären Traumatisierungen. Die Ursachen für diese sekundären Traumatisierungen waren nach Schmitt z.B.: ungenügende Ausbildung und mangelndes Fachwissen; mangelnde Qualitäts- bzw. Fehlerkontrolle des eigenen Tuns; bürokratische Mühlen; Rückgang finanzieller und personeller Mittel bei gleichzeitig vermehrter Inanspruchnahme; vorschnelles Handeln im Affekt; Vorurteile; mangelnde Einsicht in die Auswirkungen des eigenen ideologischen und ethischen Hintergrundes; misstrauensbildender Umgang mit Betroffenen; Unerreichbarkeit und Desinteresse im Einzelfall.

Bostock et al. (2005) betonen vor allem die zukünftig sehr viel stärker zu beachtende Fehlerkontrolle in ihrem Report über „Managing risk and minimising mistakes in services to children and families." In diesem Zusammenhang interessieren sie vor allen Dingen „beinahe Fehler/Misserfolge", d.h. a.) Ereignisse, deren schlechter Ausgang noch verhindert werden konnte sowie b.) Ereignisse, die zwar schlecht ausgingen, aber keinen großen Schaden anrichteten. Ziel ist es, bereits aus solchen „beinahe Fehlern" bzw. kleineren Fehlleistungen/Fehleinschätzungen zu lernen, und nicht nur solche Ereignisse zu untersuchen, bei denen großer Schaden (z.B. schwere körperliche Misshandlung, Vernachlässigung mit Todesfolge, Herausnahme eines Kindes aus dem Elternhaus bei letztlich nicht bestätigtem sexuellem Missbrauchsverdacht) entstand. Dabei wird davon ausgegangen, dass ein gutes Risikomanagement zwar größtmögliche Sicherheit gewährleisten soll, aber Fehler letztlich nicht vermeidbar sind. Jedoch können Organisationen ihre Fähigkeiten dahingehend verbessern, dass die Häufigkeiten und Folgen von Fehlern/Versäumnissen so gering wie möglich werden.

Bostock et al. (2005) betonen vor allem die zukünftig sehr viel stärker zu beachtende Fehlerkontrolle in ihrem Report über „Managing risk and minimising mistakes in services to children and families."

Zur Veranschaulichung der Fehlerquellen greifen die Autoren das „Schweizer-Käse-Modell" von Reason (1990, 1997, 2000) auf, mit welchem z.B. Fehler in Krankenhäusern oder bei Flugzeugunglücken aufgrund der vorgegebenen Organisationsstrukturen und Entscheidungsabläufe untersucht wurden. In Anlehnung an Bostock et al. (2005; S. 4; deren Abbildung beruht auf Reason, 2000, S. 768) sieht dieses Modell folgendermaßen aus:

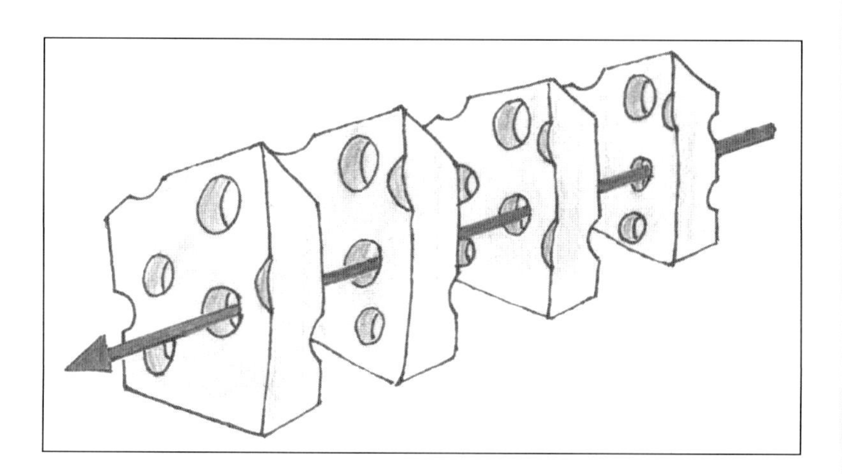

Die einzelnen Käsescheiben können nun – bezogen auf die hier interessierende Erfassung der Kindeswohlgefährdung – die einzelnen Tätigkeiten repräsentieren, die z.B. von der Erstmeldung einer Familie durch einen Kindergarten bis hin zur Risikoeinschätzung von einem Sozialarbeiter vorgenommen werden.

Die einzelnen Käsescheiben können nun - bezogen auf die hier interessierende Erfassung der Kindeswohlgefährdung - die einzelnen Tätigkeiten repräsentieren, die z.B. von der Erstmeldung einer Familie durch einen Kindergarten bis hin zur Risikoeinschätzung von einem Sozialarbeiter vorgenommen werden. Wenn nun Fehler ungehindert durch die Löcher aller Scheiben dringen können, so können die negativen Auswirkungen beträchtlich sein, wobei allerdings Fehler sowohl auf Seiten einzelner Personen als auch auf Seiten der Organisationsstrukturen einer Institution oder der Vernetzung von Institutionen ‚vorprogrammiert' sein können.
Wird nun dieses Modell konkreter auf die in den nachfolgenden Kapiteln angeführten Fragebogen/Screening-Verfahren usw. im Rahmen verschiedener inhaltlicher Bereiche der Risikoabklärung übertragen, so ergibt sich folgende Veranschaulichung:
Die Löcher, durch die Fehler ungehindert passieren können, stellen also Folgendes dar:

- Mangelnde Beachtung spezifischer Bereiche bei der Abklärung der Kindeswohlgefährdung
- Unzureichend umfassende Abklärung innerhalb eines Bereiches
- Falsche Gewichtungen spezifischer Merkmale innerhalb eines Bereiches
- Falsche Einschätzung der Wechselwirkungen zwischen verschiedenen Merkmalen/Risikofaktoren mehrerer Bereiche
- Falsche Einschätzungen der Schutz-/Resilienzfaktoren innerhalb eines Bereiches und deren Gewichtung auch zwischen mehreren Bereichen.

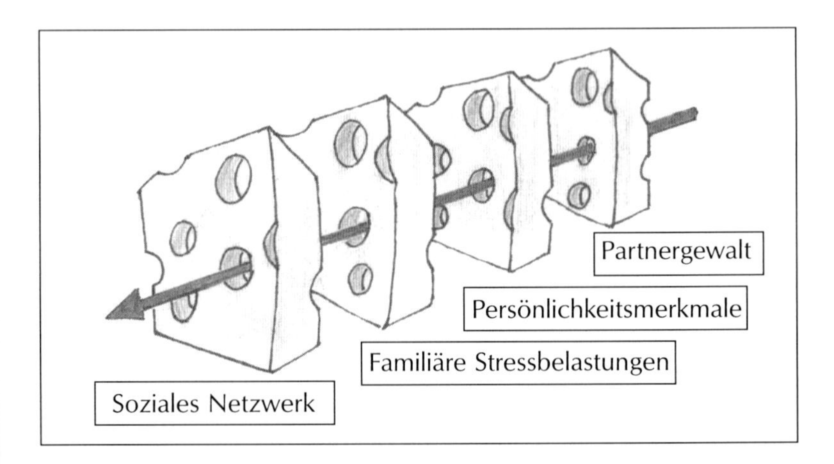

Auf die Ebene der Institutionen bezogen ergibt sich folgende Veranschaulichungsmöglichkeit:

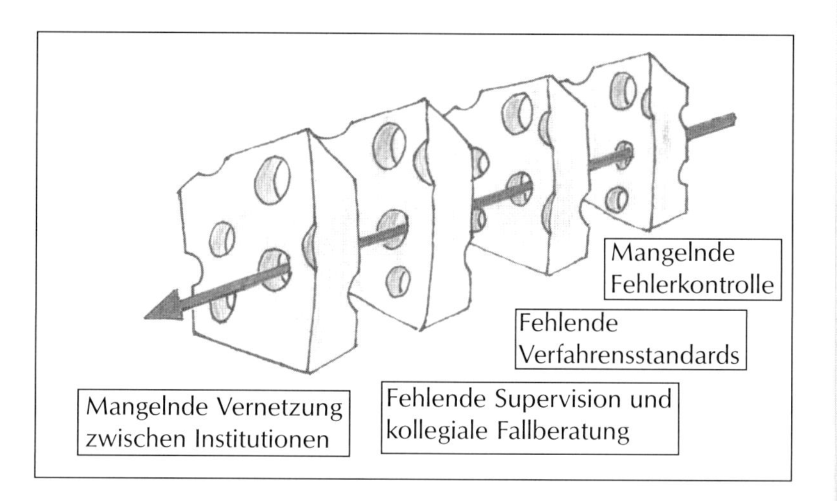

Wichtig ist außerdem der Aspekt, dass zwar bei bestimmten Fallkonstellationen weitgehend nach vorgegebenen Regeln/Verfahrensstandards gehandelt werden kann, aber im Bereich der Erfassung der Kindeswohlgefährdung davon auszugehen ist, dass solche Fallkonstellationen eher selten sowie meist viel zu komplex sind und im Verlaufe der Zeit dynamischen Veränderungen unterliegen, so dass sie nicht allein durch Routinehandlungen nach bestimmten Standards abgearbeitet werden können.

Die Forderung, auch aus den „beinahe Fehlern"/„beinahe Schäden" zu lernen, stößt in der Praxis auf viele Widerstände, da viel zu oft nach Sündenböcken gesucht wird und deswegen menschliche Schwächen, Fehlentscheidungen, kleinere Versäumnisse usw. u.a. aus Angst vor Sanktionen, Verlust an Ansehen, Sorge um Aufstiegschancen, mangelnder persönlicher Kritikfähigkeit usw. geheim gehalten werden. Schmitt (1999, S. 413, 422) ergänzt solche Überlegungen dahingehend, dass die „inneren Widerstände gegen die Wahrnehmung eigener Fehler ... zu einer hohen Empfindsamkeit gegenüber fremden Fehltritten führen. Die äußert sich in der starken Neigung, über anderer Fehler zu klatschen, Informationen zu sammeln, etc. ... Nützliche Schadenskontrolle und -behebung beinhaltet einen offenen, aufrichtigen und wahrhaftigen Umgang mit Fehlern sowie eine konsequente Politik der Selbstreparatur. Dies ist leider nicht die übliche Vorgehensweise, weder in Österreich noch in Deutschland und auch nicht in den USA, wo Hechler (1993) das Verhalten der Verantwortlichen auf die Kurzformel ‚closed minds + closed ranks = closed cases" gebracht hat. Üblicherweise ziehe man sich hinter die Verschwiegenheit zurück, auch wenn die Betroffenen davon entbun-

Die Forderung, auch aus den „beinahe Fehlern"/„beinahe Schäden" zu lernen, stößt in der Praxis auf viele Widerstände, da viel zu oft nach Sündenböcken gesucht wird und deswegen menschliche Schwächen, Fehlentscheidungen, aus Angst vor Sanktionen, mangelnder persönlicher Kritikfähigkeit geheim gehalten werden.

den haben (closed minds); nachweisliche Inkompetenz und Fahrlässigkeit von MitarbeiterInnen hätten keine personellen Konsequenzen (closed ranks). Diese Scheuklappen- und Schulterschlusspolitik der Schadensbegrenzung ist extrem kurzsichtig, da sie auf dem Rücken der KlientInnen ausgetragen wird, die Misstrauensspirale anheizt, Verbesserungen im System behindert und zu Reaktionsbildungen in der Öffentlichkeit führt (Medien fordern Kontrolle und Reduktion finanzieller Mittel, Politiker installieren Evaluatoren ähnlich Terminatoren)."

In einem solchen Klima fällt es sicherlich schwer, hinreichend a.) die Schwächen, Nachteile, Scheuklappen, blinden Flecke usw. der eigenen Person zu erkennen sowie b.) die Stärken, Vorteile, Weitsichtigkeiten, neuen Erfahrungen usw. von anderen Personen und Institutionen anzuerkennen – beides sind aber wichtige Voraussetzungen für eine hinreichende Fehleranalyse. Bezüglich der zu fordernden Analyse der angeführten „beinahe Fehler" kann es deswegen hilfreich sein, wenn deren Meldungen auch anonym erfolgen können und nicht nur keine negativen Sanktionen zugesichert werden, sondern von dem gesamten Team im Sinne positiver Lernanstöße aufgefasst werden, die auch bei Ausübung der Tätigkeit „nach bestem Wissen und Gewissen" jedem unterlaufen können.

Blank und Deegener (2004, S. 150) kritisieren in diesem Zusammenhang, dass z.B. nach den Rahmenvereinbarungen des Saarlandes gem. §§ 78 a ff. SGB VIII von 1999 zwar die freien Träger zur Entwicklung und Prüfung der Qualität verpflichtet sind, aber die Qualitätsverpflichtung lediglich für die Leistungserbringer gilt. Eine entsprechende Verpflichtung für den Jugendhilfeträger als Hauptverantwortlichen für den eigentlichen Hilfeprozess scheint es nicht zu geben. Es liegt die Vermutung nahe, dass die einzige externe Qualitätsprüfung der Tätigkeit des Jugendamts vom Rechnungshof wahrgenommen wird. Diese geschieht allerdings ausschließlich unter wirtschaftlichen Gesichtspunkten. Die Autoren betonen jedoch, dass die Erfahrung lehrt, „dass gerade Prozessverantwortliche einer externen Qualitätsprüfung bedürfen. Das mag zum einen die Strukturqualität des Jugendamts betreffen. Es betrifft aber zum anderen ganz wesentlich auch den Bereich der fachlichen Kooperation, die einzelne Hilfemaßnahme. Überprüfungen im Blick auf den Verlauf einzelner Fälle unter qualitätssichernden Gesichtspunkten durch eine unabhängige Stelle, die nicht in die wirtschaftlichen Abhängigkeiten eingebunden ist, erscheint hier dringend nötig. Die Qualitätsvereinbarung zwischen Jugendhilfeträgern und Leistungsanbietern ist hier überarbeitungsbedürftig mit dem Ziel, Qualitätsprüfungen für den gesamten Hilfeprozess, also auch die Tätigkeit des Jugendamts sowie der anderen Kooperationspartner verpflichtend einzuführen" (ebda.).

Eine entsprechende Verpflichtung für den Jugendhilfeträger als Hauptverantwortlichen für den eigentlichen Hilfeprozess scheint es nicht zu geben. Es liegt die Vermutung nahe, dass die einzige externe Qualitätsprüfung der Tätigkeit des Jugendamts vom Rechnungshof wahrgenommen wird.

Zu einem ähnlichen Ergebnis kommen Lamm und Treeß (2002, S. 7): „Die Hamburger Jugendhilfe sollte sich der Überprüfung einer breit akzeptierten externen Expertengruppe, die jährlich in zufälligen Stichproben überprüft, wie gut und effektiv die Hamburger Erziehungshilfe arbeitet, stellen. (...) Die Expertengruppe hätte die Aufgabe, Hilfeverläufe zu analysieren, die Einrichtungen zu besuchen, mit Kindern, Jugendlichen, den zuständigen Mitarbeitern und Mitarbeiterinnen der Jugendämter und Einrichtungen zu sprechen. Nah an der Praxis sollte so überprüft werden, wo Erziehungshilfe gelingt und wo sie noch besser werden muss. Statt wie bisher über nachträgliche Aktenanalysen Stärken und Schwachstellen zu benennen, sollte die Überprüfung bereits dann einsetzen, wenn die Kinder und Jugendlichen noch betreut werden, um auch im individuellen Fall, falls es notwendig ist, wissenschaftlichen Rat zum Wohle der Kinder und Jugendlichen nutzbar machen zu können."

Im Blick auf die besondere Steuerungsaufgabe des Jugendamts im Prozess jeder Maßnahme wird immer wieder auf die Schaffung der Funktion des Case-Managers verwiesen, mit der man in vielen sozialen Handlungsfeldern gute Erfahrungen gemacht hat. Diese Funktion muss allerdings weiterhin beim Jugendamt wegen der nicht delegierbaren Verantwortung angesiedelt sein. Der Case-Manager hätte die wichtige Funktion, die verschiedenen Kooperationspartner zu koordinieren und zu einem sinnvollen Hilfeprozess zusammenzuführen und -zuhalten. Darin liegt unbestreitbar die Chance, dass die Kooperation zum Wohle des Klienten effektiver verläuft. Das Grundproblem allerdings, dass der hauptverantwortliche Akteur des Hilfeverfahrens ohne externe fachliche Kontrolle agiert und zwischen dem Jugendamt und seinen Partnern keineswegs ein nur partnerschaftliches, sondern ein von verschiedenen Interessen und Abhängigkeiten geprägtes Verhältnis besteht, wird durch den Case-Manager eher verstärkt. Sein Einsatz kann also zu keinem Zeitpunkt die notwendige extern begleitete Qualitätssicherung ersetzen, die am einzelnen konkreten Hilfeprozess orientiert ist und dabei alle beteiligten Institutionen in den Blick nimmt.

Im Blick auf die besondere Steuerungsaufgabe des Jugendamts im Prozess jeder Maßnahme wird immer wieder auf die Schaffung der Funktion des Case-Managers verwiesen, mit der man in vielen sozialen Handlungsfeldern gute Erfahrungen gemacht hat.

Abschließend sei angemerkt, dass ganz allgemein eine vermehrte empirische Überprüfung und Analyse der Jugendhilfearbeit zu fordern ist, wie sie z.B. von Davidson-Arad et al. (2003) bezüglich der Entscheidungen von SozialarbeiterInnen zur Fremdunterbringung von Kindern oder von Coohey (2003) zu der Frage durchgeführt wurden, welche Faktoren zur Risikoentscheidung zukünftiger Beaufsichtigungs-Vernachlässigung beitragen.

3.6 Literatur

Albrecht, H.-J. (2004). Sozialarbeit und Strafrecht: Strafbarkeitsrisiken in der Arbeit mit Problemfamilien. In GIJuF - Deutsches Institut für Jugendhilfe und Familienrecht e.V. (Hrsg.), Verantwortlich handeln - Schutz und Hilfe bei Kindeswohlgefährdung. Saarbrücker Memorandum (S. 183-228). Köln: Bundesanzeiger Verlag.

Armbruster, M.M. & Bartels, V. (2005). Kooperation der verschiedenen Dienste bei Kindesmisshandlung. In G. Deegener & W. Körner (Hrsg.), Kindesmisshandlung und Vernachlässigung. Ein Handbuch. (S. 405-417). Göttingen: Hogrefe.

Blank, U. & Deegener, G. (2004). Kooperation und Vernetzung von Institutionen zur Abschätzung der Risiko- und Schutzfaktoren bei Kindeswohlgefährdungen. In Deutsches Institut für Jugendhilfe und Familienrecht e.V. (Hrsg.), Verantwortlich handeln - Schutz und Hilfe bei Kindeswohlgefährdung. Saarbrücker Memorandum (S. 113-156). Köln: Bundesanzeiger-Verlag.

Bostock, L., Bairstow, S., Fish, S. & Macleod, F. (2005). Managing risk and minimising mistakes in services to children and families. Children and Families' Services Report 6, Social Care Institute for Excellence, Bristol: The Policy Press. Internetseite: http://www.scie.org.uk/publications/reports/report06.pdf

Coohey, C. (2003). Making judgements about risk in substantiated cases of supervisory neglect. Child Abuse & Neglect, 27, 821-840.

Davidson-Arad, B., Englechin-Segal, D., Wozner, Y. & Gabriel, R. (2003). Why social workers do not implement decisions to remove children at risk from home. Child Abuse and Neglect, 27, 687-697.

Deegener,G. & Körner, W. (2004). Einstufungsbogen zum Schweregrad von Kindesmisshandlungen und Liste familiärer Risikofaktoren. Unveröffentlichtes Manuskript.

Dwyer, S.B., Nicholson, J.M. und Battistutta, D. (2003). Population level assessment of the family risk factors related to the onset or persistence of children's mental health problems. Journal of Child Psychology and Psychiatry, 44 (5), 699-711.

Kindler, H. (2005). Verfahren zur Einschätzung der Gefahr zukünftiger Misshandlung bzw. Vernachlässigung: Ein Forschungsüberblick. In G. Deegener & W. Körner (Hrsg.), Kindesmisshandlung und Vernachlässigung. Ein Handbuch. (S. 385-404). Göttingen: Hogrefe.

Kindler, H. & Lillig, S. (2005). Früherkennung von Familien mit erhöhten Misshandlungs- und Vernachlässigungsrisiken. IKK-Nachrichten, 1-2, 10-13.

Lamm, T. & Treeß, H. (2002). Fortschritt statt Rückschritt in der Kinder- und Jugendhilfe. Eckpunkte für notwendige fachliche Reformen. Internetseite: www.lichter-der-grossstadt.de/html-Dokumente/Aktuelles/Lamm-Tree%DF.pdf.

Leventhal, J.M. (1988). Can Child Maltreatment be Predicted During the Prenatal Period: Evidence from Longitudinal Cohort Studies? Journal of Reproductive and Infant Psychology, 6, 139-161.

McCurdy, K. (1995). Risk assessment in child abuse prevention programs. Social Work Research, 19, 77-87.

Milner, J.S. (1980). The Child Abuse Potential Inventory. Manual, 2nd Edition. Webster, NC: Psytec Corporation.

Milner, J.S. (1990). An Interpretative Manual for The Child Abuse Potential Inventory. Webster, NC: Psytec Corporation.
Murphy, S., Orkow, B. & Nicola, R. (1985). Prenatal Prediction of Child Abuse and Neglect: A Prospective Study. Child Abuse & Neglect, 9, 225-235.
Nygren, P., Nelson, H. & Klein, J. (2004). Screening Children for Family Violence: A Review of the Evidence for the US Preventive Services Task Force. Annals of Family Medicine, 2, 161-169.
Peters, R. & Barlow, J. (2002). Systematic Review of Instruments Designed to Predict Child Maltreatment During the Antenatal and Postnatal Period. Child Abuse Review, 12, 416-439.
Reason, J. (1990). Human error. New York: Cambridge University Press.
Reason, J. (1997). Managing the risks of organisational accidents. Aldershot: Ashgate.
Reason, J. (2000). Human error: Models and management. British Medical Journal 320, No 7237, 768-770.
Schmitt, A. (1999). Sekundäre Traumatisierung im Kinderschutz. Praxis der Kinderpsychologie & Kinderpsychiatrie, 48, 411 - 424.
Schweitzer-Rothers, J. (2000). Gelingende Kooperation: Über Selbstreflexion alltäglicher Zusammenarbeit. In M. M. Armbruster (Hrsg.), Misshandeltes Kind. Hilfe durch Kooperation (S. 13-27). Freiburg: Lambertus.
Stadt Dormagen (Hrsg.) (2001). Dormagener Qualitätskatalog der Jugendhilfe. Opladen: Leske + Budrich.

4. Vernachlässigung

4.1 Einleitung

Auf der Grundlage von eindeutigeren Klassifikations-/Einstufungskriterien für verschiedene Formen der Vernachlässigung sollten in Zukunft vermehrt Untersuchungen durchgeführt werden, die repräsentativ die Häufigkeit (Inzidenz, Prävalenz) von Vernachlässigung (einschließlich ihrer Überlagerungen mit anderen Misshandlungsformen) erfassen, da nur so das gesamte Ausmaß von Gewalt gegen Kinder und Jugendliche hinreichend sicher ermittelt sowie der personelle und finanzielle Bedarf für Prävention und Therapie genügend zuverlässig geschätzt und diskutiert werden kann.

Eine Auswertung zur Erfassung von Tendenzen in der wissenschaftlichen Literatur über Kindesmisshandlungen (Behl et al., 2003), bei der 2090 Artikel aus den Jahren 1977 bis 1998 aus sechs Fachzeitschriften gesichtet wurden, kam zu dem Ergebnis, dass der Prozentanteil von Artikeln über Vernachlässigung (und seelische Misshandlung) über den Untersuchungszeitraum hinweg konstant sehr niedrig war. Nach Einschätzung der Autorinnen ist er sogar so niedrig, dass sie von einem Anfangsstadium der wissenschaftlichen Entwicklung in diesen Bereichen sprechen (ebd., S. 223). Um dies zu ändern, empfehlen sie als ersten und wichtigsten Schritt mehr theoretische Arbeiten über Vernachlässigung (und seelische Gewalt) zu veröffentlichen. Die wohlwollende Einschätzung von Kindler (2005a, S. 1), dass sich über Vernachlässigung „mittlerweile ein guter Grundstock an Kenntnissen herausgebildet hat", kann höchstens auf die ausländische Forschungsliteratur zutreffen und wohl eher nicht auf die konkrete Praxis in Jugendhilfe, Klinik, Beratungsstellen usw. in Deutschland.

Auf der Grundlage von eindeutigeren Klassifikations-/Einstufungskriterien für verschiedene Formen der Vernachlässigung sollten in Zukunft vermehrt Untersuchungen durchgeführt werden, die repräsentativ die Häufigkeit (Inzidenz, Prävalenz) von Vernachlässigung (einschließlich ihrer Überlagerungen mit anderen Misshandlungsformen; vgl. Deegener, 2005) erfassen, da nur so das gesamte Ausmaß von Gewalt gegen Kinder und Jugendliche hinreichend sicher ermittelt sowie der personelle und finanzielle Bedarf für Prävention und Therapie genügend zuverlässig geschätzt und diskutiert werden kann.

Dieses Kapitel soll zu einer Diskussion über Probleme der Definition und Operationalisierung von Kindesvernachlässigung sowie zu vermehrter Forschung zu diesem Thema anregen. Konkret geht es uns dabei u.a. um:

(1) eine weitere theoretische Aufarbeitung von Vernachlässigung,
(2) eine interdisziplinäre Einigung über die Definition von Vernachlässigung und ihren Unterformen,
(3) die Konkretisierung der im Rahmen von Kinderschutz und Jugendhilfe zu beachtenden Kriterien von Vernachlässigung,
(4) die Erstellung standardisierter deutschsprachiger Untersuchungsinstrumente für Forschung und Praxis,

(5) die empirische Erfassung von Risikofaktoren von (erneuter) zukünftiger Vernachlässigung,
(6) einen fachlichen und gesellschaftlichen Diskurs darüber, was als Mindeststandard bei der Erfüllung der Grundbedürfnisse von Kindern anzusehen ist, z. B. im Kontext von Armut, Vernachlässigung und Beeinträchtigungen der kognitiven, sozialen, emotionalen und körperlichen Entwicklung von Kindern (wobei dann allerdings die Gesellschaft die Gewährleistung dieser Mindeststandards zuverlässig finanzieren und garantieren müsste).

Wir gehen davon aus, dass es in Deutschland an empirisch fundierten Verfahren zur Einschätzung von Misshandlungs- und Vernachlässigungsrisiken fehlt, wobei Kindler (2000, S. 222) meint, dass sich dieser Mangel nur vor dem Hintergrund einer historisch gewachsenen Kluft zwischen Jugendhilfe und empirischer Forschung verstehen ließe.

4.2 Definitionen der Vernachlässigung

In Deutschland wird Vernachlässigung meist sehr allgemein definiert als „die (ausgeprägte, d.h. andauernde oder wiederholte) Beeinträchtigung oder Schädigung der Entwicklung von Kindern durch die sorgeberechtigten und -verpflichteten Personen aufgrund unzureichender Pflege und Kleidung, mangelnder Ernährung und gesundheitlicher Fürsorge, zu geringer Beaufsichtigung und Zuwendung, nachlässigem Schutz vor Gefahren sowie nicht hinreichender Anregung und Förderung motorischer, geistiger, emotionaler und sozialer Fähigkeiten" (Deegener, 2005, S. 37-38; vgl. auch Schone et al., 1997; Kindler, 2005a). Vielfach wird dabei nur zwischen körperlicher Vernachlässigung und emotionaler Vernachlässigung unterschieden. Auch die für die Handlungsstrategien der Jugendhilfe bedeutsame Unterscheidung zwischen passiver (unbewusster) Vernachlässigung aufgrund z. B. mangelnder Einsicht und unzureichendem Wissen über Notwendigkeiten und Gefahrensituationen sowie aktiver Vernachlässigung (wissentlicher Verweigerung z. B. von Nahrung und Schutz) fehlt nach unserer Kenntnis häufig.
Zwar wird auch weltweit die ‚Vernachlässigung vernachlässigt' (Wolock & Horowitz, 1984; siehe auch den Titel eines Artikels von Dubowitz, 1994 über: „Neglecting the neglect of neglect"), aber im Vergleich zum deutschsprachigen Raum findet die Vernachlässigung als häufigste Form der Kindesmisshandlung im Ausland sehr viel mehr Beachtung. Dabei werden auch unterschiedlichste Aspekte bezüglich der Definition sehr differenziert beachtet und erörtert (Überblicke bei: Zuravin, 1999; Gershater-Molko et al., 2003; Shook Slack et al., 2003; Dubovitz et al., 2004; Straus und Kaufman Kantor, 2005; siehe auch Stowman und Donohue, 2005 mit einer zusätzlichen

In Deutschland wird Vernachlässigung meist sehr allgemein definiert als „die (ausgeprägte, d.h. andauernde oder wiederholte) Beeinträchtigung oder Schädigung der Entwicklung von Kindern durch die sorgeberechtigten und -verpflichteten Personen aufgrund unzureichender Pflege und Kleidung, mangelnder Ernährung und gesundheitlicher Fürsorge, zu geringer Beaufsichtigung und Zuwendung, nachlässigem Schutz vor Gefahren sowie nicht hinreichender Anregung und Förderung motorischer, geistiger, emotionaler und sozialer Fähigkeiten".

Übersicht über standardisierte Messinstrumente), die wir im Folgenden vorstellen, weil wir meinen, dass sie der Forschung im deutschsprachigen Raum Impulse zu Definierung und Operationalisierung geben können:

Unterschieden wird vor allen Dingen nach folgenden *Formen/Untergruppen* der Vernachlässigung: *psychische/emotionale, körperliche und kognitive Vernachlässigung sowie mangelnde Beaufsichtigung.* Gelegentlich werden noch eine *medizinische Vernachlässigung* sowie eine *umfeldbedingte Vernachlässigung* gesondert berücksichtigt.

1. *Fokussierung der Definition auf die Eltern oder das Kind.* Stehen die *Eltern* im Mittelpunkt, so werden schwerpunktmäßig ihre unterlassenen Handlungen sowie ihre Fertigkeiten und Fähigkeiten bezüglich der Fürsorge und Erziehung der Kinder beachtet, während bei *kindzentrierten* Definitionen das Interesse eher darauf gerichtet ist, ob die grundlegenden Bedürfnisse des Kindes befriedigt werden oder nicht (was auch die Gefahr der Schuldzuweisung und Stigmatisierung der Eltern verringern kann). Liegt der Fokus auf dem Kindeswohl, so fällt es auch leichter, neben den elterlichen „Defiziten" die Ursachen der Vernachlässigung auch in elterlichen (z. B. Teenager-Mütter), familiären (z. B. mangelnde soziale Unterstützung durch den Partner), sozialen (z. B. Armut) und kindlichen (z. B. Behinderungen) Faktoren zu sehen (eine Übersicht zu den Risikofaktoren findet sich z. B. bei Evans, 2002). In jüngster Zeit erscheinen häufiger empirische Arbeiten, in denen Vernachlässigung über die Erfüllung der Grundbedürfnisse von Kinder in verschiedenen Altersgruppen definiert wird sowie die entsprechenden Folgen der Vernachlässigung untersucht werden (z. B. Dubowitz et al., 2005; English et al., 2005).
2. Neben Ansätzen, die Vernachlässigung als *dichotome Variable* definieren (also: Vernachlässigung ‚ja oder nein'), wird in neuerer Zeit die Vernachlässigung eher als eine *kontinuierliche Variable* aufgefasst, wobei auch die Risiko- und Schutzfaktoren vom Alter der Kinder und ihren entwicklungsbedingten Fähigkeiten abhängen (Slack et al., 2003). Dichotome Ansätze verleiten außerdem dazu, Vernachlässigungs-Familien moralisierend in Kategorien von „gut" oder „böse" aufzuteilen.
3. Die *zeitliche Dauer* der Vernachlässigung kann dabei zwischen kurzzeitig (z. B. aufgrund von vorübergehenden Belastungen, die durch Krisenintervention überwunden werden können) bis hin zu chronischer Vernachlässigung reichen (mit der Notwendigkeit umfassender und langfristiger Interventionen), und sie kann auf einem Kontinuum zwischen einmaliger Vernachlässigungsepisode sowie sich häufig wiederholenden (mehr oder weniger andauernden) Vernachlässigungszeiten eingeteilt werden.
4. Unterschieden wird vor allen Dingen nach folgenden *Formen/Untergruppen* der Vernachlässigung: *psychische/emotionale, körperliche und kognitive Vernachlässigung sowie mangelnde Beaufsichtigung.* Gelegentlich werden noch eine *medizinische Vernachlässigung* (u.a. mangelnde Vorsorgeuntersuchungen und ärztliche Versorgung; meist aber unter körperlicher Vernachlässigung mit erfasst) sowie eine *umfeldbedingte Vernachlässigung* (z.

B. sozialer Brennpunkt, Gewalt auf der Straße, keine Spielplätze, wenig verfügbare Ressourcen) gesondert berücksichtigt. Die differenzierte Erfassung dieser Vernachlässigungsformen ermöglicht Hinweise auf spezifische Ursachen sowie effektivere, gezieltere Hilfeplanungen (z. B. fanden Gaudin et al., 1989, dass Familien mit psychischer Vernachlässigung einen höheren Grad an Dysfunktionalität aufwiesen als Familien mit körperlicher Vernachlässigung; außerdem zeigten Untersuchungen - z. B. Dubowitz et al., 2004 - relativ geringe Korrelationen zwischen den verschiedenen Formen der Vernachlässigung).

5. Dabei können mehr oder weniger *breite/enge Definitionen* verwendet werden, also z. B. Beachtung sehr vieler geringgradiger Gefährdungen/Beeinträchtigungen der kindlichen Entwicklung durch Vernachlässigung oder aber Beschränkung auf schwere körperliche Auswirkungen (Unterernährung, Verletzungen aufgrund von Unfällen) und ausgeprägte Entwicklungsrückstände sowie kognitive und soziale Beeinträchtigungen.

6. *Einzelne Untergruppen* der Vernachlässigung können *für sich betrachtet* werden und so zu gezielteren Interventionen führen und/oder aber zu einer *Globalbeurteilung* der Vernachlässigung zusammengefasst werden. Dabei ist es oft schwierig, in den Fragen die erfassten Aspekte der Vernachlässigung zu differenzieren, da z. B. in der Feststellung „Meine Eltern interessieren sich nicht für meine Schulleistungen" sowohl kognitive und emotionale Vernachlässigung wie auch mangelnde Beaufsichtigung zum Ausdruck kommen können.

7. Häufig werden ganz *verschiedene Untergruppen* von Vernachlässigung (z.T. mit jeweiligen Subgruppen) verwendet. Dadurch wird die Vergleichbarkeit der Forschungsergebnisse sehr eingeschränkt. Ein Beispiel dafür liefern Harrington et al. (2002, S. 367-368), die folgende 19 Unterformen von Vernachlässigung aufführen: 1. inadäquate oder zeitlich zu verzögert einsetzende Gesundheitsfürsorge/Arztbesuche; 2. inadäquate Ernährung; 3. schlechte Beachtung der Hygiene; 4. inadäquate Kleidung; 5. unsicherer, mit Gefahrenquellen behafteter Haushalt; 6. schlechte sanitäre Verhältnisse; 7. unstabile Lebensbedingungen (viele Umzüge, Obdachlosigkeit); 8. ‚Shuttling', häufig wechselnde Betreuung in verschiedenen Haushalten; 9. inadäquate Überwachung; 10. inadäquate anderweitige Betreuungspersonen als die Eltern; 11. Drogenmissbrauch der Mutter während der Schwangerschaft; 12. inadäquate emotionale Zuwendung; 13. Isolierung von Gleichaltrigen und Erwachsenen; 14. Kinder als Zeugen von z. B. Partnergewalt; 15. Duldung von Drogen- oder Alkoholkonsum der Kinder; 16. Zulassung anderweitig abweichenden Verhaltens wie Stehlen oder körperliche Angriffe; 17. inadäquate oder zeitlich zu verzögert einsetzende Behandlung von psychischen Störungen oder Verhaltensproblemen; 18. chronisches

Dabei können mehr oder weniger *breite/enge Definitionen* verwendet werden, also z. B. Beachtung sehr vieler geringgradiger Gefährdungen/Beeinträchtigungen der kindlichen Entwicklung durch Vernachlässigung oder aber Beschränkung auf schwere körperliche Auswirkungen und ausgeprägte Entwicklungsrückstände sowie kognitive und soziale Beeinträchtigungen.

Schulschwänzen des Kindes; 19. mangelnde Hilfen bei Lernschwierigkeiten des Kindes. Wie dieses Beispiel zeigt, wäre es für die Zukunft also dringend notwendig, dass Standards für die Erfassung verschiedener Aspekte der Vernachlässigung entwickelt werden (Evans, 2002).

8. Es ist immer auch das *Alter* der Kinder zu beachten, dass heißt bei Kleinst- und Kleinkindern kann ein Kriterium für Vernachlässigung darin bestehen, dass Eltern oft nicht wissen, was und womit ihr Kind gerade spielt, während dies für Schulkinder weniger wichtig ist gegenüber der Frage, ob die Eltern die FreundInnen kennen, mit denen das Kind spielt. Häufig wird dabei betont, insbesondere die Vernachlässigung von jüngeren Kindern (z. B. unter 3 oder 4 Jahren) zu beachten aufgrund ihrer höheren Vulnerabilität und den möglichen besonders tiefgreifenden Folgen früher Vernachlässigung (z. B. Scannapieco und Connell-Carrick, 2002). Die Berücksichtigung des Alters bei der Definition und Operationalisierung von Vernachlässigung bedeutet gleichzeitig auch umfassende Kenntnisse über „altersabhängige Bedürfnisse bzw. Entwicklungsaufgaben von Kindern" sowie „ein Wissen um aussagekräftige Anhaltspunkte für bedeutsame Entwicklungsverzögerungen in verschiedenen Entwicklungsbereichen" (Kindler, 2005a, S. 2).
9. Weiter ist auch immer zu berücksichtigen, dass außer den stärker ausgeprägten bis extremen Formen der Vernachlässigung die Definitionen vernachlässigenden Verhaltens auch abhängig vom *kulturellen Hintergrund* und vom *ethnischen, sozioökonomischen sowie Bildungs-Status* einer Familie sind (allerdings fanden Dubowitz et al., 1998 bei Verwendung von Fallvignetten durchaus auch hohe Übereinstimmungen zwischen z. B. verschiedenen ethnischen sowie sozioökonomischen Gruppen). Dementsprechend wird der theoretische Kontext auch folgende Charakteristika berücksichtigen müssen: a.) die elterlichen Merkmale, b.) die kindlichen Merkmale, c.) die Eltern-Kind-Interaktionen, d.) die kommunalen und sozialen Risiko- und Schutzfaktoren, e.) den sozio-kulturellen Kontext (vgl. Belsky, 1993).
10. Bei der Erfassung der Vernachlässigung wird vorgeschlagen, die Messung des *vernachlässigenden Verhaltens der Eltern* zu trennen von der Messung des Befindens bzw. der körperlichen, psychischen, kognitiven und sozialen *Beeinträchtigungen des Kindes.* Wenn z. B. vernachlässigendes Verhalten nur berücksichtigt wird, wenn es sich schädlich auf das Kind ausgewirkt hat („Verletzung aufgrund mangelnder Beaufsichtigung"), dann kann nicht mehr erforscht werden, inwieweit wirklich dieses erfasste Verhalten („mangelnde Beaufsichtigung") einen hohen Risikofaktor an sich für negative Folgen (u.a. „Verletzungen") darstellt, da mangelnde Beaufsichtigung sicherlich in vielen Fällen nicht zu einer Verletzung bei Kindern führt. Dies bedeutet auch, dass man das relati-

Bei der Erfassung der Vernachlässigung wird vorgeschlagen, die Messung des *vernachlässigenden Verhaltens der Eltern* zu trennen von der Messung des Befindens bzw. der körperlichen, psychischen, kognitiven und sozialen *Beeinträchtigungen des Kindes.*

ve Risiko anderer elterlicher vernachlässigender Verhaltensweisen hinsichtlich der negativen Auswirkungen auf das Kind nicht einschätzen und so auch keinen sinnvollen, gewichteten Gesamtwert für eine Gefährdung durch Vernachlässigung bilden kann.

11. Andererseits kann z. B. bei eher gelegentlich auftretenden Vernachlässigungsereignissen auch die Einschätzung des Schweregrades der Folgen wichtig sein. Deswegen wird in neueren Arbeiten (z. B. Stowman et al., 2005) gefordert, sowohl den *Schweregrad* wie auch die *Häufigkeit* der Vernachlässigung mit zu berücksichtigen.
12. Zu beachten ist weiter, dass Einstufungen zur Vernachlässigung durch *verschiedene Personen* (z. B. Eltern, Kind/Jugendlicher, MitarbeiterInnen des Jugendamtes oder der Sozialpädagogischen Familienhilfe) und mittels *verschiedener* Methoden (u.a. Interview, Fragebogen, direktes Beobachtung, Einstufungsskalen) erfolgen. Dadurch kann es zu unterschiedlichsten Ergebnissen kommen. Bei Selbsteinstufungen durch Eltern besteht eine hohe Gefahr der Beantwortungs-Verfälschung aufgrund bewusster Irreführungen oder mehr oder weniger bewusster Antworten im Sinne der sozialen Erwünschtheit. Die Zusammenfassung verschiedener Datenquellen kann allerdings ggf. zu einer verbesserten Aussage über Vorliegen und Ausmaß von Vernachlässigung beitragen.

Zu beachten ist weiter, dass Einstufungen zur Vernachlässigung durch *verschiedene Personen* und mittels *verschiedener* Methoden erfolgen. Dadurch kann es zu unterschiedlichsten Ergebnissen kommen.

13. Einige *weitere Probleme bei der Erfassung* der Vernachlässigung nennt Horwarth (2005): Zwar gaben Sozialarbeiter an, dass die Kommunikation mit dem Kind in recht hohem Ausmaß ihre Entscheidung beeinflussen würde, aber nur ein sehr geringer Teil der Sozialarbeiter sprach auch wirklich mit den Kindern zur Unterstützung ihrer Entscheidung. Selbst bei berechtigter Sorge um das körperliche Wohl der Kinder wurden diese z.T. nicht einmal gesehen (u.a. weil sie geschlafen hätten). Aber auch bezüglich der Kontakte mit den Eltern gab es Schwierigkeiten: Nicht selten kam gar kein Kontakt zustande (Eltern waren trotz Verabredung nicht anwesend; die Sozialarbeiter wurden nicht eingelassen, sondern wurden an der Haustür abgefertigt) oder es wurde nur mit einem Elternteil geredet, obwohl für beide Elternteile ein Verdacht auf Vernachlässigung bestand (Allerdings verweisen O'Hagan & Dillenburger, 1995 sowie Stanley & Goddard, 2002 auf die Möglichkeit, dass Sozialarbeiter aus Angst vor Aggressionen den Kontakt zu den Vätern meiden). Häufig wurde nicht darauf geachtet, inwieweit in der weiteren Familie Unterstützung/Ressourcen (nicht) vorhanden waren. Die Beschreibungen der Vernachlässigungs-Verhältnisse waren überwiegend sehr allgemein („dreckig", „schmutzig", „unordentlich"), statt – wie es fachlich nötig wäre – genau („da waren gebrochene Fensterscheiben im Schlafzimmer und ein 13 Jahre alter Junge sowie ein 8 Jahre altes Kind teilten sich ein Bett"). Sozialarbeiter „vor Ort" berück-

sichtigten oft sehr weitgehend, dass die Eltern „ihr Bestes unter schwierigen Umständen taten", während es für übergeordnete Fallmanager bereits eindeutig war, dass gehandelt werden musste, wenn das Kind bedeutsam vernachlässigt wird, unabhängig davon, wie stark der Sozialarbeiter mit der Familie und den Elternteilen mitfühlte.

4.3 Häufigkeit der Vernachlässigung

Während zu den anderen Formen der Kindesmisshandlung relativ viele Untersuchungen vorhanden sind, gibt es in Deutschland keine wissenschaftlich seriös erhobenen Angaben zur Häufigkeit von (körperlicher und emotionaler) Vernachlässigung. So heißt es z. B. in einer gemeinsam vom Niedersächsischen Ministerium für Frauen, Arbeit und Soziales sowie dem Landesverband Niedersachsen des Deutschen Kinderschutzbundes herausgegebenen Broschüre (2002, S. 7): „Wie viele Kinder in der Bundesrepublik von Vernachlässigung betroffen sind, lässt sich nur schwer ermitteln. Als Untergrenze wird geschätzt, dass mindestens 50 000 Kinder unter erheblicher Vernachlässigung leiden, nach oben hin schwanken die Zahlen von 250 000 bis 500 000."

Letztlich finden sich verstreut in der Literatur nur recht wenige kleinere Untersuchungen oder klinische Studien mit Häufigkeitsangaben, welche aber keine hinreichende Grundlage für eine – wissenschaftlichen Anforderungen genügende – „Hochrechnung" auf das Gesamtausmaß von Vernachlässigung (und seelischer Misshandlung) in Deutschland darstellen.

Letztlich finden sich verstreut in der Literatur nur recht wenige kleinere Untersuchungen oder klinische Studien mit Häufigkeitsangaben, welche aber keine hinreichende Grundlage für eine - wissenschaftlichen Anforderungen genügende - „Hochrechnung" auf das Gesamtausmaß von Vernachlässigung (und seelischer Misshandlung) in Deutschland darstellen:

- Engfer (2000, S. 25) berichtet über eine Untersuchung von Frank (1993) mit einer „drei Monate laufenden Totalerhebung an 714 von Ärzten und 685 von Schwestern beurteilten Kindern der Münchner Universitätsklinik ... . Während nur fünf Kinder (= 0,7%) als misshandelt diagnostiziert wurden, stellten die Ärzte bei 3% und die Schwestern bei 6% der von ihnen beurteilten Kinder Vernachlässigungen fest. Hinzu kommen noch die 3% der Kinder, bei denen eine Kombination von Vernachlässigung und Misshandlung gefunden wurde."
- Frank und Kopecky-Wenzel (2002) beziehen sich auf die gleiche Veröffentlichung und fassen diese folgendermaßen zusammen (S. 1339): „In 2 bundesdeutschen Universitätskliniken lag die Häufigkeit von Vernachlässigung und Misshandlung bei 1-2% aller stationär aufgenommenen Kinder. Es bestand ein hoher Grad an Überlappung zwischen Vernachlässigung und Misshandlung".
- Engfer (ebda.) gibt ohne Quellenangabe an, dass „in der Klientel deutscher Jugendämter ... Vernachlässigungen ca. drei Viertel aller betreuten Misshandlungsfälle" ausmachen.

- Kopecky-Wenzel et al. (2002) teilen aufgrund einer Befragung von niedergelassenen Kinderärzten mit, dass in einem Jahr im Mittel fünf Kinder mit einer sicheren Diagnose und acht Kinder mit einem dringenden Verdacht auf körperliche Vernachlässigung gesehen wurden. Bei der emotionalen Vernachlässigung wurden im Durchschnitt sieben sichere Fälle und 11 Verdachtsfälle genannt.
- Auf einer Internetseite des Bayerischen Staatsministeriums für Unterricht und Kultus (o. J.) wird einerseits mitgeteilt: „Genaue empirische Untersuchungen über Vernachlässigung von Kindern liegen nicht vor." Andererseits wird - ohne Quellenangabe - angeführt: „Einzeluntersuchungen zum Komplex Vernachlässigung sprechen davon, dass ca. 20% aller Kinder und Jugendlichen in der Bundesrepublik (alte Länder) betroffen sind."
- Motzkau (2002, S. 713) führt an: „Über die Häufigkeit von Vernachlässigung liegen keine genauen Zahlen vor. ... Die Schätzungen für 6-jährige Kinder in unserem Land liegen zwischen 50 000 und dem Zehnfachen davon (Engelbert, 1999)."

Insgesamt verwundert es nicht, dass Aussagen über die Häufigkeit von Vernachlässigung in Deutschland so allgemein bleiben wie „Vernachlässigungen kommen offenbar wesentlich häufiger vor als Misshandlungen" (Engfer, 2000, S. 26) oder „Bei aller Vorsicht kann man aber doch davon ausgehen, dass es zur Vernachlässigung häufiger kommt als zu Misshandlung und Missbrauch" (Schleiffer, 2002, S. 4). US-amerikanische Untersuchungen/Statistiken lassen dagegen eine Einschätzung zu den Häufigkeitsverhältnissen zwischen verschiedenen Misshandlungsformen zu: Danach ist für 1986 von ca. 700 000 Fällen von Vernachlässigung, 300 000 Misshandlungsfällen und 140 000 Fällen von sexuellem Missbrauch auszugehen (Besharov, 1993, zit. n. Engfer, 2000, S. 25). Deegener (2001) kommt in seiner Untersuchung zu dem Ergebnis, dass für die USA im Mittel über die Jahre hinweg etwa von folgenden Prozentzahlen ausgegangen werden kann: 40%-50% Vernachlässigungsfälle, 25% körperliche Misshandlung, 10% sexueller Missbrauch, 3% seelische Gewalt und 15% anderweitige Formen.

Insgesamt verwundert es nicht, dass Aussagen über die Häufigkeit von Vernachlässigung in Deutschland so allgemein bleiben wie „Vernachlässigungen kommen offenbar wesentlich häufiger vor als Misshandlungen" oder „Bei aller Vorsicht kann man aber doch davon ausgehen, dass es zur Vernachlässigung häufiger kommt als zu Misshandlung und Missbrauch".

4.4 Erfassung von Vernachlässigung

Die Frage der Risikoeinschätzung bei Vernachlässigung, Kindesmisshandlung und sexuellem Missbrauch wird immer erst dann thematisiert, wenn sich spektakuläre Fälle ereignet haben und Fachkräften Versäumnisse vorgeworfen werden. Spätestens dann wird allen Beteiligten klar, dass diese Tätigkeit immer ein „Helfen mit Risiko" (Mörsberger & Restemeier, 1997) ist. Bei der Einschätzung der genannten Risiken besteht die Gefahr, entweder zu früh und ggf. unnötig eingreifend Maßnahmen einzuleiten oder aber zu spät und mit ungeeig-

neten Mitteln Kindern (und Eltern) zu unterstützen (vgl. Bange & Körner, 2004).
Die am 8. Juli 2005 auch vom Bundesrat beschlossene Novellierung des SGB VIII (Gesetz zur Weiterentwicklung der Kinder- und Jugendhilfe (Kinder- und Jugendhilfeweiterentwicklungsgesetz - KICK)), die zum 1.Oktober 2005 in Kraft getreten ist, nimmt sowohl Jugendämter als auch Leistungserbringer stärker in die Pflicht, bei Anhaltspunkten von Kindeswohlgefährdung eine fachlich fundierte Abschätzung des Gefährdungsrisikos zu leisten (vgl. den neu eingefügten § 8a (Schutzauftrag bei Kindeswohlgefährdung)).
Die Einfügung des § 8a in das SGBVIII wie auch die Novellierung des § 42 (Inobhutnahme von Kindern und Jugendlichen) betonen und konkretisieren den Schutz von Kindern und Jugendlichen bei Gefahren für ihr Wohl und stellen an alle beteiligten Fachkräfte höhere Anforderungen bei der Risikoabschätzung. Daher gehen wir davon aus, dass die Frage der Risikoabschätzung eine immer bedeutendere Rolle spielen wird.

Aus der Forschung über Einschätz- und Entscheidungsprozesse sind allerdings die Grenzen nicht-standardisierter Konzepte bekannt, die „von einer unvollständigen Informationssammlung über eine selektive oder verzerrte Wahrnehmung relevanter Risikofaktoren bis hin zu Schwierigkeiten bei der Gewichtung und Integration verschiedener Informationen reichen ... und ... auch Wahrnehmungs- und Entscheidungsprozesse in Gruppen“ betreffen.

Aus der Forschung über Einschätz- und Entscheidungsprozesse sind allerdings die Grenzen nicht-standardisierter Konzepte bekannt, die „von einer unvollständigen Informationssammlung über eine selektive oder verzerrte Wahrnehmung relevanter Risikofaktoren bis hin zu Schwierigkeiten bei der Gewichtung und Integration verschiedener Informationen reichen ... und ... auch Wahrnehmungs- und Entscheidungsprozesse in Gruppen“ (Kindler, 2003, S. 11f) betreffen. Der Mangel solcher Einschätzverfahren wird etwa deutlich, wenn man sich vergegenwärtigt, dass mit dem gleichen Verfahren andere Experten zu anderen Zeiten und/oder Orten bei gleichem Ausgangsmaterial zu völlig anderen Ergebnissen kommen können. Diesen Mangel an Zuverlässigkeit (Reliabilität) haben standardisierte Verfahren nicht, von denen wir einige vorstellen (vgl. zur Übersicht Deegener & Körner, 2005), um Forschung und Praxis zu bewegen, mit diesen Verfahren zu arbeiten und weitere geeignete Instrumente zu entwickeln.
Dabei sind wir uns bewusst, dass z.B. eine Liste mit Konkretisierungen über zu erfassende Aspekte der Vernachlässigung die Probleme zwar mildern, aber nicht allein lösen kann. Es geht neben der Feststellung von Sachverhalten auch um die Interpretation der Familienstruktur, um die Erfassung der vorhandenen Ressourcen, um die Prognose über mögliche Entwicklungen und Veränderungen, um die Einschätzung des sozialen Umfeldes usw. Zwar können auch in diesem Rahmen Konkretisierungen/Operationalisierungen der zu erfassenden Merkmale helfen, die Entscheidungen auf eine breitere Basis zu stellen, aber es bleibt immer ein Spannungsfeld, denn z.B. bezüglich der Definition des Kindeswohls ist festzuhalten, dass „der Blick auf die Diagnose, dem oftmals das Anliegen des Familiengerichts entspricht, möglichst viele Informationen zu sammeln, um eine angemessene Entscheidung zu treffen, eine andere Begriffsfüllung inten-

diert als die eher prozesshafte Begleitung einer Familie unter dem Blickwinkel, welche Ressourcen sind zu mobilisieren, um innerhalb des Familiensystems Veränderungen zu erreichen. Beide Intentionen sind nachvollziehbar, können aber u.U. im konkreten Fall gegeneinander stehen [z.B. zwischen den Vorgaben des § 1666 BGB und dem Hilfeauftrag des SGB VIII]" (Blank & Deegener, 2004, S. 123).

4.4.1 Einstufung durch Kinder und Jugendliche im Alter von 6 bis 15 Jahren

Im folgenden soll ein neues und umfassendes Einstufungsinstrument zur Einschätzung von Vernachlässigung durch Kinder und Jugendliche vorgestellt werden, und zwar die *‚Multidimensional Neglectful Behavior Scale for Child Self-Report (MNBS-CR)'*. Die Darstellung dieser Skala erfolgt einmal anhand einer Veröffentlichung in einer Fachzeitschrift (Kaufman-Kantor et al., 2004a), zum anderen aufgrund von zwei Internetseiten der AutorInnen (Kaufmann Kantor et al., 2004b sowie o. J.).

Die MNBS-CR besteht aus einer Version für 6 bis 9 Jahre alte Kinder sowie einer Version für 10 bis 15 Jahre alte Kinder/Jugendliche. Erfasst werden die folgenden Kernbereiche:

Die MNBS-CR besteht aus einer Version für 6 bis 9 Jahre alte Kinder sowie einer Version für 10 bis 15 Jahre alte Kinder/Jugendliche. Erfasst werden die folgenden Kernbereiche

1. Emotionale Vernachlässigung: Die Items zielen auf die Unterstützung, Zuwendung und Partnerschaftlichkeit der Eltern-Kind-Beziehung.
2. Kognitive Vernachlässigung: Innerhalb dieses Bereiches wird die kognitive Anregung erfasst, die die Eltern den Kindern gegenüber zeigen, wie z. B. die Bereitstellung von Lerngelegenheiten/-anreizen sowie das Engagement für die schulische Entwicklung des Kindes.
3. Beaufsichtigungs-Vernachlässigung: Die Items dieses Bereiches umfassen das Wissen der Eltern darüber, wo sich das Kind jeweils aufhält, die Beachtung von kindlichem Fehlverhalten sowie die elterlichen erzieherischen Grenzsetzungen.
4. Körperliche Vernachlässigung: Dieser Bereich erfasst Ernährung/Nahrung, Schutz vor Gefahren, Hygiene/Kleidung sowie medizinische Vernachlässigung.

Zusätzlich können erfasst werden:
1. Kindliche Einstufung der Vernachlässigung
2. Konfrontation mit Konflikt und Gewalt
3. Alkoholkonsum von Eltern und Kind
4. Kindliche Depression.

Die Durchführung erfolgt über ein Computer-Programm (Audio Computer Assisted Self Administered Interview). Das Programm beginnt mit einer musikalischen Einleitung sowie Bildern von Familien

Dem Kind werden jeweils zwei nebeneinander liegende Bilder der folgenden Art (z. B. fürsorglicher vs. vernachlässigender Elternteil) gezeigt, über denen die Frage „Welches Mädchen [bzw. welcher Junge] ist dir am Ähnlichsten" steht.

und wird fortgesetzt mit einer Einweisung für die Kinder, wie das Programm anzuwenden ist. Dem Kind werden jeweils zwei nebeneinander liegende Bilder der folgenden Art (z. B. fürsorglicher vs. vernachlässigender Elternteil) gezeigt, über denen die Frage „Welches Mädchen [bzw. welcher Junge] ist dir am Ähnlichsten" steht (aus: Kantor et al., 2004a, S. 415):

Die Auswahl des Kindes wird dann hell hervorgehoben und es erscheint ein neuer Bildschirm:

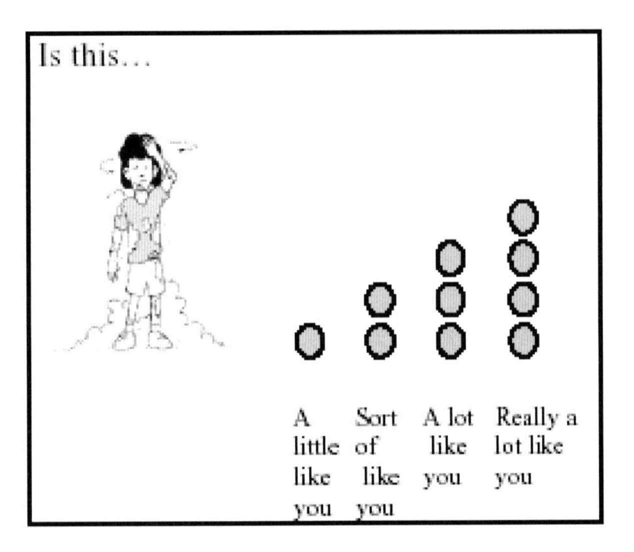

Das Kind kann also die Intensität des ausgewählten Verhaltens einstufen, im vorliegenden Beispiel also das Ausmaß, mit dem die Mutter dafür sorgt oder nicht dafür sorgt, dass es ein Bad nimmt.
Die vorgelegten Items variieren nach dem Alter und Geschlecht der Kinder sowie dem Geschlecht der primären Bezugsperson. Im Folgenden werden zunächst für die erfassten Kernbereiche der MNBS-CR Beispielabbildungen eines Items sowie der (für verschiedene Versionen zusammengefasste, übersetzte) Wortlaut einiger weiterer Items beispielhaft angeführt (aus: Kantor et al., 2004b):

Das Kind kann also die Intensität des ausgewählten Verhaltens einstufen, im vorliegenden Beispiel also das Ausmaß, mit dem die Mutter dafür sorgt oder nicht dafür sorgt, dass es ein Bad nimmt.

Beispiel-Item emotionale Vernachlässigung:

Welches Mädchen ist dir am Ähnlichsten?

Der Vater dieses Mädchens hilft ihm, dass es sich besser fühlt, wenn es traurig oder erschrocken ist

Der Vater dieses Mädchens hilft ihm nicht, dass es sich besser fühlt, wenn es traurig oder erschrocken ist

Weitere Items:
Die Mutter/der Vater dieses Kindes
- ... hängt die vom dem Mädchen/dem Jungen gemalten Bilder nicht zu Hause auf.
- ... sagt dem Mädchen/dem Jungen nicht, dass sie/er es/ihn lieb haben.

Beispiel-Item kognitive Vernachlässigung

Welches Mädchen ist dir am Ähnlichsten?

Die Mutter dieses Mädchens spricht mit ihm darüber, was es in der Schule lernt

Die Mutter dieses Mädchens spricht nicht mit ihm darüber, was es in der Schule lernt

Weitere Items:
Die Mutter/der Vater dieses Kindes
- ... spricht nicht viel mit dem Mädchen/dem Jungen.
- ... liest mit dem Mädchen/dem Jungen kein Buch.

Beispiel-Item Beaufsichtigungs-Vernachlässigung (Altersgruppe: 6 bis 9 Jahre)

Welcher Junge ist dir am Ähnlichsten?

Die Mutter dieses Jungen weiß, wo er draußen spielt

Die Mutter dieses Jungen weiß nicht, wo er draußen spielt

Beispiel-Item Beaufsichtigungs-Vernachlässigung (Altersgruppe: 10 bis 15 Jahre)

Welcher Junge ist dir am Ähnlichsten?

Der Vater dieses Jungen erfährt nicht, wohin er nach der Schule geht

Der Vater dieses Junge erfährt, wohin er nach der Schule geht

Weitere Items:
Die Mutter/der Vater dieses Kindes
- ... kennt keinen Freund des Mädchens/des Jungen.
- ... kümmert sich nicht darum, wenn das Mädchen/der Junge Sachen anstellt wie z. B. Stehlen.

Beispiel-Item körperliche Vernachlässigung

Welcher Junge ist dir am Ähnlichsten?

Die Mutter dieses Jungen sorgt dafür, dass er ein Bad nimmt

Die Mutter dieses Jungen sorgt nicht dafür, dass er ein Bad nimmt

Weitere Items:
- Es gibt viel Müll in dem Zimmer dieses Mädchens/Jungen.
- Die Mutter/der Vater bringt das Mädchen/den Jungen nicht für Nachuntersuchungen zum Arzt.

Im folgenden werden Items aus zusätzlichen Bereichen der MNBS-CR aufgeführt (aus: Kaufman Kantor et al., 2004b):

Beispiel-Item Depression

Welches Mädchen ist dir am Ähnlichsten?
(Das linke Mädchen ist mit blauer, das rechte Mädchen mit roter Farbe gezeichnet)

Manche Mädchen sind häufig unglücklich

Manche Mädchen sind häufig glücklich

Beispiel-Items aus: Konfrontation mit Konflikt und Gewalt:
- Dieses Kind sieht, wie die Erwachsenen sich im Haus wechselseitig schlagen.
- Die Eltern dieses Kindes lassen es zu, dass es von anderen Personen im Haus geschlagen wird.

Beispiel-Items aus: Alkoholkonsum:
- Die Mutter/der Vater dieses Kindes ist betrunken und kann sich nicht um das Mädchen/den Jungen kümmern.
- Die Mutter/der Vater lässt das Mädchen/den Jungen Bier trinken.

Beispiel-Items aus: Kindliche Einstufung der Vernachlässigung:
- Dieses Kind muss sich um seine Mutter/seinen Vater kümmern.
- Dieses Kind hat häufig Hunger.

Für die gesamte Skala werden Reliabilitätkoeffizienten (Cronbach's Alpha) von .94 und .81 (für klinische Stichprobe = Vernachlässigungsgruppe sowie Kontrollgruppe) bei den älteren Kindern sowie .66 und

.61 bei den jüngeren Kindern angeführt (Kaufman Kantor et al., 2004a, S. 419). Sowohl bei den jüngeren als auch bei den älteren Kindern traten in allen vier Kernbereichen des MNBS-CR bei der Vernachlässigungs-Stichprobe signifikant höhere Werte auf als bei der Kontrollgruppe.

Sowohl bei den jüngeren als auch bei den älteren Kindern traten in allen vier Kernbereichen des MNBS-CR bei der Vernachlässigungs-Stichprobe signifikant höhere Werte auf als bei der Kontrollgruppe.

Bei den jüngeren Kindern (6 bis 9 Jahre) fanden sich weiter u.a. folgende Tendenzen in den MNBS-CR-Skalen (aufgrund der jeweiligen Einstufung durch die Kinder):

- Höhere Vernachlässigungs-Werte korrelierten mit höherer kindlicher Depression.
- Höhere kindliche Einstufung der Vernachlässigung korrelierte mit niedrigerem IQ der Eltern.
- Beaufsichtigungs-Vernachlässigung und emotionale Vernachlässigung korrelierten hoch mit dem elterlichen Alkoholkonsum.
- Emotionale Vernachlässigung korrelierte mit der Konfrontation elterlicher Konflikte und Gewalt.

Bei den älteren Kindern (10 bis 15 Jahre) ergaben sich u.a. noch folgende Ergebnisse:

- Höhere Vernachlässigungs-Werte korrelierten mit höherer kindlicher Depression (Selbsteinstufung) sowie ausgeprägteren Verhaltensproblemen der Kinder (Elterneinstufung).
- Höhere Vernachlässigungs-Werte korrelierten mit erhöhten Aufmerksamkeitsproblemen und erhöhter Aggression (Selbsteinstufung der Kinder).
- Höherer elterlicher Alkoholkonsum korrelierte mit erhöhtem delinquentem und aggressivem Verhalten der Kinder (Selbsteinstufung der Kinder).
- Höhere kindliche Einstufung der Vernachlässigung korrelierte mit niedrigerem IQ der Eltern und erhöhtem Substanzmittelkonsum der Eltern.
- Allgemein ergaben sich bei den älteren misshandelten Kindern häufigere höhere Korrelationen zwischen den Unterformen der Vernachlässigung sowie zwischen diesen Unterformen und den Variablen elterlicher Alkoholkonsum, kindliche Depression und Konfrontation elterlicher Konflikte und Gewalt.

4.4.2 Einstufung durch Pflegekräfte bei Müttern von Neugeborenen im Rahmen von Hausbesuchen

Die nachfolgend beschriebene Skala von Grietens et al. (2004) erfasst neben körperlicher Misshandlung auch Vernachlässigung und soll im Rahmen von Hausbesuchen durch Pflegekräfte bei Müttern von Neugeborenen eingesetzt werden. Aufgrund einer Literaturdurchsicht sowie den Informationen von PraktikerInnen wurde eine 71 Items umfassende Misshandlungs-Skala gebildet. Diese Skala wurde dann von 40 nach dem Zufall ausgesuchten Pflegekräften im Rahmen von Hausbesuchen ausgefüllt, und zwar bei 373 nicht misshandelnden sowie 18 körperlich misshandelnden/vernachlässigenden Müttern mit Neugeborenen im Alter von 0 bis 3 Monaten (190 Jungen und 183 Mädchen bei der Stichprobe der nicht Misshandelnden sowie 9 Jungen und 9 Mädchen bei den misshandelnden/vernachlässigenden Müttern).

Neben der Misshandlungs-Skala wurde auch eine Soziale-Deprivations-Skala angewendet, die sechs Variablen bezüglich finanzieller Probleme der Familie, schlechter Wohnverhältnisse (z. B. mangelnde Hygiene, keine Zentralheizung, unzureichender Schutz vor Gefahren), Arbeitslosigkeit, Gesundheitsproblemen (insbesondere physischen und psychischen Erkrankungen), Entwicklungsproblemen (z. B. Wachstums- und Sprachverzögerungen, geistige Behinderung/Retardierung) und geringer schulische Fertigkeiten enthielt. Jede dieser Variablen konnte von den Pflegekräften mit 1 = Ja und 0 = Nein eingestuft werden, so dass sich Summenwerte für diese Soziale-Deprivations-Skala zwischen 0 bis 6 ergaben.

Die Items der Misshandlungs(Risiko-)Skala wurden von den Pflegekräften auf einer vierstufigen Rating-Skala zwischen 0 = wurde niemals beobachtet oder berichtet bis 3 = sehr oft (mindestens einmal während jedes Hausbesuchs) eingestuft. Je höher der Wert der Gesamtskala, um so höher ist also das Risiko für Kindesmisshandlung. Bei der Einstufung sollten sich die Pflegekräfte auf Beobachtungen des Verhaltens stützen, nur bezüglich mütterlicher oder familiärer Merkmale beruhten die Einstufungen auf verbalen Angaben.

Die Items der Misshandlungs(Risiko-)Skala wurden von den Pflegekräften auf einer vierstufigen Rating-Skala zwischen 0 = wurde niemals beobachtet oder berichtet bis 3 = sehr oft (mindestens einmal während jedes Hausbesuchs) eingestuft. Je höher der Wert der Gesamtskala, um so höher ist also das Risiko für Kindesmisshandlung.

Bei der statistischen Analyse der erhaltenen Daten wurden zunächst diejenigen Items der 71 Feststellungen enthaltenen Ursprungsskala aussortiert, deren Bejahungshäufigkeit unter 5% lag. Von den verbleibenden 47 Items wurden weiter noch jene Items aussortiert, die nicht signifikant zwischen misshandelnden und nicht-misshandelnden Müttern unterschieden. Es verblieben so die folgenden 20 Items:

1. Die Mutter gibt zu verstehen, dass sie sich allein fühlt angesichts ihrer Probleme
2. Die Mutter hat nur wenige Kontakte außerhalb der Familie und ist damit unzufrieden
3. Die Mutter ist nicht in der Lage, adäquate Hilfe oder Unterstützung zu suchen
4. Die Mutter ist unzufrieden mit ihren Beziehungen innerhalb der Familie und mit Freundinnen
5. Die Mutter hat nicht viel Unterstützung durch ihren Partner
6. Die Mutter sieht für sich düstere Aussichten
7. Die Mutter gibt zu erkennen, dass sie sich unglücklich fühlt
8. Die Mutter spricht über die Schwangerschaft und Geburt sehr negativ
9. Die Mutter erwartet vom Kind sehr viel Liebe
10. Die Mutter spricht oft über sich und nicht über ihr Baby

11. In einer Stress-Situation erweist sich die Mutter sehr schnell als hilflos
12. Die Mutter hat schon viele Krisen durchgemacht und sie scheint Schwierigkeiten zu haben, über diese hinweg zu kommen
13. Die Mutter zeigt nicht viel Selbstbewusstsein
14. Die Mutter gibt zu verstehen, dass sie als Kind nicht viel Liebe von ihrer Mutter oder Familie bekam
15. Ich habe das Gefühl, dass die Informationen, die die Mutter darüber gibt, wie sie mit ihrem Baby umgeht, unvollständig sind oder nicht stimmen
16. Die Mutter hält sich nicht an die Verabredungen bezüglich der Hausbesuche und der Beratungen
17. In der Familie ist eine Atmosphäre der Heimlichkeit/Geheimhaltung
18. Ich fühle mich unbehaglich in dieser Familie
19. Die Mutter nimmt die Ratschläge gar nicht oder nur teilweise an, wie sie ihr Kind versorgen, sich um es kümmern soll
20. Die Mutter setzt wenig Grenzen und gibt dem Leben des Kindes wenig Struktur

Die Reliabilität der auf 20 Items gekürzten Skala betrug r = .92 (Cronbachs Alpha). Für die Interrater-Reliabilität ergab sich r = .97 (über alle Items). Eine Faktorenanalyse ergab drei Faktoren: Isolierung (z. B.: „Die Mutter ist unzufrieden mit ihren Beziehungen innerhalb der Familie und mit Freundinnen“, psychische Belastung (z. B. „In einer Stress-Situation erweist sich die Mutter sehr schnell als hilflos“ und Kommunikationsprobleme (z. B. „Die Mutter nimmt die Ratschläge gar nicht oder nur teilweise an, wie sie ihr Kind versorgen, sich um es kümmern soll“. Erwartungsgemäß wiesen alle Faktoren zwar signifikante, aber keine besonders hohen Korrelationen untereinander auf. Die erhaltenen Werte der Mütter auf den Faktoren 'Isolation' sowie 'Kommunikations-Probleme' sagten signifikant bedeutsam die Werte auf der Soziale-Deprivations-Skala voraus, d.h. Mütter mit hohen Werten auf den Dimensionen 'Isolation' und 'Kommunikations-Probleme' wiesen auch hohe Werte auf der Soziale-Deprivations-Skala auf.

In der Diskussion gehen die AutorInnen u.a. der Frage nach, warum Items, welche Merkmale der Babys erfassen, wie z. B. schwieriges Temperament oder schreiendes Baby, nur gering oder gar nicht zwischen misshandelnden und nicht-misshandelnden Müttern trennten und deswegen in der endgültigen Skala nicht enthalten sind. Ein möglicher Grund wird im Alter der untersuchten Kinder (0 bis 3 Monate) gesehen, d.h. es wird vermutet, dass schwieriges Temperament oder Schreien erst ab der zweiten Hälfte des 1. Lebensjahres einen bedeutsameren Einfluss auf die Mutter-Kind-Interaktionen besitzen.

In der Diskussion gehen die AutorInnen u.a. der Frage nach, warum Items, welche Merkmale der Babys erfassen, wie z. B. schwieriges Temperament oder schreiendes Baby, nur gering oder gar nicht zwischen misshandelnden und nicht-misshandelnden Müttern trennten.

4.4.3 Einstufung durch Fachkräfte nach den Grundbedürfnissen von Säuglingen

Die interdisziplinäre *Arbeitsgemeinschaft Hannover* geht einen anderen Weg, in dem sie den folgenden elf Grundbedürfnissen von Säuglingen elterliche Handlungen bzw. Unterlassungen zuordnet, die auf eine Kindeswohlgefährdung hindeuten.

Die interdisziplinäre *Arbeitsgemeinschaft Hannover* geht einen anderen Weg, in dem sie den folgenden elf Grundbedürfnissen von Säuglingen elterliche Handlungen bzw. Unterlassungen zuordnet, die auf eine Kindeswohlgefährdung hindeuten (Schultz, 2005, S. 469-471):

- Grundbedürfnis: Körperpflege
  - Wird der Säugling immer wiederkehrend gewickelt oder trifft man ihn ständig in durchnässten, herabhängenden Windeln an?
  - Sind größere Teile der Hautoberfläche entzündet?
  - Finden sich regelmäßig Dreck- und Kotreste in den Hautfalten (Genital- und Gesäßbereich)?
- Grundbedürfnis: Wach- und Schlafplatz
  - Liegt der Säugling tagsüber stundenlang in einem nicht gelüfteten, abgedunkelten oder künstlich beleuchteten Raum und bekommt kaum Tageslicht?
  - Sind Matratzen und Kissen ständig nass und muffig?
  - Liegt der Säugling ständig in der Wippe, der Tragetasche oder im Bett?
- Grundbedürfnis: Kleidung
  - Bietet die Kleidung hinreichend Schutz vor Hitze, Sonne, Kälte oder Nässe?
  - Ist der Säugling jahreszeit- und umgebungsgemäß gekleidet oder wird er oft schwitzend oder frierend angetroffen?
  - Ist die Bewegungsfreiheit des Säuglings in seiner Kleidung gewährleistet oder ist er zu eng geschnürt, sind Kleidungsstücke zu klein oder viel zu groß?
- Grundbedürfnis: Ernährung
  - Gibt es eine ausreichende Gewichtszunahme (Gewichtskurve im Vorsorgeheft)?
  - Bekommt der Säugling überalterte, verdorbene oder nicht altersgemäße Nahrung? Reicht die Flüssigkeitsmenge?
  - Sind hygienische Mindeststandards (Reinigung der Flasche) gewahrt?
- Grundbedürfnis: Behandlung von Krankheiten und Entwicklungsstörungen
  - Ist das Recht des Säuglings auf kontinuierliche Vorsorgeuntersuchungen gewährleistet?
  - Werden Krankheiten des Säuglings nicht oder zu spät erkannt und/oder wird die Behandlung verweigert?
  - Werden Entwicklungsverzögerungen oder Behinderungen nicht erkannt und/oder unsachgemäß behandelt?
- Grundbedürfnis: Schutz vor Gefahren
  - Wird der Säugling z. B. ohne Aufsicht auf den Wickeltisch oder in die Badewanne gesetzt?

- Werden Gefahren im Haushalt übersehen (z. B. defekte Stromkabel, Steckdosen, für das Kind zugängliche Medikamente/Alkohol, ungesicherte Treppen, gefährliches Spielzeug usw.)?
- Sind die Eltern regelmäßig oder zeitweise durch Drogen- bzw. Alkoholkonsum oder Psychosen in ihrer Wahrnehmung getrübt oder in ihrer Verantwortungsfähigkeit eingeschränkt?

- Grundbedürfnis: Zärtlichkeit, Anerkennung und Bestätigung
  - Wird der Säugling beim Füttern in den Arm genommen oder bekommt er lediglich eine Flasche, die er allein trinken muss?
  - Erfolgt das Wickeln grob und ohne Ansprache?
  - Wird dem Säugling bei Krankheit oder Verletzung Trost verweigert?
  - Wird der Säugling bei unerwünschtem Verhalten (z. B. Strampeln beim Wickeln) gezüchtigt, geschlagen, gekniffen, geschüttelt usw.?
- Grundbedürfnis: Sicherheit und Geborgenheit
  - Bleibt der Säugling trotz anhaltenden Schreiens unbeachtet?
  - Ist der Säugling einer gewalttätigen Atmosphäre ausgesetzt?
  - Machen die Eltern dem Säugling durch Anschreien, grobes Anfassen, Schütteln oder Schlagen Angst?
- Grundbedürfnis: Individualität und Selbstbestimmung
  - Wird der Säugling als Besitz betrachtet, über den man nach Belieben verfügen kann?
  - Wird mit dem Säugling nur dann geschmust, wenn das eigene Bedürfnis nach Körperkontakt, Zuneigung und Zärtlichkeit befriedigt werden soll?
- Grundbedürfnis: Ansprache
  - Wird nicht oder kaum mit dem Säugling gesprochen?
  - Wird nicht oder kaum mit dem Säugling gespielt?
  - Steht kein altersentsprechendes Beschäftigungsmaterial für den Säugling zur Verfügung?
  - Wird dem Säugling kein ausreichender Körperkontakt angeboten?
- Grundbedürfnis: Langandauernde Bindung
  - Wird der Säugling ständig verschiedenen Personen zur Betreuung überlassen?
  - Hat der Säugling eine verantwortungsfähige Bezugsperson, die beabsichtigt, langfristig für das Kind zu sorgen?

Empfohlen wird, ein Tagebuch zu führen (auch während Hilfemaßnahmen), in dem eingetragen wird, was „in Bezug auf die Befriedigung der Grundbedürfnisse des Säuglings in der Beziehung zu seinen Eltern gehört, gesehen, gerochen oder gespürt“ wird, z. B. bei den Grundbedürfnissen 1 und 8: „Die Mutter hat mir berichtet, sie sorge dafür, dass sich keine Kotreste in den Hautfalten festsetzen. Nach dem Waschen trockne sie die Haut sorgfältig mit dem Handtuch. Die Haut des Säuglings sieht gesund aus“; „Die Mutter hat mir

Empfohlen wird, ein Tagebuch zu führen, in dem eingetragen wird, was „in Bezug auf die Befriedigung der Grundbedürfnisse des Säuglings in der Beziehung zu seinen Eltern gehört, gesehen, gerochen oder gespürt“ wird.

erzählt, dass sie dienstags und donnerstags um 12.00 Uhr eine Fernsehserie anschaue und den Säugling während dieser Zeit ins Kinderzimmer stelle. Um durch das eventuelle Schreien des Säuglings nicht gestört zu werden, stelle sie den Fernseher recht laut an" (Schultz, 2005, S. 479).

4.4.4 Einstufung der Grundbedürfnisse von Kindern und der elterlichen Kompetenzen nach dem Erhebungsbogen der Stadt Recklinghausen

Im *Erhebungsbogen der Stadt Recklinghausen* (o. J.; siehe Jordan, 2005, S. 503 f.) wird von den MitarbeiterInnen des Jugendamtes nach den folgenden Grundbedürfnissen von Kindern eingestuft: Recht auf ausreichende Körperpflege; Recht auf geeignete Wach- und Schlafplätze; Recht auf schützende Kleidung; Recht auf altersgemäße Ernährung; Recht auf sachgemäße Behandlung von Krankheiten und Entwicklungsstörungen; Recht auf Schutz vor Gefahren; Recht auf Zärtlichkeit, Anerkennung und Bestätigung; Recht auf Sicherheit und Geborgenheit; Recht auf Individualität und Selbstbestimmung; Recht auf Ansprache; Recht auf langandauernde Bindung. Gefragt wird danach, ob das Kind aus der Sicht der Fachkraft „seine Grundbedürfnisse in der Beziehung zu seinen Eltern sicher befriedigen" kann, bei folgenden Einstufungsmöglichkeiten: Grundbedürfnisse werden sicher befriedigt; Wahrnehmungen fehlen; die Befriedigung des Grundbedürfnisses ist bedroht.

Neben dieser Einstufung nach den Grundbedürfnissen wird empfohlen, auch einzustufen, ob Umstände sichtbar sind, die die Eltern daran hindern, die Grundbedürfnisse ihrer Kinder zu befriedigen, und zwar nach folgenden Kriterien: Einkommen, Wohnsituation, Arbeitssituation, Körperbehinderungen/gesundheitlicher Probleme, Suchtmittelmissbrauch, schwerer psychischer Störungen (Psychosen), religiöser oder ideologischer Überzeugungen sowie eingeschränkter intellektueller Fähigkeiten. Diese Einstufungen erfolgen getrennt für beide Elternteile sowie auf einer Abstufung von S = Stärke sichtbar, F = Wahrnehmungen fehlen sowie B = Unterstützungs-/Entwicklungsbedarf erkennbar.

Neben dieser Einstufung nach den Grundbedürfnissen wird empfohlen, auch einzustufen, ob Umstände sichtbar sind, die die Eltern daran hindern, die Grundbedürfnisse ihrer Kinder zu befriedigen, und zwar nach folgenden Kriterien

Dementsprechend werden auch
- die elterlichen personalen Kompetenzen (Aggression und Wut kontrollieren können; depressiven Stimmungen etwas entgegensetzen können; Ängste überwinden können; destruktive Selbstkritik reduzieren und das eigene Selbstwertgefühl stärken können; Enttäuschungen verkraften können),
- die interpersonalen Kompetenzen (eigene Bedürfnisse und Gefühle wahrnehmen können; eigene Bedürfnisse, Gefühle, Interessen und Meinungen ausdrücken und angemessen vertreten können;

aufmerksam sein, sich einem anderen zuwenden und zuhören können; mit anderen nach Problemlösungen suchen und aushandeln können; anderen sagen können, wie man ihr Verhalten wahrnimmt und dies auch von anderen ertragen können; Sexualverhalten: Sich partnerschaftlich und rollengemäß verhalten können; den Willen und die Grenzen anderer respektieren können)
- sowie die allgemeinen Kompetenzen (Zeit und Tätigkeiten planen und Planungen ausführen können; früh aufstehen, pünktlich sein und Verabredungen einhalten können; Ausdauer haben, genau sein; sich regelmäßig waschen, saubere Kleidung tragen; sich ausreichend ernähren; Einnahmen und Ausgaben bilanzieren und ökonomisch wirtschaften können; sich allein beschäftigen und das Zusammensein mit anderen gestalten können - z. B. Spielen, Basteln, Sport; Kochen, Waschen, Putzen und Wohnung gestalten können)

eingestuft (Jordan, 2005, S. 504).

4.4.5 Einstufung zur Grundversorgung von Kindern nach dem Stuttgarter Kinderschutzbogen

Beim *Stuttgarter Kinderschutzbogen* (Reich, 2005) wurden vier Altersmodule gebildet: 0 bis 3, 3 bis 6, 6 bis 14 und 14 bis 18 Jahre. Für die Einschätzung von Grundversorgung und Schutz von Kindern z. B. im Alter von 3 bis 6 Jahren wurden folgende Kategorien gebildet: Ernährung; Schlafplatz; Kleidung; Körperpflege; Schutz vor Gefahren und Aufsicht des Kindes; Betreuung des Kindes; emotionale Zuwendung durch die Bezugsperson; Gewalt gegen das Kind.
Diese Kategorien werden auch detaillierter erläutert anhand sogenannter Ankerbeispiele. Für die Kategorie „Ernährung" bei 3 bis 6 Jahre alten Kindern liegen folgende Ankerbeispiele vor:

Beim *Stuttgarter Kinderschutzbogen* (Reich, 2005) wurden vier Altersmodule gebildet: 0 bis 3, 3 bis 6, 6 bis 14 und 14 bis 18 Jahre. Für die Einschätzung von Grundversorgung und Schutz von Kindern z. B. im Alter von 3 bis 6 Jahren wurden folgende Kategorien gebildet

Woran zu erkennen?	- 2 (sehr schlecht)	1 (schlecht)	+ 1 (ausreichend)	+ 2 (gut)
Nahrungs-gabe	Kein regelmäßiges Angebot an Nahrung. Kein regelmäßiges Angebot an Flüssigkeit.	Phasenweise wenig oder kein Angebot an Nahrung z. B. am Ende des Monats	Einzelne Mahlzeiten fallen ab und zu aus. Ausreichendes Angebot an Flüssigkeit.	Regelmäßiges Angebot an Nahrung (vgl. Gewichtskurve in U-Heft). Regelmäßiges Angebot an ungesüßter Flüssigkeit (Tee, Wasser, Säfte)
Menge	1 - 2 Mahlzeiten pro Tag, häufiger Wechsel zwischen Überfütterung und Mangelernährung. Kein Frühstück.	Keine festen Mahlzeiten oder ständiges essen (zum ruhigstellen).	Regelmäßig 3 Mahlzeiten pro Tag. Frühstück.	Regelmäßig 5 Mahlzeiten pro Tag, davon eine warme. Frühstück, Mittag-, Abendessen. Zwei Zwischenmahlzeiten mit Obst, Joghurt, Quark.
Nahrungs-qualität	Verdorbene Nahrung. Keine Möglichkeit für Kochen und Kühlen.	Chips, Cola oder Süßigkeiten als Hauptnahrungsmittel. Einseitige, nährstoffarme Nahrung.	Regelmäßig Chips, Cola oder Süßigkeiten als Zwischenmahlzeit.	Cola absolute Ausnahme. Nährstoff- vitamin-, ballaststoffreiche Nahrungsmittel. Frisch zubereitete warme Mahlzeiten mehrmals pro Woche.

Das Verfahren besteht aus 20 Feststellungen, die auf einer vierstufigen Skala mit den Polen ‚stimme stark zu' sowie ‚lehne stark ab' beantwortet werden können.

4.4.6 Einstufung durch Mütter

Lounds et al. (2004) entwickelten die *Mother-Child Neglect Scale (MCNS)* zur Einstufung durch die Mütter (und erprobten sie bei Müttern mit Kindern im Alter von 8 Jahren). Das Verfahren besteht aus 20 Feststellungen, die auf einer vierstufigen Skala mit den Polen ‚stimme stark zu' sowie ‚lehne stark ab' beantwortet werden können. Erfasst wird emotionale, kognitive und körperliche Vernachlässigung sowie mangelnde Aufsicht/Überwachung:

1. Ich machte Dinge mit meinem Kind, weil es mir einfach Spaß machte.
2. Ich interessierte mich für die Aktivitäten und Hobbys meines Kindes.
3. Ich half meinem Kind bei den Hausaufgaben.
4. Ich wollte wissen, was mein Kind machte, wenn es nicht zu Hause war.
5. Ich tröstete und beruhigte mein Kind, wenn es aufgeregt und durcheinander war.
6. Ich achtete auf die Sauberkeit meines Kindes.

7. Ich half meinem Kind, sein Bestes zu geben.
8. Ich stellte sicher, dass mein Kind in die Schule ging.
9. Ich sorgte mich nicht darum, wenn mein Kind in der Schule in Schwierigkeiten geriet.
10. Ich stellte sicher, dass mein Kind einem Arzt vorgestellt wurde, wenn dies nötig war.
11. Ich war nicht interessiert daran festzustellen, welche Art Freunde mein Kind hatte.
12. Ich gab meinem Kind genug zu essen.
13. Ich half meinem Kind, wenn es Schwierigkeiten hatte, etwas zu verstehen.
14. Ich las Bücher mit meinem Kind.
15. Ich half meinem Kind, wenn es Probleme hatte.
16. Ich lobte mein Kind nicht.
17. Ich sorgte mich, wenn mein Kind Sachen wie Ladendiebstahl machte.
18. Ich sagte meinem Kind, dass ich es liebe.
19. Ich hielt die Wohnung sauber.
20. Ich gab meinem Kind genug Kleidung, um es warm zu halten.

Zwischen den Formen der Vernachlässigung fanden sich jeweils signifikante Korrelationen. Die interne Konsistenz für die Unterformen (Cronbachs Alpha) lag zwischen .78 und .91.
Mütter, die bei einer anderen Einstufung angegeben hatten, dass sie von ihren Eltern in der Kindheit vernachlässigt worden waren, wiesen eine erhöhte Wahrscheinlichkeit auf, auch ihre Kinder (im Alter von 8 Jahren) zu vernachlässigen. Da es sich um eine Längsschnittstudie handelte, waren auch Daten über die Mutter-Kind-Interaktionen aus Videoaufnahmen eines strukturierten Spiels vorhanden, als die Kinder 3 und 5 Jahre alt waren. Zu diesen Zeitpunkten füllten die Mütter auch eine Kurzform des *Child Abuse Potential Inventory (CAPI)* von Milner (1986) aus zur Erfassung des Risikos körperlicher Misshandlung. Die mütterliche Vernachlässigung korrelierte mit Vernachlässigung in der eigenen Kindheit, mit weniger positiven mütterlichen Interaktionen mit dem Kind sowie einem höheren Risiko zu körperlicher Misshandlung.

Mütter, die bei einer anderen Einstufung angegeben hatten, dass sie von ihren Eltern in der Kindheit vernachlässigt worden waren, wiesen eine erhöhte Wahrscheinlichkeit auf, auch ihre Kinder zu vernachlässigen.

4.5 Zusammenfassung

Weltweit – insbesondere aber auch im deutschsprachigen Raum – wird die Vernachlässigung von Kindern trotz schon lange bestehender Forderung nach mehr Beachtung sowie ihres großen Ausmaßes im Vergleich zu anderen Formen der Kindesmisshandlung weiterhin vernachlässigt. Die Erfassung der Vernachlässigung wird dabei viel zu wenig konkret operationalisiert und differenziert erfasst, wodurch wohl auch die Erfassung der Häufigkeit erschwert bis unmöglich ge-

macht wird. Kindler (2005a, S. 3) meint in diesem Zusammenhang, dass „amerikanische Studien zeigen, dass dort nur ein Teil der von ausgeprägter Vernachlässigung betroffenen Kindern in Kontakt mit dem System der Kinder- und Jugendhilfe kommt", und weiter: „Für Deutschland ist nicht bekannt, inwieweit zumindest schwerwiegende Fälle von Vernachlässigung zuverlässig und rasch erkannt werden".
Wenn nach Engfer (2000, S. 25) „in der Klientel deutscher Jugendämter ... Vernachlässigungen ca. drei Viertel aller betreuten Misshandlungsfälle" ausmachen, so ist eher davon auszugehen, dass in diesen Fällen/Familien überwiegend keine hinreichend differenzierte Diagnostik des Ausmaßes der Vernachlässigung und ihrer Unterformen stattfindet sowie die Erfassung der (persönlichen, familiären, sozialen) Ressourcen und Risikofaktoren zu global erfolgt. Auch die möglichen eingetretenen Folgen der Vernachlässigung werden wohl viel zu wenig differenziert erfasst und dokumentiert (einen neueren Überblick zu den Folgen von Vernachlässigungen gibt Kindler, 2005b). Dies führt dazu, dass die Hilfeleistungen zu wenig gezielt erfolgen und insgesamt zu wenig (auch aus Kostengründen) gegeben werden im Rahmen von Armut und Arbeitslosigkeit, Leben in sozialen Brennpunkten und beengten Wohnverhältnissen, psychischen Erkrankungen und Alkohol-/Drogenproblemen, Minderbegabungen wie mangelndem Wissen über kindliche Entwicklung und geringer Erziehungskompetenz (vgl. Zenz et al., 2002 über „die vergessenen Kinder" bezüglich Vernachlässigung, Armut und Unterversorgung in Deutschland). Es wirkt kaum überspitzt formuliert, wenn die Ursache der ‚Vernachlässigung der Vernachlässigung' auch darin gesehen wird, dass die HelferInnen ihren Ohnmachtgefühlen nachgeben angesichts der vielen Nöte und Probleme in schweren Vernachlässigungsfamilien, von denen sie einige nicht lösen können (z. B. Armut und Arbeitslosigkeit; siehe auch Kindler, 2005a, S. 3: „Bei bekannt werdenden Fällen scheint sich Vernachlässigung, trotz einsetzender Intervention, bei etwa einem Viertel bis der Hälfte der betroffenen Kinder zu einem chronischen Merkmal zu entwickeln"). Außerdem fällt es ihnen dann schwer, „angemessenes" Elternverhalten oder „angemessene Erfüllung der Grundbedürfnisse von Kindern" im Rahmen der verschiedenen Formen der Vernachlässigung zu definieren (z. B. bezüglich der kognitiven Vernachlässigung), weil darüber kein hinreichender fachlicher Konsens besteht. Dabei gilt nach Kindler (2005a, S. 3): „Formen einer unzureichenden Fürsorge, die die Grenze zur Gefährdung nicht überschreiten, lassen sich sprachlich von Vernachlässigung abgrenzen, indem sie als ‚distanziert' oder ‚unengagiert' bezeichnet werden. Auch solche Formen der Fürsorge sind im Mittel mit negativen Auswirkungen auf die kindliche Entwicklung verbunden, die jedoch im Hinblick auf Stärke und Durchgängigkeit nicht das Ausmaß der Folgen von Vernachlässigung erreichen".
Für die Zukunft wird es wichtig sein, standardisierte Erhebungsinstrumente zu entwickeln, wobei weiter eine gesellschaftliche Diskussion

Es wirkt kaum überspitzt formuliert, wenn die Ursache der ‚Vernachlässigung der Vernachlässigung' auch darin gesehen wird, dass die HelferInnen ihren Ohnmachtgefühlen nachgeben angesichts der vielen Nöte und Probleme in schweren Vernachlässigungsfamilien, von denen sie einige nicht lösen können.

darüber erfolgen muss, welche Mindesterfüllung der Grundbedürfnisse von Kindern und Jugendlichen in den verschiedenen Bereichen der Versorgung notwendig und staatlich (auch finanziell) gewährleistet werden muss, damit in bestimmten Familien tiefgreifenden Entwicklungsstörungen von Kindern vorgebeugt werden kann oder aber ihnen auch die umfassenden Hilfen zukommen können, die sie benötigen.

Wichtig ist weiter, die Überlagerungen der verschiedenen Formen der Kindesmisshandlungen z.B. nach dem Schweregrad der jeweiligen Misshandlungsform, nach der zeitlichen Dauer und den Häufigkeiten des Gewalterleidens zu klassifizieren und zu gewichten sowie bezüglich der Folgen und notwendigen Prävention bzw. Therapie zu untersuchen (hierzu liegen neuere ausländische Arbeiten vor, z.B. von Lau et al., 2005 sowie English et al., 2005).

Wichtig ist weiter, die Überlagerungen der verschiedenen Formen der Kindesmisshandlungen z.B. nach dem Schweregrad der jeweiligen Misshandlungsform, nach der zeitlichen Dauer und den Häufigkeiten des Gewalterleidens zu klassifizieren und zu gewichten sowie bezüglich der Folgen und notwendigen Prävention bzw. Therapie zu untersuchen.

4.6 Literatur

Bange, D. & Körner, W. (2004). Leitlinien im Umgang mit dem Verdacht auf sexuellen Kindesmissbrauch. In W. Körner & A. Lenz (Hrsg.), Sexueller Missbrauch. Band 1: Grundlagen und Konzepte (S. 247-273). Göttingen: Hogrefe.

Bayerisches Staatsministerium für Unterricht und Kultus (o. J.). Gewalt im sozialen Nahraum. Kinder und Jugendliche als Opfer von Gewalt. Internetseite: www.stmuk.bayern.de/a3/r5/teil1/nah.html (Download am 30.08.2003).

Behl, L.E., Conyngham, H.A. & May, P.F. (2003). Trends in child maltreatment literature. Child Abuse & Neglect, 27, 215-229.

Belsky, J. (1993). Etiology of child maltreatment: A developmental-ecological analysis. Psychological Bulletin, 114 (3), 413-434.

Besharov, D.J. (1993). Overreporting and underreporting are twin problems. In R.J. Gelles & D.R. Loseke (eds.), Current controversies on family violence (S. 257-272). London: Sage Publications.

Blank, U. & Deegener, G. (2004). Kooperation und Vernetzung von Institutionen zur Abschätzung der Risiko- und Schutzfaktoren bei Kindeswohlgefährdungen. In Deutsches Institut für Jugendhilfe und Familienrecht (DIJuF) e.V. (Hrsg.), Verantwortlich handeln - Schutz und Hilfe bei Kindeswohlgefährdung. Saarbrücker Memorandum (S. 113-156). Köln: Bundesanzeiger Verlagsges.mbH.

Deegener, G. (2001). Child abuse. In N.J. Smelser & P.B. Baltes (Eds.), The international encyclopedia of the social and behavioral sciences (Vol. 3, pp. 1672-1676). Oxford: Elsevier.

Deegener, G. (2005). Formen und Häufigkeiten der Kindesmisshandlung. In G. Deegener & W. Körner (Hrsg.), Kindesmisshandlung und Vernachlässigung (S. 37-58). Ein Handbuch. Göttingen: Hogrefe.

Deegener, G. & Körner, W. (Hrsg.) (2005). Kindesmisshandlung und Vernachlässigung. Ein Handbuch. Göttingen: Hogrefe.

Dubowitz, H. (1994). Neglecting the neglect of neglect. Journal of interpersonal violence, 9, 556-560.

Dubowitz, H., Black, M., Starr Jr., R.H., Raymond, H. & Zuvarin, S. (1998). Community and professional definitions of child neglect. Child Maltreatment, 3, 235-243.

Dubowitz, H., Pitts, S.C. & Black, M.M. (2004). Measurement of Three Major Subtypes of Child Neglect. Child Maltreatment, 9 (4), 344-356.

Dubowitz, H., Newton, R.R., Litrownik, A.J., Briggs, E.C., Thompson, R., English, D., Lee, L.C. & Feerock, M.M. (2005). Examination of a conceptual model of child neglect. Child maltreatment, 10 (2), 173-189.

Engelbert, A. (1999). Vergessene Kinder? Gesellschaftliche Hintergründe von Kindesvernachlässigung. In Landesstelle Jugendschutz Niedersachsen (Hrsg.), Vernachlässigung von Kindern. Erscheinungsformen - Hintergründe - Hilfen (S. 6-14). Hannover.

Engfer, A. (2000). Gewalt gegen Kinder in der Familie. In U.T. Egle, S.O. Hoffmann & P. Joraschky (Hrsg.), Sexueller Missbrauch, Misshandlung und Vernachlässigung (S. 23-39). Stuttgart, New York: Schattauer.

English, D.J., Thompson, R., Graham, J.C. & Briggs, E.C. (2005). Toward a Definition of Neglect in Young Children. Child Maltreatment, 10 (2), 190-206.

English, D.J., Bangdiwala, S.I. & Runyan, D.K. (2005). The dimensions of maltreatment: Introduction. Child Abuse & Neglect, 29, 441-460.

Evans, H. (2002). Child neglect. NSPCC Information Briefings, February 2002. Internet: http://www.nspcc.org.uk/inform/Info-Briefing/ChildNeglect.pdf, aufgerufen 15.04.2005.

Frank, R. (1993). Kinderärztlich-kinderpsychiatrische Untersuchungen an misshandelten und vernachlässigten Kindern und deren Familien. Universität München: Habilitationsschrift.

Frank, R. & Kopecky-Wenzel, M. (2002). Vernachlässigung von Kindern. Monatsschrift Kinderheilkunde, 150, 11, 1339-1343.

Gaudin, J.M. Jr., Polansky, N.A. & Kilpatrick, A.C. (1989). Family structure and functionning in neglectful families. Washington DC: National Center on Child Abuse and Neglect. Siehe auch Gaudin, J.M. Jr. (1993): Child Neglect: A Guide for Intervention. User Manual Series. Department of Health and Human Services. Internet: http://nccanch.acf.hhs.gov/pubs/user manuals/neglect/index.cfm, aufgerufen 20.04.2005.

Gershater-Molko, R.M., Lutzker, J.R. & Sherman, J.A. (2003). Assessing child abuse. Agression and Violent Behavior, 8, 563-585.

Grietens, H., Geeraert, L. & Hellinckx, W. (2004). A scale for home visiting nurses to identify risks of physical abuse and neglect among mothers with newborn infants. Child Abuse & Neglect, 28, 321-337.

Harrington, D., Zuravin, S., DePanfilis, D., Ting, L. & Dubowitz, H. (2002). The Neglect Scale: Confirmatory Factor Analyses in a low-Income Sample. Child Maltreatment, 7 (4), 359-368.

Horwarth, J. (2005). Identifying and assessing cases of child neglect: learning from the Irish experience. Child and Family Social Work, 10, 99-110.

Jordan, E. (2005). Qualifiziertes Erkennen und Beurteilen. In G. Deegener & W. Körner (Hrsg.), Kindesmisshandlung und Vernachlässigung. Ein Handbuch (S. 485-510). Göttingen: Hogrefe.

Kaufman Kantor, G., Holt, M.K., Mebert, C.J., Straus, M.A., Drach, K.M., Ricci, L.R., MacAllum, C.A. & Brown, W. (2004a). Development and Preliminary Psychometric Properties of the Multidimensional Neglectful Behavior Scale - Child Report. Child Maltreatment, 9 (5), 409-428.

Kaufman Kantor, G., Brown, W., Drach, K., Holt, M., MacAllum, C., Mebert, C., Ricci, L. & Strauss, M.A. (2004b). Development And Preliminary Psychometric Properties of the Child Self-Report Multidimensional Neglectful Behavior Scale. MNBS-CR). Internetseite: http://pubpages.unh.edu/~mas2/NS4C.pdf, aufgerufen 20.04.2005.

Kaufman Kantor, G., Brown, W., Cotton, M., Holt, M., Straus, M.A., Mebert, C., Drach, K., Ricci, L. & MacAllum, C.A. (o.J.). Development and Psychometric Properties of the Child Sels-Report Multidimensional Neglect Scale (MNS-CR). Internetseite: http://www.unh.edu/ccrc/downloads/NeglectPresentation.ppt.

Kindler, H. (2000). Verfahren zur Einschätzung von Misshandlungs- und Vernachlässigungsrisiken. Kindheit und Entwicklung, 9 (4), 222-230.

Kindler, H. (2003). Ob das wohl gut geht? Verfahren zur Einschätzung der Gefahr von Kindesmisshandlung und Vernachlässigung im ASD. Diskurs 2/2003, S. 8-18.

Kindler, H. (2005a). Was ist unter Vernachlässigung zu verstehen? In H. Kindler, S. Lillig , H. Blüml & A. Werner (Hrsg.), Handbuch Kindeswohlgefährdung nach § 1666 BGB und Allgemeiner Sozialer Dienst (ASD). Internet: http:://213.133.108.158/asd/3.htm

Kindler, H. (2005b). Was ist über die Folgen von Vernachlässigung bei Kindern bekannt? In H. Kindler, S. Lillig , H. Blüml & A. Werner (Hrsg.), Handbuch Kindeswohlgefährdung nach § 1666 BGB und Allgemeiner Sozialer Dienst (ASD). Internet: http:://213.133.108.158/asd/24.htm

Kopecky-Wenzel, M., Frick, U. & Frank, R. (2002). Evaluation des „Leitfadens für Kinderarztpraxen in Bayern: Gewalt gegen Kinder und Jugendliche." Teil 1: Häufigkeiten von Gewalt gegen Kinder und Jugendliche. Kinderärztliche Praxis, 388-393.

Lau, A.S., Leeb, R.T., English, D., Graham, J.C., Briggs, E.C., Brody, K.E. & Marshall, J.M. (2005). What's in an name. A comparison of methods for classifying predominant type of maltreatment. Child Abuse & Neglect, 29, 533-551.

Lounds, J.J., Borkowski, J.G. & Whitman, T.L. (2004). Reliability and Validity of the Mother-Child Neglect Scale. Child Maltreatment, 9 (4), 371-381.

Milner, J.S. (1986). Assessing physical child abuse risk: The Child Abuse Potential Inventory. Clinical Psychology Review, 14, 547-583.

Mörsberger, T. & Restemeier, J. (Hrsg.) (1997). Helfen mit Risiko. Zur Pflichtenstellung des Jugendamtes bei Kindesvernachlässigung. Berlin: Luchterhand.

Motzkau, E. (2002). Vernachlässigung. In D. Bange & W. Körner (Hrsg.), Handwörterbuch sexueller Missbrauch (S. 712-717). Göttingen: Hogrefe.

Niedersächsisches Ministerium für Frauen, Arbeit und Soziales sowie Deutscher Kinderschutzbund, Landesverband Niedersachsen e.V. (Hrgs.). (2002). Kindesvernachlässigung. Erkennen. Beurteilen. Handeln. Hannover.

O'Hagan, K. & Dillenburger, K. (1995). The Abuse of Women within Childcare Work. Open University Press: Buckingham.

Reich, W. (2005). Erkennen - Bewerten - Handeln. Ein Diagnoseinstrument bei Kindeswohlgefährdung: Der Stuttgarter Kinderschutzbogen. In G. Deegener & W. Körner (Hrsg.), Kindesmisshandlung und Vernachlässigung. Ein Handbuch (S. 510-532). Göttingen: Hogrefe.

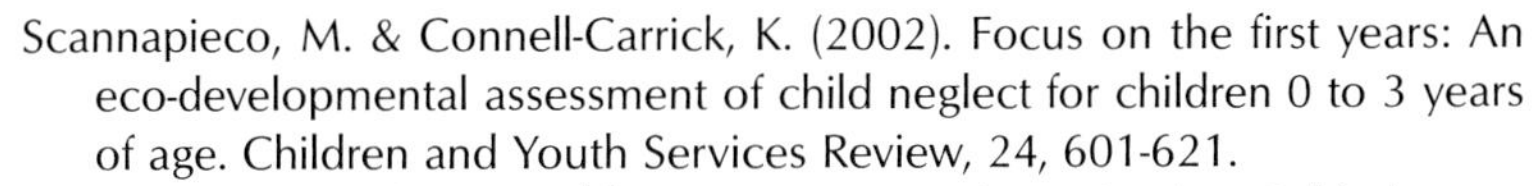

Scannapieco, M. & Connell-Carrick, K. (2002). Focus on the first years: An eco-developmental assessment of child neglect for children 0 to 3 years of age. Children and Youth Services Review, 24, 601-621.

Schleiffer, R. (2002). Vernachlässigung von Kindern mit einer Behinderung. Internetseite: www.kinderschutz-zentren.de/ksz_a-material-stuttgart-v3_2002.html. (Download: 30.08.2003).

Schone, R., Gintzel, U., Jordan, E., Kalscheuer, M. & Münder, J. (1997). Kinder in Not. Vernachlässigung im frühen Kindesalter und Perspektiven sozialer Arbeit. Münster: Votum Verlag.

Schultz, R. (2005). Psychosoziale Diagnostik der Kindeswohlgefährdung. In G. Deegener & W. Körner (Hrsg.), Kindesmisshandlung und Vernachlässigung. Ein Handbuch (S. 466-484). Göttingen: Hogrefe.

Shook Slack, K., Holl, J., Altenbernd, L., McDaniel, M. & Stevens, A.B. (2003). Improving the Measurement of Child Neglect for Survey Research: Issues and Recommendations. Child Maltreament, 8 (2), 98-111.

Slack, K.S., Holl, J., Altenbernd, L., McDaniel, M. & Stevens, A.B. (2003). Improving the measurement of child neglect for survey research: Issues and recommandations. Child Maltreatment, 8, 98-111.

Stadt Recklinghausen (o.J.). Qualitätsentwicklung im Allgemeinen Sozialen Dienst. Recklinghausen: Eigenverlag.

Stanley, J. & Goddard, C. (2002). In the Firing Line: Violence and Power in Child Protection Work. Wiley: Chichester.

Stowman, S.A. & Donohue, B. (2005). Assessing child neglect: A review of standardized measures. Aggression and Violent Behavior, 10, 491-512.

Straus, M.A. & Kaufman Kantor, G. (2005). Definition and measurement of neglectful behavior: some principles and guidelines. Child Abuse & Neglect, 29, 19-29.

Wolock, I. & Horowitz, B. (1984). Child maltreatment as a social problem: the neglect of neglect. American Journal of Orthopsychiatry, 54, 1183-1193.

Zenz, W.M., Korinna Bächer, K. & Blum-Maurice, R. (2002) (Hrsg.). Die vergessenen Kinder. Vernachlässigung, Armut und Unterversorgung in Deutschland. Köln: PapyRossa.

Zuravin, S.J. (1999). Child neglect: A review of definitions and measurement research. In H. Dubowitz (Ed.), Neglected children: Research, practice, and policy (S. 24-46). Thousand Oaks, CA: Sage.

5. Seelische Misshandlung

5.1 Einleitung

Wie bei den verschiedenen Formen der Vernachlässigung bestehen auch bei der seelischen (emotionalen, psychischen) Misshandlung große definitorische Schwierigkeiten und ausgeprägte Probleme bezüglich ihrer Operationalisierung sowie der Konsensbildung darüber, welches elterliche Verhalten eindeutig als seelische Misshandlung bezeichnet werden muss gegenüber eher unangemessenen, unerfahrenen, ungünstigen usw. elterlichen (Erziehungs- und Beziehungs-)Verhaltensweisen. Während in den Leitlinien der Deutschen Gesellschaft für Kinder- und Jugendpsychiatrie und -psychotherapie über ‚Vernachlässigung, Misshandlung, sexueller Missbrauch' von 2003 sogar immer noch nur aufgeführt wird, dass „emotionale Kindesmisshandlung ... unzureichend definiert [ist] und ... Überschneidungen mit emotionaler Vernachlässigung [zeigt]", stammt bereits von Brassard et al. (1993, S. 715) ein Definitionsversuch, auf den in der Folgezeit oft bezug genommen wurde: Danach wird seelische Misshandlung umschrieben als ein „wiederholtes Verhaltensmuster, welches den Kindern vermittelt, dass sie wertlos, ungeliebt und unerwünscht sowie nur für die Bedürfnisbefriedigung anderer von Nutzen sind".

Malo et al. (2004) bevorzugen dagegen eine noch ältere, von Hart und Brassard (1987, S. 160) angeführte Definition, die 1983 auf der International Conference on Psychological Abuse of Children and Youth von Experten verfasst wurde: „[Psychische Misshandlung] besteht aus Handlungen oder Unterlassungen, welche auf der Basis von gesellschaftlichen Standards sowie professionellem Fachwissen als psychisch schädigend beurteilt werden. Diese Handlungen oder Unterlassungen werden einzeln oder kollektiv von Individuen begangen, die aufgrund ihrer Merkmale (z.B. Alter, Status, Wissen, Organisationsform) sich in einer Machtposition befinden, welche ein Kind vulnerabel machen. Solche Handlungen schädigen unmittelbar oder letztendlich das Verhalten sowie die kognitiven, affektiven und physischen Funktionen des Kindes". Malo et al. (2004, S. 4) sehen diese Definition als äußerst umfassend an, da sie sowohl aktives Verhalten (mit bezug zur Misshandlung) als auch passives Verhalten (mit bezug zur Vernachlässigung) beinhaltet und die Bedeutung des gegenwärtigen sozialen und wissenschaftlichen Standards auf die Umschreibung psychischer Misshandlung herausstreicht. Berücksichtigt wer-

„[Psychische Misshandlung] besteht aus Handlungen oder Unterlassungen, welche auf der Basis von gesellschaftlichen Standards sowie professionellem Fachwissen als psychisch schädigend beurteilt werden. Diese Handlungen oder Unterlassungen werden einzeln oder kollektiv von Individuen begangen, die aufgrund ihrer Merkmale (z.B. Alter, Status, Wissen, Organisationsform) sich in einer Machtposition befinden, welche ein Kind vulnerabel machen. Solche Handlungen schädigen unmittelbar oder letztendlich das Verhalten sowie die kognitiven, affektiven und physischen Funktionen des Kindes".

den weiter unmittelbare sowie die häufigeren Langzeitfolgen. Weiter wird in dieser Definition psychische Misshandlung nicht ausschließlich auf Eltern begrenzt, sondern auf alle Personen ausgedehnt, die Macht über Kinder haben, auch als Gruppe, soziale Einrichtung bzw. Bildungsinstitution. Letztlich stellt diese Definition heraus, dass sich psychische Misshandlung in allen Bereichen kindlichen Verhaltens, Erlebens und Befindens sofort oder (häufiger auftretend) verzögert auswirken kann.

In Deutschland wird psychische Misshandlung überwiegend wie z.B. von Weymann-Reichhardt (2004, S. 1) definiert: „Beschreibt ein Verhalten, wo der Erwachsene dem Kind gegenüber feindlich und abweisend gegenüber tritt. Ablehnung, Herabsetzung, Schweigen, Kränkung, Isolation (Einsperren), Ignorieren, demütigendes Schimpfen, permanente Demütigung (womöglich noch vor anderen; und andere werden als Vorbild hingestellt) und Angstmachen (mit dem schwarzen Mann drohen, der Polizei, dem Heim, dem Zauberer, dem dunklen Keller, dass man das Kind nicht mehr lieb hat bei Fehlverhalten usw.) fallen hierunter. Kinder sind nicht in der Lage, abzuschätzen wie realistisch solche Figuren sind." Ähnlich formuliert es Huxoll (2004, S. 1): „Die seelische Misshandlung meint ein Verhalten aufseiten der Erwachsenen, das dem Kind gegenüber eine feindliche oder abweisende Haltung zum Ausdruck bringt. Das Kind wird abgelehnt, dauernd herabgesetzt, isoliert, terrorisiert, erniedrigt und gekränkt. Ihm wird das Gefühl gegeben, wertlos zu sein. Übertriebene unrealistische Erwartungen an ein Kind, die dauernde Überbehütung eines Mädchen oder Jungen sowie die Zeugenschaft von Gewalt zwischen den Eltern sind ebenfalls Formen seelischer Misshandlung. Da sie keine körperlich sichtbaren Spuren hinterlässt, ist die seelische Misshandlung von Kindern viel schwerer feststellbar."

Die seelische Misshandlung meint ein Verhalten aufseiten der Erwachsenen, das dem Kind gegenüber eine feindliche oder abweisende Haltung zum Ausdruck bringt. Das Kind wird abgelehnt, dauernd herabgesetzt, isoliert, terrorisiert, erniedrigt und gekränkt. Ihm wird das Gefühl gegeben, wertlos zu sein. Übertriebene unrealistische Erwartungen an ein Kind, die dauernde Überbehütung eines Mädchen oder Jungen sowie die Zeugenschaft von Gewalt zwischen den Eltern sind ebenfalls Formen seelischer Misshandlung. Da sie keine körperlich sichtbaren Spuren hinterlässt, ist die seelische Misshandlung von Kindern viel schwerer feststellbar.

Auf der Grundlage solcher Definitionen (siehe ausführlich bereits bei Hart & Brassard, 1989) mit Aufzählungen von bestimmten psychisch misshandelnden Verhaltensweisen lassen sich nach Kindler (2005, S. 1; s.a. Moran et al., 2002) die folgenden fünf verschiedenen Unterformen bilden:

- „feindselige Ablehnung (z.B. ständiges Herabsetzen, Beschämen, Kritisieren oder Demütigen eines Kindes);
- Ausnutzen und Korrumpieren (z.B. Kind wird zu einem selbstzerstörerischen oder strafbaren Verhalten angehalten oder gezwungen bzw. ein solches Verhalten des Kindes wird widerstandslos zugelassen);
- Terrorisieren (z.B. Kind wird in ausgeprägter Form von altersentsprechenden sozialen Kontakten ferngehalten);
- Verweigerung emotionaler Responsivität (z.B. Signale des Kindes und seine Bedürfnisse nach emotionaler Zuwendung werden anhaltend und in ausgeprägter Form übersehen und nicht beantwortet).

Die American Professional Society on Abuse of Children (APSAC) (1995) schlägt folgende Kategorien vor, die als Ergänzungen gelten können:

1. Wenn Kinder ZeugInnen von elterlicher Gewalt untereinander sind, wird dies als indirekte psychische Misshandlung bzw. indirekte Form der Terrorisierung angesehen.
2. Isolierung des Kindes durch Einsperren, Abkapselung oder unverhohlene Einschränkung der Möglichkeiten zu sozialen Kontakten wird als eine gesonderte Form der psychischen Misshandlung aufgeführt.

Auch Kindler (2005) führt unter „besonderen Fallgruppen bei psychischer Kindesmisshandlung" wiederholte massive Formen der Partnergewalt an, er erwähnt darüber hinaus aber auch die gezielte Entfremdung von Kindern von einem getrennt lebenden Elternteil (zum sog. Parental Alienation Syndrom siehe z.B. Boch-Galau et al., 2003). Deegener (2005) erwähnt in seiner Skizzierung psychischer Misshandlung zusätzlich ein übermäßiges Behüten sowie Erdrücken des Kindes mit Fürsorge: Eltern verhalten sich dann wie „Glucken auf dem Küken", die Kinder werden in ihren Entfaltungsmöglichkeiten behindert, bleiben in ihrer Entwicklung stehen, fühlen sich extrem unsicher, ängstlich, ohnmächtig und abhängig. Nicht selten werden Kinder auch zu früh und dauerhaft in die Rolle von Erwachsenen gedrängt, welche übermäßig Haushaltspflichten übernehmen, ihre Geschwister versorgen und sich auch um ihre bedürftigen Eltern kümmern müssen (Rollenumkehr, Parentifizierung).
Psychische Misshandlung überlagert sehr häufig andere Formen der Kindesmisshandlung (siehe u.a. Chamberland et al., 2005), so dass sie von einigen AutorInnen auch als allen Misshandlungsformen zugrunde liegende Matrix aufgefasst wird (z.B. Brassard & Gelardo, 1987; Schore, 2001). Wichtig ist sicherlich, die zeitliche Dauer und Häufigkeit von Verhaltensweisen aus dem Bereich der psychischen Misshandlung im Sinne einer unterschiedlich zeitlich überdauernden und umfassenden Erziehungs- und Beziehungsgestaltung gegenüber dem Kind zu berücksichtigen. Bei Befragungen ist zu beachten, dass viele aus dem Bereich der psychischen Misshandlung ggf. von den Betroffenen berichteten Verhaltensweisen von diesen aber nicht als Misshandlung eingestuft werden (z.B. Goldsmith & Freyd, 2005).

Psychische Misshandlung überlagert sehr häufig andere Formen der Kindesmisshandlung, so dass sie von einigen AutorInnen auch als allen Misshandlungsformen zugrunde liegende Matrix aufgefasst wird.

Zur Häufigkeit der psychischen Misshandlung sind die Ergebnisse in Deutschland noch spärlicher als diejenigen bei der ohnehin schon extrem ‚vernachlässigten Vernachlässigung'. Auf der Internetseite des Bayerischen Staatsministeriums für Unterricht und Kultus (o. J.) wird in diesem Zusammenhang aufgeführt: „Über die Häufigkeit der psychischen Misshandlung kann keine Aussage gemacht werden, da es schwierig ist, die Grenze zwischen psychischer Misshandlung und einem noch tolerierten Erziehungsverhalten (z.B. Hausarrest) zu ziehen." Demgegenüber erscheint es aber durchaus möglich, Verhaltensweisen der psychischen Misshandlung zu operationalisieren und einen gesellschaftlichen Konsens darüber zu erreichen, ab welchen (Übergangs-)Schwellen von psychischer Misshandlung zu sprechen ist. Ein Anfang kann z.B. in den folgenden Zahlen von Bussmann (2005, S. 45-46; siehe auch Bussmann, 2002a, b) zur Häufigkeit der folgenden Erziehungsmaßnahmen (zusammengefasst: sehr häufig/häufig/manchmal/selten/1-2mal) gesehen werden:

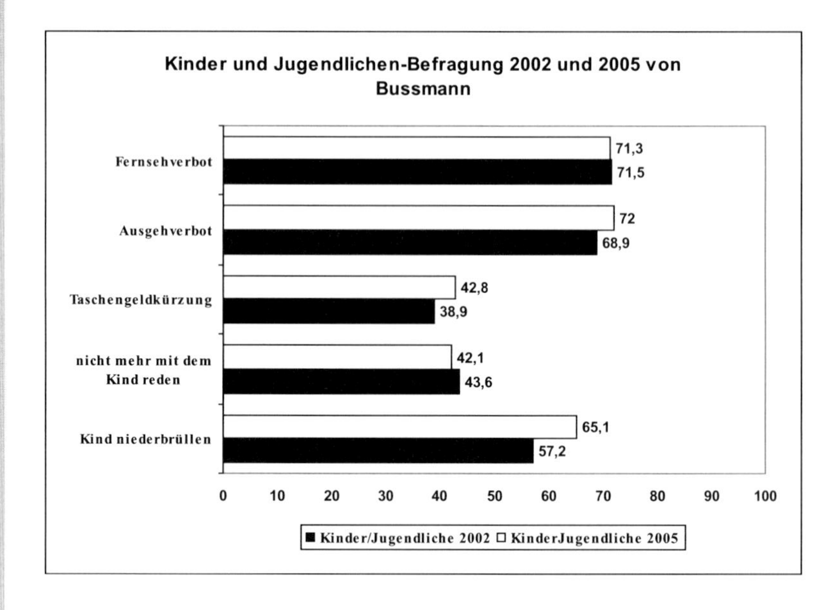

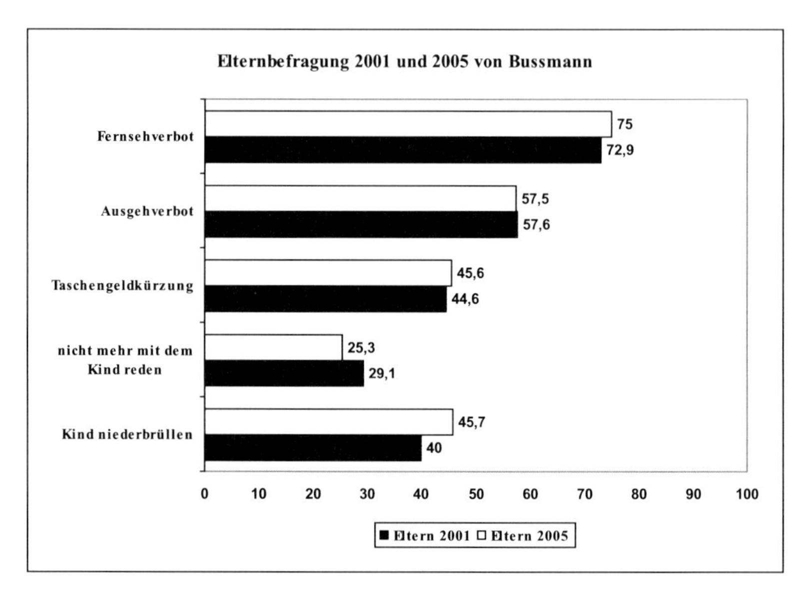

Weiter sei darauf hingewiesen, dass durch die 2000 im Deutschen Bundestag verabschiedete Änderung des Paragraphen 1631 des Bürgerlichen Gesetzbuches ein wesentlicher, wenn auch allgemein formulierter Konsens (vgl. dazu die Einwände von Gröll, 2005 sowie Körner & Vogt-Sitzler, 2005) dahingehend erreicht wurde, dass neben körperlichen Bestrafungen auch seelische Verletzungen und andere entwürdigende Maßnahmen unzulässig sind.
Im Folgenden wird exemplarisch je ein Verfahren, das sich an Kinder/Jugendliche und eines, das Eltern befragt, vorgestellt.

5.2 Emotional Abuse Scale für 13 bis 15 Jahre alte Kinder

Bei diesem Verfahren zur Erfassung seelischer Gewalt von Fernandopulle und Fernando (2003) werden bei der endgültigen Version die Kinder zu folgenden Bereichen gefragt:

Bei diesem Verfahren zur Erfassung seelischer Gewalt von Fernandopulle und Fernando (2003) werden bei der endgültigen Version die Kinder zu folgenden Bereichen gefragt

1. Wie drücken deine Eltern ihre Liebe dir gegenüber aus?
   Beispielitems:
   Indem sie
   ... dich umarmen, küssen, ermutigen; ... mit dir liebevoll sprechen; ... dir Bücher kaufen.

2. Wenn du etwas machst, von dem die Eltern meinen, dass es gut ist, wie reagieren sie dann?
   Beispielitems:
   Indem sie
   ... dir danken, dich küssen; ... dir sagen, dass du ein gutes Kind bist.

3. Lässt du dich mit deinen Eltern in freundschaftliche Diskussionen ein?

4. Wenn du deinen Eltern deine Liebe zu ihnen zeigst, wie reagieren sie dann?
   Beispielitems:
   Sie sind glücklich; sagen, dass sie für Liebe keine Zeit haben.

5. Wie reagieren deine Eltern, wenn du in der Schule gute Leistungen hast?
   Beispielitems:
   Sie sagen, dass sie glücklich sind; ermutigen dich, so weiter zu machen.

6. Nehmen deine Eltern an Schulversammlungen teil?

7. Sagen deine Eltern zu dir folgende Worte, die du nicht magst?
   Beispielitems:
   Dummkopf, Trottel; Hund; Griesgram; Irrer.

8. Erniedrigen deine Eltern dich vor deinen Freunden?

9. Wie bewerten deine Eltern dich?
   Beispielitems:
   Als glückliches, lästiges, nutzloses Kind; es wäre besser, wenn du ein Junge/Mädchen, eines von deinen Geschwistern wärst.

10. Wie reagieren deine Eltern, wenn du etwas schlecht oder falsch gemacht hast?
    Beispielitems:
    Sie erklären es dir, sie drohen dir Schläge an, sie schimpfen mit dir, sie schlagen dich mit einem Knüppel oder anderem harten Gegenstand.

11. Was denkst du über die Art und Weise, wie deine Eltern dich bestrafen?
    Sie bestrafen dich zu schwer vs. sie bestrafen dich ohne Grund.

12. Hat irgendjemand dich jemals in der folgenden Art und Weise bestraft?
    Verbrennungen angedroht oder beigebracht; dir angedroht, dich umzubringen

Die Beantwortung der Items erfolgt auf einer 4-Punkte-Skala mit den Kategorien 1 = 'immer', 2 = 'manchmal', 3 = 'selten' und 4 = 'nie'. Die Bewertung erfolgt entsprechend der Kategorien-Nummer, also 1 Punkt für 'immer' bis 4 Punkte für 'nie'. Der mögliche Gesamtwert der Skala kann zwischen 46 bis 184 liegen, wobei höhere Werte auf eine höhere Wahrscheinlichkeit von emotionaler Misshandlung hinweisen.

Die Item-Analyse wurde mit 105 13 bis 15 Jahre alten Kindern einer Schule in einem städtischen Slum-Viertel durchgeführt. Die Messung der Test-Retest-Reliabilität erfolgte in einem zeitlichen Abstand von zwei Wochen mit 144 Schülern einer anderen Schule, die aber bezüglich Alter und sozio-ökonomischem Status vergleichbar waren.

Die nachfolgende Tabelle gibt die gebildeten Unter-Skalen wieder, für die die interne Konsistenz berechnet wurde. (Die interne Konsistenz ist ein Maß dafür, wie inhaltlich homogen/inhomogen die Items einer Skala sind. Hohe Werte weisen darauf hin, dass die Items der Skala sehr Ähnliches messen, so dass eine Kürzung der Skala vorgenommen werden kann. Niedrige Werte würden dagegen die Frage aufwerfen, ob die Items der Skala nicht sehr unähnliche Inhalte erfas-

Die nachfolgende Tabelle gibt die gebildeten Unter-Skalen wieder, für die die interne Konsistenz berechnet wurde. (Die interne Konsistenz ist ein Maß dafür, wie inhaltlich homogen/inhomogen die Items einer Skala sind.

sen, so dass ggf. zwei Skalen mit verschiedenen inhaltlichen Schwerpunkten gebildet werden sollten):

Unter-Skala	Anzahl der Items	Cronbachs Alpha
Terrorisierung, Einschüchterung	3	.70
Ablehnung, Zurückweisung	16	.81
Art und Weise der Bestrafung	5	.73
Mangel an emotionalem Entgegenkommen	15	.88
Ignorierung	7	.77
Gesamtskala	46	.89

Die Test-Retest-Koeffizienten finden sich in der nächsten Tabelle (hohe Werte weisen darauf hin, dass zwischen den beiden Befragungen die Items der Skala von den gleichen Personen gut übereinstimmend beantwortet wurden):

Unter-Skala	Anzahl der Items	Cronbachs Alpha
Terrorisierung, Einschüchterung	3	.42
Ablehnung, Zurückweisung	16	.72
Art und Weise der Bestrafung	5	.52
Mangel an emotionalem Entgegenkommen	15	.74
Ignorierung	7	.61
Gesamtskala	46	.73

Die Werte der Unter-Skalen bei der Erst- sowie Zweittestung korrelierten signifikant untereinander, wobei die Korrelationen zwischen .4 und .7 lagen.

Zur Erfassung der Vorhersage-Validität wurden die Kinder von einem Psychiater etwa 10 bis 15 Minuten lang über die Erziehungspraktiken der Eltern sowie die Gefühle der Kinder den Eltern gegenüber interviewt. Aufgrund dieser Interviews teilte der Psychiater die Kinder in die Gruppen mit bzw. ohne emotionale Misshandlung ein. Die Ergebnisse der Skala 'emotionale Misshandlung' wurden dann mit diesen Einstufungen verglichen, wobei der cut-off-Wert auf der Grundlage der Receiver-Operator-Characteristics-(ROC)-Kurve gewonnen wurde:

Der Mittelwert der aufgrund des Interviews durch den Psychiater als 'emotional misshandelt' eingestuften Kinder betrug 106,54, der Mittelwert der als 'nicht emotional misshandelt' eingestuften Kinder 95,04 ($p < .01$).

Zur Erfassung der Vorhersage-Validität wurden die Kinder von einem Psychiater etwa 10 bis 15 Minuten lang über die Erziehungspraktiken der Eltern sowie die Gefühle der Kinder den Eltern gegenüber interviewt. Aufgrund dieser Interviews teilte der Psychiater die Kinder in die Gruppen mit bzw. ohne emotionale Misshandlung ein.

Vorhersage-Validität	Beurteilung durch Psychiater		Gesamt-N
	emotional misshandelt	emotional nicht misshandelt	
cut-off-Wert der Skala: 95 und größer			
emotional misshandelt	A 20	B 35	55
emotional nicht misshandelt	C 6	D 37	43
Gesamt-N	26	72	98
Sensitivität (A)	20,41 %		
Spezifität (D)	37,75 % A + D = 58,16 %		
Falsch positive Klassifizierungen (B)	35,71 %		
Falsch negative Klassifiziierungen (C)	6,12 %		

5.3 Risk of Psychological Maltreatment of Preschooler

Die Methode bestand darin, mit Eltern ein Interview durchzuführen, in dem sie zunächst nach einer schwierigen Situation gefragt wurden, die häufig dann auftritt, wenn sie mit ihrem Kind allein sind.

Die hier beschriebene Erfassung von Risikovariablen für seelische Misshandlung und seelische Vernachlässigung entstammt einer Untersuchung zur Entwicklung eines entsprechenden Screening-Verfahrens von Malo et al. (2004). Die Methode bestand darin, mit Eltern ein Interview durchzuführen, in dem sie zunächst nach einer schwierigen Situation gefragt wurden, die häufig dann auftritt, wenn sie mit ihrem Kind allein sind. Danach wurden mit den Eltern die folgenden vorher festgelegten Themenbereiche angesprochen:

1. Die von den Eltern angenommenen Gründe für die Situationen sowie die Gründe dafür, warum diese Situationen schwierig werden
2. Art und Intensität der elterlichen Gefühle während dieser Situationen
3. Reaktionen der Eltern
4. Reaktionen der Kinder
5. Strategien der Beruhigung
6. Später auftretende Gefühle
7. Selbst-Bewertung des Verhaltens
8. Häufigkeit und Chronizität der Situationen.

Interviewt wurden in dieser Erkundungsstudie vor allen Dingen 45 junge Mütter (mittleres Alter 22,1 Jahre, mit geringer Schulbildung und geringem Einkommen sowie einem mittleren Alter des Index-Kindes von 3,4 Jahren; bei der Geburt ihres ersten Kindes waren die Mütter 20 Jahre alt), weiter wurden zu Vergleichszwecken 13 Vätern (mittleres Alter 25,4 Jahre, mittleres Alter der Index-Kinder 2,6 Jahre) erfasst.

Die Interviews wurden dann inhaltsanalytisch ausgewertet, wobei sich 41 verschiedene mütterliche oder väterliche Verhaltensweisen ergaben, darunter Arten der Bestrafung, der emotionalen Reaktionen, der Zurechtweisung/des Tadels, der Bedrohung und der körper-

lichen Gewalt. Die angegebenen Gründe für die schwierigen Situationen wurden in 40 Kategorien unterteilt, und zwar bezogen auf die Eltern, das Kind und den erweiterten Kontext. Die emotionalen Reaktionen während der Situationen wurden 7 Kategorien, die später auftretenden emotionalen Reaktionen 12 Kategorien zugeordnet.
Weiter wurden die Eltern von den beiden Untersuchern nach dem Vorhandensein oder der Abwesenheit von psychischer und physischer Misshandlung eingestuft. Auch ein Expertenteam nahm diese Einstufung vor, wobei sich 100% Übereinstimmung ergab mit den Urteilen der Untersucher. Dabei wurden 33% der Mütter als gefährdet angesehen für seelische Misshandlung und 8,9% für körperliche Misshandlung.
In der folgenden Tabelle sind diejenigen Kategorien (einschließlich zwei soziodemographischer Variablen) aufgeführt, welche signifikant (Chi^2) zwischen Müttern unterschieden, die gefährdet oder nicht gefährdet waren für seelische Misshandlung:

Weiter wurden die Eltern von den beiden Untersuchern nach dem Vorhandensein oder der Abwesenheit von psychischer und physischer Misshandlung eingestuft. Auch ein Expertenteam nahm diese Einstufung vor, wobei sich 100% Übereinstimmung ergab mit den Urteilen der Untersucher.

Kategorie	**Art der Kategorie**	**Chi^2**
Alter der Mutter	soziodemographisch	$p < .03$
Geschlecht des Index-Kindes	soziodemographisch	$p < .03$
Hohe Anforderungen an das Kind	Zuschreibung der Ursachen der Situation	$p < .04$
Schwierigkeiten mit Selbstkontrolle	Zuschreibung der Ursachen der Situation	$p < .05$
Kind lernte das Verhalten von Eltern	Zuschreibung der Ursachen der Situation	$p < .05$
Finanzielle Schwierigkeiten	Zuschreibung der Ursachen der Situation	$p < .00$
Einsperren	Reaktion der Mutter	$p < .01$
Fluchen	Reaktion der Mutter	$p < .03$
Verbale Zurückweisung	Reaktion der Mutter	$p < .04$
Bedrohung mit Schlägen	Reaktion der Mutter	$p < .03$
Gegenüber dem Kind aufgeben	Reaktion der Mutter	$p < .00$
Bitte um keine Bestrafung	Reaktion des Kindes	$p < .00$
Lachen, herumalbern	Reaktion des Kindes	$p < .05$
Erpressen, Manipulieren	Reaktion des Kindes	$p < .03$
Dauer der Zeit, um sich zu beruhigen	Umgang mit den Emotionen	$p < .02$
Entmutigung, Hilflosigkeit	Spätere Emotionen	$p < .05$
Angst/Sorge, was andere denken werden	Spätere Emotionen	$p < .04$
Ärger, Frustration	Spätere Emotionen	$p < .04$
Selbsteinschätzung der Reaktionen	Spätere Bewertungen	$p < .00$
Risiko für körperliche Misshandlung	Untersucher-Beurteilung	$p < .03$
Als Kind misshandelt	Vulnerabilität	$p < .01$
In einer Umgebung mit hohem Risiko lebend	Vulnerabilität	$p < .03$
Einschätzung der Reaktionen (stärker als notwendig, angemessen, schwächer als notwendig)	Untersucher-Beurteilung	$p < .00$

Aufgrund weiterer statistischer Analysen ergaben sich die folgenden 15 Variablen, mit deren Hilfe 80% der als gefährdet angesehenen Risiko-Mütter richtig identifiziert werden konnten

Aufgrund weiterer statistischer Analysen ergaben sich die folgenden 15 Variablen, mit deren Hilfe 80% der als gefährdet angesehenen Risiko-Mütter richtig identifiziert werden konnten:
- Negative Selbsteinschätzung (spätere Kognition)
- Bitte um keine Bestrafung (Reaktion des Kindes)
- Bedrohung mit Schlägen (Reaktion der Mutter)
- Angst/Sorge, was andere denken werden (spätere Emotionen)
- Mehr als 15 Minuten, um sich zu beruhigen (Umgang mit Emotionen)
- Lügen, Manipulieren (Reaktionen des Kindes)
- Gegenüber dem Kind nachgeben/aufgeben (Reaktion der Mutter)
- Finanzielle Schwierigkeiten (Zuschreibung der Ursachen der Situation)
- Ärger, Frustration (spätere Emotionen)
- Mutter älter als 23 Jahre (soziodemographisch)
- Tochter (soziodemographisch)
- Verbale oder körperliche Zurückweisung (Reaktion der Mutter)
- Isolierung des Kindes (Reaktion der Mutter)
- Hohe Anforderungen an das Kind (Zuschreibung der Ursachen der Situation)

Die entsprechenden Variablen bei den Risiko-Vätern waren:
- Mangel an Selbstkontrolle (Zuschreibung der Ursachen der Situation)
- Schlagen mit der Hand (Reaktion des Vaters)
- Kind sagt, es tut ihm leid (Reaktion des Kindes)
- Keine Bemühungen, das Kind zu beruhigen (Reaktion des Vaters)
- Nicht gegenüber dem Kind nachgeben/aufgeben (Reaktion des Vaters)

5.4 Literatur

American Professional Society on the Abuse of Children (1995). Guidelines for the psychosocial evaluation of suspected psychological maltreatment in children and adolescents. Produced by the National Psychological Maltreatment Consortium and the APSAC Task Force on Psychological Maltreatment, chaired by S. Hart und M. Brassard. Chicago.

Bayerisches Staatsministerium für Unterricht und Kultus (o.J.). Gewalt im sozialen Nahraum. Kinder und Jugendliche als Opfer von Gewalt. Internetseite: www.stmuk.bayern.de/a3/r5/teil1/nah.html (Download am 30.08.2003).

Boch-Galau, W. von, Kodjoe, U., Andritzky, W. & Koeppel, P. (2003) (Hrsg.). Das Parental Alienation Syndrom – Eine interdisziplinäre Herausforderung für scheidungsbegleitende Berufe. Verlag Wissenschaft und Bildung (VWB): Berlin.

Brassard, M.R. & Gelardo, M.S. (1987). Psychological maltreatment: The Unifying construct in child abuse and neglect. School Psychology Review, 16 (2), 127-136.

Brassard, M.R., Hart, S.N. & Hardy, D.B. (1993). The Psychological Maltreatment Rating Scales. Child Abuse & Neglect, 17 (6), 715-729.

Bussmann, K.-D. (2002a). Schlussbericht. Studie zu den Auswirkungen des Gesetzes zur Ächtung der Gewalt in der Erziehung und der begleitenden Kampagne „Mehr Respekt vor Kindern". Eltern-Studie. Martin-Luther-Universität Halle-Wittenberg, Juristische Fakultät.

Bussmann, K.-D. (2002b). Schlussbericht. Studie zu den Erfahrungen von Beratungs- und anderen Hilfeeinrichtungen mit dem Gesetz zur Ächtung der Gewalt in der Erziehung. Multiplikatorenstudie. Martin-Luther-Universität Halle-Wittenberg, Juristische Fakultät.

Bussmann, K.-D. (2005). Report zur Studie „Auswirkungen des Gesetzes zur Ächtung der Gewalt in der Erziehung für das BMJ. August 2005.

Chamberland, C., Laporte, L., Lavergne, C., Tourigny, M., Mayer, M., Wright, J., Hélie, S. & Malo, C. (2005). Psychological Maltreatment of Children Reported to Youth Protection Services : A Situation of Grave Concern. Journal of Emotional Abuse, 5 (1), 65-94.

Deegener, G. (2005). Formen und Häufigkeiten der Kindesmisshandlung. In G. Deegener & W. Körner (Hrsg.), Kindesmisshandlung und Vernachlässigung. Ein Handbuch (S.37-58). Göttingen: Hogrefe.

Deutsche Gesellschaft für Kinder- und Jugendpsychiatrie und -psychotherapie (2003). Leitlinie über ‚Vernachlässigung, Misshandlung, sexueller Missbrauch'. Internetseite http://www.uni-duesseldorf.de/WWW/AWMF/ll/ll_kjpp.htm.

Fernandopulle, S. & Fernando, D. (2003). Development and initial validation of a scale to measure emotional abuse among school children aged 13-15 years in Sri Lanka. Child Abuse & Neglect, 27, 1087-1099.

Goldsmith, R.E. & Freyd, J.F. (2005). Effects of emotional abuse in family and work environments. Journal of Emotional Abuse, 5 (1), 95-123.

Gröll, J. (2005). Das erzieherische Gewaltverhältnis und Kindesmisshandlung. In G. Deegener & W. Körner (Hrsg.), Kindesmisshandlung und Vernachlässigung. Ein Handbuch (S. 237-242). Göttingen: Hogrefe.

Hart, S.N. & Brassard, M.R. (1987). A major threat to children's mental Health: Psychological Maltreatment. Development and Psychopathology, 42 (2), 160-165.

Hart, S.N. & Brassard, M.R. (1990). Psychological Maltreatment of Children. In R. T. Ammermann & M. Hersen (Hrsg.), Treatment of Family Violence (S. 77-112). Wiley, New York.

Huxoll, M. (2004). Kindesmisshandlung und sexueller Missbrauch. In W. E. Fthenakis & M. R. Textor (Hrsg.), Das Online-Familienhandbuch. Staatsinstitut für Frühpädagogik, München. http://www.familienhandbuch.de/cmain/f_Aktuelles/a_Haeufige_Probleme/s_442.html.

Kindler, H. (2005) Was ist unter psychischer Misshandlung zu verstehen? Internetseite http://cgi.dji.de/5_asd/ASD-Handbuch/4.htm vom 06.09.2005. Siehe auch: Kindler, H., Lillig, S. & Blüml, H. (2005). Handbuch „Kindeswohlgefährdung nach § 1666 BGB und Allgemeiner Sozialer Dienst (ASD)". München: Verlag Deutsches Jugendinstitut.

Körner, W.& Vogt-Sitzler, F. (2005). Konzepte der Erziehungsberatung bei elterlicher Gewalt. In G. Deegener & W. Körner (Hrsg.), Kindesmisshandlung und Vernachlässigung. Ein Handbuch (S. 617-636). Göttingen: Hogrefe.

Malo, C., Moreau, J., Chamberland, C., Léveillé, S. & Roy, C. (2004). Parental Cognition, Emotions, and Behavior Associated with the Risk of Psy-

chological Maltreatment of Preschoolers. Journal of Emotional Abuse, 4, 1-26.

Moran, P.M., Bifulco, A., Ball, C., Jacobs, C. & Benaim, K. (2002). Exploring psychologicaö abuse in childhood: I. Developing a new interview scale. Bulletin of the Menninger Clinic, 66 (3), 213-240.

Schore, A.N. (2001). The effects of early relational trauma on right brain development, affect regulation, and infant mental health. Infant Mental Health Journal, 22 (1-2), 201-269.

Weymann-Reichardt, B. (2004). Gewalt gegen Kinder. In W. E. Fthenakis. & M. R. Textor (Hrsg.), Das Online-Familienhandbuch. Staatsinstitut für Frühpädagogik, München. http://www.familienhandbuch.de/cmain/f_Aktuelles/a_Haeufige_Probleme/s_682.html.

6. Körperliche Misshandlung

6.1 Einleitung

Zum Ausmaß und der Verbreitung von elterlicher körperlicher Gewalt und Misshandlung führte das Kriminologische Forschungsinstitut Niedersachsen (KFN) 1992 eine repräsentative Befragung von Personen im Alter zwischen 16 und 59 Jahren zu ihren diesbezüglichen Kindheitserfahrungen durch. Dabei ergaben sich die folgenden Zahlen (Wetzels & Pfeiffer, 1997, S. 149 sowie Pfeiffer und Wetzels, 1997, S. 26) (siehe Tabelle).
Insgesamt gaben demnach drei Viertel (74,9%) der Befragten an, in ihrer Kindheit physische Gewalt durch ihre Eltern erlitten zu haben, und gut jede/r Zehnte (10,8%) war Opfer (eindeutiger) körperlicher Misshandlung, davon knapp die Hälfte (4,7 %) 'mehr als selten'.

Insgesamt gaben demnach drei Viertel (74,9%) der Befragten an, in ihrer Kindheit physische Gewalt durch ihre Eltern erlitten zu haben, und gut jede/r Zehnte (10,8%) war Opfer (eindeutiger) körperlicher Misshandlung, davon knapp die Hälfte (4,7 %) 'mehr als selten'.

Prävalenz der Gewalterfahrungen durch Eltern
Antwortmöglichkeiten: nie, selten, manchmal, häufig, sehr häufig
Mehrfachnennungen möglich, N = 3241

Fragestellung	**selten**	**mehr als selten**
Gegenstand geworfen	7,0%	3,7%
hart angepackt oder gestoßen	17,9%	12,1%
eine runtergehauen	36,0%	36,5%
mit Gegenstand geschlagen	7,0%	4,6%
mit Faust geschlagen, getreten	3,3%	2,6%
geprügelt, zusammengeschlagen	4,5%	3,5%
gewürgt	1,4%	0,7%
absichtliche Verbrennungen	0,5%	0,4%
mit Waffe bedroht	0,6%	0,4%
Waffe eingesetzt	0,6%	0,3%
körperliche Gewalt insgesamt (Fragen 1 - 10)	36,1%	38,8%
körperliche Züchtigung (Fragen 1 bis 4)	36,1%	38,4%
körperliche Misshandlung insgesamt (Fragen 5 - 10)	5,9%	4,7%

Vom gleichen Forschungsinstitut wurden 1998 SchülerInnen der 9. bzw. 10. Jahrgangsstufe nach erlittener elterlicher Gewalt befragt (Pfeiffer et al., 1999). Verwendet wurden die folgenden Fragen:

Items zur Erhebung elterlicher Gewalt	
Jugendzeit:	"In den letzten 12 Monaten haben meine Eltern ..."
Kindheit:	"Meine Mutter/mein Vater hat ..."
1.	mit einem Gegenstand nach mir geworfen
2.	mich hart angepackt und gestoßen
3.	mir eine runtergehauen
4.	mich mit einem Gegenstand geschlagen
5.	mich geprügelt, zusammengeschlagen
6.	mich mit der Faust geschlagen oder mich getreten
	(nur für Vorfälle in Jugendzeit folgende zusätzliche Fragen:)
7.	mich gewürgt
8.	mich mit einem Gegenstand oder einer Waffe verletzt

Elterliche Gewalt in der Kindheit wurde dabei begrenzt auf jene Gewalt durch Eltern, welche die Jugendlichen bis zur Vollendung ihres zwölften Lebensjahres erlebt hatten. Die elterliche Gewalt im Jugendalter wurde demgegenüber begrenzt auf die erlittene elterliche Gewalt in den letzten 12 Monaten. Die Antwortmöglichkeiten reichten von 1 = „nie" bis 4 = „häufig". Das Ausmaß der erlittenen Gewalt wurde in die folgenden fünf Abstufungen unterteilt: 1.) Nichtopfer, d.h. sie erlitten durch keinen Elternteil in ihrer Kindheit eine der aufgeführten Gewaltformen. 2.) Leichte Züchtigung: Nur die Formen 1 bis 3 wurden allenfalls manchmal erlebt, niemals jedoch die Formen 4 bis 6. 3.) Schwere Züchtigung: Die Formen 1 bis 3 wurden häufiger als manchmal oder die Form 4 mindestens selten bejaht, niemals jedoch die Formen 5 und 6 erlitten. 4.) Seltene Misshandlung: Die Formen 5 und/oder 6 (sowie bei Jugendzeit noch 7 oder 8) wurden allenfalls selten erlebt. 5.) Gehäufte Misshandlung: Die unter seltener Misshandlung aufgeführten Formen wurden manchmal oder noch häufiger erlitten.

Aufgrund dieser Einstufungen ergaben sich die folgenden Häufigkeiten für die erlittene elterlicher Gewalt in der Kindheit: 43,3 % hatten demnach als „Nichtopfer" keinerlei körperliche Gewalt erlitten, 29,7 % leichte Züchtigungen, 17,1 % schwere Züchtigungen, 4,5 % seltene sowie 5,3 % gehäufte Misshandlung.

Aufgrund dieser Einstufungen ergaben sich die folgenden Häufigkeiten für die erlittene elterlicher Gewalt in der Kindheit (vor Vollendung des 12. Lebensjahres): 43,3 % hatten demnach als „Nichtopfer" keinerlei körperliche Gewalt erlitten, 29,7 % leichte Züchtigungen, 17,1 % schwere Züchtigungen, 4,5 % seltene sowie 5,3 % gehäufte Misshandlung. Für die erlebte elterliche Gewalt im Jugendalter (in den letzten 12 Monaten) stuften sich 58 % als „Nichtopfer" ein, 26,7 %

bejahten leichte Züchtigung, 8,1 % schwere Züchtigung und 4,6 % seltene sowie 2,6 % gehäufte Misshandlung.
Die neuesten Zahlen zur elterlichen Gewalt (Bussmann, 2002a, 2002b, 2002c, 2005) zeigen zwar - u. a. aufgrund der Änderung des § 1631 Bürgerliches Gesetzbuch („Kinder sind gewaltfrei zu erziehen. Körperliche Bestrafungen, seelische Verletzungen und andere entwürdigende Maßnahmen sind unzulässig") im Jahre 2000 sowie der begleitenden Öffentlichkeitsarbeit - bereits positive Veränderungen in den elterlichen Erziehungseinstellungen und -verhaltensweisen, sie sind aber in ihrem absoluten Ausmaß immer noch erschreckend hoch. Befragt wurden repräsentativ Eltern mit Kindern unter 18 Jahren im Jahre 2001 und 2005 sowie Kinder und Jugendliche im Alter zwischen 12 bis 18 Jahren in den Jahren 1992, 2002 und 2005, wie häufig sie die folgenden Erziehungsmaßnahmen (zusammengefasst: sehr häufig, häufig, manchmal, selten, 1-2 mal) schon eingesetzt bzw. erlebt hatten (Angaben in Prozent; Bussmann, 2005, S. 45, 46):

Die neuesten Zahlen zur elterlichen Gewalt zeigen zwar bereits positive Veränderungen in den elterlichen Erziehungseinstellungen und -verhaltensweisen, sie sind aber in ihrem absoluten Ausmaß immer noch erschreckend hoch.

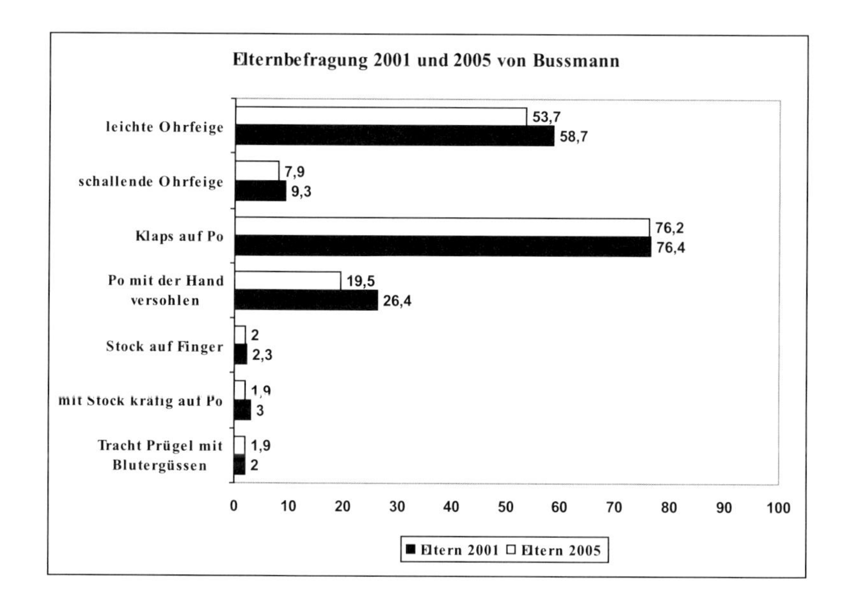

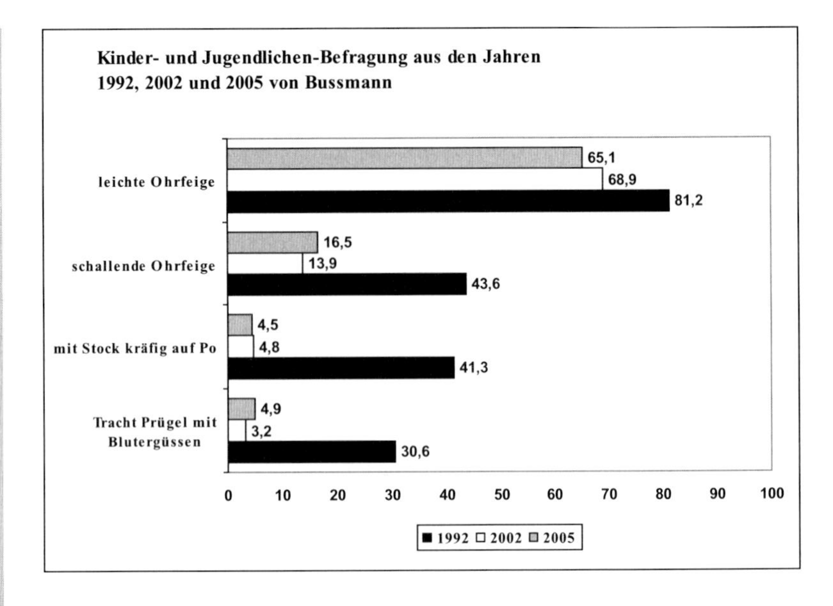

Kinder- und Jugendlichen-Befragung aus den Jahren 1992, 2002 und 2005 von Bussmann

Die befragten Familien wurden dann nach den Angaben zu diesen und anderen Erziehungsmaßnahmen in die folgenden Sanktionsgruppen aufgeteilt (Angaben in Prozent; Bussmann, 2005, S. 47):

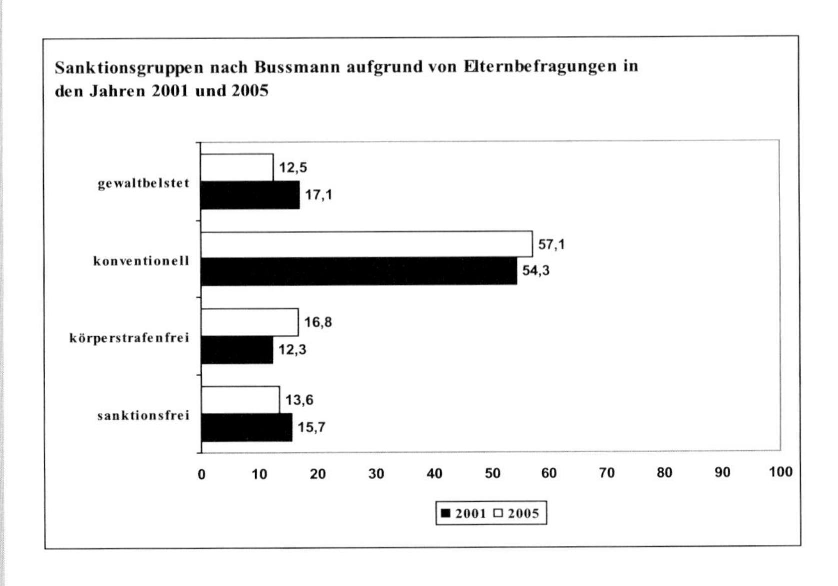

Sanktionsgruppen nach Bussmann aufgrund von Elternbefragungen in den Jahren 2001 und 2005

Bei der Interpretation der Einteilung in diese Sanktionsgruppen müssen allerdings die zugrundegelegten Kriterien beachtet werden. So wird z.B. angeführt, dass bei der körperstrafenfreien Erziehung die Eltern „weitgehend" auf Körperstrafen verzichten, d.h. sie also dennoch anwenden. Und die Eltern der konventionellen Erziehung (wel-

Bei der Interpretation der Einteilung in diese Sanktionsgruppen müssen allerdings die zugrundegelegten Kriterien beachtet werden. So wird z.B. angeführt, dass bei der körperstrafenfreien Erziehung die Eltern „weitgehend" auf Körperstrafen verzichten, d.h. sie also dennoch anwenden.

che neben körperstrafenfreien Sanktionen häufiger leichte körperliche Strafen verwenden) würden ebenfalls nur „weitgehend" auf die schweren Körperstrafen verzichten. Zusätzlich muss natürlich berücksichtigt werden, dass körperliche Gewalt/Misshandlung durch Eltern auch weitere als die hier erfragten Handlungen umfasst.
Abschließend zu diesem Abschnitt sei noch auf die folgenden Untersuchungsergebnisse des Kriminologischen Forschungsinstituts Niedersachsen zur Beziehung zwischen elterlicher körperlichen Gewalt gegenüber Kindern und Jugendlichen sowie der sozialen Schicht eingegangen (Pfeiffer und Wetzels, 1997, S. 27):

Zusätzlich muss natürlich berücksichtigt werden, dass körperliche Gewalt/Misshandlung durch Eltern auch weitere als die hier erfragten Handlungen umfasst.

Opfer körperlicher elterlicher Gewalt (insgesamt) und sozialer Schicht der Herkunftsfamilie			
Sozioökonomische Schicht	körperliche Elterngewalt insgesamt		
	nie	selten	häufiger als selten
I von der	20,0%	38,6%	41,4%
II niedrigsten	21,8%	34,7%	43,4%
II zur	25,4%	37,3%	37,3%
IV höchsten	31,8%	38,2%	29,9%

Wie erwartet besteht aufgrund der vermehrten Belastungen von Eltern niedrigerer sozioökonomischer Schichten (z.B. Arbeitslosigkeit, niedriges Einkommen, Schulden, geringere Bildung, schlechtere Wohnverhältnisse, geringer beruflicher Status) ein statistisch bedeutsamer Zusammenhang zwischen sozialer Schicht und körperlicher Gewaltanwendung durch Eltern. Vergleichbare Unterschiede wurden auch bei der Auswertung nur hinsichtlich der (eindeutigen) körperlichen Misshandlung gefunden (Wetzels, 1997). Dennoch bleibt festzuhalten, dass die o.a. absoluten Zahlen nicht die oft fälschlich vertretene Meinung rechtfertigen, es würde sich hierbei um ausgeprägte „Klassenunterschiede" handeln, wobei dann die unteren sozialen Schichten mit „Prügel" und die oberen sozialen Schichten mit „Liebe" gleichgesetzt werden. Auch Bussmann (2002a) stellt für seine Elternbefragung von 2001 zwar fest, dass „das Sanktionsniveau der Oberschicht durchgängig deutlich unter dem der anderen Schichten liegt" sowie „schwerere Körperstrafen ... auch 2001 überwiegend von unteren sozialen Schichten eingesetzt" werden. Aber er ergänzt: „Die Differenzen sind zwar signifikant, aber auch heute nicht so bedeutsam, dass man das Problem der Gewalt in der Erziehung primär einer bestimmten sozialen Schicht zuordnen kann". Und auch bezüglich des Zusammenhanges zwischen Schulbildung und Sanktionsverhalten formuliert er weiter: „In der gewaltbelasteten Sanktionsgruppe finden sich nach wie vor deutlich häufigere niedrige Bildungsabschlüsse, während in den sanktions- und körperstrafenfreien Gruppen öfter höhere Bildungsabschlüsse zu verzeichnen sind. Allerdings wird bereits aus der Verteilung erkennbar, dass man Gewalt in der Erziehung immer weniger eindeutig einer sozialen Schicht zuordnen kann."

6.2 Child Injury Questionnaire

Die folgenden Angaben zum *'Child Injury Questionnaire'* beruhen auf den Ausführungen auf der Internetseite von LONGSCAN (Consortium for Longitudinal Studies of Child Abuse and Neglect; http://iprc.unc.edu/longscan; Hunter et al., 2003).

Der Fragebogen besteht aus fünf primären Items zur Erfassung von Informationen einerseits über vier verschiedene Verletzungsarten (Vergiftungen, Verbrennungen, Atembeschwerden und Kopfverletzungen), andererseits auch über jede Verletzung, die zu einem Arztbesuch führte. Für jede angegebene Verletzung werden drei weitere Fragen gestellt, um festzuhalten, wo die Verletzung eintrat und ob ärztlicher Rat oder ärztliche Behandlung oder Krankenhausaufenthalt erfolgte.

Der Fragebogen besteht aus fünf primären Items zur Erfassung von Informationen einerseits über vier verschiedene Verletzungsarten, andererseits auch über jede Verletzung, die zu einem Arztbesuch führte.

Im Rahmen der LONGSCAN-Untersuchungen wurde der Fragebogen sowohl vor dem als auch vor allen Dingen im Alter der Kinder von 4 Jahren mit den Erziehungsberechtigten durchgeführt.

Die Anwendung des Fragebogens erfolgte dabei folgendermaßen:
„Ich möchte Sie nun bitten darüber nachzudenken, welche Verletzungen und Unfälle bei ... (Name des Kindes) innerhalb des letzten Jahres auftraten. [Wenn mehr als ein Ereignis bei der selben Art von Verletzungen auftrat, wird nach dem folgenschwersten Ereignis befragt].

Hatte er/sie irgendeinen Unfall, weil ...

1. ... er/sie irgendetwas getrunken oder eingeatmet hatte, von dem Sie glaubten, dass es giftig ist?
   0 = gehe zu Frage 5
   1 = ja

2. Wo geschah diese Verletzung?
   1 = bei Ihnen zu Hause oder im Hof
   2 = Tagesstätte/Kindergarten
   3 = im Haus oder Hof von Freunden oder Verwandten
   4 = im Haus oder Hof des Babysitters
   5 = woanders: ....

3. Suchten Sie ärztlichen Rat oder ärztliche Behandlung auf?
   0 = gehe zu Frage 5
   1 = ja

4. Musste ... (Name des Kindes) über Nacht wegen dieser Verletzung im Krankenhaus verbleiben?
   0 = nein
   1 = ja

5. Wurde er/sie durch etwas Heißes, Ätzendes oder Elektrisches verbrannt? (Zum Beispiel durch eine heiße Flüssigkeit oder Oberfläche, durch eine Chemikalie, durch eine elektrische Leitung oder irgendeine andere Art von Verbrennung).
   0 = gehe zu Frage 9
   1 = ja

Wurde er/sie durch etwas Heißes, Ätzendes oder Elektrisches verbrannt? (Zum Beispiel durch eine heiße Flüssigkeit oder Oberfläche, durch eine Chemikalie, durch eine elektrische Leitung oder irgendeine andere Art von Verbrennung).

6. Wo geschah diese Verletzung?
   1 = bei Ihnen zu Hause oder im Hof
   2 = Tagesstätte/Kindergarten
   3 = im Haus oder Hof von Freunden oder Verwandten
   4 = im Haus oder Hof des Babysitters
   5 = woanders: ....

7. Suchten Sie ärztlichen Rat oder ärztliche Behandlung auf?
   0 = gehe zu Frage 5
   1 = ja

8. Musste ... (Name des Kindes) über Nacht wegen dieser Verletzung im Krankenhaus verbleiben?
   0 = nein
   1 = ja

9. Hatte er/sie Atemschwierigkeiten aufgrund z.B.: an etwas Ersticken oder Einschnürung des Halses oder beinahe Ertrinken?
   0 = gehe zu Frage 13
   1 = ja

10. Wo geschah diese Verletzung?
   1 = bei Ihnen zu Hause oder im Hof
   2 = Tagesstätte/Kindergarten
   3 = im Haus oder Hof von Freunden oder Verwandten
   4 = im Haus oder Hof des Babysitters
   5 = woanders: ....

11. Suchten Sie ärztlichen Rat oder ärztliche Behandlung auf?
   0 = gehe zu Frage 5
   1 = ja

12. Musste ... (Name des Kindes) über Nacht wegen dieser Verletzung im Krankenhaus verbleiben?
    0 = nein
    1 = ja

13. War er/sie bewusstlos aufgrund einer Kopfverletzung?
    0 = gehe zu Frage 17
    1 = ja

14. Wo geschah diese Verletzung?
    1 = bei Ihnen zu Hause oder im Hof
    2 = Tagesstätte/Kindergarten
    3 = im Haus oder Hof von Freunden oder Verwandten
    4 = im Haus oder Hof des Babysitters
    5 = woanders: ....

15. Suchten Sie ärztlichen Rat oder ärztliche Behandlung auf?
    0 = gehe zu Frage 5
    1 = ja

16. Musste ... (Name des Kindes) über Nacht wegen dieser Verletzung im Krankenhaus verbleiben?
    0 = nein
    1 = ja

Gab es – außer Kopfverletzungen – bei ihm/ihr noch andere Verletzungen, die so schwer waren, dass Sie mit ihm/ihr einen Arzt aufsuchten?

17. Gab es - außer Kopfverletzungen - bei ihm/ihr noch andere Verletzungen, die so schwer waren, dass Sie mit ihm/ihr einen Arzt aufsuchten?
    0 = gehe zu Frage 20
    1 = ja

18. Wo geschah diese Verletzung?
    1 = bei Ihnen zu Hause oder im Hof
    2 = Tagesstätte/Kindergarten
    3 = im Haus oder Hof von Freunden oder Verwandten
    4 = im Haus oder Hof des Babysitters
    5 = woanders: ....

19. Musste ... (Name des Kindes) über Nacht wegen dieser Verletzung im Krankenhaus verbleiben?
    0 = nein
    1 = ja

20. Wie oft kam es seinem/ihrem bisherigen Leben zu einem Krankenhausaufenthalt?
    .... mal

Aufgrund des Interviews der Erziehungsberechtigten in den LONGSCAN-Untersuchungen im Alter der Kinder von 4 Jahren ergaben sich folgende Häufigkeiten:

Gesamtzahl der Befragten	irgendeine Verletzung	Vergiftung	Verbrennung	Atemnot	Kopfverletzung	andere Verletzung
1147	25,9 %	2,9 %	7,1 %	1,7 %	0,9 %	17,2 %

Bei der Kategorie ‚andere Verletzungen' überwogen Platz-/Schnittwunden und Knochenbrüche.
Die AutorInnen von LONGSCAN gehen davon aus, dass die Risikofaktoren für kindliche Verletzungen aufgrund von Unglücksfällen sowie durch Kindesmisshandlung „bemerkenswert ähnlich" seien, wobei zu diesen Risikofaktoren u.a. gehören würden: sozioökonomische Benachteiligung; Familien mit Alleinerziehenden oder mit jungen Müttern oder mit vielen Kindern; Alkohol- und Substanzmittel-Missbrauch; mütterliche Depression; wenig kind-zentrierte Familien; Verhaltensprobleme des Kindes; gesundheitliche Probleme des Kindes; geringe soziale Kompetenz des Kindes.

6.3 Child Abuse Potential Inventory (CAPI)

Mit dem *CAPI* (Milner, 1986, 1990) steht ein in den USA in ca. 30jähriger Forschungsarbeit entwickeltes Instrument zur Verfügung, das in seiner amerikanischen Originalfassung außerordentlich gute Werte in der Zuverlässigkeit und Gültigkeit erzielt hat (vgl. Milner, 1986), die auch eine Forschungsübersicht über 27 Studien bestätigt (vgl. Deegener, 2004), wobei auch schon eine spanische, chilenische und griechische Version des CAPI vorliegen.
Das CAPI wurde (in erster Linie) als Screening-Fragebogen zur Erfassung des Risikos körperlicher Kindesmisshandlung entworfen. Die Forschungsergebnisse weisen darauf hin, dass zur Zeit der Testung ProbandInnen mit einem erhöhten Wert in der Kindesmisshandlungs-Skala vergleichbare Persönlichkeitsmerkmale und Erziehungsstile aufweisen wie nachgewiesene KindesmisshandlerInnen. Dabei konnten mit Hilfe des CAPI sehr hohe Raten richtiger Klassifizierungen von misshandelnden und nicht-misshandelnden ProbandInnen erzielt werden.
Mit einer von Milner autorisierten deutschen Übersetzung des CAPI von Globisch und Spangler (o. J.) versuchen die Autoren des vorliegenden Buches in Zusammenarbeit mit Jugendhilfeeinrichtungen

Dabei konnten mit Hilfe des CAPI sehr hohe Raten richtiger Klassifizierungen von misshandelnden und nicht-misshandelnden ProbandInnen erzielt werden.

Merkblätter (Vermeidungen von) Unfallgefahren von (Klein-) Kindern im Haushalt können helfen, bei Hausbesuchen gezielt auch auf Unfallgefahren hinzuweisen.

Die Internetseite http://kindesmisshandlung.de ist eine Startseite zu deutschen und internationalen Kinderschutzangeboten mit Schwerpunkt auf medizinischen Informationen.

und universitären Institutionen zur Zeit, diesen Fragebogen für deutsche Verhältnisse zu adaptieren und zu erproben.

6.4 Unfallprävention

Checklisten/Sicherheitstipps/Merkblätter usw. zu den (Vermeidungen von) Unfallgefahren von (Klein-)Kindern im Haushalt (z.B. im Internet unter: http://www.kindersicherheit.de oder http://www.kinderaerzteimnetz.de/bvkj/pdf/kinderunfaelle.pdf) können helfen, bei Hausbesuchen gezielt auch auf Unfallgefahren hinzuweisen (z.B. bei sehr jungen Müttern, bei vernachlässigenden Eltern). Tymchuk et al. (2003) entwickelten in diesem Zusammenhang eine *„Illustrated Version of the Home Inventory for Dangers and Safety Precautions“* mit bildhaften Darstellungen der Gefahrenquellen in Küche, Schlafzimmer, Bad, Wohnzimmer, Treppenhaus sowie Hof/Garten/Straße für Eltern mit u.a. Leseschwierigkeiten. Vergleichbar sind die illustrierten Manuale von Feldman et al. (1999) zur Verbesserung der Pflege und Versorgung von Kleinkindern im Alter zwischen 3 und 22 Monaten, deren Mütter Lernbehinderungen aufwiesen.

6.5 Weitere Verfahren und Literaturhinweise

- Die Internetseite http://kindesmisshandlung.de ist eine Startseite zu deutschen und internationalen Kinderschutzangeboten mit Schwerpunkt auf medizinischen Informationen (zu körperlicher Misshandlung, Vernachlässigung und sexuellem Missbrauch) und wird gemeinsam von der Deutschen Gesellschaft gegen Kindesmisshandlung und -vernachlässigung (DGgKV) e.V. und deren Vorstandsmitglied Dr. Bernd Herrmann von der Klinik für Kinder- und Jugendmedizin des Klinikum Kassel angeboten. Auf der Unterseite http://www.kindesmisshandlung.de/pageID_2813949.html finden sich etliche Artikel (viele als PDF-Datei einsehbar) zur medizinischen Diagnostik bei körperlicher Misshandlung, Vernachlässigung, sexuellem Missbrauch und Münchhausen by Proxy Syndrom.
- Die Fachgruppe Kinderschutz der schweizerischen Kinderkliniken geben auf der Internetseite www.kinderschutzgruppe.ch/files/Empfehlungen_Kinderschutzarbeit_d.pdf Empfehlungen für die Kinderschutzarbeit an Kinderklinken.
- In dem von Armbruster (2000) herausgegebenen Buch „Misshandeltes Kind. Hilfe durch Kooperation“ finden sich in vielen Kapiteln ausführliche Darstellungen zur institutionellen Zusammenarbeit zwischen Medizin/Kinderklinik und sozialer Arbeit/Jugendhilfe (vgl. auch Armbruster & Bartels, 2005). Kraus-Haas führt in diesem Buch abschließend eine Check-Liste für Fachkräfte im ambulanten

Gesundheitsbereich an (S. 181-183), in der sie aufzeigt, bei welchen Anzeichen/Symptome man an eine Kindesmisshandlung bzw. an sexuellen Missbrauch denken muss. Gegliedert ist diese Checkliste in die folgenden Bereiche:

a) Hinweise aus der Anamnese/Risikofaktoren (z.B. sozial isolierte Familie, Schrei-Babys; zum Zusammenhang zwischen dem Schreien von Kleinstkindern und Misshandlung siehe Reijneveld et al., 2004)
b) Psychosomatische Symptome (z.B. Ess- und Schlafstörungen)
c) Eltern-Kind-Interaktion (z.B. Erziehungsstil)
d) Verhalten des Kindes (z.B. aggressives Verhalten, Rückzugstendenzen)
e) Körperliche Untersuchung durch den Arzt (z.B. Gedeihstörung; Zeichen der Vernachlässigung; Verletzung an außergewöhnlichen Stellen; Verletzungen wie Kratzspuren, Griffmarken; Art der Verletzung stimmt nicht überein mit dem angeblichen Unfall; multiple alte Narben)
f) Dokumentation (z.B. Fotodokumentation der körperlichen Befunde)
g) Medizinische Diagnostik (z.B. Augenhintergrundspiegelung, kindergynäkologische Untersuchung)

Gegliedert ist diese Checkliste in die folgenden Bereiche

6.6 Literatur

Armbruster, M.M. (2000). Misshandeltes Kind. Hilfe durch Kooperation. Freiburg: Lambertus.

Armbruster, M. M. & Bartels, V. (2005). Kooperation der verschiedenen Dienste bei Kindesmisshandlung, -vernachlässigung und sexuellem Missbrauch. In G. Deegener & W. Körner (Hrsg.), Kindesmisshandlung und Vernachlässigung. Ein Handbuch (S. 405-417). Göttingen: Hogrefe.

Bussmann, K.-D. (2002a). Schlussbericht. Studie zu den Auswirkungen des Gesetzes zur Ächtung der Gewalt in der Erziehung und der begleitenden Kampagne „Mehr Respekt vor Kindern". Eltern-Studie. Martin-Luther-Universität Halle-Wittenberg, Juristische Fakultät.

Bussmann, K.-D. (2002b). Schlussbericht. Studie zu den Erfahrungen von Beratungs- und anderen Hilfeeinrichtungen mit dem Gesetz zur Ächtung der Gewalt in der Erziehung. Multiplikatorenstudie. Martin-Luther-Universität Halle-Wittenberg, Juristische Fakultät.

Bussmann, K.-D. (2002c). Zwischenbericht. Jugendstudie zu den Auswirkungen des Gesetzes zur Ächtung der Gewalt in der Erziehung und der begleitenden Kampagne „Mehr Resepkt vor Kindern". Jugendstudie. Martin-Luther-Universität Halle-Wittenberg, Juristische Fakultät.

Bussmann, K.-D. (2005): Report zur Studie „Auswirkungen des Gesetzes zur Ächtung der Gewalt in der Erziehung für das BMJ. August 2005.

Deegener, G. (2004). Forschung mit dem CAPI seit 1986. Homburg: unveröffentlichtes Manuskript.

Feldman, M.A., Ducharme, J.M. & Case, L. (2003). Using Self-Instructional Pictorial Manuals to Teach Child-Care Skills to Mothers With Intellectual Disabilities. Behavior Modification, 23 (3), 1999.

Globisch, J. & Spangler, G. (o. J.). Fragebogen zur Erfassung des Kindesmisshandlungsrisikos bei Eltern (CAPI-VI-D). Erlangen: unveröffentlicht.

Hunter, W. M., Cox, C. E., Teagle, S., Johnson, R. M., Mathew, R., Knight, E. D., & Leeb, R.T. (2003). Measures for Assessment of Functioning and Outcomes in Longitudinal Research on Child Abuse. Volume 1: Early Childhood. Internetseite http://www.iprc.unc.edu/longscan/.

Kraus-Haas, M. (2000). Check-Liste für Fachkräfte im ambulanten Gesundheitsbereich. In M. M. Armbruster (Hrsg.), Misshandeltes Kind. Hilfe durch Kooperation (S. 181-183). Freiburg: Lambertus.

Milner, J.S. (1986). The Child Abuse Potential Inventory. Manual. Second Edition. Webster, NC: Psytec Corporation.

Milner, J.S. (1990). An Interpretative Manual for the Child Abuse Potential Inventory. Webster, NC: Psyctec Corporation.

Milner, J.S. (2003). CAP Inventory Introductory Kit. Lutz, FL: Psychological Assessment Resources, Inc.

Pfeiffer, C. & Wetzels, P. (1997). Kinder als Täter und Opfer. Eine Analyse auf der Basis der PKS und einer repräsentativen Opferbefragung (Forschungsbericht Nr. 68). Hannover: Kriminologisches Forschungsinstitut Niedersachsen e.V.

Pfeiffer, C., Wetzels, P. & Enzmann, D. (1999). Innerfamiliäre Gewalt gegen Kinder und Jugendliche und ihre Auswirkungen (Forschungsbericht Nr. 80). Hannover: Kriminologisches Forschungsinstitut Niedersachsen e.V.

Reijneveld, S.A., van der Wal, M.F., Brugman, E., Hira Sing, R.A. & Verloove-Vanhorik, S.P. (2004). Infant crying and abuse. Lancet, 364, 1340-1342.

Tymchuk, A.J., Lang, C.M., Sewards, S.E., Lieberman, S. & Koo, S. (2003). Development and Validation of The Illustrated Version of The Home Inventory for Dangers and Safeta Precautions: Continuing to Address Learning Need of Parents in Injury Prevention. Journal of Family Violence, 18 (4), 241-252.

Wetzels, P. (1997). Gewalterfahrungen in der Kindheit: Sexueller Missbrauch, körperliche Misshandlung und deren langfristige Konsequenzen. Baden-Baden: Nomos.

Wetzels, P. & Pfeiffer, C. (1997). Kindheit und Gewalt: Täter- und Opferperspektiven aus Sicht der Kriminologie. Praxis der Kinderpsychologie und Kinderpsychiatrie, 46 (3), 143-152.

7. Sexueller Missbrauch

Obwohl in diesem Buch der sexuelle Kindesmissbrauch immer wieder als Teil der sich überlagernden Formen von Kindesmisshandlungen erwähnt wurde, stellen wir keine Verfahren zu seiner Klärung vor. Das soll im Folgenden noch einmal erklärt werden, zumal es vor einiger Zeit durchaus üblich war, mit Symptomlisten, Fragebogen, Tests, anatomischen Puppen etc. den Verdacht zu erhärten bis zu „beweisen" (zur kritischen Übersicht vgl. Deegener, 1997).

Die Schwierigkeiten bei der Klärung von sexueller Gewalt gegen Kinder beginnen bereits mit den Begriffen. Auch wenn sich der Begriff „sexueller Missbrauch" in der Alltags- und Fachsprache durchgesetzt hat (z. B. auch Bange & Deegener, 1996; Bange & Körner, 2002; Körner & Lenz, 2004), so bleibt nach wie vor kritisch anzumerken, dass dieser Begriff implizit eine akzeptable sexuelle Nutzung von Kindern unterstellt.

Sehr große Schwierigkeiten ergeben sich bei der Definition. Es gibt bisher in der Fachwelt keine einheitliche Definition und Operationalisierung des sexuellen Missbrauchs für Forschung und Praxis. Auf die bestehenden Probleme, die von der Altersgrenze, vom Altersunterschied zwischen Opfer und Täter, dem Konzept des wissentlichen Einverständnisses, der Problematik von Übergriffen ohne Körperkontakt bis zu der Problematik, die Schädigung des Kindes als Kriterium zu nehmen, reichen, weist Bange (2004) hin.

Besonders umstritten war und ist immer noch die Frage der Häufigkeit sexuellen Missbrauchs, die etwa bei den anderen Misshandlungsformen in dieser Heftigkeit und Emotionalisierung nie diskutiert wurde. Auf die Details bei der Erhebung dieser Zahlen geht Bange (2004) ein. Ernst (2005, S. 77) geht aufgrund ihrer Übersicht davon aus, dass etwa 10% bis 15% der Frauen und etwa 5% der Männer bis zum Alter von 14 oder 16 Jahren „mindestens einmal einen unerwünschten oder durch die 'moralische' Übermacht einer deutlich älteren Person oder durch Gewalt erzwungenen sexuellen Körperkontakt erlebt haben."

Den entscheidenden Unterschied zwischen sexuellem Missbrauch an Kindern und allen anderen in diesem Buch aufgeführten Misshandlungsformen von Kindern sehen wir in der noch bis vor etwa 30 Jahren bestehenden Tabuisierung in Fachwelt und Öffentlichkeit sowie dem hohen gesellschaftlichem Konsens der Ächtung des Missbrauchs.

Zumindest körperliche Gewaltausübung gegen Kinder war bis zum November 2000 in der (alten) BRD juristisch legitimiert (vgl. Binschus, 2001; Schimke, 2001) und höchstrichterlich abgesichert. Es

Zumindest körperliche Gewaltausübung gegen Kinder war bis zum November 2000 in der (alten) BRD juristisch legitimiert und höchstrichterlich abgesichert.

Es wurde juristisch spitzfindig definiert, was noch staatlich erlaubte Züchtigung war. Selbst die Fachwelt brachte *erzieherischer* Gewalt im Allgemeinen viel Verständnis entgegen.

wurde juristisch spitzfindig definiert, was noch staatlich erlaubte Züchtigung war (vgl. Körner, 1992). Selbst die Fachwelt brachte *erzieherischer* Gewalt im Allgemeinen viel Verständnis entgegen (vgl. Körner & Sitzler, 1998).

Ganz anders sah die Lage bei sexualisierter Gewalt aus:
„Die Tabuisierung des Themas der sexualisierten Gewalt, der Mädchen und Jungen durch Familienmitglieder ausgesetzt sind, hat in Deutschland eine lange Tradition. Psychoanalytiker wie Sigmund Freud und Sandor Ferenczi wurden von ihren Kollegen verachtet und sanktioniert, als sie über sexuellen Mißbrauch durch Familienmitglieder berichteten. Ihre Ausführungen wurden als skandalös bezeichnet und ihre Vorträge nicht veröffentlicht. Um den Ruf nicht zu verlieren, revidierte z. B. Freud seine Forschungsergebnisse (Widerruf der Verführungstheorie 1897). Seitdem wagte es kein Forscher über sexualisierte Gewalt gegen Mädchen und Jungen innerhalb der Familie zu forschen, geschweige denn etwas Kritisches darüber zu veröffentlichen. So gab es Ende der 70iger und Anfang der 80iger Jahre des 20. Jahrhunderts noch viele Mythen und Klischees über sexuellen Mißbrauch von Kindern. Verbreitet waren Vorurteile wie: Sexueller Mißbrauch geschehe nur durch fremde Männer, die Kinder von der Straße entführten und mißbrauchten. Mädchen provozierten sexuelle Übergriffe durch ihre Kleidung und ihr Verhalten. Mädchen würden sexualisierte Übergriffe erfinden, um sich an einem Mann zu rächen oder um sich interessant zu machen. Alle kleinen Mädchen träumten davon, mit ihrem Vater zu schlafen. Sexueller Mißbrauch sei für die Mädchen keineswegs schädigend etc. Frauen, denen in der Kindheit sexualisierte Gewalt widerfahren war, wurden mit diesen gesellschaftlichen Vorurteilen, mit Unglauben, Ausgrenzung und Ablehnung konfrontiert. Es gab keinen Ort, an dem sie über die ihnen widerfahrene Gewalt sprechen konnten; niemand wollte sich anhören, was ihnen widerfahren war. Sexualisierte Gewalt in der Familie durch Väter, Stiefväter, Adoptiv- und Pflegeväter, durch Großväter, Onkel, Freunde der Eltern etc. wurde nicht thematisiert. Selbst in Beratung und Therapie wagten es Mädchen und Frauen nicht, über die ihnen angetane Gewalt zu sprechen, weshalb es keine Beratungs- und Therapiekonzepte für diese Arbeit mit Mädchen und Frauen gab." (Steinhage, 2004, S. 39).

Der Geheimhaltungsdruck ist für Opfer sexueller Gewalt ungleich höher als bei anderen Misshandlungsarten und die Leugnung (die „Verantwortungsabwehr der Täter") ebenfalls.

Der Geheimhaltungsdruck ist für Opfer sexueller Gewalt ungleich höher als bei anderen Misshandlungsarten und die Leugnung (die „Verantwortungsabwehr der Täter", Deegener, 2004c) ebenfalls.
Verschiedene Initiativen und Einzelpersonen „deckten" sexuellen Missbrauch „auf" und brachten ihn vor Gericht. Deegener (1997, S. 423f.) bemängelte bereits „aber es häufen sich in der alltäglichen Praxis auch Fehler, die zumindest an Fahrlässigkeit grenzen. So werden z. B. in den letzten Jahren immer wieder Symptomlisten veröf-

fentlicht, welche [so]... zu verstehen sind, ... daß diese ‚verdeckten Signale' der Kinder eindeutig einen Verdacht begründen, erhärten oder beweisen würden. Beispielsweise Bommert veröffentlichte 1993 (S. 34) eine Symptomliste, in der u. a. solch unspezifische Symptome angeführt werden wie ‚Schul- und Konzentrationsprobleme', ‚enge Beziehung zu einem Elternteil oder gar keine Beziehung zu beiden', ‚Einnässen', ‚Einkoten', ‚Verdauungsschwierigkeiten', ‚Eßstörungen', ‚plötzliche Verhaltensänderung', ‚Schlafstörungen', ‚Bauchschmerzen', ‚diffuse Angst', usw. Für diese Symptome wird sogar angeführt: ‚Findet sie [die Klientin] bei sich selbst sechs oder mehr Symptome bereits im Kindesalter, kann sie den Verdacht auf eigene sexuelle Gewalterfahrung als begründet betrachten' (wobei dieses vorgehen als ´hilfreich´ auch für jene Frauen angesehen wird, welche ‚nur ein diffuses Gefühl haben, sie könnten sexuell missbraucht sein')."

Solche und ähnliche Fehler veranlassten den Bundesgerichtshof juristisch eindeutige Vorgaben zu machen, die es seitdem zu beachten gilt, soll eine Aussage vor Gericht Bestand haben. Das Urteil des Bundesgerichtshofes vom 30.07.1999 gibt vor, wie künftig aussagepsychologische Begutachtungen im Strafverfahren durchzuführen sind: „Dieses Urteil wird darüber hinaus allem Anschein nach zu Recht erhebliche Auswirkungen auf die Begutachtung in der Familiengerichtsbarkeit haben. In der Strafgerichtsbarkeit hat sich nunmehr das aussagepsychologische Gutachten nach dem aller Voraussicht nach für Jahre richtungweisenden Urteil des Bundesgerichtshofes in Strafsachen vom 30.07.1999 zu richten (Entscheidungssammlung Bundesgerichtshof in Strafsachen - BGHSt 45, 164; Balloff, 2000; Busse, Steller,& Volbert, 2000; Schade & Harschneck, 2000, S. 28; Dettenborn, 2001). Damit muss die aussagepsychologische Begutachtung in der Familiengerichtsbarkeit die gleiche Gutachtenqualität aufweisen wie in der Strafgerichtsbarkeit. Evident ist, dass die höchstrichterliche Rechtsprechung der Strafgerichtsbarkeit in ähnlich gelagerten Fallkonstellationen immer auch Auswirkungen auf die anderen Gerichtsbarkeiten haben wird, wie hier vordringlich auf die Familiengerichtsbarkeit." (Balloff, 2004b, S. 150).

Das heißt, alle anderen Formen der Klärung der Frage, ob ein sexueller Missbrauch an einem Kind statt gefunden hat oder nicht, haben vor Gericht keinen Bestand. Balloff (2004b, S. 151) weist auf die Empfehlung des BGH hin, bereits bei der ersten Vernehmung eines Kindes einen Sachverständigen zu beteiligen.

Balloff weist auf die Empfehlung des BGH hin, bereits bei der ersten Vernehmung eines Kindes einen Sachverständigen zu beteiligen.

Bange und Körner (2004, S. 264) präzisieren diese Forderung für die Gespräche mit einem möglicherweise missbrauchten Kind in der Jugendhilfe: „In der gesamten Fachliteratur besteht Einigkeit darüber, dass ein Kind so wenig wie möglich von möglichst wenigen Fachkräften untersucht und befragt werden sollte. Da gezielte Befragungen von Kindern nach sexuellem Missbrauch ein hohes Maß an Wissen über Befragungstechniken und entwicklungspsychologische Prozesse voraussetzen, das bei Sozialarbeiter/innen meist nicht gegeben ist, sollten Befragungen von Kindern deshalb möglichst von speziell dafür ausgebildeten Experten/innen durchgeführt werden. Ist dies nicht möglich, sollten Gespräche mit Kindern über den Verdacht eines sexuellen Missbrauchs auf Tonband aufgezeichnet werden, damit die Anzahl der Befragungen der Kinder möglichst gering gehalten wird und in der eventuellen Begutachtung oder im möglicherweise folgenden Strafverfahren die Aussageentstehung nachvollzogen werden kann."

Abschließend sei angemerkt, dass die kriterienorientierte Aussagenanalyse heute durchaus noch nicht als ein Messinstrument angesehen werden kann, welches hinreichend die psychodiagnostischen (Test-)Gütekriterien erfüllt.

Aus psychologischer Sicht ist allerdings die Unzulänglichkeit auch dieser Begutachtungsform zu kritisieren: „Abschließend sei angemerkt, dass die kriterienorientierte Aussagenanalyse heute durchaus noch nicht als ein Messinstrument angesehen werden kann, welches hinreichend die psychodiagnostischen (Test-)Gütekriterien erfüllt. So schreiben z. B. Lamers-Winkelman & Buffing (1996, S. 53): 'However, despite the fact that this method has a high degree of face validity, little empirical analysis has been conducted to assess its validity and reliability.' Die gleichen Autoren führen außerdem eigene Untersuchungsergebnisse auf, wonach sich eine signifikant positive Beziehung zwischen dem Alter der untersuchten Kinder (zwischen 2 und 11 Jahren) sowie dem Vorhandensein von CBCA-Kriterien (criteria based content analysis) ergab, und zwar in dem Sinne, dass jüngere Kinder weniger bis zum Teil sogar gar keine positiven Kriterien-Einstufungen erzielen konnten. Die Erfüllung/Nicht-Erfüllung von Realkennzeichen der Aussageanalyse wird also (neben dem Ausmaß der behaupteten Ereignisse) stark abhängig sein von Merkmalen wie Alter, Reife, Intelligenz, sprachlichem Ausdrucksvermögen usw. eines Kindes, was natürlich die Bewertung höchst subjektiv werden lässt. In diesem Zusammenhang führt Schmidt (2000, S. 493) weiter aus: 'In der Praxis wird die Beurteilung des Zutreffens der Realkennzeichen mit dem Wissen über Gestik und Mimik des betroffenen Kindes während der Exploration, seine Intelligenz und sonstige Persönlichkeitsmerkmale sowie dem Kontext der Aussage kontaminiert. Das kann bei der Interpretation hilfreich sein, aber auch zu Verzerrungen führen. Auch das Gewicht der einzelnen abgesicherten Merkmale der kriterienorientierten Aussageanalyse im Rahmen der Glaubwürdigkeitsbeurteilung ist bislang unklar'." (Deegener, 2004b, S. 137).

Auf dem Hintergrund dieser Rechtslage haben Balloff (2004a, b) und Deegener (2004a, b) die Grundlagen von Klärung und Diagnostik bei sexuellem Missbrauch dargestellt.

Literatur

Balloff, R. (2004a). Wahrnehmung, Gedächtnis, Erinnerung. In W. Körner & A. Lenz (Hrsg.), Sexueller Missbrauch. Band 1: Grundlagen und Konzepte. (S. 107-120). Göttingen: Hogrefe.

Balloff, R. (2004b). Überblick über Begutachtungsmethoden. In W. Körner & A. Lenz (Hrsg.), Sexueller Missbrauch. Band 1: Grundlagen und Konzepte. (S.140-163). Göttingen: Hogrefe.

Bange, D. (2004).Definition und Häufigkeit von sexuellem Missbrauch. In W. Körner & A. Lenz (Hrsg.), Sexueller Missbrauch. Band 1: Grundlagen und Konzepte. (S.29-37). Göttingen: Hogrefe.

Bange, D. & Deegener, G. (1996). Sexueller Missbrauch an Kindern. Ausmaß, Hintergründe, Folgen. Weinheim: PVU

Bange, D. & Körner, W. (2002). (Hrsg.). Handwörterbuch Sexueller Missbrauch. Göttingen: Hogrefe.

Bange, D. & Körner, W. (2004). Leitlinien im Umgang mit dem Verdacht auf sexuellen Kindesmissbrauch. In W. Körner & A. Lenz (Hrsg.), Sexueller Missbrauch. Band 1: Grundlagen und Konzepte. (S.247-273). Göttingen: Hogrefe.

Binschus, W. (2001). Neue familienrechtliche Regelungen. Zeitschrift für das Fürsorgewesen, 2, 36-45.

Deegener, G. (1997). Probleme und Irrwege in der Diagnostik und Therapie von sexuellem Missbrauch. In G. Amann & R. Wipplinger (Hrsg.), Sexueller Mißbrauch. Überblick zu Forschung, Beratung und Therapie. (S. 417-435). Tübingen: dgvt verlag.

Deegener, G. (2004a). Exploration sexuell missbrauchter Kinder. In W. Körner & A. Lenz (Hrsg.), Sexueller Missbrauch. Band 1: Grundlagen und Konzepte. (S.121-128). Göttingen: Hogrefe.

Deegener, G. (2004b). Non-verbale diagnostische Verfahren. In W. Körner & A. Lenz (Hrsg.), Sexueller Missbrauch. Band 1: Grundlagen und Konzepte. (S.129-139). Göttingen: Hogrefe.

Deegener, G. (2004c). Verantwortungs-Abwehr-System der Täter. In W. Körner & A. Lenz (Hrsg.), Sexueller Missbrauch. Band 1: Grundlagen und Konzepte. (S.487-497). Göttingen: Hogrefe.

Ernst, C. (2005). Zu den Problemen der epidemiologischen Erforschung des sexuellen Missbrauchs. In G. Amann & R. Wipplinger (Hrsg.), Sexueller Missbrauch. Überblick zu Forschung, Beratung und Therapie. (S. 61-80). Tübingen: dgvt-Verlag.

Körner, W. (1992). Die Familie in der Familientherapie. Eine Kritik der systemischen Therapiekonzepte. Opladen: Westdeutscher Verlag.

Körner, W. & Lenz, A. (2004). Sexueller Missbrauch. Band 1: Grundlagen und Konzepte. Göttingen: Hogrefe.

Körner, W. & Sitzler, F. (1998). (Hrsg). Elterliche Gewalt gegen Kinder. In W. Körner & G. Hörmann (Hrsg.), Handbuch der Erziehungsberatung. Band 1: Anwendungsbereiche und Konzepte der Erziehungsberatung (S. 281-309). Göttingen: Hogrefe.

Schimke, H.-J. (2001). Vom Züchtigungsrecht zur gewaltfreien Erziehung – Entwicklung und Perspektiven des § 1631 ABS. 2 BGB. Vortrag auf der Fachtagung „Wie soll es denn gehen?" des Deutschen Kinderschutzbundes, Wuppertal, 06.11.2001. Unveröffentlichtes Manuskript.

Steinhage, R. (2004). Parteiliche Beratungsansätze. In W. Körner & A. Lenz (Hrsg.), Sexueller Missbrauch. Band 1: Grundlagen und Konzepte. (S. 38-48). Göttingen: Hogrefe.

8. Partnergewalt

8.1 Einleitung und Häufigkeit

Im Rahmen von Diagnostik und Beratung/Therapie bei Kindesmisshandlungen wird sicherlich der Aspekt der Gewalt zwischen den Eltern immer noch zu wenig beachtet.

Wird die Partnergewalt beachtet, so betrifft dies meistens die körperliche Gewalt unter den (Ehe-) Partnern.

Im Rahmen von Diagnostik und Beratung/Therapie bei Kindesmisshandlungen wird sicherlich der Aspekt der Gewalt zwischen den Eltern immer noch zu wenig beachtet, und zwar einerseits bezüglich des möglichen gemeinsamen Auftretens von Formen der Kindesmisshandlung und der Partnergewalt (also Partnergewalt auch als Risikofaktor für Kindesmisshandlung; siehe: Pfeiffer und Wetzels, 1997; Wetzels, 1997; Kavemann, 2002), andererseits aber auch in seinen möglichen negativen Folgen für die soziale, seelische und kognitive Entwicklung der Kinder, die ZeugInnen der Partnergewalt sein mussten.
Wird die Partnergewalt beachtet, so betrifft dies meistens die körperliche Gewalt unter den (Ehe-)Partnern. Dies spiegelt sich auch in den Untersuchungen zur Häufigkeit der Partnergewalt wieder. So wurde z.B. in einer Untersuchung des Kriminologischen Forschungsinstituts Niedersachsen (KFN) nur nach der körperlichen elterlichen Gewalt untereinander gefragt:

Konfrontation mit elterlicher Partnergewalt in der Kindheit
(nach Pfeiffer und Wetzels, 1997, S. 30)

Konfliktaustragung der Eltern untereinander: "Ich habe gesehen/gehört" (abgekürzte Itemformulierungen)	selten	häufiger als selten
1. ein Elternteil hat den anderen mit der Hand geschlagen	10,6%	5,5%
2. ein Elternteil hat den anderen heftig herumgestoßen	7,3%	4,8%
3. Eltern haben [bei Streit] mit Gegenständen geschmissen	7,0%	3,7%
4. ein Elternteil hat den anderen mit Faust geschlagen	2,7%	1,7%
5. ein Elternteil hat den anderen mit Waffe verletzt	2,5%	1,2%
Konfrontation mit elterlicher Gewalt	13,8%	8,9%

In einer weiteren Untersuchung des KFN (Enzmann & Wetzels, 2001) gaben 7% der befragten Jugendlichen im Alter von 14 bis 16 Jahren an, dass sie im Jahr vor der Befragung ‚selten' körperliche Gewalt des Vaters (Vaterfigur) gegen die Mutter oder aber beider Elternteile untereinander erlebt hatten (Fußtritte oder Schläge mit der flachen Hand oder Schläge mit der Faust). Weitere 7% bejahten, diese Formen der körperlichen Gewalt ‚häufiger' erlebt zu haben.
Auch Luedtke und Lamnek (2002) fragten ausschließlich nach der körperlichen Gewalt. Sie fanden in einer Telefonbefragung aus dem Frühjahr 2002 in 5,9% der Familien Partnergewalt, wobei bei diesen Familien folgende Formen erfasst sowie Häufigkeiten festgestellt wurden (S. 8):

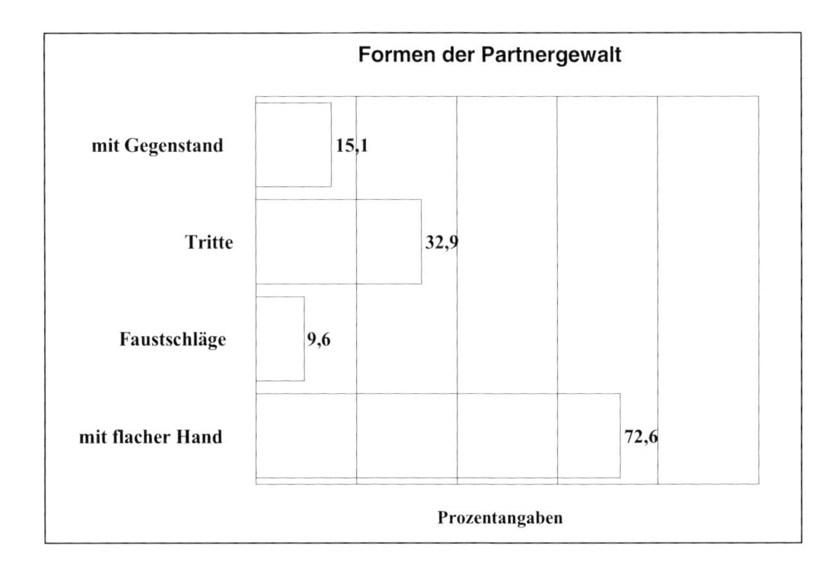

In den Familien mit Partnergewalt war es also am häufigsten (72,6%) zu einer Ohrfeige bzw. einem Schlag mit der flachen Hand gekommen. Bei 32,9% ist der Partner bereits getreten worden, bei 15,1% mit Gegenständen und bei 9,6% mit der Faust geschlagen worden.
In einer neueren Untersuchung wurden von Müller et al. (2004) repräsentativ Frauen im Alter von 16 bis 85 Jahren auch nach erlittener Partnergewalt befragt. Sie kommen zu dem Ergebnis, dass „mindestens jede vierte Frau (25%) ..., die in einer Partnerschaft gelebt hat, körperliche (23%) oder - zum Teil zusätzlich - sexuelle (7%) Übergriffe durch einen Beziehungspartner ein- oder mehrmals erlebt hat" (S. 10).
Allein in die 400 Frauenhäuser flüchten in Deutschland jährlich rund 45.000 Frauen (Kavemann et al., 2001). Auf der Grundlage von Jahresberichten von zwei ländlichen und einem großstädtischen Frauenhaus wurde dann eine Rate von 1,1 bis 1,5 Kindern pro Frau ange-

In einer neueren Untersuchung wurden von Müller et al. (2004) repräsentativ Frauen im Alter von 16 bis 85 Jahren auch nach erlittener Partnergewalt befragt. Sie kommen zu dem Ergebnis, dass „mindestens jede vierte Frau (25%) ..., die in einer Partnerschaft gelebt hat, körperliche (23%) oder – zum Teil zusätzlich – sexuelle (7%) Übergriffe durch einen Beziehungspartner ein- oder mehrmals erlebt hat".

Zwar ist wohl von einem eindeutigen Überwiegen männlicher körperlicher Gewalt in Partnerschaften auszugehen, aber es sind eben auch Studien zu beachten, in denen der Anteil männlicher Opfer häuslicher Partnergewalt zwischen 5% bis 50% und mehr schwankt.

nommen, woraus sich zwischen 49.500 und 67.500 Kinder errechnen, die pro Jahr mit ihren Müttern vor der Gewalt des (Ehe-)Partners flüchten. Zusätzlich wird angenommen, dass auch etwa 45.000 Frauen privates Obdach vor ihren Partnern suchen (Rückert, 2001).

Die Partnergewalt wird meist zu einseitig nach der Überzeugung ‚Männer = Täter und Frauen = Opfer' wahrgenommen. Zwar ist wohl von einem eindeutigen Überwiegen männlicher körperlicher Gewalt in Partnerschaften auszugehen, aber es sind eben auch Studien zu beachten, in denen der Anteil männlicher Opfer häuslicher Partnergewalt zwischen 5% bis 50% und mehr schwankt (Godenzi, 1993; Gemünden, 1996; Amendt, o. J.; Übersicht bei Cizek et al., 2001). Das Übersehen von Frauengewalt in Partnerbeziehungen wird sicherlich auch dadurch gefördert, dass das Anzeigeverhalten von Männern noch sehr viel geringer ist als das von Frauen.

Wurde bei Partnergewalt bisher vor allen Dingen körperliche Aggression/Gewalt aufgeführt, so definiert man heute zusätzliche Formen der Partnergewalt, die noch zu wenig in Praxis und Forschung beachtet werden. So differenziert die im folgenden dargestellte *„Composite Abuse Scale"* bei Partnergewalt nach folgende Formen: (1) emotionale Misshandlung, (2) körperliche Misshandlung, (3) Belästigung/Schikanierung sowie (4) schwere Misshandlung über mehrere Bereiche. Letztlich können aufgrund der angeführten Fragebogen insgesamt folgende Bereiche der Partnergewalt unterschieden werden: Körperliche Gewalt, seelische Gewalt, sexuelle Gewalt, soziale Gewalt/Isolierung und ökonomische Gewalt/Abhängigkeit.

Weiter werden dargestellt: Der „Danger-Assessment-Fragebogen" zur Erfassung des Gewalterleidens von Frauen durch den Partner bzw. zur Abschätzung des künftigen Risikos von Partnergewalt bis hin zum Mord/Totschlag, das Screeningverfahren *„Screener for Domestic Violence Incidents"* bei Polizeieinsätzen zur Vorhersage zukünftiger häuslicher Gewalt sowie das *Abuse Disability Questionnaire* für misshandelte Frauen zur Erfassung der wahrgenommenen Folgen von Partnergewalt.

Die Beachtung der in den aufgeführten Fragebogen enthaltenen Hinweise auf Formen und Risikofaktoren der Partnergewalt führt sicherlich zu häufigerem Erkennen und vermehrtem Hilfebedarf.

Die Beachtung der in den aufgeführten Fragebogen enthaltenen Hinweise auf Formen und Risikofaktoren der Partnergewalt führt sicherlich zu häufigerem Erkennen und vermehrtem Hilfebedarf. Wie sehr bereits ein äußerst einfacher Screening-Fragebogen die Ermittlung von Partnergewalt erhöht und damit auch frühzeitige Hilfen und Prävention ermöglicht, zeigen z.B. Holtrop et al. (2004) auf. Sie führten folgenden Screening-Fragebogen in einer allgemeinen pädiatrischen Klinik ein:

1. Sind Sie jemals durch jemanden innerhalb des letzten Jahres geschlagen, getreten, geboxt, bedroht oder sonst wie verletzt worden? Ja ..... Nein ..... Wenn ja, von wem? ....
2. Fühlen Sie sich in ihrer jetzigen Beziehung sicher? Ja ..... Nein .....
3. Gibt es einen Partner aus einer früheren Beziehung, der Sie gegenwärtig sich unsicher fühlen lässt? Ja .... Nein .....

In den 12 Monaten vor dem Einsetzen dieses Fragebogens erhielt der Sozialarbeiter-Dienst der Klinik 9 Überweisungen wegen häuslicher Gewalt (= Partnergewalt), nach dem Einsatz in einem Zeitraum von 12 Monaten 164 Überweisungen aufgrund des Screening-Verfahrens (wobei darauf geachtet wurde, dass die Mütter den Fragebogen ungestört ausfüllen konnten). Eine Überweisung erfolgte, wenn eine oder mehr der drei Fragen in eine auffällige Richtung beantwortet wurde, also Frage 1 = ja, Frage 2 = nein und Frage 3 = ja. Von den 164 Überweisungen betrafen 14 Gewalt, die außerhalb der Familie und nicht durch den Partner erfolgte oder aber Gewalt gegen das Kind betraf (siehe auch die positiven Ergebnisse in einer Untersuchung von Houry et al., 2004 mit einer etwas erweiterten Form dieses Screening-Fragebogens).

In den 12 Monaten vor dem Einsetzen dieses Fragebogens erhielt der Sozialarbeiter-Dienst 9 Überweisungen wegen häuslicher Gewalt, nach dem Einsatz in einem Zeitraum von 12 Monaten 164 Überweisungen.

Zu den Auswirkungen von Partnerschaftsgewalt auf die Kinder sei auf einen kürzlich erschienen Übersichtsartikel von Kindler und Werner (2005) verwiesen. Einen umfassenden Überblick zur häuslichen Gewalt/Partnergewalt geben Kavemann und Kreyssig (2006) in ihrem „Handbuch Kinder und häusliche Gewalt“ (siehe auch Guille, 2004, mit ihrem ausführlichen Review mit dem Schwerpunkt auf der Vater-Kind-Beziehung bei häuslicher Gewalt).

8.2 Composite Abuse Scale (bei Partnergewalt)

Die *Composite Abuse Scale* (CAS) wurde von Hegarty et al. (1999) auf der Grundlage von Items entwickelt, die vier anderen Fragebogen zur Erfassung der Partnergewalt entnommen wurden. Ziel war es, eine Skala zu entwickeln, die umfassend unterschiedliche Bereiche der Partnergewalt erfragt. Letztlich verblieb eine CAS-Version mit vier Faktoren, wobei die zugehörigen 43 Items und deren Faktoren ladungen in der nachfolgenden Tabelle wiedergegeben werden:

Die *Composite Abuse Scale* (CAS) wurde auf der Grundlage von Items entwickelt, die vier anderen Fragebogen zur Erfassung der Partnergewalt entnommen wurden.

Faktoren und Items der CAS	Schwere Misshandlung	Emotionale Misshandlung	Körperliche Misshandlung	Belästigung/ Schickanierung
Schwere Misshandlung über mehrere Bereiche:				
1. Hielt mich fest und schnitt meine Schamhaare ab	.95			
2. Prostituierte mich	.95			
3. Zwang mich, mit anderen Partnern Sex zu haben	.95			
4. Quälte oder tötete Haustiere, um mir weh zu tun	.92			
5. Hinderte mich an medizinischer Versorgung	.91			

Faktoren und Items der CAS	Schwere Misshandlung	Emotionale Misshandlung	Körperliche Misshandlung	Belästigung/ Schickanierung
Schwere Misshandlung über mehrere Bereiche:				
6. Bedrohte mich mit einem Messer oder einer Waffe/Pistole	.85			
7. Benutzte ein Messer oder eine Pistole oder eine andere Waffe	.81			
8. Schloss mich im Schlafzimmer ein	.80			
9. Steckte Gegenstände in meine Scheide	.78			
10. Machte mein Auto fahruntüchtig	.73			
11. Verweigerte mir, außerhalb des Hauses zu arbeiten	.72			
12. Vergewaltigte mich	.72			
13. Versuchte mich zu vergewaltigen	.68			
14. Würgte mich	.61		.58	.45
15. Stahl mein Eigentum	.61			
16. Zwang mich zu unerwünschten sexuellen Handlungen	.57	.45		
17. Nahm meine Brieftasche/Portemonnaie und ließ mich auf dem Trockenen sitzen	.57			.52
Emotionale Misshandlung				
18. Brachte meine Familie, FreundInnen und Kinder gegen mich auf		.78		
19. Versuchte mir einzureden, dass ich verrückt bin		.75		
20. Sagte mir, dass ich verrückt bin		.69		
21. Versuchte meine Familie, FreundInnen und Kinder davon zu überzeugen, dass ich verrückt bin	.47	.66		
22. Bestrafte/benachteiligte meine Kinder, wenn er zornig auf mich war		.62		
23. Wurde aufgebracht, wenn das Essen oder die Hausarbeit seiner Meinung nach nicht rechtzeitig fertig waren		. 60		
24. Sagte zu mir, dass ich nicht gut genug bin		.56	.45	
25. Versuchte mich davon abzuhalten, meine Familie zu sehen oder zu sprechen		.53		
26. Sagte zu mir, dass ich dumm/blöd bin		.52	.52	
Körperliche Misshandlung				
27. Schüttelte mich			.85	
28. Schlug (oder versuchte) mich mit etwas zu schlagen			.80	
29. Stieß, packte oder schubste mich			.78	
30. Trat mich, biss mich oder schlug mich mit der Faust			.70	

Faktoren und Items der CAS	Schwere Misshandlung	Emotionale Misshandlung	Körperliche Misshandlung	Belästigung/ Schickanierung
Körperliche Misshandlung				
31. Schlug mich			.68	
32. Warf mich hin			.68	
33. Verprügelte mich			.62	
34. Sagte mir, dass ich ein abscheulicher Partner bin	.52		.60	
35. Drohte mir, mich zu schlagen oder etwas nach mir zu werfen		.46	.57	
36. Gab mir die Schuld an der Gewalt		.47	.52	.43
Belästigung/Schikanierung				
37. Belästigte mich am Telefon				.80
38. Belästigte mich auf der Arbeit				.69
39. Verfolgte mich				.69
40. Nahm meine Autoschlüssel und ließ mich gestrandet zurück				.68
41. Trieb sich um mein Haus herum				.67
42. Schränkte meine Telefonate ein				.66
43. Erlaubte mir nicht, mich mit meinen Freundinnen zu unterhalten, zu treffen		.58		.58
Faktorenladungen von < .4 werden nicht aufgeführt.				

Die Einstufungen der Items erfolgte über folgende Häufigkeitskategorien: täglich, ein Mal in der Woche, ein Mal im Monat, mehrere Male, nur ein Mal. Für den Einstufungszeitraum waren die letzten 12 Monate der am kürzesten zurückliegenden Partnerschaft (z.B. Ehemann, Partner, Freund) vorgegeben.
Die durch den jeweiligen Faktor aufgeklärte Varianz sowie die Reliabilitätskoeffizienten der vier Skalen (Cronbach's Alpha) sind der folgenden Tabelle zu entnehmen:

Die Einstufungen der Items erfolgte über folgende Häufigkeitskategorien: täglich, ein Mal in der Woche, ein Mal im Monat, mehrere Male, nur ein Mal.

Skala bzw. Faktor	Aufgeklärte Varianz	Cronbach's Alpha
Schwere Misshandlung über mehrere Bereiche	48,3 %	.95
Emotionale Misshandlung	10,6 %	.92
Körperliche Misshandlung	4,9 %	.95
Belästigung/Schikanierung	3,9 %	.91

Diese Daten beruhen auf den Angaben von 427 Krankenschwestern, die im Erwachsenenalter zumindest in einer Partnerschaft gelebt hatten oder noch lebten. 83% lebten gegenwärtig in einer Partnerschaft. 42% der Frauen (N = 179) hatten angegeben, in einer Partnerschaft Gewalt erlebt zu haben. 87,3% hatten „nur" eine gewalttätige Partnerschaft erlebt. 41,8% der gewalttätigen Partner waren Ehemänner, und in 42,6% der Fälle war die Gewalt im letzten Jahr erlitten worden. Items aus den Skalen „schwere Misshandlung über mehrere Bereiche" sowie „Belästigung/Schikanierung" wurden häufiger von getrennt lebenden bzw. geschiedenen Frauen berichtet.

8.3 Danger-Assessment-Questionnaire (bei Partnergewalt)

Der *Danger-Assessment-Fragebogen* (DAF) wurde zur Erfassung des Gewalterleidens von Frauen durch den Partner bzw. zur Abschätzung des künftigen Risikos von Partnergewalt entwickelt.

Der *Danger-Assessment-Fragebogen* (DAF) wurde von Campbell et al. (2003) zur Erfassung des Gewalterleidens von Frauen durch den Partner bzw. zur Abschätzung des künftigen Risikos von Partnergewalt entwickelt und findet sich auf der Internetseite http:www.son.jhmi.edu/research/homicide/danger.htm (eine frühere Version findet sich auf der Internetseite http://www.son.jhmi.edu/research/homicide/da-2.htm).

Eingeleitet wird der Fragebogen mit folgendem Text: „Mehrere Risikofaktoren wurden aufgrund der Forschung in Verbindung gebracht mit dem erhöhten Risiko der Ermordung/des Totschlags von Frauen und Männern in gewalttätigen Beziehungen. Wir können nicht vorhersagen, was in Ihrem Fall geschehen wird, aber wir möchten Sie auf die Gefahr der Tötung in Situationen von körperlicher Gewalt aufmerksam machen. Wir möchten Ihnen weiter helfen abzuschätzen, inwieweit die Risikofaktoren auf Ihre Situation zutreffen.

Nehmen Sie bitte einen Kalender und tragen Sie die ungefähren Daten ein, wann Sie im letzten Jahr durch Ihren Partner oder Ex-Partner geschlagen wurden. Tragen Sie dann bitte neben dem jeweiligen Datum ein, wie schlimm und gravierend das Ereignis war, wobei Sie als Einstufung die folgende Skala zu Grunde legen:

1. Klaps, Ohrfeige, Stoßen; keine Verletzungen und/oder dauerhafte Schmerzen
2. Schlagen, Boxen, Treten; Prellungen, Bluterguss, Schnittwunde und/oder dauerhafte Schmerzen
3. Zusammenschlagen; schwere Prellungen, Blutergüsse, Verbrennungen, Knochenbrüche
4. Drohung, Waffen einzusetzen; Kopfverletzungen, innere Verletzungen, andauernde Verletzung
5. Einsatz von Waffen; Wunden von Waffen

Wenn irgendeine Beschreibung für eine höhere Nummer zutrifft, verwenden Sie bitte diese höhere Nummer beim Eintrag in den Kalender."

Der daran sich anschließende Fragebogen lautet folgendermaßen: „Schreiben Sie bei jeder der nachfolgenden Fragen hinter die Nummer 'Ja' oder 'Nein', je nachdem, ob es für Sie zutrifft oder nicht (unter 'er' ist Ihr Ehemann, Partner, geschiedener Ehemann oder jeder gemeint, der gegenwärtig körperlich gewalttätig Ihnen gegenüber ist)."

Der daran sich anschließende Fragebogen lautet folgendermaßen: „Schreiben Sie bei jeder der nachfolgenden Fragen hinter die Nummer 'Ja' oder 'Nein', je nachdem, ob es für Sie zutrifft oder nicht (unter 'er' ist Ihr Ehemann, Partner, geschiedener Ehemann oder jeder gemeint, der gegenwärtig körperlich gewalttätig Ihnen gegenüber ist)."

1. ____ Hat die körperliche Gewalt im letzten Jahr an Schwere und Häufigkeit zugenommen?
2. ____ Besitzt er eine Waffe?
3. ____ Hatten Sie ihn im letzten Jahr, nachdem Sie mit ihm zusammengelebt hatten, verlassen? 3a. (Wenn Sie nicht mit ihm zusammen lebten, vermerken Sie dies bitte hier: ___)
4. ____ Ist er arbeitslos?
5. ____ Hat er jemals eine Waffe gegen Sie verwendet oder Ihnen gegenüber mit einer tödlichen Waffe gedroht? (Wenn ja, war diese Waffe eine Pistole/ein Gewehr? __)
6. ____ Hat er gedroht, Sie zu töten?
7. ____ Ist er einer Verhaftung wegen häuslicher Gewalt entgangen?
8. ____ Haben Sie ein Kind, das nicht von ihm ist?
9. ____ Hat er sie jemals zu Sex gezwungen, wenn Sie es nicht wollten?
10. ____ Hat er jemals versucht, Sie zu würgen?
11. ____ Nimmt er illegale Drogen (Amphetamine/Speed, Crack, Kokain, PCP/Angel Dust, Opiate usw.)?
12. ____ Ist er ein Alkoholiker oder ein Problem-Trinker?
13. ____ Kontrolliert er die meisten oder alle Ihre täglichen Aktivitäten? Zum Beispiel: Sagt er Ihnen, mit wem Sie befreundet sein können, wann Sie Ihre Familie sehen können, wie viel Geld sie ausgeben dürfen oder wann Sie das Auto benutzen können? (Wenn er es versucht, aber sie nicht nachgeben, tragen Sie bitte hier 'Ja' oder 'Nein' ein, ob er es versucht oder nicht: _____)
14. ____ Ist er andauernd und ausgeprägt eifersüchtig auf Sie? (Zum Beispiel mit Sätzen wie „Wenn ich Dich nicht haben kann, wird Dich keiner haben").
15. ____ Sind Sie jemals von ihm während der Schwangerschaft geschlagen worden? (Wenn Sie noch nicht schwanger waren, vermerken Sie dies bitte hier: _____)
16. ____ Haben Sie jemals gedroht oder versucht, Selbstmord zu begehen?
17. ____ Hat er jemals gedroht oder versucht, Selbstmord zu begehen?

18. ____ Hat er gedroht, Ihren Kindern etwas anzutun?
19. ____ Glauben Sie, dass er dazu fähig ist, Sie zu töten?
20. ____ Verfolgt oder beobachtet er sie, hinterlässt drohende Notizen, zerstört Ihr Eigentum oder ruft sie an, wenn Sie es nicht wollen?

_______ Summe der 'Ja'-Antworten

Bei der Entwicklung der Ursprungsskala hatte sich ergeben, dass 38% der Frauen, die zunächst keine Zunahme der Schwere und Häufigkeit der körperlichen Gewalt im vergangenen Jahr angegeben hatten, diese Frage nach dem Ausfüllen des Kalenders bejahten.

Auf der Internetseite http:www.son.jhmi.edu/research/homicide/danger.htm führt Campbell aus, dass die Aufforderung, im Kalender die körperliche erlittene Gewalt einzutragen und einzustufen deswegen erfolgt, um bei den Frauen die Erinnerungen bewusster zu machen sowie Verleugnungs- und Verharmlosungstendenzen zu verringern. Bei der Entwicklung der Ursprungsskala hatte sich ergeben, dass 38% der Frauen, die zunächst keine Zunahme der Schwere und Häufigkeit der körperlichen Gewalt im vergangenen Jahr angegeben hatten, diese Frage nach dem Ausfüllen des Kalenders bejahten.
Campbell et al. (2003) führen für die folgenden Fragen die Häufigkeiten (in Prozent) der Bejahung von Feststellungen im Bereich der Partnergewalt für körperlich misshandelte Frauen und ermordete Frauen auf (bei letzteren wurden die Daten erhoben über Dritte, z.B. Verwandte).
Die angeführten Prozentzahlen sind als ungefähre Angaben zu betrachten, da die Originaltabelle keine exakten Daten enthält. Die

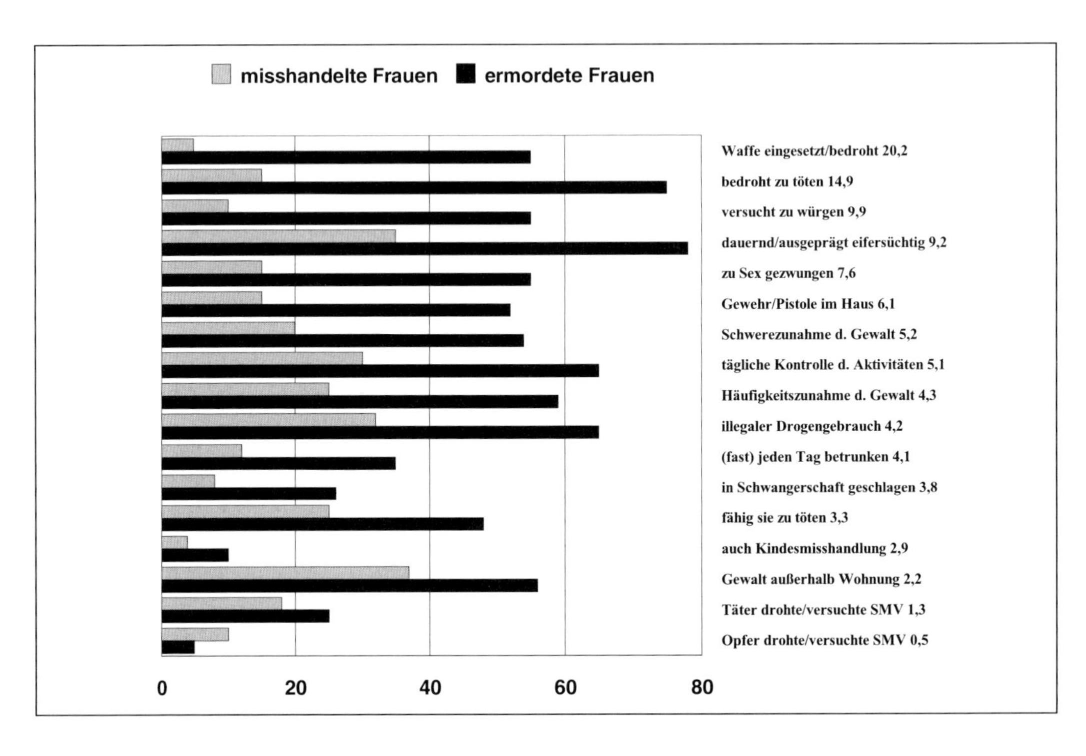

Zahlenangaben hinter den (abgekürzten) Fragestellungen geben die (unkorrigierten) Odds Ratio wieder, d.h. zum Beispiel, dass Frauen, die mit einer Waffe bedroht wurden oder gegen die eine Waffe eingesetzt wurde, ein etwa 20 Mal so hohes Risiko aufweisen, ermordet zu werden, als Frauen, die solche Gewalttaten nicht erlebten.
Weitere Informationen und Untersuchungen der AutorInnen des DAF finden sich auf den folgenden Internetseiten: http://www.son.jhmi.edu/research/homicide/He%20Killed%20my%20Mommy_files/frame.htm#slide0106.htm sowie http://www.son.jhmi.edu/research/homicide/default.htm und http://www.ncjrs.gov/pdffiles1/nij/199710.pdf

8.4 Screener for Domestic Violence Incidents (bei Polizeieinsätzen)

Der *„Screener for Domestic Violence Incidents"* wurde von Berk et al. (2004) auf der Internetseite: http://preprints.stat.ucla.edu/393/cpp.paper.pdf veröffentlicht unter dem Titel: „Developing a Practical Forecasting Screener for Domestic Violence Incidents. R. Berk, Y. He und S.B. Sorenson, July 7, 2004."
Das Ziel der Untersuchung bestand darin, den Polizeibeamten vor Ort ein Screening-Verfahren in die Hand zu geben, mit dem die Wahrscheinlichkeit zukünftiger häuslicher Gewalt und deren Schweregrad vorhergesagt werden kann. Die Fragen des Screening-Instruments lauten folgendermaßen:

Das Ziel der Untersuchung bestand darin, den Polizeibeamten vor Ort ein Screening-Verfahren in die Hand zu geben, mit dem die Wahrscheinlichkeit zukünftiger häuslicher Gewalt und deren Schweregrad vorhergesagt werden kann.

1. Ist es das erste Mal, dass er/sie versuchte, Sie zu schlagen?
   a) Nein [1]
   b) Ja [2] Gehe zu Frage 12.
2. Wann war es das letzte Mal? (Markiere das am kürzesten zurückliegende Ereignis)
   a) Im Verlaufe des heutigen Tages schon früher [1]
   b) Innerhalb der letzten Woche [2]
   c) Innerhalb des letzten Monats [3]
   d) Innerhalb der letzten sechs Monate [4]
   e) Innerhalb des letzten Jahres [5]
   f) Länger als ein Jahr zurück [6]
3. Wie oft hat er/sie in der Vergangenheit versucht, Sie zu schlagen?
   a) .... mal
4. Wie oft wurde in der Vergangenheit die Polizei gerufen?
   a) .... mal Wenn 0 mal, gehe zu Frage 7.
5. Wurde er/sie wegen häuslicher Gewalt schon in Haft genommen?
   a) Nein [1]
   b) Ja [2]
   c) Weiß nicht [3]

Hat er/sie Sie jemals so geschlagen, dass Sie einen Arzt aufsuchen mussten?

6. Wurde er/sie wegen häuslicher Gewalt schon verurteilt?
   a) Nein [1]
   b) Ja [2]
   c) Weiß nicht [3]
7. Ist die Gewalt im Verlauf der Zeit schlimmer geworden?
   a) Nein [1]
   b) Ja [2]
   c) Weiß nicht [3]
8. Wie lange ist es her, dass die Gewalt anfing? (Markiere den am kürzesten zurückliegenden Zeitraum)
   a) Innerhalb der letzten Woche [1]
   b) Innerhalb des letzten Monats [2]
   c) Innerhalb der letzten sechs Monate [3]
   d) Innerhalb des letzten Jahres [4]
   e) Vor mehr als einem Jahr [5]
9. Hat er/sie Sie jemals so geschlagen, dass Sie einen Arzt aufsuchen mussten?
   a) Nein [1] (Gehe zu Frage 12)
   b) Ja [2]
10. Wie oft?
    a) .... mal
11. Wurden Sie jemals wegen einer so entstandenen Verletzung in der Notaufnahme eines Krankenhauses behandelt ?
    a) Nein [1]
    b) Ja [2]
12. Ist er/sie übermäßig eifersüchtig?
    a) Nein [1]
    b) Ja [2]
13. Will er/sie erfahren, mit wem Sie am Telefon sprechen?
    a) Nein [1]
    b) Ja [2]
14. Versucht er/sie zu bestimmen, welche Ihrer FreundInnen Sie sehen können?
    a) Nein [1]
    b) Ja [2]
15. Versucht er/sie, Sie vor Ihren FreundInnen oder ihrer Familie schlecht zu machen?
    a) Nein [1]
    b) Ja [2]
16. Hat er/sie ein Alkohol- oder Drogenproblem?
    a) Nein [1]
    b) Ja [2]
17. Wenn er/sie wütend auf Sie ist, hat er/sie dann jemals versucht, Dinge im Haus zu zerstören?
    a) Nein [1]
    b) Ja [2]

18. Hat er/sie jemals gedroht, Sie oder jemanden in Ihrer Familie zu töten?
    a) Nein [1]
    b) Ja [2]
19. Sind Kinder im Haus?
    a) Nein [1] Gehe zu Frage 23.
    b) Ja [2]
20. Wie viele?
    a) .... Kinder
21. Wie alt sind die Kinder, beginnend mit dem Jüngsten?
    a) (.....) (.....) (.....) (.....) (.....) (.....) (.....) (.....) (.....) (.....)
22. Hat er/sie jemals eines dieser Kinder absichtlich geschlagen, wenn er/sie wütend war?
    a) Nein [1]
    b) Ja [2]
23. Hat er/sie eine Handfeuerwaffe, an die er/sie herankommen kann?
    a) Nein [1]
    b) Ja [2]
24. Hat er diese für sich selbst gekauft?
    a) Nein [1]
    b) Ja [2]
25. Wenn er/sie wütend war, hat er/sie Sie jemals damit bedroht?
    a) Nein [1]
    b) Ja [2]
26. Hat er/sie ein Gewehr, an das er/sie herankommen kann?
    a) Nein [1]
    b) Ja [2]
27. Hat er dieses für sich selbst gekauft?
    a) Nein [1]
    b) Ja [2]
28. Wenn er/sie wütend war, hat er/sie Sie jemals damit bedroht?
    a) Nein [1]
    b) Ja [2]
29. Hat er/sie Sie jemals mit einer anderen Waffe wie z.B. einem Messer bedroht?
    a) Nein [1]
    b) Ja [2]
30. Bestehen zur Zeit irgendwelche Auflagen für ihn (z.B. nicht die Wohnung betreten dürfen)?
    a) Nein [1]
    b) Ja [2]
31. Haben Sie ihn/sie jemals verlassen?
    a) Nein [1] Gehe zu Frage 33.
    b) Ja [2]
32. Wie oft?
    a) .... mal

Hat er/sie eine Handfeuerwaffe, an die er/sie herankommen kann?

33. Hat er/sie einen festen Arbeitsplatz?
   a) Nein [1]
   b) Ja [2]

Letztlich lagen vollständige Daten von 516 Haushalten vor. Bei ungefähr 21% dieser Haushalte erfolgte innerhalb der drei Monate ein erneuter Anruf bei der Polizei.

Dieser Screening-Fragebogen wurde zunächst bei 1500 Haushalten durchgeführt, zu denen die Polizeibeamten geschickt wurden und bei denen der Verdacht auf häusliche Gewalt bestand. Innerhalb eines Zeitraumes von drei Monaten wurden dann alle neuen Polizeieinsätze zu einem dieser 1500 Haushalte registriert. Letztlich lagen vollständige Daten von 516 Haushalten vor. Bei ungefähr 21% dieser Haushalte erfolgte innerhalb der drei Monate ein erneuter Anruf bei der Polizei.
Aufgrund theoretischer Überlegungen und statistischer Auswertungen konnten drei verschiedene Szenarien erhalten werden, welche eine hinreichende Vorhersage auf zukünftige neue Anrufe bei der Polizei von einem Haushalt zuließen:

I. Die Polizei wurde mehr als drei Mal zu einem Haushalt gerufen.
II. Die Polizei wurde weniger als drei Mal zu einem Haushalt gerufen, und
   1. der Täter/die Täterin zerstörte aus Wut Eigentum und
   2. der Täter/die Täterin war arbeitslos.
III. Die Polizei wurde weniger als drei Mal zu einem Haushalt gerufen, und
   1. der Täter/die Täterin zerstörte aus Wut Eigentum und
   2. der Täter/die Täterin war arbeitslos und
   3. der Täter/die Täterin hatte in der Vergangenheit gedroht, das Opfer oder jemand anderes aus der Familie zu töten.

Eine Vorhersage auf zukünftige häusliche Gewalt ergab sich aufgrund folgender Szenarien:

I. Die Polizei wurde in der Vergangenheit bereits zu diesem Haushalt gerufen, und
II. der Täter/die Täterin war arbeitslos, und
III. die Gewalt hatte sich im Verlaufe der Zeit verschlimmert.

8.5 The Abuse Disability Questionnaire (für misshandelte Frauen)

Das *„Abuse Disability Questionnaire“* (ADQ) wurde zur Erfassung der wahrgenommenen Folgen von Partnergewalt durch die weiblichen Opfer entwickelt.

Das *„Abuse Disability Questionnaire“* (ADQ) wurde von McNamara und Brooker (2000) zur Erfassung der wahrgenommenen Folgen von Partnergewalt durch die weiblichen Opfer entwickelt und zielt deswegen weniger auf die klinische Symptomatologie trauma-orientierter Fragebogen.

Die Fragen des ADQ erfassen folgende Inhalte:
Ich fühle mich in meiner Partnerschaft ...
... wie eingeschlossen, in der Falle sitzend; ungeliebt; unerfüllt; unzulänglich; unnötig, überflüssig; verängstigt; unglücklich; überflüssig; eingeschränkt in meinem Kontakten zur Familie und Freunden; eingeschränkt in meinen Freizeitaktivitäten (z.B. Sport, Hobbys); eingeschränkt in meinen täglichen Kontakten mit anderen Menschen; eingeschränkt, Beschäftigung/Arbeit außerhalb der Wohnung zu finden; eingeschränkt, mich fortzubilden oder andere positive Erfahrungen zu machen.
Ich glaube, ...
... dass ich unattraktiv bin; dass ich Gewichtsprobleme habe; dass ich in keiner guten körperlichen Verfassung bin; dass ich zu viele Drogen zu mir nehme; dass ich zu viel rauche; dass ich zu viel Alkohol trinke; dass sich mein Gesundheitszustand verschlechtert; dass ich das Leben nicht so viel genieße, wie ich es könnte; dass ich mir zu viele Sorgen mache; dass ich oft depressiv bin; dass ich zu oft ängstlich bin; dass ich zu oft körperliche Schmerzen habe; dass ich zu oft seelischen Stress habe; dass meine persönliche Sicherheit in Gefahr ist; dass ich nicht so gut bin wie andere Menschen.
Ich habe das Gefühl, ...
... keine Kontrolle über mein Leben zu haben; in meinem Leben nicht weiter zu kommen.

Ich glaube, dass ich mir zu viele Sorgen mache; dass ich oft depressiv bin; dass ich zu oft ängstlich bin; dass ich zu oft körperliche Schmerzen habe; dass ich zu oft seelischen Stress habe; dass meine persönliche Sicherheit in Gefahr ist; dass ich nicht so gut bin wie andere Menschen.

Die Beantwortung dieser Feststellungen erfolgt auf einer fünfstufigen Skala des Ausmaßes der Zustimmung bzw. Ablehnung.
In der o.a. Veröffentlichung von McNamara und Brooker (2000) ergaben sich in einer Faktorenanalyse 8 Faktoren mit Eigenwerten größer .40:

1. Wahrgenommene Beeinträchtigung in der Partnerschaft
2. Lebenseinschränkung
3. Psychische Beeinträchtigung
4. Gesundheitsstatus
5. Substanzmittelmissbrauch
6. Ungenügende Lebenskontrolle
7. Ängstlichkeit
8. Sorgen vor körperlichem Schaden

Für diese Bereiche sowie den Gesamtwert des ADQ fanden sich Reliablitätswerte (Cronbach's Alpha) zwischen .37 und .88. An einer kleinen Stichprobe wurden auch Retest-Koeffizienten berechnet (mittleres Intervall 12 Tage), es ergaben sich Koeffizienten zwischen .36 bis .95. Weiter wurden die Korrelationen berechnet zwischen der globalen Einstufung des Ausmaßes erlittener Partnergewalt (Gesamtwert für die Bereiche seelische, körperliche und sexuelle Gewalt) mittels einer fünfstufigen Skala (keine, etwas, mäßig, viel, exzessiv) sowie dem Gesamtwert im ADQ: Es fand sich eine signifikante Korrelation von .39 ($p < 0.005$). In einer weiteren Untersuchung (Fields et al., 2001) fanden sich bedeutsame Erhöhungen des ADQ-Gesamtwertes in Abhängigkeit davon, ob ein Bereich oder aber zwei oder drei Bereiche der Partnergewalt (seelische, körperliche und sexuelle Gewalt) erlitten wurden (s.a. McNamara & Fields, 2002).

8.6 Weiterführende Literatur und Fragebogen

Neuere Übersichtsartikel mit (kritischen) Darstellungen der Forschungsergebnisse zu den Risikofaktoren für (erneute) Gewalt an Frauen in Partnerschaften finden sich bei Stith et al. (2004), Cattaneo & Goodman (2005) sowie Hilton & Harris (2005).

- Neuere Übersichtsartikel mit (kritischen) Darstellungen der Forschungsergebnisse zu den Risikofaktoren für (erneute) Gewalt an Frauen in Partnerschaften finden sich bei Stith et al. (2004), Cattaneo & Goodman (2005) sowie Hilton & Harris (2005).
- Zum Stalking in Deutschland veröffentlichten Voß et al. (2006) neueste Forschungsergebnisse.
- Die Deutsche Gesellschaft für Psychosomatische Frauenheilkunde und Geburtshilfe erarbeitete einen Leitlinien-Entwurf zu Diagnostik und Umgang mit Patientinnen bei häuslicher Gewalt gegen Frauen (http://www.dgpgg.de/Default.asp?menu=Leitlinien&chapter=Gewalt).
- Einen Übergang zum 9. Kapitel (Eltern-Kind-Beziehungen und Erziehungsstile) bilden folgende Fragebogen zur Partnerschaft:
  - *Bielefelder Fragebogen zu Partnerschaftserwartungen* (BFPE) von Höger und Buschkämper (2002) mit den Skalen „Akzeptanzprobleme", „Öffnungsbereitschaft" und „Zuwendungsbedürfnis".
  - *Fragebogen zur Partnerschaftsdiagnostik* (FPD) von Hahlweg (1996) mit den Skalen „Streitverhalten", „Zärtlichkeit" und „Gemeinsamkeit/Kommunikation" sowie einer zusätzlichen Problemliste zur Erfassung der wesentlichen Konfliktbereiche in der Partnerschaft und einem Fragebogen zur Lebensgeschichte/Partnerschaft.
  - *Paarklimaskalen* (PKS) von Schneewind und Krause (1992), deren Kurzversion die Skalen „Verbundenheit", „Unabhängigkeit" und „Anregung/Aktivität" enthält, während die Langversion folgende Skalen aufweist: „Zusammenhalt", „Offenheit", „Konfliktneigung", „Selbständigkeit", „Leistungsorientierung", „kulturelle Orientierung", „aktive Freizeitgestaltung", „Organisation" und „Kontrolle".
  - *Abbreviated Dyadic Adjustment Scale* (ADAS) von Sharpley und Rogers (1984): Die deutsche Übersetzung dieses Fragebogens stammt von Miller (2001) und wurde in ihrer Dissertation zu Erziehungsverhalten und Kompetenzüberzeugungen von Eltern mit Kindergartenkindern und dem Zusammenhang zu kindlichen Verhaltensstörungen unter der Bezeichnung ‚Kurzversion des Fragebogens zur Beurteilung einer Zweierbeziehung (FBZ-K) angewendet. Die ProbandInnen sollen den Fragebogen dahingehend beantworten, wie sehr sie mit ihrem Partner/ihrer Partnerin überein-

stimmen bzw. nicht übereinstimmen, und zwar in drei Bereichen (= 3 Items): Weltanschauung; Dinge und Ziele, die für wichtig gehalten halten; Ausmaß an gemeinsam verbrachter Zeit. Bei drei weiteren Items soll die Häufigkeit eingestuft werden, wie oft ein anregender Gedankenaustausch stattfindet, in Ruhe miteinander diskutiert sowie an gemeinsamen Vorhaben gearbeitet wird. Beim letzten, 7. Item soll eingestuft werden, wie glücklich die Partnerschaft im Augenblick eingestuft wird. Die ADAS beruht auf der Dyadic Adjustment Scale von Spanier (1976), deren deutsche Übersetzung in dem Buch von Hank et al. (1990) veröffentlicht wurde (2003 in einer neu bearbeiteten Auflage von Klann et al. erschienen).

- In der gleichen Untersuchung verwendete Miller auch eine eigene Übersetzung der *Parent Problem Checklist* (PPC) von Dadds und Powell (1991) unter der Bezeichnung Erziehungs-Konflikt-Skala (EKS; im Anhang auch als „Problemliste für Eltern" bezeichnet). Sie besteht aus 16 Items zu Schwierigkeiten in der Kindererziehung für den Zeitraum der letzten vier Wochen: „Sechs Items erfragen die Übereinstimmung hinsichtlich Regeln und Bestrafung bei kindlichem Problemverhalten, sechs Items beziehen sich auf Konflikte zu Fragen der Kindererziehung und vier Items erfassen, wie sehr sich die Eltern in ihrer Beziehung zum Kind gegenseitig schwächen" (Miller, 2001, S. 77). Itembeispiele: „Meinungsverschiedenheiten darüber, wer die Kinder bestrafen soll"; „Sich gegenseitig in den Rücken fallen"; „Meinungsverschiedenheiten darüber, was ungezogenes Verhalten ist". Wenn bei der ersten Antwortmöglichkeit ‚Ja/Nein' mit ‚Ja' geantwortet wird, soll eingestuft werden, in welchem Ausmaß der angesprochene Punkt ein Problem „für Sie und den Partner" darstellt.

Sie besteht aus 16 Items zu Schwierigkeiten in der Kindererziehung für den Zeitraum der letzten vier Wochen: „Sechs Items erfragen die Übereinstimmung hinsichtlich Regeln und Bestrafung bei kindlichem Problemverhalten, sechs Items beziehen sich auf Konflikte zu Fragen der Kindererziehung und vier Items erfassen, wie sehr sich die Eltern in ihrer Beziehung zum Kind gegenseitig schwächen".

- Einstufungsvorschlag des Schweregrades der körperlichen, seelischen und sexuellen Gewalt in der Partnerschaft von Smith Slep und Heyman (2004).
- Handbuch *„Paardiagnostik mit dem Gießen-Test"* von Brähler und Brähler (1993)
- *Conflict Tactics Scales* (CTS2; Straus et al., 1996) zur Erfassung der Partnergewalt mit den Skalen ‚Negotiation' (Streitschlichtungs- und Kompromissfähigkeit auf kognitiver und emotionaler Ebene), körperliche Gewalt, seelische Gewalt, sexueller Zwang (von verbalem Druck bis körperlicher Gewalt zur Durchsetzung sexueller Handlungen).
- *Psychological Maltreatment of Women Inventory* (PMWI; Tolman, 1989). Erfasst wird durch 58 Items das Vorhandensein und das Ausmaß von psychischer Gewalt gegenüber Frauen durch männliche Partner innerhalb der letzten sechs Monate.
- *Index of Marital Satisfaction* (IMS; Hudson, 1982): Anhand von 25 Items wird das Ausmaß an Stress und Konflikt in der Partnerschaft.

Eine Guttman-Skala erfordert, dass die Items so geordnet sind, dass, falls ein Proband ein bestimmtes Item bejaht oder richtig löst, er auch alle vorangehenden Items bejaht oder richtig löst.

- Guttman-Skala zur empirischen Vorhersage des Intensitätsgrades der Partnergewalt (Keller und Wagner-Steh, 2005): Eine Guttman-Skala erfordert, dass die Items so geordnet sind, dass, falls ein Proband ein bestimmtes Item bejaht oder richtig löst, er auch alle vorangehenden Items bejaht oder richtig löst. Die Autorinnen gingen zunächst von 30 Items aus, in denen Ereignisse aus dem Rahmen der Partnergewalt aufgeführt waren. Durch statistische Analysen verblieben sieben Items im Sinne einer Guttman-Skala, wobei im vorliegenden Fall die Bejahung irgendeines der sieben Items besagt, dass mit 91% Wahrscheinlichkeit auch die vorangehenden Items bejaht werden. Die Items lauten folgendermaßen: 1. Schubste oder stieß Sie; 2. packte Sie; 3. warf Sie auf den Boden; 4. schlug Sie mit der flachen Hand; 5. schlug Sie mit der geschlossenen Faust an den Kopf oder ins Gesicht; 6. schlug Ihren Kopf gegen eine Wand oder ein anderes festes Objekt; 7. benutzte ein Messer, eine Pistole oder eine andere Waffe (gegen Sie). Die Item-Nummern entsprechen auch den Skalenwerten.
- Ärztliche Untersuchung und Beweissicherung: Fragebogen zur Erleichterung von Befragung, Untersuchung, Spurensicherung und Behandlung von Frauen und Mädchen, die Opfer sexueller, psychischer und physischer Gewalt geworden sind (Aktionsbündnis gegen häusliche Gewalt Nordhessen beim Regierungspräsidium Kassel, 2005). http://www.rp-kassel.de/static/haeuslichegewalt/fragebogen-aerztlicheUntersuchung.pdf

8.7 Literatur

Aktionsbündnis gegen häusliche Gewalt Nordhessen beim Regierungspräsidium Kassel (2005). Ärztliche Untersuchung und Beweissicherung: Fragebogen zur Erleichterung von Befragung, Untersuchung, Spurensicherung und Behandlung von Frauen und Mädchen, die Opfer sexueller, psychischer und physischer Gewalt geworden sind. Internet: http://www.rp-kassel.de/static/haeuslichegewalt/fragebogen-aerztlicheUntersuchung.pdf.

Amendt, G. (o. J.). Newsletter 1 des Instituts für Geschlechter und Generationenforschung zur ‚Väterstudie'. Internet: http://www.vaeterstudie.de/newsletter/newsletter_1.thm.

Berk, R., He, Y. & Sorenson, S.B. (2004). Developing a Practical Forecasting Screener for Domestic Violence Incidents. Internetseite: http://preprints.stat.ucla.edu/393/cpp.paper.pdf.

Brähler, E. & Brähler, C. (1993). Paardiagnostik mit dem Gießen-Test. Göttingen: Hogrefe.

Campbell, J.C., Webster, D., Koziol-McLain, J., Block, C.R., Campbell, D., Curry, M.A., Gary, F., Mcfarlane, J., Sachs, C., Sharps, P., Ulrich, Y. & Witt, S.A. (2003). Assessing Risk Factors for Intimate Partner Homicide. NJI Journal, No. 250, 14-19.

Cattaneo, L.B. & Goodman, L.A. (2005). Risk factors for reabuse in intimate partner violence. A cross-disciplinary critical review. Trauma, Violence & Abuse, 6 (2), 141-175.

Cizek, B., Kapella, O., Pflegerl, J. & Steck, M. (2001). Gewalt gegen Männer. Teil III des Gewaltberichts des Österreichischen Bundesministeriums für soziale Sicherheit, Generationen und Konsumentenschutz. Internet: http://www.bmsg.gv.at/cms/site/attachments/9/6/0/CH0098/CMS1056453530966/gewaltbericht3.pdf.

Dadds, M.R. & Powell, M.B. (1991). The relationship of interparental conflict and global marital adjustment to aggression, anxiety and immaturity in aggressive and nonclinic children. Journal of Abnormal Child Psychology, 19 (5), 553-567.

Enzmann, D. & Wetzels, P. (2001). Das Ausmaß häuslicher Gewalt und die Bedeutung innerfamiliärer Gewalt für das Sozialverhalten von jungen Menschen aus kriminologischer Sicht. Familie, Partnerschaft und Recht, 7, 246-251.

Fields, S.A., Campion, A. & McNamara (2001). The Differential Effects of Type of Abuse and Abuse History on Abuse Disability Questionnaire Scores. Journal of Emotional Abuse 2 (4), 19-35.

Gemünden, J. (1996). Gewalt gegen Männer in heterosexuellen Intimpartnerschaften. Ein Vergleich mit dem Thema Gewalt gegen Frauen auf der Basis einer kritischen Auswertung empirischer Untersuchungen. Marburg: Tectum Verlag.

Godenzi, A. (1993). Gewalt im sozialen Nahraum. Basel, Frankfurt/M: Helbing & Lichtenhahn.

Guille, L. (2004). Men who batter women and their children: An integrated review. Aggression and Violent Behavior, 9, 129-163.

Hahlweg, K. (1996). Fragebogen zur Partnerschaftdiagnostik (FPD). Göttingen: Hogrefe.

Hank, G., Hahlweg, K. & Klann, N. (1990). Diagnostisches Verfahren für Berater. Materialien zur Diagnostik und Therapie in Ehe-, Familien- und Lebensberatung. Weinheim: Beltz Test Verlag.

Hegarty, K., Sheehan, M. & Schonfeld, C. (1999). A Multidimensional Definition of Partner Abuse: Development and Preliminary Validation of the Composite Abuse Scale. Journal of Family Violence, 14, 399-415.

Höger, D. & Buschkämper, S. (2002). Der Bielefelder Fragebogen zu Partnerschaftserwartungen. Zeitschrift für Differentielle und Diagnostische Psychologie, 23 (1), 83-98.

Holtrop, T.G., Fischer, H., Gray, S.M., Barry, K., Bryant, T. & Du, W. (2004). Screening for Domestic Violence in a General Pediatric Clinic: Be Prepared! Pediatrics, 114, 1253-1257.

Hilton, N.Z. & Harris, G.T. (2005). Predicting Wide Assault. A critical Review and implications for policy and practice. Trauma, Violence & Abuse, 6 (1), 3-23.

Houry, D., Feldhaus, K., Peery, B., Abbott, J., Lowenstein, S.R., Al-Btaa-De-Montero, S. & Levine, S. (2004). A Positive Domestic Violence Screen Predicts Future Domestic Violence. Journal of Interpersonal Violence, 19 (9), 955-966.

Hudson, W.W. (1982). The clinical measurement package: A field manual. Chicago: Dorsey.

Kavemann, B., Leopold, B., Schirrmacher, G. & Hagemann-White, C. (2001). Modelle der Kooperation gegen häusliche Gewalt. Schriftenreihe des

Bundesministeriums für Familie, Senioren, Frauen und Jugend. Band 193. Stuttgart: Kohlhammer.

Kavemann, B. & Kreyssig, U. (2006) (Hrsg.). Handbuch Kinder und häusliche Gewalt. Wiesbaden: VS Verlag für Sozialwissenschaften.

Keller, J. & Wagner-Steh, K. (2005). A Guttman-Scale for Empirical Prediction of Level of Domestic Violence. Journal of Forensic Psychology Practice, 5 (4), 37-48.

Kindler, H. & Werner, A. (2005). Auswirkungen von Partnerschaftsgewalt auf Kinder: Forschungsstand und Folgerungen für die Praxis. In G. Deegener & W. Körner (Hrsg.), Kindesmisshandlung und Vernachlässigung. Ein Handbuch. (S. 104-127). Göttingen: Hogrefe.

Klann, N., Hahlweg, K. & Heinrichs, N. (2003). Diagnostische Verfahren für die Beratung. Materialien zur Diagnostik und Therapie in Ehe-, Familien- und Lebensberatung. 2., vollständig überarbeitete Aufl.. Göttingen: Hogrefe.

Luedtke, J. & Lamnek, S. (2002). Schläge in jeder dritten Familie. Studie zur Gewalt in bayerischen Familien. Agora Magazin der katholischen Universität Eichstätt, 18 (1), 1, 8-9.

McNamara, J.R. & Brooker, D.J. (2000). The Abuse Disability Questionnaire. A New Scale for Assessing the Consequences of Partner Abuse. Journal of Interpersonal Violence 15 (2), 170-183.

McNamara, J.R. & Fields, S.A. (2002). Perceived abuse and disability in a sample of Ohio's women's correctional population. Psychological Report 91, 849-854.

Miller, Y. (2001). Erziehung von Kindern im Kindergartenalter. Dissertation an der Technischen Universität Braunschweig, 2001. Internet: http://www.biblio.tu-bs.de/ediss/data/20010823b/20010823b.pdf.

Müller, U., Schröttle, M. & Glammeier, S. (2004). Lebenssituation, Sicherheit und Gesundheit von Frauen in Deutschland. Eine repräsentative Untersuchung zu Gewalt gegen Frauen in Deutschland. Zusammenfassung zentraler Studienergebnisse. Bundesministerium für Familie, Senioren, Frauen und Jugend, Berlin.

Pfeiffer, C. & Wetzels, P. (1997). Kinder als Täter und Opfer. Eine Analyse auf der Basis der PKS und einer repräsentativen Opferbefragung (Forschungsbericht Nr. 68). Hannover: Kriminologisches Forschungsinstitut Niedersachsen e.V.

Rückert, S. (2001). Die Mörderin. DIE ZEIT, 31, 2001. Internetseite:www.zeit.de/archiv/2001/31/200131_moerderin.xm (Download am 02.09.2003).

Schneewind, K.A. & Kruse, J. (1992). Paarklimaskalen (PKS). Göttingen: Hogrefe.

Sharpley, C.F. & Rogers, H.J. (1984). Preliminary validation of the Abbreviated Spanier Dyadic Adjustment Scale: Some psychometric data regarding a screening test of marital adjustment. Educational and Psychological Measurement, 44, 1045-1049.

Smith Slep, A.M. & Heyman, R.E. (2004). Severity of Partner and Child Maltreatment: Reliability of Scales Used in America's Largest Child and Family Protection Agency. Journal of Family Violence, 19(2), 95-106.

Straus, M.A., Hamby, S.L., Boney-McCoy, S. & Sugarman, D.B. (1996). The Revised Conflict Tactics Scales (CTS2). Development and Preliminary Data. Journal of Family Issues, 17 (3), 283-316.

Stith, S.M., Smith, D.B., Penn, C.E., Ward, D.B. & Tritt, D. (2004). Intimate partner physical abuse perpetration and vicitimization risk factors: A Meta-analytic review. Aggression and Violent Behavior 10, 65-98.

Tolman, R. (1989). Psychological Maltreatment of Women Inventory. Ann Arbor: University of Michigan, School of Social Work.

Voß, H.-G. W., Hoffmann, J. & Wondrak, I. (2006). Stalking in Deutschland. Aus der Sicht der Betroffenen und Verfolger. Baden-Baden: Nomos.

Wetzels, P. (1997). Zur Epidemiologie physischer und sexueller Gewalterfahrungen in der Kindheit. Ergebnisse einer repräsentativen Prävalenzstudie für die BRD (Forschungsbericht Nr. 59). Hannover: Kriminologisches Forschungsinstitut Niedersachsen e.V.

9. Eltern-Kind-Beziehungen und Erziehungsstile

9.1 Einleitung

Obwohl es recht viele Untersuchungen zum elterlichen Beziehungsverhalten und den Beziehungsaspekten zwischen Eltern und Kindern gibt, so liegen doch kaum standardisierte Verfahren vor, die für die klinische und Jugendhilfepraxis geeignet erscheinen und in neuerer Zeit hinreichend genormt worden sind. Mit Titze et al. (2005b, S. 128) wäre es dabei zunächst wünschenswert, dass Verfahren vorliegen, bei denen die folgenden Konstruktionskriterien berücksichtigt werden: „(1) die Erfassung von empirisch bestätigten Schutz- und Risikofaktoren der Eltern-Kind-Beziehung, (2) die Erfragung von (selteneren) klinisch relevanten Beziehungskonstellationen, (3) die Erhebung von eher dauerhaften und situationsunspezifischen Aspekten der Beziehungsrepräsentation und (4) die separate Untersuchung der Beziehungen zu Mutter und Vater, jedoch in inhaltlich vergleichbaren Dimensionen."

Darüber hinaus müssten die Verfahren in unterschiedlichem Ausmaß auch folgende Kriterien berücksichtigen: (1) Differenzierte Erfassung für verschiedene Altersgruppen (z.B. Vorschulkinder, Grundschulkinder, Jugendliche) mittels altersangepasstem Untersuchungsvorgehen (z.B. Puppenspiel oder Bildvorlagen oder Fragebogen oder computerisiertes Vorgehen) oder aber möglichst Fragen, die für eine große Altersgruppe inhaltlich angemessen und verständlich sind; (2) Erfassung des Erziehungsstils bzw. der Eltern-Kind-Beziehungen sowohl aus der Sicht der Eltern wie auch der Kinder; (3) Möglichkeit der Untersuchung nicht nur getrennt für Mutter und Vater, sondern auch für Sohn und Tochter; (4) die Art und Weise (und Inhalte) der erfassten Dimensionen sollte möglichst vergleichbar sein für Kinder/Jugendliche und Eltern; (5) entsprechend sollten Möglichkeiten gegeben sein, diese Dimensionen durch nicht zur Familie gehörende Personen einzustufen (z.B. Fremdbeobachtung oder Interview).

Zwar ist die große Bedeutung der familiären Beziehungen und Erziehungsstile auf die psychische, kognitive und soziale Entwicklung von Kindern/Jugendlichen unbestritten, aber dennoch ist wohl davon auszugehen, dass ihre Erfassung im klinischen und insbesondere Jugendhilfe-Alltag noch vernachlässigt wird. Oft wäre es wahrscheinlich schon ein Fortschritt, wenn nach (früheren) Konzepten, wie z.B. von

Zwar ist die große Bedeutung der familiären Beziehungen und Erziehungsstile auf die psychische, kognitive und soziale Entwicklung von Kindern/Jugendlichen unbestritten, aber dennoch ist wohl davon auszugehen, dass ihre Erfassung im klinischen und insbesondere Jugendhilfe-Alltag noch vernachlässigt wird.

Baumrind (1989), skalierte Einstufungen (z.B. Ausprägung: gering, mittel, stark) für die folgenden vier Dimensionen (auch bezüglich der Häufigkeit ihres Auftretens, z.B. selten, mittel, häufig) vorgenommen und anhand von Beispielen aufgrund von Beobachtung/Interview veranschaulicht würden:

autoritativ hohe liebevolle Zuwendung; hohe Kontrolle; zugewandt; kindzentriert; hohe (An-)Forderungen; unterstützend; Förderung kindlicher Interessen; Betonung der Autonomie des Kindes, aber auch Anpassungsanforderungen; Förderung verbaler Auseinandersetzung/Diskussion; Beachtung kindlicher Bedürfnisse	**autoritär** geringe liebevolle Zuwendung; hohe Kontrolle; abweisend; elternzentriert; hohe (An-)Forderungen; konventionelle Werte; rigides Verhaltenskontrolle (Gehorsam, Strafe); Beenden verbaler Auseinandersetzung/Diskussion des Kindes; Unterdrückung kindlicher Bedürfnisse
permissiv hohe liebevolle Zuwendung; geringe Kontrolle; zugewandt; kindzentriert; wenig (An-)Forderungen; Unterstützung kindlicher Bedürfnisse; wenig Normen und Regeln; eher im Hintergrund; wenig bestrafend, eher akzeptierend	**unbeteiligt** geringe liebevolle Zuwendung; geringe Kontrolle; unbeteiligt; sehr wenig (An-)Forderungen; keine Regeln; inkonsequentes Verhalten; vernachlässigend; pendelnd zwischen Autonomie und Feindseligkeit

Der Gegenpol zu solchem Vier-Felder-Schema kann in der differenzierten Erfassung der Erziehungseinstellungen, Erziehungsziele und Erziehungspraktiken aus der Sicht der Eltern (Mutter wie Vater) sowie der Kinder/Jugendlichen (Tochter wie Sohn) auf vielen Dimensionen (z.B. Permissivität, Selbstkritik, autoritäre Rigidität, Behütung, Gelassenheit/Souveränität, Experimentieren, Erziehungskonflikt, Ähnlichkeit, Orientierung am selbsterfahrenen Erziehungsstil, Inkonsistenz, Geplantsein des Kindes, Zärtlichkeit, Geringes Engagement in der Erzieherrolle) wie bei Schneewind et al. (1985) gesehen werden.

Der Gegenpol zu solchem Vier-Felder-Schema kann in der differenzierten Erfassung der Erziehungseinstellungen, Erziehungsziele und Erziehungspraktiken aus der Sicht der Eltern sowie der Kinder/Jugendlichen auf vielen Dimensionen gesehen werden.

In der Literatur finden sich zahlreiche empirische Untersuchungen, in denen nachgewiesen wurde, dass sich ungünstiges, unangemessenes elterliches Erziehungsverhalten negativ auf die soziale, kognitive, seelische und körperliche Entwicklung von Kindern auswirken kann, z.B.:
- mangelnde elterliche Zuwendung und Wärme
- mangelndes elterliches Engagement
- harte Strafen bis hin zur Isolierung und körperlichen Misshandlung
- zu große Nachgiebigkeit
- inkonsequente und inkonsistente Reaktionen auf Fehlverhalten
- Nichtbeachtung positiver Verhaltensweisen.

Das Interesse der Forschung lag nun darin herauszufinden, ob zwischen bestimmtem Erziehungsverhalten (angemessenem wie auch dysfunktionalem) und spezifischem Verhalten der Kinder (angemessenem wie dysfunktionalem) sich hinreichend eindeutige Korrelationen nachweisen lassen. Bereits 1975 versuchte Baumgärtel aufgrund seiner Literaturübersicht die verschiedenen untersuchten Erziehungsverhaltensweisen nach folgenden Gesichtspunkten zusammen zu fassen:

A. Verhaltensweisen der Zuwendung und Unterstützung (positive Verstärkung)
B. Verhaltensweisen der Strenge und Strafe (negatives Reinforcement)
C. Ausmaß des erzieherischen Engagements
D. Ausmaß der Selbständigkeit, die Kindern zugebilligt wird.

Diese Faktoren des Erziehungsverhaltens stehen nun nach Baumgärtel mit Störungen der Persönlichkeit und des Verhaltens folgendermaßen in Beziehung:

1. *Persönlichkeitsstörungen:* Diese seien durch das Muster A+, C+ und D- verursacht, d.h. durch starke Verwendung von Lob in Zusammenhang mit großem Engagement des Erziehers unter starker Einschränkung der kindlichen Selbständigkeit. Da empirische Arbeiten keine neurotischen Störungen oder Kontaktstörungen nachgewiesen hätten, wenn Muster wie A+, D+ und A+, C+, D+ sowie A+, C-, D+ vorhanden waren, nahm Baumgärtel an, dass vor allen Dingen das niedrige Ausmaß an Selbstständigkeit, was den Kindern eingeräumt wird, zu Persönlichkeitsstörungen führen würde.
2. *Verhaltensstörungen:* Die meisten Studien hätten nach Baumgärtel das Muster B+, C- und D- ergeben, d.h. stark strafendes Verhalten im Zusammenhang mit einer ablehnenden, disengagierten Haltung der Eltern bei gleichzeitig starken Einschränkungen der Selbstbestimmung der Kinder. Wurde von den Untersuchungen nur das strafende Verhalten erfasst, so ergab sich nach Baumgärtel eine positive Beziehung zwischen aggressivem und delinquentem Verhalten bei Kindern und dem Ausmaß der Strafen durch die Eltern.
3. *Leistungsmotivation:* In den meisten Untersuchungen sei das große Engagement der Eltern in der Erziehung als bestimmender Faktor für die Leistungsmotivation gefunden worden, wobei stark lobende Eltern die Leistungsmotivation zusätzlich fördern würden.
4. *Kreativität:* Diese würde vor allen Dingen durch das Muster C- und D+ bewirkt werden, also geringes elterliches Engagement verbunden mit hohem Maß an Selbständigkeit für die Kinder.

In der nachfolgenden Zeit wurden dann einmal **a** die Modellvorstellungen zunehmend differenzierter, zum anderen wurden **b** weitere spezifische kindliche und elterliche Verhaltensweisen untersucht.

In der nachfolgenden Zeit wurden dann einmal **a** die Modellvorstellungen zunehmend differenzierter, zum anderen wurden **b** weitere spezifische kindliche und elterliche Verhaltensweisen untersucht.

Beispiel zu a): Lösel und Bender (1998) stellen das aggressive und delinquente Verhalten von Kindern und Jugendlichen im Rahmen eines komplexen entwicklungspsychopathologischen Modells dar mit folgenden kumulativen Risiken (S. 21):

Lösel und Bender (1998) stellen das aggressive und delinquente Verhalten von Kindern und Jugendlichen im Rahmen eines komplexen entwicklungspsychopathologischen Modells dar

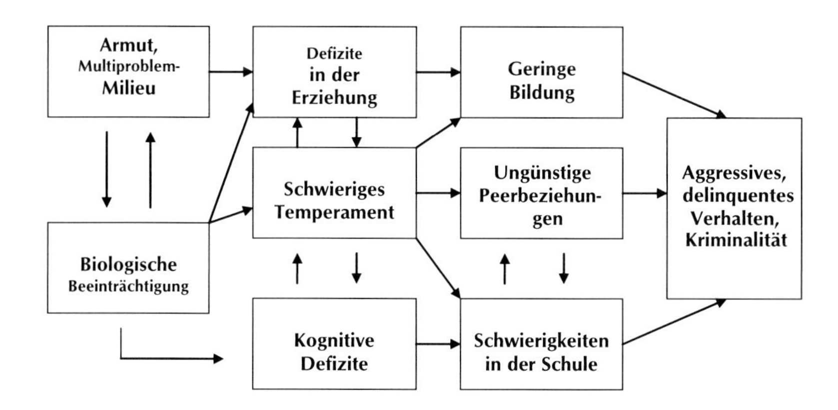

Beispiel zu b): Ulich et al. (2001) interessierten sich insbesondere für die folgenden zwei Komponenten des Erziehungsverhaltens auf die Entwicklung von Empathie und prosozialem Verhalten von Kindern: 1. elterliche Wärme im Sinne eines einfühlsamen, freundlichen und unterstützenden Umgehens mit dem Kind (der Fokus liegt hierbei auf der momentanen Befindlichkeit des Kindes, die im Falle von Kummer verbessert werden soll) sowie 2. dem „induktiven" Erziehungsstil, bei dem die Eltern das (negative) Verhalten des Kindes zu ändern versuchen, in dem sie auf dessen Folgen für eine andere Person hinweisen, also Zusammenhänge herstellen und Einsichten vermitteln (hier liegt der Fokus auf der Absicht, dem Kind eigenes Fehlverhalten einsichtig zu machen, in dem man es auf die Folgen seines Handelns aufmerksam macht, antisoziales Verhalten stoppt sowie zur Perspektivübernahme und zum prosozialen Verhalten auffordert). Es deutet sich ihrer Ansicht nach aufgrund bisheriger Forschung an, dass „ein sicher gebundenes Kind aus einem Elternhaus, in dem sich beide Eltern um es kümmern, wo Emotionen angstfrei gezeigt werden können, die Eltern selbst mitfühlend sind und das Kind auf die Folgen seines Handelns für andere aufmerksam machen, mit relativ hoher Wahrscheinlichkeit mitfühlend und helfend auf den Kummer eines Gegenüber reagieren wird" (Kienbaum, 1993, S. 31; zu Empathiefragbogen siehe: Leibetseder et al., 2001; Lukesch, 2005; Stadler et al., 2004).

Miller (2001) führt in diesem Zusammenhang an, dass Chamberlain et al. bereits 1994 vorschlugen, auch in das Diagnostische Manual Psychischer Störungen elterliche Erziehungs- und Disziplinierungsprobleme in Form einer V-Kodierung (Zwischenmenschliche Probleme und Interaktionsmuster) aufzunehmen, um über einheitliche und

Die vier von Chamberlain et al. vorgeschlagenen vier Subtypen von dysfunktionalem Erziehungsverhalten lauten folgendermaßen

reliable Diagnosen von dysfunktionellem Erziehungsverhalten Forschungsbemühungen zu erleichtern und die Entwicklung und Überprüfung von Interventionen nach einheitlichen Maßstäben zu ermöglichen. Die vier von Chamberlain et al. vorgeschlagenen vier Subtypen von dysfunktionalem Erziehungsverhalten lauten nach Miller (2001, S. 12-13) folgendermaßen:

1. Inkonsistente Disziplinierungen
   „Es sollen zwei Subskalen von Inkonsistenz unterschieden werden: Intraparentale Inkonsistenz und interparentale Inkonsistenz. Kriterien für intraparentale Inkonsistenz sind:
   A. willkürliche Reaktionen auf positives und negatives Verhalten der Kinder (z.B. Bestrafung von angemessenem und Belohnung von unangemessenem Verhalten).
   B. geringes oder inkonsistentes Verfolgen bzw. Bestehen auf Dingen (z.B. darauf bestehen, dass Kinder Bitten oder Anweisungen nachkommen, Verbote beachten).
   C. Nachgeben (z.B. Wut und Diskussionen nach ‚Nein' der Eltern: Eltern geben nach).
   D. unvorhersehbare Wechsel in Erwartungen und in Konsequenzen für Regelverletzungen (Erwartungen der Eltern, Regeln und Konsequenzen ändern sich).

   Interparentale Inkonsistenz, also eine auffällig geringe Übereinstimmung zwischen den Eltern, besteht, wenn Eltern gegensätzlich handeln oder uneinig sind bezüglich:
   A. erzieherischen Grundsatzentscheidungen (z.B. allg. Hausregeln, Bettzeiten, Ausgehverbote).
   B. Zeitpunkt und Notwendigkeit eines Eingreifens bei Regelverletzungen oder Problemverhalten.
   C. Art der Konsequenzen und Vorgehensweisen bei Problemverhalten (z.B. Konsequenzen tatsächlich bis zum Ende durchziehen).
2. Reizbare und explosive Disziplinierungen
   Die extreme Form dieser Kategorie dysfunktionalen Erziehungsverhaltens ist die körperliche Misshandlung von Kindern. Als spezifische Indikatoren für gereizte und überreagierende Disziplinierungsmaßnahmen können herangezogen werden:
   A. Häufiger Gebrauch von aversiven verbalen und körperlichen Strategien wie Schreien, Schlagen und Drohungen.
   B. Erhöhte Wahrscheinlichkeit, dass das Kind auf die Erziehungsmaßnahme seinerseits mit Gewalt reagiert (z.B. Kind schlägt zurück, aggressive Verteidigung).
   C. Relativ lange Phasen von Eltern-Kind-Konflikten.
   D. Eskalierende Intensität der negativ-bestrafenden Verhaltensweisen.

E. Häufig abwertende, negative und demütigende Äußerungen der Eltern über das Kind.
F. Hohe Rate an direkten Befehlen der Eltern.

3. Geringe Beaufsichtigung und Beteiligung
Als Kriterium für eine unzureichende Beaufsichtigung (z.B. das Wissen darum, wo sich die Kinder aufhalten, was sie tun und mit wem sie zusammen sind) und eine geringe Beteiligung der Eltern an wichtigen Dingen im Leben der Eltern schlagen Chamberlain et al. (1994) vor:
A. Mangelndes Wissen der Eltern um die Aktivitäten der Kinder außerhalb des Hauses und außerhalb ihrer direkten Beaufsichtigung.
B. Mangelndes Wissen darum, mit wem das Kind zusammentrifft und Zeit verbringt.
C. Mangelndes Wissen der Eltern um die schulische Anpassung des Kindes und andere schulische Angelegenheiten wie z.B. Hausaufgaben.
D. Selten gemeinsame Aktivitäten von Eltern und Kindern.
E. Bei Wissen der Eltern um dissoziale Freundschaften und Aktivitäten des Kindes: mangelnder Wille oder mangelnde Fähigkeit zur Beaufsichtigung und Überwachung.

4. Unflexible, rigide Disziplinierung
Eltern nutzen normalerweise ein breites Spektrum an Strategien zum Umgang mit Problemverhalten, d.h. sie passen ihre Reaktion an die Situation, das Alter des Kindes und an die Art des Fehlverhaltens an. Kriterien für rigides, unflexibles Verhalten von Eltern in Disziplinsituationen sind:
A. Zurückgreifen auf eine einzelne oder ein geringes Spektrum an Strategien für alle Arten von kindlichem Fehlverhalten.
B. Mangelnde Fähigkeit, Kontextfaktoren und mildernde Umstände zu berücksichtigen.
C. Konsistentes Fehlen von Erklärungen und Begründungen.
D. Unfähigkeit, das Ausmaß und die Stärke der Konsequenzen an das Ausmaß des Problemverhaltens anzupassen" (Miller, 2001, S. 12-13).

Umfassender führt Tschöpe-Scheffler (2003) im Rahmen ihrer Untersuchungen und Überblicke von Elternbildungsprogrammen zur Förderung der elterlichen Erziehungskompetenz jeweils fünf Faktoren entwicklungsfördernder und entwicklungshemmender Erziehung auf (aufgeführt unter Abschnitt 9.9). Anzufügen ist, dass natürlich das Erziehungsverhalten der Eltern sich nicht nur im Sinne einer Einbahnstrasse auf das Erleben und Verhalten der Kinder positiv oder negativ auswirkt, sondern auch umgekehrt die Verhaltensweisen des Kindes das Elternverhalten (positiv wie negativ) beeinflussen.

Umfassender führt Tschöpe-Scheffler (2003) im Rahmen ihrer Untersuchungen und Überblicke von Elternbildungsprogrammen zur Förderung der elterlichen Erziehungskompetenz jeweils fünf Faktoren entwicklungsfördernder und entwicklungshemmender Erziehung auf.

Für einige der im folgenden angeführten Verfahren seien einige Besonderheiten herausgestellt (in Klammer werden die jeweiligen Kapitel angeführt):

- *Discipline Methods (der Eltern)* (9.4): Die Eltern werden u.a. nach ihren ersten und zweiten Reaktionen auf bestimmtes Problemverhalten befragt, d.h. es werden auch diejenigen Erziehungsmethoden erfasst, wenn die ersten Reaktionen auf kindliches Problemverhalten keinen gewünschten Erfolg hatten, wobei die elterlichen Erziehungspraktiken nach 13 Kategorien bewertet werden.
- *Erziehungsstilfragebogen für Eltern* (9.9): Die Dimensionen spiegeln ausdrücklich entwicklungsfördernde wie auch -hemmende Erziehungsaspekte wieder, wobei die ausführlichen Umschreibungen der Inhalte dieser Dimensionen eine große Hilfe dafür sind, beobachtetes elterliches Verhalten in seinen vielfältigen Aspekten wahrnehmen und auch beschreiben zu lernen. Außerdem weisen die angeführten Möglichkeiten der Kinderbefragung (Interviewspiel, Handpuppenspiel, Vollenden einer Bildgeschichte) auf die kreativen Möglichkeiten hin, (Klein-)Kinder altersgerecht zu untersuchen.

Die Dimensionen spiegeln ausdrücklich entwicklungsfördernde wie auch -hemmende Erziehungsaspekte wieder, wobei die ausführlichen Umschreibungen der Inhalte dieser Dimensionen eine große Hilfe dafür sind, beobachtetes elterliches Verhalten in seinen vielfältigen Aspekten wahrnehmen und auch beschreiben zu lernen.

- *Alabama Parenting Questionnaire für Kinder (6 bis 17 Jahre) und Eltern* (9.3), *Elternbild-Fragebogen für Kinder und Jugendliche (10 bis 18 Jahre) und Eltern* (9.7) und *Züricher Kurzfragebogen zur Erfassung elterlicher Erziehungshaltungen für Kinder/Jugendliche (11 bis 17 Jahre) und Eltern* (9.8) erfassen die kindlichen und elterlichen Einstufungen mit vergleichbaren Fragen (z.B. „Deine Mutter hilft Dir bei Deinen Schularbeiten" – „Sie helfen Ihrem Kind bei seinen Schularbeiten"; „Meine Mutter lobt mich, wenn ich etwas gut gemacht habe" – „Ich lobe sie, wenn sie etwas gut gemacht hat").
- *Das Familiendiagnostische Test-System bei Eltern mit Kindern von 9 bis 14 Jahren* (9.2), *das Erziehungsstil-Inventar für Kinder und Jugendliche von 8 bis 16 Jahren* (9.5), der *Elternbild-Fragebogen für Kinder und Jugendliche (10 bis 18 Jahre) und Eltern* (9.7) sowie der *Züricher Kurzfragebogen zur Erfassung elterlicher Erziehungshaltungen für Kinder/Jugendliche (11 bis 17 Jahre) und Eltern* (9.8) weisen Einstufungsmöglichkeiten sowohl für Mutter und Vater durch die Kinder wie auch für Sohn und Tochter durch die Eltern auf.
- *Der Erziehungsstilfragebogen für Eltern* (9.9), *das Alabama Parenting Questionnaire für Kinder (6 bis 17 Jahre) und Eltern* (9.3), *die Discipline Methods der Eltern* (9.4), *das Erziehungsstil-Inventar für Kinder und Jugendliche von 8 bis 16 Jahren* (9.5), *das Elternbild-Fragebogen für Kinder und Jugendliche (10 bis 18 Jahre) und Eltern* (9.7) und *der Family Relations Test (FRT) für Vor- und Grundschüler* (9.10) erfassen Häufigkeiten von Verhaltensweisen (z.B. häufig/gelegentlich/selten/gar nicht oder gar nicht/bis zu 3 mal/bis zu 6 mal/bis zu 10 mal/häufiger).
- Zwar wird in vielen Verfahren auch in Richtung auf mehr oder weniger ausgeprägte Kindesmisshandlungen (z.B. Schläge, verbale Ag-

gression) untersucht, explizit wird dies nur in den *Discipline Methods der Eltern* (9.4) durchgeführt.
- *Erziehungsstilfragebogen für Eltern* (9.9): Hier werden u.a. auch Fallvignietten verwendet (z.B.: Sie sind mit Ihrer Tochter - 4 Jahre - in einem Supermarkt. Alle paar Meter entdeckt sie etwas Neues, das sie gerne haben möchte, ein Auto, ein Eis, Süßigkeiten. Sie stehen vor der Entscheidung nachzugeben oder sich mühsam durchzusetzen. Wie reagieren Sie?), die anhand von vorgegebenen Feststellungen, die bestimmte Erziehungshaltungen widerspiegeln, beantwortet werden.
- Beim *Family Relations Test (FRT) für Vor- und Grundschüler* (9.10) sowie *Parent-Child Relationship Inventory* (9.11) werden auch Probleme des Einsatzes in Sorge- und Umgangsrechtsfragen erörtert.

(Kritische) Überblicke und (knappe) Beschreibungen über ausländische Verfahren zur Erfassung elterlicher (Erziehungs-)Kompetenzen und des Misshandlungsrisikos finden sich bei Heinze und Grisso (1996) sowie Mammen et al. (2003).

(Kritische) Überblicke und (knappe) Beschreibungen über ausländische Verfahren zur Erfassung elterlicher (Erziehungs-)Kompetenzen und des Misshandlungsrisikos finden sich bei Heinze und Grisso (1996) sowie Mammen et al. (2003).

9.2 Das Familiendiagnostische Test-System bei Eltern mit Kindern von 9 bis 14 Jahren

Das Familiendiagnostische Test-System (FDTS) von Schneewind et al. (1985; Manuskript kann beim Erstautor angefordert werden) erfasst den elterlichen Erziehungsstil bei Eltern mit Kindern im Alter von 9 bis 14 Jahren, und zwar nach drei Aspekten:

1. *Erziehungseinstellungen*, die die Erlebensdispositionen umfassen, die Eltern hinsichtlich der Realisierung bestimmter erzieherischer Verhaltensformen besitzen und die sie für eine Klasse von Handlungen besonders prädisponieren,
2. *Erziehungsziele*, d.h. die Sollensvorstellungen oder -forderungen, die von Seiten der Eltern an das Verhalten der Kinder herangetragen werden,
3. *Erziehungspraktiken*, also alle konkreten verbalen und nonverbalen Verhaltensweisen, die Elternpersonen in Beziehung zu ihrem Kind äußern.

Diese drei Aspekte können einmal aus der Sicht der Eltern *(Selbstperzeption)*, zum anderen aus der Sicht des Kindes *(Fremdperzeption)* erhoben werden. Weiter wird mit dem FDTS außer der *Ehepartnerbeziehung* auch das *Familienklima* erfasst (in Anlehnung an die von Moos entwickelte Family Environment Scale). Ingesamt besteht das FDTS so aus acht Teilsystemen, die ihrerseits jeweils zwei bis vier Einzeltests umfassen:

Mütterliche Erziehungseinstellungen gegenüber dem Sohn – aus der Sicht der Mutter (Primärskalen: Permissivität, Selbstkritik, autoritäre Rigidität, Behütung, Gelassenheit/Souveränität, Experimentieren, Erziehungskonflikt, Ähnlichkeit, Orientierung am selbst erfahrenen Erziehungsstil, Inkonsistenz, Geplantsein des Kindes, Offenheit)

1. *Das ES-Testsystem (Erziehungseinstellung Eltern-Sohn)* mit den vier Einzeltests:
   a) MES-M: Mütterliche Erziehungseinstellungen gegenüber dem Sohn – aus der Sicht der Mutter (Primärskalen: Permissivität, Selbstkritik, autoritäre Rigidität, Behütung, Gelassenheit/Souveränität, Experimentieren, Erziehungskonflikt, Ähnlichkeit, Orientierung am selbst erfahrenen Erziehungsstil, Inkonsistenz, Geplantsein des Kindes, Offenheit)
   b) VES-V: Väterliche Erziehungseinstellung gegenüber dem Sohn – aus der Sicht des Vaters (Primärskalen: Permissivität, Selbstkritik, autoritäre Rigidität, Behütung, Gelassenheit/Souveränität, Experimentieren, Erziehungskonflikt, Ähnlichkeit, Orientierung am selbst erfahrenen Erziehungsstil, Inkonsistenz, Geplantsein des Kindes, Zärtlichkeit, Geringes Engagement in der Erzieherrolle)
   c) MES-S: Mütterliche Erziehungseinstellungen gegenüber dem Sohn – aus der Sicht des Sohnes
   d) VES-S: Väterliche Erziehungseinstellungen gegenüber dem Sohn – aus der Sicht des Sohnes
   c) und d) mit den Primärskalen: Permissivität, Nachsicht vs. Verständnislosigkeit, Konsequenz vs. Nachgiebigkeit, Manipulation und Appell an das kindliche Mitgefühl, Einfühlungsvermögen, Unterstützung und Vorhersagbarkeit der elterlichen Zuwendung, Kontakt vs. Distanz.

2. *Das ET-Testsystem (Erziehungseinstellung Eltern-Tochter)* mit vier Einzeltests und den jeweils entsprechenden Primärskalen wie unter dem o.a. ES-Testsystem:
   a) MET-M: Mütterliche Erziehungseinstellungen gegenüber der Tochter – aus der Sicht der Mutter
   b) VET-V: Väterliche Erziehungseinstellung gegenüber der Tochter – aus der Sicht des Vaters
   c) MET-T: Mütterliche Erziehungseinstellungen gegenüber der Tochter – aus der Sicht der Tochter
   d) VET-T: Väterliche Erziehungseinstellungen gegenüber der Tochter – aus der Sicht der Tochter

3. *Das EZS-Testsystem (Erziehungsziele Eltern-Sohn)* mit den vier Einzeltests:
   a) MEZS-M: Mütterliche Erziehungsziele gegenüber dem Sohn – aus der Sicht der Mutter (Primärskalen: Orientierung an religiösen Normen, Leistungsehrgeiz/Geltungsstreben, Häusliche elterliche Entlastungsforderungen, Selbständigkeit und Aufgeschlossenheit, Schul-/Bildungsanspruch, Konformität/Anpassung und Kontrollvermeidung, Anspruchsvolle Lebensführung, Konservatives Männlichkeitsideal)

b) VEZS-V: Väterliche Erziehungsziele gegenüber dem Sohn - aus der Sicht des Vaters (Primärskalen: Orientierung an religiösen Normen, Leistungsehrgeiz/Geltungsstreben, Häusliche elterliche Entlastungsforderungen, Selbständigkeit und Aufgeschlossenheit, Schul-/Bildungsanspruch, Konformität/Anpassung und Kontrollvermeidung, Befolgen von Prinzipien, Beruflicher Opportunismus, Sozialpolitisches Engagement, Geselligkeit)
c) MEZS-S: Mütterliche Erziehungsziele gegenüber dem Sohn - aus der Sicht des Sohnes
d) VEZS-S: Väterliche Erziehungsziele gegenüber dem Sohn - aus der Sicht des Sohnes c.) und d) mit den Primärskalen: Orientierung an religiösen Normen, Leistungsehrgeiz/Geltungsstreben, Häusliche elterliche Entlastungsforderungen, Selbständigkeit und Aufgeschlossenheit, Schul-/Bildungsanspruch, Konformität/Anpassung und Kontrollvermeidung, Demonstrative Statusorientierung, Förderung kindlicher Interessen.

4. *Das EZT-Testsystem (Erziehungsziele Eltern-Tochter)* mit den vier Einzeltests:
a) MEZT-M: Mütterliche Erziehungsziele gegenüber der Tochter - aus der Sicht der Mutter (Primärskalen: Orientierung an religiösen Normen, Leistungsehrgeiz/Geltungsstreben, Häusliche elterliche Entlastungsforderungen, Selbständigkeit und Aufgeschlossenheit, Schul-/Bildungsanspruch, Konformität/Bravheitsforderungen, Kameradschaftlichkeit/Solidarität, Sozialpolitisches Engagement, Orientierung an sexuellen Normen)
b) VEZT-V: Väterliche Erziehungsziele gegenüber der Tochter - aus der Sicht des Vaters (Primärskalen: Orientierung an religiösen Normen, Leistungsehrgeiz/Geltungsstreben, Häusliche elterliche Entlastungsforderungen, Selbständigkeit und Aufgeschlossenheit, Schul-/Bildungsanspruch, Konformität/Anpassung/Konfliktvermeidung/Bravheitsforderungen, Kameradschaftlichkeit/Solidarität, Konservatives Frauenbild)
c) MEZT-T: Mütterliche Erziehungsziele gegenüber der Tochter - aus der Sicht der Tochter
d) VEZT-TS: Väterliche Erziehungsziele gegenüber der Tochter - aus der Sicht der Tochter
c) und d) mit den Primärskalen: Orientierung an religiösen Normen, Leistungsehrgeiz/Geltungsstreben, Häusliche elterliche Entlastungsforderungen, Selbständigkeit und Aufgeschlossenheit, Schul-/Bildungsanspruch, Konformität/Anpassung/Konfliktvermeidung/Bravheitsforderungen, Demonstrative Statusorientierung, Förderung kindlicher Interessen.

Das EZT-Testsystem (Erziehungsziele Eltern-Tochter) mit den vier Einzeltests

Für die Normierung wurden 570 Familien untersucht, wobei jeweils beide Elternteile und ein Kind berücksichtigt wurden. Für jedes Testsystem können ein Manual sowie die Testunterlagen erhalten werden.

5. *Das EPS-Testsystem (Erziehungspraktiken Eltern-Sohn)* mit vier Einzeltests sowie sieben Primärskalen (Belohnung durch liebevolle Zuwendung, Materielle Belohnung und Verstärkung, Eingeschränktes Lob, Bestrafung durch Liebesentzug, Bestrafung durch Entzug materieller Verstärker und Privilegien, Ärger und Geringschätzung, Körperliche Bestrafung):
   a) MEPS-M: Mütterliche Erziehungspraktiken gegenüber dem Sohn - aus der Sicht der Mutter
   b) VEPS-V: Väterliche Erziehungspraktiken gegenüber dem Sohn - aus der Sicht des Vaters
   c) MEPS-S: Mütterliche Erziehungspraktiken gegenüber dem Sohn - aus der Sicht des Sohnes
   d) VEPS-S: Väterliche Erziehungspraktiken gegenüber dem Sohn - aus der Sicht des Sohnes

6. *Das EPT-Testsystem (Erziehungspraktiken Eltern-Tochter)* mit vier Einzeltests sowie den gleichen Primärskalen wie bei beim o.a. EPS-Testsystem:
   a) MEPT-M: Mütterliche Erziehungspraktiken gegenüber der Tochter - aus der Sicht der Mutter
   b) VEPT-V: Väterliche Erziehungspraktiken gegenüber der Tochter - aus der Sicht des Vaters
   c) MEPT-T: Mütterliche Erziehungspraktiken gegenüber der Tochter - aus der Sicht der Tochter
   d) VEPT-T: Väterliche Erziehungspraktiken gegenüber der Tochter - aus der Sicht der Tochter

7. *Das FK-Testsystem (Familienklima)* mit drei Einzeltests, die jeweils 10 Primärskalen (Zusammenhalt, Offenheit, Konfliktneigung, Selbständigkeit, Leistungsorientierung, Kulturelle Orientierung, Aktive Freizeitgestaltung, Religiöse Orientierung, Organisation, Kontrolle) enthalten:
   a) FK-M: Familienklima - aus der Sicht der Mutter
   b) FK-V: Familienklima - aus der Sicht des Vaters
   c) FK-K: Familienklima - aus der Sicht des Kindes

8. *Das EB-Testsystem (Ehepartnerbeziehung)* mit zwei Einzeltests und jeweils vier Primärskalen (Zärtlichkeit, Konflikt, Resignative Unzufriedenheit, Unterdrückung):
   a) EB-M: Ehepartnerbeziehung aus der Sicht der Mutter EB-V
   b) Ehepartnerbeziehung aus der Sicht des Vaters

Für die Normierung wurden 570 Familien untersucht, wobei jeweils beide Elternteile und ein Kind berücksichtigt wurden. Für jedes Testsystem können ein Manual sowie die Testunterlagen erhalten werden.

Für die Familienklimaskala entwickelte Roth (2002) eine aus 30 Items bestehende Kurzform für Jugendliche mit den folgenden 5 Skalen: Positiv-emotionales Klima, aktive Freizeitgestaltung, Organisation, Kontrolle und intellektuell-kulturelle Orientierung.

9.3 Alabama Parenting Questionnaire für Kinder (6 bis 17 Jahre) und Eltern

Alabama Parenting Questionnaire

Das *Alabama Parenting Questionnaire* von Frick (Shelton et al., 1996; Frick et al., 1999) kann mit Erlaubnis des Autors von der Internetseite http://www.uno.edu/~pfrick/APQ.html als PDF-Datei bezogen und verwendet werden, und zwar in vier verschiedenen Formen:

I. APQ Child Form
II. APQ Child Telephone Interview
III. APQ Parent Form
IV. APQ Parent Telephone Interview.

Im Folgenden wird die APQ Child Form wiedergegeben.

The University of New Orleans Alabama Parenting Questionnaire, APQ-Child Form

The University of New Orleans Alabama Parenting Questionnaire, APQ-Child Form:
Instruktion: Im Folgenden findest Du eine Reihe von Feststellungen über Deine Familie. Stufe bitte jede Feststellung danach ein, wie oft sie zu Hause üblicherweise auftritt. Die Antwortmöglichkeiten sind „niemals", „fast nie", „manchmal", „oft" und „immer". Wenn Dein Vater oder Deine Mutter nicht bei Dir zu Hause leben, so lasse die Fragen über Vater oder Mutter aus.

Item	**niemals**	**fast nie**	**manchmal**	**oft**	**immer**
(1) Du hast ein freundschaftliches Gespräch mit Deiner Mutter.	1	2	3	4	5
Und wie ist es bei Deinem Vater mit einem freundschaftlichen Gespräch?	1	2	3	4	5
(2) Deine Eltern sagen es Dir, wenn Du eine Arbeit gut gemacht hast.	1	2	3	4	5
(3) Deine Eltern drohen Dir, Dich zu bestrafen und tun es dann nicht.	1	2	3	4	5
(4) Deine Mutter hilft Dir bei einigen Deiner besonderen Aktivitäten (wie z.B. Sport, Pfadfinder, kirchliche Jugendgruppe).	1	2	3	4	5
Und wie ist dies bei Deinem Vater?	1	2	3	4	5

Item	niemals	fast nie	manchmal	oft	immer
(5) Deine Eltern belohnen Dich oder geben Dir etwas extra, wenn Du Dich gut benimmst.	1	2	3	4	5
(6) Du hinterlässt Deinen Eltern keine Nachricht oder sagst ihnen nicht, wo Du hingehst.	1	2	3	4	5
(7) Du spielst mit Deiner Mutter Spiele oder machst andere angenehme Sachen mit ihr.	1	2	3	4	5
Und wie ist dies mit Deinem Vater?	1	2	3	4	5
(8) Du überredest Deine Eltern, Dich nicht zu bestrafen, nachdem Du etwas Falsches, Unrechtes gemacht hast.	1	2	3	4	5
(9) Deine Mutter fragt Dich, wie Dein Tag in der Schule war.	1	2	3	4	5
Und wie ist dies bei Deinem Vater?					
(10) Du bleibst am Abend über die Zeit hinaus weg, zu der Du zurück erwartet wirst.	1	2	3	4	5
(11) Deine Mutter hilft Dir bei Deinen Schularbeiten.	1	2	3	4	5
Und wie ist dies bei Deinem Vater?	1	2	3	4	5
(12) Deine Eltern haben es aufgegeben zu versuchen, dass Du gehorchst, weil es zu viel Ärger gibt.	1	2	3	4	5
(13) Deine Eltern loben Dich, wenn Du etwas gut gemacht hast.	1	2	3	4	5
(14) Deine Mutter fragt Dich nach Deinen Plänen für den nächsten Tag.	1	2	3	4	5
Und wie ist dies bei Deinem Vater?					
(15) Deine Mutter drängt Dich zu bestimmten Aktivitäten.	1	2	3	4	5
Und wie ist dies bei Deinem Vater?	1	2	3	4	5
(16) Deine Eltern loben Dich für gutes Verhalten.	1	2	3	4	5
(17) Deine Eltern kennen die Freunde nicht, mit denen Du zusammen bist.	1	2	3	4	5
(18) Deine Eltern umarmen und küssen Dich, wenn Du etwas gut gemacht hast.	1	2	3	4	5
(19) Du gehst aus ohne eine festgesetzte Zeit, wann Du wieder zu Hause bist.	1	2	3	4	5
(20) Deine Mutter spricht mit Dir über Deine Freunde.	1	2	3	4	5
Und wie ist dies bei Deinem Vater?	1	2	3	4	5
(21) Du gehst ohne einen Erwachsenen aus, nachdem es dunkel geworden ist.	1	2	3	4	5

Item	niemals	fast nie	manchmal	oft	immer
(22) Deine Eltern heben eine Bestrafung von Dir wieder auf, z.B. heben sie Einschränkungen/Verbote früher auf, als sie es ursprünglich gesagt hatten.	1	2	3	4	5
(23) Du hilfst bei der Planung von gemeinsamen Familienaktivitäten mit.	1	2	3	4	5
(24) Die Eltern sind so beschäftigt, dass sie vergessen, wo Du bist und was Du tust.	1	2	3	4	5
(25) Deine Eltern bestrafen Dich nicht, wenn Du etwas Falsches oder Unrechtes getan hast.	1	2	3	4	5
(26) Deine Mutter geht zu Schulversammlungen, z.B. zu Elternabenden.	1	2	3	4	5
Und wie ist dies bei Deinem Vater?	1	2	3	4	5
(27) Deine Eltern sagen Dir, dass sie wünschen, dass Du im Haushalt mit hilfst.	1	2	3	4	5
(28) Du bleibst länger weg als erwartet und Deine Eltern merken es nicht.	1	2	3	4	5
(29) Deine Eltern verlassen das Haus und sagen Dir nicht, wo sie hingehen.	1	2	3	4	5
(30) Du kommst mehr als eine Stunde später aus der Schule nach Hause, als es Deine Eltern erwarten.	1	2	3	4	5
(31) Die Strafen, die Deine Eltern Dir geben, hängen von ihren Stimmungen ab.	1	2	3	4	5
(32) Du bist zu Hause, ohne dass ein Erwachsener anwesend ist.	1	2	3	4	5
(33) Deine Eltern schlagen Dich mit der Hand, wenn Du etwas Falsches oder Unrechtes getan hast.	1	2	3	4	5
(34) Deine Eltern beachten Dich nicht, wenn Du Dich schlecht verhältst.	1	2	3	4	5
(35) Deine Eltern geben Dir eine Ohrfeige, wenn Du etwas Falsches oder Unrechtes getan hast.	1	2	3	4	5
(36) Deine Eltern entziehen Dir eine Vergünstigung oder nehmen Dir Geld weg als Bestrafung.	1	2	3	4	5
(37) Deine Eltern schicken Dich auf Dein Zimmer als Bestrafung.	1	2	3	4	5
(38) Deine Eltern schlagen Dich mit einem Gürtel oder einem Stock/einer Rute, wenn Du etwas Falsches oder Unrechtes getan hast.	1	2	3	4	5
(39) Deine Eltern schreien oder brüllen Dich an, wenn Du etwas Falsches oder Unrechtes getan hast.	1	2	3	4	5

Item	niemals	fast nie	manchmal	oft	immer
(40) Deine Eltern erklären Dir ruhig, warum Dein Verhalten falsch/unrecht war, wenn Du Dich falsch verhalten hast.	1	2	3	4	5
(41) Deine Eltern wenden eine Auszeit an als Bestrafung (z.B. musst Du in einer Ecke sitzen oder stehen).	1	2	3	4	5
(42) Deine Eltern bestrafen Dich mit zusätzlicher Arbeit.	1	2	3	4	5

Bei der APQ-Parent Form entsprechen die Inhalte den Fragen der Kinder-Form, so dass eine direkte Vergleichbarkeit möglich ist. Die ersten fünf Items der Parent-Form lauten z.B. folgendermaßen:

1. Sie haben ein freundschaftliches Gespräch mit Ihrem Kind.
2. Sie sagen Ihrem Kind, wenn es eine Arbeit gut gemacht hat.
3. Sie drohen Ihrem Kind, es zu bestrafen, tun es dann aber nicht.
4. Sie bieten Ihrem Kind an, ihm bei seinen besonderen Aktivitäten (wie z.B. Sport, Pfadfinder, kirchliche Jugendgruppe) zu helfen.
5. Sie belohnen Ihr Kind oder geben ihm etwas extra, wenn es Ihnen gehorcht oder sich gut benimmt.

Die 42 Items der APQ-Parent Form werden sechs Bereichen zugeordnet:

I. Engagement
II. Positive Verstärkung
III. Kontrolle
IV. Inkonsequenz
V. Körperliche Bestrafung
VI. Andere Erziehungspraktiken.

In der Untersuchung von Frick et al. (1999) wurden 179 Kinder und Jugendliche im Alter von 6 bis 17 Jahren sowie ihre Mütter (= alle weiblichen Bezugspersonen, mit denen die Kinder mindestens im letzten Monat vor der Untersuchung zusammen lebten) mit dem APQ erfasst.

In der Untersuchung von Frick et al. (1999) wurden 179 Kinder und Jugendliche im Alter von 6 bis 17 Jahren sowie ihre Mütter (= alle weiblichen Bezugspersonen, mit denen die Kinder mindestens im letzten Monat vor der Untersuchung zusammen lebten) mit dem APQ erfasst. Die Kinder und Jugendlichen waren ambulant wegen emotionaler sowie Verhaltens- und Lernproblemen vorgestellt worden. Sie wurden in drei Altersgruppen aufgeteilt: 6 bis 8 Jahre (N = 87, Mittelwert 7,1, Streuung 0.75), 9 bis 12 Jahre (N = 60, Mittelwert 10,4, Streuung 1,1) und 13 bis 17 Jahre (N =32, Mittelwert 14,4, Streuung 1,2). Es ergaben sich die folgenden Mittelwerte und Streuungen:

APQ-Bereich und APQ-Form	6-8 Jahre	9-12 Jahre	13-17 Jahre
Engagement Mutter			
Parent Form	39,97 (4,9)	37,58 (5,3)	37,31 (5,4)
Child Form	34,86 (7,9)	32,73 (7,3)	29,86 (8,0)
Engagement Vater			
Child Form	30,3 (10,1)	29,42 (9,4)	26,25 (8,6)
Positive Verstärkung			
Parent Form	25,88 (2,9)	24,58 (3,7)	23,32 (3,4)
Child Form	23,13 (5,0)	22,47 (5,3)	19,03 (5,8)
Kontrolle			
Parent Form	13,53 (4,6)	14,55 (4,0)	17,83 (5,3)
Child Form	21,01 (7,2)	18,30 (7,0)	19,03 (5,8)
Inkonsequenz			
Parent Form	14,89 (3,5)	15,52 (3,2)	15,58 (3,4)
Child Form	15,63 (5,0)	14,11 (4,8)	15,74 (4,6)
Körperliche Bestrafung			
Parent Form	6,63 (1,4)	6,23 (1,8)	5,09 (1,7)
Child Form	7,26 (3,2)	5,93 (2,1)	4,69 (2,1)

9.4 Discipline Methods

Die folgenden Angaben zu *Discipline Methods* beruhen auf den Ausführungen von Hunter et al. (2003b) des LONGSCAN-Forschungsprojektes auf der Internetseite http://www.iprc.unc.edu/longscan.

Der Fragebogen wird in Interview-Form mit den Eltern bzw. Erziehungsberechtigten durchgeführt und gliedert sich in die folgenden zwei Teile:

Der Fragebogen wird in Interview-Form mit den Eltern bzw. Erziehungsberechtigten durchgeführt und gliedert sich in die folgenden zwei Teile

I. Die Eltern werden nach ihrer typischen ersten sowie zweiten Reaktion auf fünf verschiedene Formen von Problemverhalten des Kindes befragt, nämlich Ungehorsam, Respektlosigkeit, Schlagen eines kleinen/jungen Kindes, Lügen und Stehlen. Mit diesem Ansatz soll zum einen bestimmt werden, ob die Eltern unterschiedliche Strategien bei unterschiedlichem Problemverhalten einsetzen, zum anderen werden auch diejenigen Erziehungsmethoden erfasst, die angewendet werden, wenn die ersten Reaktionen der Eltern auf Problemverhalten keinen gewünschten Erfolg hatten.
II. Auf der Grundlage der *Conflict Tactics Scales* (Strauss et al., 1998) wurde eine LONGSCAN-Version der Unterskalen 'psychische Aggression', 'geringgradige Misshandlung' und 'schwergradige Misshandlung' erstellt.

Im Rahmen der LONGSCAN-Untersuchungen wurde der Fragebogen 'Discipline Methods' im Alter der Kinder von 8 Jahren durchgeführt.
Die Durchführungsanweisungen sowie Fragen für den I. und II. Teil lauten folgendermaßen:

I. TEIL

„Ich möchte mit Ihnen über Ihr Kind reden, wie es sich so verhält. Wie leicht oder schwierig ist es Ihrer Meinung nach im allgemeinen, Ihr Kind zu erziehen bzw. sein Verhalten zu beeinflussen?"

1. Würden Sie sagen, dass dies
   (1) leicht
   (2) durchschnittlich oder
   (3) schwierig ist?
   (k.A.) Keine oder unklare oder verweigerte Antwort

Was ist das größte Problem, das sie mit seinem Verhalten in den letzten 6 Monaten hatten?

2. Was ist das größte Problem, das Sie mit seinem Verhalten in den letzten 6 Monaten hatten?

___

3. Wie haben Sie auf das Problem reagiert?

___

„Ich möchte Ihnen nun einige Fragen darüber stellen, wie Sie gewöhnlich auf Verhaltensprobleme reagieren, die fast alle Kinder zu irgendeiner Zeit haben."
Was machen Sie gewöhnlich, wenn Ihr Kind (Name des Kindes) ...

4a. ... nicht das tut, was Sie ihm sagen, oder Ihnen nicht gehorcht?

___

4b. Wenn das keinen Erfolg hat, was machen Sie dann?

___

4c. Gut, was würden Sie tun, wenn es Ihnen nicht gehorchen würde?

___

4d. Und wenn das keinen Erfolg haben würde?

____

- Wenn auf die Frage 4a damit geantwortet wird, dass das Kind das Verhaltensproblem noch niemals gezeigt hat, sollen jeweils die - kursiv gedruckten - Fragen c und d gestellt werden. Die Fragen c und d sind 'hypothetisch' formuliert, also im Sinne von: 'was würden Sie tun, wenn das Kind ... .'
- Wenn nun mit einer bestimmten Strategie geantwortet sowie dann hinzugefügt wird, dass diese Strategie immer Erfolg gehabt hat, wird danach die Frage d gestellt.

Was machen Sie gewöhnlich, wenn Ihr Kind (Name des Kindes) ...

5a. ... ein jüngeres oder kleineres Kind schlägt oder mit ihm kämpft?

____

5b. Wenn das keinen Erfolg hat, was machen Sie dann?

____

5c. Gut, was würden Sie tun, wenn es ein jüngeres oder kleineres Kind schlagen würde oder mit ihm kämpfen würde?

____

Gut, was würden Sie tun, wenn es ein jüngeres oder kleineres Kind schlagen würde oder mit ihm kämpfen würde?

5d. Und wenn das keinen Erfolg haben würde?

____

Was machen Sie gewöhnlich, wenn Ihr Kind (Name des Kindes) ...
6a. ... Ihnen eine freche Antwort gibt oder respektlos ist?

____

6b. Wenn das keinen Erfolg hat, was machen Sie dann?

____

6c. Gut, was würden Sie tun, wenn es Ihnen eine freche Antwort geben würde oder respektlos wäre?

____

6d. Und wenn das keinen Erfolg haben würde?

____

Was machen Sie gewöhnlich, wenn Ihr Kind (Name des Kindes) ...

7a. ... Sie anlügt?

____

7b. Wenn das keinen Erfolg hat, was machen Sie dann?

____

7c. Gut, was würden Sie tun, wenn es Sie anlügen würde?

____

7d. Und wenn das keinen Erfolg haben würde?

____

Was machen Sie gewöhnlich, wenn Ihr Kind (Name des Kindes) ...

8a. ... etwas stiehlt?

____

8b. Wenn das keinen Erfolg hat, was machen Sie dann?

____

Gut, was würden Sie tun, wenn es stehlen würde?

8c. Gut, was würden Sie tun, wenn es stehlen würde?

____

8d. Und wenn das keinen Erfolg haben würde?

____

9. Erzieht neben Ihnen noch jemand das Kind?

(0) Nein

(1) Ja - Wer alles: (9a) ______________________

(k.A.) Keine oder unklare oder verweigerte Antwort

II. TEIL

Allgemeine Anweisung und Bewertungshinweise: Haben Sie oder irgendeine andere Person in den letzten 6 Monaten aufgrund des Verhaltens von .... (Name des Kindes) eine der folgenden Reaktionen zeigen müssen?
Wenn mit 'Ja' geantwortet wird: Wer? Sie oder jemand anderes? (Es muss keine Namensangabe erfolgen).

Allgemeine Anweisung und Bewertungshinweise: Haben Sie oder irgendeine andere Person in den letzten 6 Monaten aufgrund des Verhaltens von .... eine der folgenden Reaktionen zeigen müssen?

Die Einstufungen hinter den Fragen bedeuten:
0 = Trat nicht auf
1 = Nur durch befragte Person
2 = Nur durch andere Person
3 = Durch befragte und andere Person
k.A. = Keine Antwort, Antwort verweigert

10. Es angeschrieen oder angebrüllt?	0	1	2	3	k.A.
11. Es beschimpft oder angeflucht?	0	1	2	3	k.A.
12. Sich geweigert, mit ihm zu sprechen?	0	1	2	3	k.A.
13. Wütend den Raum verlassen?	0	1	2	3	k.A.
14. Etwas gehässiges oder boshaftes zum Kind gesagt, um ihm 'eins auszuwischen'?	0	1	2	3	k.A.
15. Gedroht, es zu schlagen oder etwas nach ihm zu werfen?	0	1	2	3	k.A.
16. Einen Gegenstand geworfen oder etwas zerstört, mit dem Fuß gegen etwas getreten oder irgendwo draufgehauen?	0	1	2	3	k.A.
17. Es gestoßen oder zur Seite geschubst?	0	1	2	3	k.A.
18. Es verhauen?	0	1	2	3	k.A.
19. Ihm einen Klaps gegeben?	0	1	2	3	k.A.
20. Nach ihm getreten, es gebissen oder es mit der Faust geschlagen?	0	1	2	3	k.A.
21. Es mit einem Gegenstand geschlagen (z.B. Rute, Gürtel oder Haarbürste) oder dies versucht?	0	1	2	3	k.A.
22. Es zusammengeschlagen?	0	1	2	3	k.A.
23. Es verbrannt/verbrüht mit heißem Wasser?	0	1	2	3	k.A.
24. Es mit einem Messer oder einer Waffe bedroht?	0	1	2	3	k.A.
25. Ein Messer oder eine Waffe gegen es verwendet?	0	1	2	3	k.A.

26. Welche Erziehungsmethoden scheinen bei ... (Name des Kindes) meistens am besten zu wirken?

____

Abhängig vom Forschungs- und Praxisinteresse können eine Reihe von unterschiedlichen Auswertungen bei dem I. Teil erfolgen.

Bei den Fragen 3 bis 8 erfolgt eine Bewertung nach den folgenden 13 Kategorien von Erziehungspraktiken:

(1) Tut nichts, vermeidet mit dem Problem umzugehen
(2) Ignoriert das Verhalten (als geplante Erziehungsstrategie)
(3) Sagt es jemand anderem, überlässt die (Erziehungs-)Reaktion jemand anderem
(4) Fühlt sich in das Kind ein, versetzt sich in seine Rolle
(5) Verbale Erklärung, belehren
(6) Grenzsetzung, Entzug von Privilegien
(7) Verbale, symbolische Aggression
(8) Beschämen, Schuldgefühle verursachen
(9) Geringfügige körperliche Gewalt
(10) Mittelgradige körperliche Gewalt
(11) Ausgeprägte soziale Isolierung
(12) Terrorisierung
(13) Schwere körperliche Gewalt oder Verlust der Selbstbeherrschung

Abhängig vom Forschungs- und Praxisinteresse können eine Reihe von unterschiedlichen Auswertungen bei dem I. Teil erfolgen, z.B. die Häufigkeiten verschiedener Erziehungspraktiken über alle Items hinweg, die Häufigkeiten bestimmter Erziehungspraktiken bei einem Verhaltensproblem, die Häufigkeit aggressiver vs. nicht aggressiver Praktiken, die Häufigkeit von aggressiven Praktiken bei der 1. und der 2. Antwort.

Beim II. Teil (Items 10 bis 26) werden folgende Items den drei Unterskalen zugeordnet:

'psychische Aggression': Item 10, 11, 12, 13, 14, 15 und 16
'geringgradige Misshandlung': Item 17, 18 und 19
'schwergradige Misshandlung': Item 20, 21, 22, 23, 24 und 25

9.5 Das Erziehungsstil-Inventar für Kinder und Jugendliche von 8 bis 16 Jahren

Das *Erziehungsstil-Inventar (ESI)* von Krohne & Pulsack (1995) umfasst fünf Skalen entsprechend den folgenden elterlichen Erziehungsstilen:

1. Unterstützung
Unterstützung wird als variable Neigung von Eltern definiert, ihrem Kind beim Aufbau von Problemlösungsstrategien zu helfen sowie beim Kind die materiellen, motivationalen und emotionalen Voraussetzungen für ein erfolgreiches Bewältigen von Problemsituationen zu schaffen.

Itembeispiele:
Meine Mutter (mein Vater) zeigt mir, wie Dinge funktionieren, mit denen ich umgehen möchte.
Meine Mutter (mein Vater) hat Verständnis dafür, wenn ich eine andere Meinung habe.
Wenn eine wichtige Entscheidung ansteht (z.B. Urlaubsreise), hört meine Mutter (mein Vater) sich auch meine Meinung an.

2. Einschränkung
Elterliche Einschränkung bezeichnet die variable Neigung von Eltern, die Orientierung des Kindes an vorgegebenen Normen sowie Autoritätsneigungen, die Übernahme von Wissensinhalten und fertigen Lösungen und die Aufrechterhaltung der Abhängigkeit von den Eltern zu begünstigen.

Itembeispiele:
Meine Mutter (mein Vater) verbietet mir Dinge, ohne dass ich weiß, warum.
Meine Mutter (mein Vater) sagt mir, dass ich für bestimmte Dinge, die ich gern tun möchte, noch zu jung bin.
Wenn ich eine eigene Meinung habe, sagt meine Mutter (mein Vater), ich könne in meinem Alter noch gar nicht mitreden.

3. Lob
Das elterliche Rückmeldungsverhalten wird unterschieden nach den Häufigkeiten von Lob (3.) bzw. Tadel (4.) sowie der Intensität der negativen, strafenden Rückmeldungen (5.) und der Konsistenz/Inkonsistenz (6.) der Rückmeldungen. Lob und Tadel beziehen sich also auf die Häufigkeiten elterlicher positiver und negativer Rückmeldungen auf erwünschtes bzw. unerwünschtes Verhalten des Kindes.

Das elterliche Rückmeldungsverhalten wird unterschieden nach den Häufigkeiten von Lob (3.) bzw. Tadel (4.) sowie der Intensität der negativen, strafenden Rückmeldungen (5.) und der Konsistenz/Inkonsistenz (6.) der Rückmeldungen.

Itembeispiele:
Meine Mutter (mein Vater) freut sich, wenn ich freiwillig für die Schule übe.
Meine Mutter (mein Vater) freut sich, wenn ich bei einer Arbeit geholfen habe.
Meine Mutter (mein Vater) freut sich, wenn ich schon abends meine Schultasche packe.

4. Tadel

Itembeispiele:
Meine Mutter (mein Vater) wird ärgerlich, wenn ich Widerworte gebe.
Meine Mutter (mein Vater) wird ärgerlich, wenn ich nicht pünktlich nach Hause komme.
Meine Mutter (mein Vater) wird ärgerlich, wenn ich etwas Dummes sage.

Das ESI liegt in einer Mutter- und Vater-Version vor, wobei die Reihenfolge und die Formulierungen der Items identisch sind.

5. Strafintensität

Die Anleitung zum Ausfüllen der Skala 'Intensität' lautet folgendermaßen:

Auf dieser Seite findest Du einige Sätze. Diese Sätze beschreiben, was fast alle Kinder hin und wieder machen, obwohl es den Eltern nicht gefällt. Stelle Dir nun einmal vor, wie Deine Mutter (dein Vater) darauf reagieren würde. Bitte lies zu jedem Satz erst alle Antworten durch und mache dann ein Kreuz vor die Antwort, die am besten beschreibt, wie Deine Mutter (Dein Vater) reagieren würde. Für jeden Satz nur eine Antwort ankreuzen! Falls Deine Mutter (Dein Vater) anders reagieren würde, wähle bitte die Antwort, die dem Verhalten Deiner Mutter (Deines Vaters) am nächsten kommt.

Itembeispiele:

Wenn ich meine Pflichten nicht erfülle ...; Wenn ich freche Antworten gebe ...

Für diese Items stehen die folgenden Antwortmöglichkeiten zur Verfügung:

- *nimmt sie (er) es mir nicht übel*
- *zeigt sie (er) mir, dass ich ihr (ihm) Kummer gemacht habe*
- *schimpft sie (er) mit mir*
- *verbietet sie (er) mir meine Lieblingsbeschäftigung (z.B. Fernsehen, Radfahren)*
- *gibt sie (er) mir Stubenarrest*
- *schlägt sie (er) mich*

6. Inkonsistenz

Itembeispiele:

Es kommt vor, dass meine Mutter (mein Vater) mir eine Belohnung verspricht und diese dann wieder vergisst.

Meine Mutter (mein Vater) lässt sich lange Zeit nicht anmerken, dass sie (ihn) etwas ärgert, wird dann aber plötzlich richtig wütend.

Meine Mutter (mein Vater) ist in einer Stimmung, dass man nicht genau weiß, ob es nicht gleich „etwas setzt".

Das ESI liegt in einer Mutter- und Vater-Version vor, wobei die Reihenfolge und die Formulierungen der Items identisch sind bis auf die Ausdrücke „meine Mutter" bzw. „mein Vater". Die Antwortmöglichkeiten für die Items der Skalen Unterstützung, Einschränkung, Lob, Tadel und Inkonsistenz reichen von „nie oder sehr selten" über „manchmal" und „oft" bis „immer oder fast immer". Die Beantwortungsmöglichkeiten bei der Skala 'Intensität' wurden bereits angeführt.

Normen liegen für Kinder im Alter von 8 bis 16 Jahren (Gesamtstichprobe: N = 1201), und zwar für 5 Altersgruppen (8 bis 10 Jahre, 11

Jahre, 12 Jahre, 13 Jahre, 14 bis 16 Jahre) vor, wobei für jede Altergruppe, für Jungen und Mädchen sowie die Mutter- und Vaterversion getrennte Normen vorhanden sind (also: Jungen, Mutter-Version; Jungen, Vater-Version; Mädchen, Mutter-Version; Mädchen, Vater-Version).

Die Ergebnisse zur externen Validität der ESI-Skalen fassen die Autoren folgendermaßen zusammen: „Kindliche Angst korreliert sehr ausgeprägt mit elterlicher Inkonsistenz, negativer Rückmeldung und Einschränkung. Auch die Leistung des Kindes in der Schule hängt mit der Erziehung, und zwar insbesondere mit Unterstützung und Einschränkung, zusammen. Ähnliches gilt für Schulunlust, die mit nahezu allen Erziehungsstilen verbunden ist. Eine weitere zentrale Persönlichkeitsvariable, die internale vs. externale Kontrollüberzeugung, ist ebenfalls bedeutsam mit elterlichem Erziehungsverhalten assoziiert. Je mehr die Eltern unterstützen, je konsistenter sie in ihrer Erziehung sind und je weniger sie einschränken, desto internaler ist die Kontrollüberzeugung des Kindes. Ganz ähnliche Beziehungen finden sich zur Typ-A-Variable Ungeduld und Feindseligkeit. Dieses Merkmal ist um so ausgeprägter, je weniger die Eltern unterstützen, je inkonsistenter und einschränkender sie sind und je häufiger und intensiver sie negative Rückmeldung geben" (S. 37).

Die Ergebnisse zur externen Validität der ESI-Skalen fassen die Autoren folgendermaßen zusammen

9.6 Family APGAR: Kurzfragebogen zur elterlichen Zufriedenheit mit den familiären Beziehungen

Die folgenden Angaben zu *Family APGAR* beruhen auf den Ausführungen von Hunter et al. (2003a) des LONGSCAN-Forschungsprojektes auf der Internetseite http://www.iprc.unc.edu/longscan/.

Die Skala dient der Erfassung der Zufriedenheit der Eltern mit den familiären Beziehungen und umfasst die folgenden 5 Items:

1. Ich bin zufrieden, dass ich mich an meine Familie wenden kann, wenn ich Schwierigkeiten und Problem habe	3	2	1	k.A.
2. Ich bin zufrieden mit der Art und Weise, wie meine Familie mit mir über bestimmte Dinge spricht und meine Sorgen und Probleme teilt	3	2	1	k.A.
3. Ich bin zufrieden damit, dass meine Familie meine Wünsche bezüglich neuer Aktivitäten oder Umorientierungen akzeptiert und unterstützt	3	2	1	k.A.
4. Ich bin zufrieden mit der Art und Weise, wie in meiner Familie Gefühle ausgedrückt werden und auf meine Gefühle wie Ärger, Kummer oder Liebe eingegangen wird	3	2	1	k.A.
5. Ich bin damit zufrieden, wie meine Familie und ich gemeinsam Zeit miteinander verbringen	3	2	1	k.A.

Die angeführten Einstufungen bedeuten: 3 = 'fast immer', 2 = 'einigermaßen' sowie 1 = 'fast nie' (k.A. = keine Antwort). Dementsprechend beträgt die mögliche Punktzahl 5 bis 15, d.h. je höher die Punktzahl, um so zufriedener ist der Elterteil mit den familiären Beziehungen.

9.7 Elternbild-Fragebogen für Kinder und Jugendliche (10 bis 18 Jahre) und Eltern

Der *Elternbild-Fragebogen (EBF)* wird im Rahmen eines Forschungsprojektes entwickelt mit dem Ziel, reliabel und valide die Repräsentation elterlicher Bezugspersonen von älteren Kindern, Jugendlichen und Erwachsenen zu erfassen.

Der *Elternbild-Fragebogen (EBF)* wird im Rahmen eines Forschungsprojektes unter der Leitung von Titze (Klinik für Psychiatrie, Psychosomatik und Psychotherapie des Kindes- und Jugendalters, Charité - Universitätsmedizin Berlin, Campus Virchow Klinikum) entwickelt mit dem Ziel, reliabel und valide die Repräsentation elterlicher Bezugspersonen von älteren Kindern, Jugendlichen und Erwachsenen zu erfassen. Die nachfolgenden Angaben zum EBF beruhen auf Informationen auf der Internetseite http://www.charite.de/rv/kpsych/ebf/ebf.html und deren weiteren Links sowie auf einem Zeitschriftenbeitrag von Titze et al. (2005).
Zunächst wird auf den EFB für Kinder und Jugendliche (EBF-KJ) eingegangen. Bei der Itemkonstruktion wurde darauf geachtet, dass die Feststellungen für Kinder ab 10 Jahren lesbar und verständlich sowie auch bis ins Erwachsenenalter inhaltlich angemessen sind.
Die Elternbild-Fragebogen zur Einstufung der Mutter/des Vaters (gefragt wird nach der Person, die in den letzten 5 Jahren am ehesten die Mutter/der Vater war) werden folgendermaßen eingeleitet: (http://www.charite.de/rv/kpsych/ebf/Eltern-Bild-Fragebogen%20II.pdf):

In den folgenden Fragen geht es um die Beziehung zu Deiner Mutter und zu Deinem Vater. Antworte einfach so, wie es für Dich ist - hier gibt es keine richtigen oder falschen Antworten. Bitte beantworte die folgenden Fragen, indem Du in das am besten zutreffende /_/ ein Kreuz machst. Achte bitte darauf, dass Du keine Frage auslässt! Bitte pro Frage nur ein Kästchen ankreuzen!

Es folgen dann 36 Feststellungen, die neun inhaltlichen Bereichen/Skalen zugeordnet sind:

1. *Identifikation mit den Eltern*
   Beispiele: Ich will genauso werden wie meine Mutter/mein Vater. Meine Mutter/mein Vater ist ein Vorbild für mich gewesen.
2. *Autonomie und Kontrolle durch die Eltern*
   Beispiele: Bei meiner Mutter/meinem Vater durfte ich selbst bestimmen. Wenn ich etwas wirklich wollte, hat meine Mutter es mich machen lassen.

3. *Elternbezogene Kohäsion, Bindung und Unterstützung durch die Eltern*
   Beispiele: Ich habe mich von meiner Mutter/meinem Vater sehr geliebt gefühlt. Meine Mutter/mein Vater ist für mich da gewesen, wenn ich sie/ihn gebraucht habe.
4. *Ablehnung und Gleichgültigkeit durch die Eltern*
   Beispiele: Meine Mutter/mein Vater hat mich abgelehnt. Ich bin meiner Mutter/meinem Vater egal gewesen.
5. *Konflikte zwischen Eltern und Kind*
   Beispiele: Meine Mutter/mein Vater hat mit mir gestritten. Meine Mutter/mein Vater und ich sind unterschiedlicher Meinung gewesen.
6. *Elterlicher Angst und Überprotektion*
   Beispiele: Meine Mutter/mein Vater hatte viel Angst um mich. Meine Mutter/mein Vater hat sich zu viele Gedanken und Sorgen um mich gemacht.
7. *Emotionale Vereinnahmung durch die Eltern*
   Beispiele: Ich musste meine Mutter/meinen Vater trösten. Meine Mutter/mein Vater hat ihre Sorgen bei mir abgeladen.
8. *Bestrafung durch körperliche/harte Strafen*
   Beispiele: Meine Mutter/mein Vater hat mich geschlagen. Meine Mutter/mein Vater hat mich zu hart bestraft.
9. *Hilfe für die Eltern durch die Kinder*
   Beispiele: Ich habe meiner Mutter/meinem Vater Arbeiten abnehmen müssen. Meine Mutter/mein Vater hat meine Hilfe gebraucht.

Die Feststellungen 1 bis 34 werden auf einer vierstufigen Skala beantwortet: nie = 0, selten = 1, manchmal = 2, oft = 3 und immer = 4. Bei den Feststellungen 35 und 36 wird nach ‚gar nicht' = 0, ‚kaum' = 1, ‚teils-teils' = 2, ‚ziemlich' = 3 und ‚völlig' = 4 eingestuft.

Die folgende Darstellung von Untersuchungsergebnissen mit dem EBF-KJ zeigt u.a. beispielhaft auf, wie sich im Verlaufe der Entwicklung, Validierung und statistischen Überprüfung eines Fragebogens die anfänglichen Annahmen zu Inhalten und Benennungen von Skalen verändern können und in wie weit die empirische Forschung spezifische elterliche Erziehungseinstellungen und -verhaltensweisen zu ermitteln vermag, die spezifische Störungen des Verhaltens und Erlebens vorhersagen bzw. mit diesen bedeutsam korrelieren.

Die folgende Darstellung von Untersuchungsergebnissen mit dem EBF-KJ zeigt u.a. beispielhaft auf, wie sich im Verlaufe der Entwicklung, Validierung und statistischen Überprüfung eines Fragebogens die anfänglichen Annahmen zu Inhalten und Benennungen von Skalen verändern können.

So wurden in einer frühen Untersuchung mit dem EBF-KJ Interkorrelationen berechnet und mittels Faktorenanalyse zunächst die folgende statistisch fundierte Faktorenstruktur bei teilweiser Umbenennung der Skalen erhalten (Titze et al., 2005b, S. 130; siehe auch: Titze, o. J.; http://www.charite.de/rv/kpsych/ebf/Projektskizze%20Elternbild-Fragebogen.pdf): 1. Ablehnung/Gleichgültigkeit, 2. Konflikte, 3. Emotionale Vereinnahmung, 4. Ängste/Überprotektion, 5. Autonomie, 6.

Hilfe für Eltern. Nicht faktorenanalytisch bestätigte Skalen waren: Bestrafung, Unterstützung, Grenzüberschreitung im intimen Bereich.
Später veröffentlichten Titze et al. (2005c) neueste Ergebnisse zur faktoriellen Validität des EBF-KJ, wobei nun sieben der neun Skalen des EBF-KJ durch Faktorenanalyse bestätigt wurden: Identifikation mit den Eltern; Autonomie und Kontrolle durch die Eltern; Konflikte zwischen Eltern und Kind; Ablehnung und Gleichgültigkeit durch die Eltern; Emotionale Vereinnahmung durch die Eltern; Elterlicher Angst und Überprotektion; Hilfe für die Eltern durch die Kinder. Statistisch aufgrund der Faktorenanalyse konnten die zwei Skalen nicht bestätigt werden: Elternbezogene Kohäsion, Bindung und Unterstützung durch die Eltern; Bestrafung durch körperliche/harte Strafen.
Titze et al. (2005b; siehe auch Titze et al., 2005a) führen aufgrund bisheriger Untersuchungen hinreichend erscheinende testpsychologische Gütekriterien (z.B. zur Retest-Reliabilität) für den EBF-KJ anhand einer klinischen Stichprobe von Kindern und Jugendlichen zwischen 10 und 18 Jahren auf.
Bezüglich der Konstruktvalidität des EBF-KJ wurden in dieser Untersuchung (Titze et al., 2005b) zusätzlich die belastenden Erziehungsbedingungen anhand der 5. Achse des Multiaxialen Klassifikationsschemas des ICD-10 von Dilling et al. (2000) erfasst. Dabei ergab sich u.a., dass „bei Eltern, die von den Jugendlichen als unterstützend beschrieben wurden, aus der Sicht der Kliniker signifikant weniger Disharmonie zwischen Erwachsenen, weniger inadäquate Kommunikation sowie seltener ein Mangel an Wärme in der Eltern-Kindbeziehung" (Titze et al., 2005b, S. 136-137) bestand. Demgegenüber waren „Eltern, die sich aus der Sicht der Jugendlichen emotional vereinnahmend und grenzüberschreitend verhielten, aus der Sicht der Kliniker häufiger psychisch gestört, vermittelten häufiger unzureichende Erfahrung, fielen öfter durch unzureichende Aufsicht und Führung auf und belasteten ihre Kinder häufiger durch unangemessene Anforderungen" (S. 137).

Demgegenüber waren „Eltern, die sich aus der Sicht der Jugendlichen emotional vereinnahmend und grenzüberschreitend verhielten, aus der Sicht der Kliniker häufiger psychisch gestört, vermittelten häufiger unzureichende Erfahrung, fielen öfter durch unzureichende Aufsicht und Führung auf und belasteten ihre Kinder häufiger durch unangemessene Anforderungen".

In einer weiteren (frühen) Untersuchung mit 60 Kindern/Jugendlichen einer Kinder- und Jugendpsychiatrie (klinische Gruppe) sowie 243 ProbandInnen einer Kontrollgruppe (SchülerInnen) definierten Titze et al. (2004) Risikokinder dahingehend, dass sie im EBF-KJ in mindestens zwei Skalen der Belastungsskalen einen T-Wert von > 65 und/oder in mindestens zwei Skalen der Ressourceskalen einen T-Wert < 35 aufwiesen (Ressourceskalen: Autonomie, Identifikation, Unterstützung; Belastungsskalen: Ängste/Überprotektion, Konflikte, emotionale Vereinnahmung, Ablehnung/Gleichgültigkeit; Hilfe für Eltern, Bestrafung). Die Risikokinder entsprachen also denjenigen Kindern, die ihre Beziehung zu den Eltern als hochbelastet einstuften. Sowohl bei den Jungen wie auch bei den Mädchen fanden sich signifikant mehr Risikokinder in der klinischen Stichprobe als in der Kontrollgruppe, wobei unter den Mädchen signifikant mehr Risikokinder waren als unter den Jungen (sowohl in der klinischen Stichprobe als auch in der Kontrollgruppe). Weiter wurde von den Eltern der Elternfragebogen über das Verhalten von Kindern und Jugendlichen (CBCL/4-18 von Achenbach, deutsch: Arbeitsgruppe Kinder-, Jugend- und Familiendiagnostik, 1998a) sowie von den Kindern/Jugendlichen der Fragebogen für Jugendliche (YSR von Achenbach, deutsch: Arbeitsgruppe Kinder-, Jugend- und Familiendiagnostik, 1998b) ausgefüllt. Risikokinder wiesen sowohl im Elternurteil (CBCL) wie auch im Selbstbild (YSR) signifikant erhöhte Werte auf im Vergleich zur Normstichprobe.

Diese Befunde (bei Jungen wie Mädchen signifikant mehr Risikokinder in der klinischen Stichprobe als in der Kontrollgruppe; bei den Mädchen signifikant mehr Risikokinder als bei den Jungen; Risikokinder weisen signifikant erhöhte Werte in der CBCL und YSR auf) konnten auch in weiteren Untersuchungen mit größeren Stichproben bestätigt werden (Titze et al., 2005a, c). Dabei wurde in diesen Untersuchungen auch erforscht (mittels schrittweiser linearer multipler Regressionen), ob psychopathologische Auffälligkeiten der Kinder/Jugendlichen (erfasst durch CBCL und YSR) durch die EBF-KJ vorhergesagt werden können. Bedeutsame Beziehungen zwischen psychopathologischen Auffälligkeiten des Verhaltens und Erlebens und EBF-KJ-Skalen bestanden z.B. zu ablehnendem/gleichgültigem Vater, Konflikten mit der Mutter, ängstlicher/überprotektiver Mutter, ablehnender/gleichgültiger Mutter, Autonomie gewährendem Vater und emotional vereinnahmendem Vater. Genauere Analysen ergaben dann noch, dass z.B. Mädchen mit geringer mütterlicher Kohäsion, aber hoher mütterlicher emotionaler Vereinnahmung mehr internalisierende (sozialer Rückzug, körperliche Beschwerden, ängstlich/depressiv) als externalisierende (dissoziales und aggressives Verhalten) Störungen aufwiesen. Weiter identifizierten sich Mädchen mit internalisierenden Störungen mehr mit ihrem Vater und erhielten weniger Autonomie von ihm als Mädchen mit externalisierenden Störungen (Titze et al., 2005a, c).

Genauere Analysen ergaben dann noch, dass z.B. Mädchen mit geringer mütterlicher Kohäsion, aber hoher mütterlicher emotionaler Vereinnahmung mehr internalisierende als externalisierende Störungen aufwiesen.

Auf der Internetseite http://www.charite.de/rv/kpsych/ebf/ebf.html findet sich weiter ein Elternbild-Fragebogen für Eltern (EBF-E/Mutter; EBF-E/Vater), in dem Eltern ihre Mutter bzw. ihren Vater mit gleichlautenden Fragen wie beim EBF-KJ einstufen. Weiter wird noch ein Fragebogen zur Eltern-Kind-Beziehung zur Verfügung gestellt (EBF-E), in dem die Eltern ihre Beziehung zum Kind einstufen mit analogen Fragen wie im EFB-KJ, also z.B. statt „Meine Mutter hat mir alle Freiheiten gelassen" nun „Ich habe meinem Kind alle Freiheiten gelassen".

Im Zusammenhang mit den o.a. Ergebnissen zur Konstrukt- und Vorhersagevalidität sei abschließend auf Ergebnisse einer Untersuchung von Winkler Metzke & Steinhausen (1999) über Risiko-, Protektions- und Vulnerabilitätsfaktoren für die seelische Gesundheit und psychische Störungen im Jugendalter hingewiesen. Untersucht wurden 1110 Kinder/Jugendliche im Alter von 10 bis 17 Jahren, wobei die Schutz- und Risikofaktoren erfasst wurden bezüglich des elterlichen

Erziehungsverhaltens (Akzeptanz, Ablehnung, Kontrolle), der schulischen Umwelt (Konkurrenz zwischen den Schülern, Anerkennung durch Gleichaltrige, Kontrolle durch die Lehrperson, Mitbestimmungsmöglichkeiten, Leistungsdruck) und des sozialen Netzwerks (Größe und Effizienz des soziales Netzwerks). Weiter wurden Fragebogen zum psychischen Befinden (internalisierende und externalisierende Störungen) sowie zum Stress durch belastende Lebensereignisse ausgefüllt. Für beide Geschlechter ergab sich, dass elterliche Wärme und Unterstützung sowie die Anerkennung durch Gleichaltrige als allgemeine kompensatorische Faktoren, wahrgenommene Ablehnung und psychischer Druck durch Eltern, Konkurrenzverhalten zwischen den SchülerInnen sowie Leistungsdruck und Kontrolle durch Lehrpersonen als allgemeine Risikofaktoren angesehen werden können. Die Ablehnung durch die Eltern stand in Beziehung mit internalisierenden Störungen. Für externalisierende Störungen bestand nur bei den Mädchen ein Zusammenhang mit elterlicher Ablehnung und nur bei den Jungen ein Zusammenhang mit schulischem Leistungsdruck. Die Anzahl der belastenden Lebensereignisse sowie deren subjektiv bewertetes Ausmaß zeigten einen signifikanten Zusammenhang bei beiden Geschlechtern, allerdings bei Mädchen stärker ausgeprägt als bei Jungen (siehe auch Laucht et al., 2000, S. 289, die im Rahmen einer Längsschnittstudie „mit Hilfe der Belastungsfaktoren ‚B roken Home-Herkunft der Eltern', ‚Delinquenz des Vaters', ‚chronische Schwierigkeiten der Familie' und ‚psychische Auffälligkeiten eines Elternteils' ... immerhin 64,4% der verhaltensauffälligen 8jährigen bei einer Gesamttrefferquote von 78,5% bereits richtig klassifizieren konnten. Bei genauerer Analyse ergab sich eine Reihe spezifischer Zusammenhänge; besonders eindrucksvoll war dabei der Befund, dass von den 21 Kindern, deren Mütter aus zerrütteten Familienbeziehungen abstammten – d.h. im Heim aufwuchsen oder mehrere Wechsel der Betreuungspersonen erlebt hatten -, 15 entsprechend 71,4% mit 8 Jahren durch eine Störung des Sozialverhaltens auffielen".

Für beide Geschlechter ergab sich, dass elterliche Wärme und Unterstützung sowie die Anerkennung durch Gleichaltrige als allgemeine kompensatorische Faktoren, wahrgenommene Ablehnung und psychischer Druck durch Eltern, Konkurrenzverhalten zwischen den SchülerInnen sowie Leistungsdruck und Kontrolle durch Lehrpersonen als allgemeine Risikofaktoren angesehen werden können.

9.8 Züricher Kurzfragebogen zur Erfassung elterlicher Erziehungshaltungen für Kinder/Jugendliche (11 bis 17 Jahre) und Eltern

Die in diesem Kapitel beschriebenen Kurzfragebogen zur Erfassung elterlicher Erziehungshaltungen für Kinder (ZKE) und Eltern (ZKE-E) wurden uns auf Anfrage vom Autor, M. Reitzle, zur Verfügung gestellt. Der ZKE wurde in einem Aufsatz von Reitzle et al. (2001) in der Fachzeitschrift Diagnostica vorgestellt. In diesem Artikel werden die messtechnischen Eigenschaften des ZKE anhand einer Stichprobe schweizerischer 11- bis 17jähriger SchülerInnen evaluiert. Der Fragebogen erfasst die Dimensionen „Wärme und Unterstützung", „Psychologischer Druck" und „Regeln und Kontrolle".

Der Fragebogen erfasst die Dimensionen „Wärme und Unterstützung", „Psychologischer Druck" und „Regeln und Kontrolle".

Eingeleitet wird der Fragebogen folgendermaßen:
„Auf den folgenden zwei Seiten stehen ein paar Sätze, in denen beschrieben wird, wie sich Eltern manchmal verhalten. Lies Dir bitte jeden Satz in Ruhe durch und beantworte dann, ob dieser Satz für Deine Mutter stimmt und ob der Satz für Deinen Vater stimmt. Du kannst jeweils wählen zwischen „stimmt nicht" (0) - „stimmt wenig" (1) - „stimmt ziemlich" (2) - oder „stimmt völlig" (3). Falls Du mit Deiner Mutter oder Deinem Vater allein zusammen wohnst, brauchst Du natürlich nur Antworten für die Mutter oder den Vater zu geben. Wenn Du z.B. bei Pflegeeltern oder bei den Großeltern wohnst, behandelst Du sie einfach wie Mutter und Vater. Aber trage dann bitte auf jeden Fall ein, was unter Mutter und Vater gemeint ist (z.B. Stiefmutter, Pflegemutter, Großmutter, Adoptivmutter, Freundin des Vaters, Stiefvater, Pflegevater, Großvater, Adoptivvater, Freund der Mutter usw.).
Mit Mutter ist gemeint: ____________________
Mit Vater ist gemeint: ____________________"

Es folgt dann ein Fragebeispiel, aus dem auch ersichtlich ist, wie der Fragebogen gedruckt und auszufüllen ist. Die Fragen/Aussagen, die mit einer 4-stufigen Antwortskala (s.o.) versehen sind, lauten wie folgt:

Meine Mutter .../mein Vater ...
- lobt mich, wenn ich etwas gut gemacht habe.
- bringt mir Dinge bei, die ich gerne lernen möchte.
- hilft mir bei den Hausaufgaben, wenn ich etwas nicht verstehe.
- will genau wissen, wofür ich mein Geld ausgebe.
- erwartet, dass ich meine Sachen in Ordnung halte.
- ist enttäuscht und traurig, wenn ich mich schlecht benommen habe.
- möchte immer gefragt werden, bevor ich ausgehen darf.
- hat klare Regeln und Vorschriften, wie ich mich zu verhalten habe.
- verbietet mir manchmal etwas, was sie/er ein anderes Mal erlaubt.
- möchte ständig etwas an mir verändern.
- hält mich für undankbar, wenn ich ihr/ihm nicht gehorche.
- hat es gern, wenn ich meine Freunde mit nach Hause bringe.
- redet mit mir über Politik und die Nachrichten.
- legt Wert auf meine Meinung, auch wenn sie/er andere Ansichten hat.
- verzichtet auf einiges, nur um mir eine Freude zu machen.
- vergisst oft Dinge, die sie/er mir versprochen hat.
- ist für mich da, wenn ich sie/ihn brauche.
- will, dass ich im Haushalt helfe.

- sagt mir immer genau, wann ich abends nach Hause kommen muss.
- nimmt mich in Schutz, wenn ich mich schlecht benommen habe.
- verlangt, dass ich bessere Schulleistungen erbringe als andere.
- denkt, dass ich nicht auf mich selbst aufpassen kann.
- wird schnell wütend, wenn ich nicht tue, was sie/er sagt.
- muntert mich wieder auf, wenn ich in der Schule schlechte Noten habe.
- fragt eigentlich nie, wo ich hingehe.
- nimmt Rücksicht auf mich und erwartet dasselbe von mir.
- redet eine Zeit lang nicht mit mir, wenn ich etwas angestellt habe.
- erklärt mir den Grund, wenn sie/er etwas von mir verlangt.
- geht meistens sehr freundschaftlich und liebevoll mit mir um.
- fragt andere Leute, wo ich war und was ich gemacht habe.
- tröstet mich, wenn ich in Schwierigkeiten stecke.
- geht regelmäßig zu den Elternabenden in der Schule.

Der später hinzugekommene Fragebogen zum Ausfüllen durch die Eltern ist wie jener für die Kinder und Jugendlichen aufgebaut. Eingeleitet wird der Fragebogen wie folgt

Der später hinzugekommene Fragebogen zum Ausfüllen durch die Eltern ist wie jener für die Kinder und Jugendlichen aufgebaut. Eingeleitet wird der Fragebogen wie folgt:
„Auf den folgenden zwei Seiten stehen ein paar Sätze, in denen beschrieben wird, wie sich Eltern manchmal verhalten. Natürlich meinen es Eltern immer gut. Dennoch würde man das eine oder andere gern anders machen, das ist ganz normal. Lesen Sie sich bitte jeden Satz in Ruhe durch und beantworten dann, ob dieser Satz für Sie stimmt. Sie können jeweils wählen zwischen „stimmt nicht" (0) – „stimmt wenig" (1) – „stimmt ziemlich" (2) – oder „stimmt völlig" (3). Tragen Sie bitte erst auf dieser Seite ein, ob es sich um eine Tochter oder einen Sohn handelt. Lesen Sie später die Fragen in der entsprechenden Spalte. Geantwortet wird immer in der Mitte. Schreiben Sie bitte in das Feld hier unten, was Sie in Bezug auf dieses Kind sind (z.B. Mutter, Stiefmutter, Pflegemutter, Großmutter, Adoptivmutter, Lebensgefährtin des Vaters, Vater, Stiefvater, Pflegevater, Großvater, Adoptivvater, Lebensgefährte der Mutter usw.)."

Die Aussagen in der Elternversion lauten folgendermaßen:

Meine Tochter .../Mein Sohn ...
- Ich lobe sie, wenn sie etwas gut gemacht hat./Ich lobe ihn, wenn er etwas gut gemacht hat.
- Ich bringe ihr Dinge bei, die sie gerne lernen möchte./...
- Ich helfe ihr bei den Hausaufgaben, wenn sie etwas nicht versteht.
- Ich will genau wissen, wofür sie ihr Geld ausgibt.
- Ich erwarte, dass sie ihre Sachen in Ordnung hält.
- Ich bin enttäuscht und traurig, wenn sie sich schlecht benommen hat.
- Ich möchte immer gefragt werden, bevor sie ausgehen darf.

- Ich habe klare Regeln und Vorschriften, wie sie sich zu verhalten hat.
- Ich verbiete ihr manchmal etwas, was ich ein anderes Mal erlaube.
- Ich möchte oft etwas an ihr verändern.
- Ich halte sie für undankbar, wenn sie mir nicht gehorcht.
- Ich habe es gern, wenn sie Andere mit nach Hause bringt.
- Ich rede mit ihr über Politik und die Nachrichten.
- Ich lege Wert auf ihre Meinung, auch wenn sie andere Ansichten hat.
- Ich verzichte auf einiges, nur um ihr eine Freude zu machen.
- Ich vergesse oft Dinge, die ich ihr versprochen habe
- Ich bin für sie da, wenn sie mich braucht.
- Ich will, dass sie im Haushalt hilft.
- Ich sage ihr immer genau, wann sie abends nach Hause kommen muss.
- Ich nehme sie in Schutz, wenn sie sich schlecht benommen hat.
- Ich verlange, dass sie bessere Schulnoten erbringt als andere.
- Ich denke, dass sie nicht auf sich selbst aufpassen kann.
- Ich werde schnell wütend, wenn sie nicht tut, was ich sage.
- Ich muntere sie wieder auf, wenn sie in der Schule schlechte Noten hat.
- Ich frage eigentlich nie, wo sie hingeht.
- Ich nehme Rücksicht auf sie und erwarte dasselbe von ihr.
- Ich rede eine Zeit lang nicht mit ihr, wenn sie etwas angestellt hat.
- Ich erkläre ihr den Grund, wenn ich etwas von ihr verlange.
- Ich gehe meistens sehr freundschaftlich und liebevoll mit ihr um.
- Ich frage andere Leute, wo sie war und was sie gemacht hat.
- Ich tröste sie, wenn sie in Schwierigkeiten steckt.
- Ich gehe regelmäßig zu den Elternabenden in ihre Schule.

Fragen bezüglich der angeführten Fragebogen beantwortet der Autor unter: Matthias.Reitzle@uni-jena.de.

9.9 Erziehungsstilfragebogen für Eltern

Der Erziehungsstilfragebogen wurde von Tschöpe-Scheffler und Niermann (2002; siehe auch Tschöpe-Scheffler, 2003) im Rahmen einer Evaluationsstudie des Elternkurses ‚Starke Eltern – Starke Kinder' des Deutschen Kinderschutzbundes entwickelt.
Die zugrundegelegten Erziehungsdimensionen beruhen auf einem Ansatz, der entwicklungsfördernde sowie entwicklungshemmende Erziehungsaspekte beinhaltet. Neben Forschungsarbeiten mit diesem Fragebogen scheinen die erfassten Dimensionen allgemein geeignet, auch im klinischen Alltag und bei Hausbesuchen das elterliche Erziehungsverhalten zu erfassen. Dies kann einerseits global und beschreibend erfolgen auf der Grundlage der genaueren Kenntnis der spezi-

Die zugrundegelegten Erziehungsdimensionen beruhen auf einem Ansatz, der entwicklungsfördernde sowie entwicklungshemmende Erziehungsaspekte beinhaltet.

fischen Umschreibungen der Inhalte der Dimensionen, wie sie Tschöpe-Scheffler (2003) u.a. in den Kapiteln 4 (Kompetenzförderndes Verhalten im Erziehungsalltag, S. 37ff.) sowie 5 (Entwicklungshemmende Interaktionen in der Erziehung, S. 75ff.) detailliert ausführt, andererseits aber auch aufgrund von Kinderbefragungen (je nach Alter der Kinder mittels mündlicher Befragung in einem Interviewspiel, Handpuppenspiel oder Vervollständigung einer Bildgeschichte, S. 214ff) oder Tiefeninterviews mit den Eltern (siehe nachfolgende erläuternde Übersicht):

Zur Dimension ‚emotionale Wärme, Zuwendung' wird u.a. ausgeführt, dass diese dann vorliegt, „wenn sich der Erwachsene dem Kind zuwendet, ihm das ‚Geschenk der reinen Aufmerksamkeit' (Martin Buber) macht, und es in einer wohlwollenden Atmosphäre anhört und annimmt.

Erfassungsmöglichkeiten des Erziehungsverhaltens nach Tschöpe-Scheffler (2003)

1. Umschreibung der Inhalte der Dimensionen:
Zur Dimension ‚emotionale Wärme, Zuwendung' wird u.a. ausgeführt, dass diese dann vorliegt, „wenn sich der Erwachsene dem Kind zuwendet, ihm das ‚Geschenk der reinen Aufmerksamkeit' (Martin Buber) macht, und es in einer wohlwollenden Atmosphäre anhört und annimmt. Dazu gehört, dem Kind echte Anteilnahme an seinen Problemen zu zeigen. Der emotionale Aspekt in dieser Dimension kann sich durch Körperkontakt, Lächeln, eine zugewandte Haltung, Blickkontakt und Trost äußern. Gefühle werden gezeigt und sind zärtlich, innig, fürsorglich, mitleidend, mitsorgend, herzlich, gütig, einfühlsam. Der Erwachsene überschreitet nicht die Grenze des Kindes, dringt nicht in persönliche Bereiche ein, fordert keinen Körperkontakt ein, es kommt zu keiner überfürsorglichen ‚Belagerung'. Ein Schlüsselbegriff, der in diesem Zusammenhang eingeführt werden soll, ist ‚wahrnehmende Liebe'; er steht im Gegensatz zu einer vereinnahmenden, blinden, überfürsorglichen Liebe" (S. 52).

2. Kinderbefragungen:
a.) Interviewspiel (216f.):
Frage 1: Ihr habt doch mitbekommen, dass eure Eltern im Moment so eine Art Schule besuchen? Wie findet ihr das? – Hat sich was für euch dadurch geändert? Antworten der Kinder z.B.: „Meine Mutter hat früher oft geflucht ... und das ist besser geworden"; „Meine Mutter ist nicht mehr so gestresst. Sie sieht vieles lockerer".
Frage 2: Was glaubst du, warum gehen deine Eltern in diesen Elternkurs (diese Elternschule)". Antwortbeispiel: „Ich glaub, die wollen noch was lernen"; „Das ist so, daran merkt man, dass sie mit mir und meinem Bruder nicht zurecht kommen".

Frage 3: Wenn ihr euren Eltern eine Note geben würdet, wie würdet ihr sie bewerten? Antwortbeispiel: „Also erst war die Mama Note drei minus und jetzt finde ich sie zwei plus."
Diese Fragen können natürlich für den klinischen und Jugendhilfe-Alltag abgewandelt werden, z.B.: „Was hat sich denn nach unseren letzten Gesprächen mit den Eltern und dir geändert"; „Wäre es gut, wenn (deine) Eltern eine Art Schule besuchen würden, in der sie Erziehung lernen, und warum würdet ihr das gut finden"; „Wenn du es zu Hause bestimmen könntest, was würdest du ändern?"; „Was würdest du dir wünschen, wie sich deine Eltern dir gegenüber anders verhalten sollten?"

b.) Handpuppenspiel (217f.):
Mit Puppen wird die folgende Szene gespielt: „Die zwei Brüder Mark und Paul (9 und 11 Jahre) wollen gemeinsam in einem Zimmer übernachten. Zuerst spielen beide friedlich miteinander. Dann möchte Mark jedoch schlafen und das Licht löschen. Paul möchte aber noch lesen. Es entsteht ein Streit zwischen den Brüdern." Vom Kind sollen nun Lösungsvorschläge gemacht werden. Gefragt werden könnte aber danach, was Vater oder Mutter jetzt wohl tun werden?

c.) Vollenden einer Bildgeschichte (218f.), z.B. mit einem Streit zwischen zwei Kindern, und auch hier könnte statt nach den Lösungsvorschlägen der Kinder nach den möglichen Reaktionen der Eltern gefragt werden.

Insgesamt erscheint es möglich, sich anhand solcher (kreativ variierter) Kinderbefragungen in relativ kurzer Zeit auf unterschiedliche Art und Weise ein Bild über die Einschätzung des elterlichen Erziehungsverhaltens durch Kinder zu verschaffen.

Die fünf Säulen entwicklungsfördernder Erziehung lauten folgendermaßen

Die fünf Säulen entwicklungsfördernder Erziehung lauten folgendermaßen:

1. Liebe bzw. emotionale Wärme, also Anteilnahme, Zuwendung, Trost, Körper- und Blickkontakt;
2. Achtung, also Anerkennung, Erklärung, Respekt, Selbstbestimmung, Zeit einräumen, positive Rückmeldungen;
3. Kooperation, also Unterstützung, Um-Verständnis-Ringen, Mitbestimmung, Förderung der Selbständigkeit, Ermutigung, Akzeptanz von Fehlern, gemeinsame Planungen und Unternehmungen;
4. Struktur, also Konsequenz, Grenzen setzen, Rituale und Regeln, Klarheit, Verlässlichkeit und Kontinuität, Einhalten von Absprachen;
5. Allseitige Förderung, also anregungsreiche Umgebung, Neugierverhalten unterstützen, Ermöglichung intellektueller, sprachlicher,

motorischer und sinnlicher Erfahrungen, Fragen beantworten, Wissen bereitstellen.

Die gegenpoligen fünf Säulen entwicklungshemmender Erziehung sind

Die gegenpoligen fünf Säulen entwicklungshemmender Erziehung sind:
1. Emotionale Kälte, also Ablehnung, Distanz, Desinteresse, Vermeidung von Körperkontakt, aber auch emotionale Überhitzung, also Überbehütung, Einengung, Abhängigkeit;
2. Missachtung, also Abwertung, Geringschätzung, Demütigung, Vernachlässigung, Diskriminierung, negative Rückmeldungen;
3. Dirigistisches Verhalten, also Kontrolle, Verbote, Anordnung, Drohung, Vorgaben, Freiheitsbeschränkung;
4. Chaos, also Grenzenlosigkeit, Beliebigkeit, Unberechenbarkeit, Resignation, Strukturlosigkeit;
5. Einseitige Über-Forderung, also ehrgeiziger Drill, übermäßiges Leistungsstreben, oder mangelnde Förderung, also anregungsarme Umgebung, Verhinderung von Lernen und Erfahrung, Antworten verweigern, Neugierverhalten dämpfen.

Auf dieser Grundlage wurden die folgenden acht Erziehungsdimensionen entwickelt:
Dimension 1 = Z: Zuwendung, emotionale Wärme; Dimension 2 = Ü: emotionale Kälte bzw. Überhitzung; Dimension 3 = A: Achtung, Anerkennung; Dimension 4 = M: Missachtung, Geringschätzung; Dimension 5 = K: Kooperation, partnerschaftliches Miteinander; Dimension 6 = D: Dirigismus, Fremdbestimmung; Dimension 7 = V: Verbindlichkeit, Konsequenz; Dimension 8 = B: Beliebigkeit, Inkonsequenz.

Der Fragebogen zur Erfassung dieser Dimensionen elterlichen Erziehungsverhaltens besteht aus drei Teilen: a.) Fallbeispiele, b.) Erziehungsaussagen und c.) Auftretenshäufigkeit eines bestimmten Erziehungsverhaltens.
Bei a) Fallbeispielen werden 12 Fallbeispiele vorgegeben, zu denen sich jeweils 3 bzw. 4 Antworten finden, die auf einer vierstufigen Skala (‚häufig', ‚gelegentlich', ‚selten', ‚gar nicht') beantwortet werden können. Die allgemeine Instruktion lautet folgendermaßen: „Kreuzen Sie bitte an, wie oft Sie in der letzten Zeit in einer solchen Situation in der beschriebenen Art und Weise reagiert haben bzw. wie oft Sie so oder ähnlich reagieren würden."

Die ersten beiden Fallbeispiele mit ihren Antwortvorgaben lauten folgendermaßen (ebda., S. 259f.):
1. *Sie sind mit Ihrer Tochter (4 Jahre) in einem Supermarkt. Alle paar Meter entdeckt sie etwas Neues, das sie gerne haben möchte, ein Auto, ein Eis, Süßigkeiten. Sie stehen vor der Entscheidung nachzugeben oder sich mühsam durchzusetzen. Wie reagieren Sie?*

	häufig	gele-gentlich	selten	gar nicht
Sie finden die Situation peinlich und wissen nicht, was Sie tun sollen. **B**				
Sie erlauben dem Kind hin und wieder, dass es Sachen anschauen kann, dann erledigen Sie ihr Einkäufe. **K**				
Sie nehmen kommentarlos das Kind, setzen es in den Einkaufswagen und erledigen ihre Einkäufe. **D**				

2. *Ihr Sohn (3 Jahre) möchte in der letzten Zeit abends nicht ins Bett gehen. Er sträubt sich mit allen Mitteln, es wird immer später. Wie reagieren Sie?*

	häufig	gele-gentlich	selten	gar nicht
Sie packen Ihr Kind und sagen ihm, dass es Ihnen jetzt wirklich reicht. **M**				
Sie überlegen, warum Ihr Sohn so aufgedreht ist, nehmen ihn in den Arm und reden mit ihm über den Tag. **Z**				
Sie gehen mit Ihrem Sohn gemeinsam ins Bett. **B**				

Die hinter den Antwortvorgaben angeführten fett geschriebenen Buchstaben geben die jeweilige Erziehungsdimension an (s.o.).
Bei b) den Erziehungsaussagen (ebda., S. 265-266) werden insgesamt 16 Aussagen vorgegeben, die auf einer vierstufigen Skala (‚stimme ich voll zu', ‚stimme ich teilweise zu', ‚lehne ich eher ab', ‚lehne ich völlig ab') beantwortet werden können. Die Instruktion lautet: „Kreu-

zen Sie bitte an, inwieweit Sie den folgenden Aussagen zustimmen. Bitte nur ein Kreuz pro Zeile!“ Die nachfolgende Tabelle gibt beispielhaft die ersten vier Aussagen wieder:

	stimme ich voll zu	**stimme ich teilweise zu**	**lehne ich eher ab**	**lehne ich völlig ab**
(1) Wenn Kinder keinen Ordnungssinn haben, muss man sie zur Ordnung zwingen. **D**				
(2) Wenn eine wichtige Entscheidung ansteht (z.B. eine Urlaubsreise), müssen auch schon kleine Kinder gefragt und ihre Wünsche berücksichtigt werden. **K**				
(3) Eltern sollten sich vor den Kindern ihre Unsicherheit nicht anmerken lassen, sonst verlieren sie den Respekt. **M**				
(4) Gute Eltern wissen, was ihr Kind braucht, und darum müssen sie es manchmal zu seinem Glück zwingen. **D**				

Die c) Auftretenshäufigkeit eines bestimmten Erziehungsverhaltens (S. 267-268) besteht aus 17 Fragen mit der folgenden Instruktion: „Wenn Sie die letzte Woche und den Umgang mit Ihrem Kind/Ihren Kindern Revue passieren lassen, dann haben Sie sich geärgert bzw. gefreut; sie haben gelobt, geschimpft, Ohrfeigen verteilt, geschmust und vieles mehr. Bitte geben Sie an, in welcher Häufigkeit die folgenden Handlungen von Ihnen vollzogen wurden. Wenn Sie mehrere Kinder haben, antworten Sie bitte für Ihr ältestes Kind.“ Die folgende Tabelle gibt beispielhaft die ersten vier Verhaltensweisen an:

Kreuzen Sie bitte an, wie häufig folgende Handlungen in der letzten Woche gegenüber Ihrem ältesten Kind vorgekommen sind. Bitte nur ein Kreuz pro Zeile.	gar nicht	bis zu 3 mal	bis zu 6 mal	bis zu 10 mal	häufiger
(1) Wie oft haben Sie dem Kind gesagt, dass Sie es gern haben?					
(2) Wie oft haben Sie dem Kind gesagt, wie es sich benehmen soll?					
(3) Wie oft haben Sie das Kind getröstet, wenn ihm etwas schief gegangen ist?					
(4) Wie oft haben Sie dem Kind gesagt, dass es für sein schlechtes Benehmen bestraft wird?					

9.10 Family Relations Test (FRT) für Vor- und Grundschüler

Beim semi-projektiven *Family Relations Test* von Bene & Anthony (1985) werden dem Kind Feststellungen vorgelesen, die es seinen Familienmitgliedern (ggf. auch weiteren wichtigen Bezugspersonen) zuordnen soll. Die Feststellungen beinhalten (schwache sowie starke; nur bei den Grundschülern) positive und negative Beziehungsaussagen, die wiederum unterteilt sind nach vom Kind ausgehenden Gefühlen/Handlungen gegenüber anderen Personen sowie dem Kind entgegengebrachten Gefühlen/Handlungen (z.B. „Diese Person der Familie spielt gerne mit mir“; „Wer soll dich abends ins Bett bringen?“). Deutsche Übersetzungen liegen vor von Flämig & Wörner (1977) sowie Ell (1990). Eine neuere Normierung für die Vorschulversion wurde von Hommers (2001) veröffentlicht.

Beim semi-projektiven *Family Relations Test* werden dem Kind Feststellungen vorgelesen, die es seinen Familienmitgliedern zuordnen soll.

9.11 Das Parent-Child Relationship Inventory für Eltern

Dieses Verfahren von Gerard (1994) wurde von Steinmetz & Hommers (2003) ins Deutsche übersetzt und wird hier vor allen Dingen deswegen aufgeführt, weil die Autoren den Fragebogen auch unter einer „Sorgerechts-Instruktion“ ausfüllen ließen (Vorstellung, der Fragebogen werde ausgefüllt im Rahmen eines Antrags auf das alleinige Sorgerecht). Diese Instruktion führte zu einer signifikanten Veränderung der Skalenmittelwerte in Richtung auf die Darstellung einer „idealen“ Eltern-Kind-Beziehung. Der Fragebogen besteht aus 78 Fragen, die mit ‚stimmt überhaupt nicht‘, ‚eher nein‘, ‚eher ja‘ sowie ‚ stimmt völlig‘ beantwortet werden. Die erfassten Skalen lauten: Soziale Unterstützung, Zufriedenheit mit der Elternschaft, Anteilnahme am Kind, Kommunikation mit dem Kind, Grenzen setzen, Autonomie und Rollenorientierung. Aufgrund einer Faktorenanalyse fanden die

Aufgrund einer Faktorenanalyse fanden die Autoren der deutschen Version vier Faktoren: Gegenseitige Zuwendung, Belastung durch die Elternschaft, traditionelle Rollenorientierung sowie Sorge um das Kind

Autoren der deutschen Version vier Faktoren: Gegenseitige Zuwendung (u.a.: Kind erzählt mir alles über Freunde; kann Gefühle des Kindes am Gesicht ablesen; wenig Zeit mit dem Kind zu reden; Kind erzählt, was es plagt), Belastung durch die Elternschaft (u.a.: ich werde verrückt, wenn ich nicht mehr Zeit ohne Kind habe; Frage, ob es richtig war, Kinder zu bekommen; fühle mich in der Kindererziehung allein gelassen; sehr zufrieden damit, Kinder zu haben), traditionelle Rollenorientierung (u.a.: Frauen sollen zu Hause bleiben; Frau kann Karriere machen und Mutter sein; Ehepartner und ich teilen Hausarbeiten) sowie Sorge um das Kind (u.a.: Schwierigkeiten, Kind zu bestrafen; schwer, Kind loszulassen; Eltern sollten Kind alles geben, was sie nicht hatten; viele Sorgen wegen Verletzungen des Kindes).

9.12 Fragebogen zum elterlichen Erziehungsverhalten (EEV) für Eltern

Dieses vom Autor (Stangl, 1989, 1996) entwickelte halbprojektive Verfahren (siehe auch: //www.stangl-taller.at/STANGL/WERNER/BERUF/PUBLIKATIONEN/FEV/default.html sowie http://www.schuhfried.at/deu/wts/eev.htm) besteht aus 20 visuell dargestellten Erziehungssituationen, die anhand von 8 vorgegebenen Verhaltensweisen bewertet werden sollen bezüglich ihrer Eignung für die jeweilige Situation. Die so erhaltenen 160 Einzelangaben werden zu den folgenden 16 Präferenzfaktoren zusammengefasst (mit jeweils 10 Items):

- Überwachungsintensität der kindlichen Aktivität
- Berufung auf Autoritäten beim elterlichen Verhalten
- Identifikation mit der Elternrolle
- Forderung nach Anpassung an elterliche Erziehungsvorstellungen
- Eingeräumte Mitbestimmung
- Berufung auf Normen und Regeln der Eltern
- Unsicherheit im elterlichen Verhalten
- Ängstlichkeit und Besorgtheit im elterlichen Verhalten
- Ermutigung zur kindlichen Eigenaktivität
- Vermeidung und Distanzierung zum kindlichen Verhalten
- Verbergen von Konflikten vor dem Kind
- Attribuierung von Erziehungsproblemen in das Kind
- Identifikation mit kindlichen Problemen
- Positive Argumentation und Begründung elterlichen Verhaltens
- Konfliktvermeidung und Abbruch der elterlichen Argumentation
- Negative Argumentation als Rechtfertigung elterlichen Verhaltens

Eine Clusteranalyse ergab fünf Typen elterlichen Erziehungsverhaltens: Laissez-faire, sozial-integrativ, überbehütend, lenkend, autoritätrestriktiv.

9.13 Fragebogen zu Erziehungseinstellungen und Erziehungspraktiken der eigenen Eltern für Erwachsene

Der von Richter-Appelt et al. (2004) entwickelte Fragebogen beruht auf dem *Parental Bonding Instrument* von Parker et al. (1979) und enthält zwei weitere selbst entwickelte Skalen zum Belohnungs- sowie Bestrafungsverhalten. Die Feststellungen können auf einer vierstufigen Skala beantwortet werden: stimmt genau; stimmt in etwa; nein, kaum; nein, überhaupt nicht. Eine Faktorenanalyse ergab vier Skalen:

1. Fürsorge-Ablehnung (z.B.: Er/sie lobte mich mit Worten, demütigte mich, verstand meine Probleme und Sorgen)
2. Autonomie (z.B.: Er/sie war mir gegenüber überfürsorglich, ließ mich meine Entscheidungen gerne alleine treffen, gab mir so viele Freiheiten, wie ich wollte)
3. Geringe Bestrafung (z.B.: Er/sie sprach nicht mehr mit mir, entzog mir Taschengeld, schlug mich)
4. Geringe materielle Belohnung (z.B.: Er/sie erfüllte mir einen besonderen Wunsch, unternahm gemeinsam etwas mit mir, schenkte mir Geld, Spielzeug u.ä.).

In einer klinischen Studie wurden Frauen verglichen, die in ihrer Kindheit intrafamiliär oder durch Bekannte/Verwandte oder durch Fremde sexuell missbraucht worden waren, wobei auch eine Kontrollgruppe nicht sexuell missbrauchter Frauen untersucht wurde. Multivariate Analysen ergaben folgendes: „Für die statistische Vorhersage von Selbstverletzungen nach Missbrauch in der Kindheit gilt, dass mütterliches fürsorgliches Verhalten sowie materielle Belohnung als eine weitere Form der Zuwendung die Wahrscheinlichkeit von Selbstverletzungen reduziert. Die väterlichen Erziehungseinstellungen und Erziehungspraktiken sind hier durchweg ohne signifikante Bedeutung. Bezüglich der statistischen Vorhersage von Suizidgedanken sind Autonomie gewährendes Verhalten (durch die Mutter und/oder den Vater) sowie gering ausgeprägte Bestrafung bedeutsame risikoreduzierende Dimensionen. Suizidversuche dagegen zeigen keinen Zusammenhang zu Skalen der Erziehungseinstellungen und Erziehungspraktiken, sondern ließen sich vor allem durch die Nähe zum Täter (absteigende Reihenfolge: intrafamiliär, durch Verwandte/Bekannte, durch Fremde) vorhersagen" (Richter-Appelt et al., 2004, S. 29-30)

In einer klinischen Studie wurden Frauen verglichen, die in ihrer Kindheit intrafamiliär oder durch Bekannte/Verwandte oder durch Fremde sexuell missbraucht worden waren, wobei auch eine Kontrollgruppe nicht sexuell missbrauchter Frauen untersucht wurde.

9.14 Fragebogen zur Selbstwirksamkeit verschiedener Familienmitglieder (Eltern und Jugendliche)

Caprara et al. (2004) entwickelten einen Fragebogen, um zu erfassen, wie Familienmitglieder ihre Selbstwirksamkeit einschätzen, innerhalb des Familiensystems ihre jeweilige Rolle auszufüllen.

Caprara et al. (2004) entwickelten einen Fragebogen, um zu erfassen, wie Familienmitglieder ihre Selbstwirksamkeit einschätzen, innerhalb des Familiensystems ihre jeweilige Rolle auszufüllen. Der Fragebogen enthält die folgenden Skalen (mit Beispielitems):

1. Perceived Filial Self-Efficacy Scale:
   In der Beziehung zu deinen Eltern, wie gut kannst du ...
   - mit ihnen sprechen, selbst wenn deine Beziehung mit ihnen angespannt ist
   - mit ihnen über deine Gefühle ihnen gegenüber sprechen
   - die Kritik deiner Eltern dir gegenüber akzeptieren, ohne dich angegriffen zu fühlen
2. Perceived Parental Self-Efficacy Scale:
   In der Beziehung zu Ihrem Sohn/Ihrer Tochter, wie gut können Sie ...
   - ihm/ihr helfen, mit seinen Problemen umzugehen, die er mit anderen hat
   - ihm/ihr Hilfe anbieten, auch wenn er/sie nicht danach fragte
   - ihn/sie dazu bringen, mit ihnen auch über sehr persönliche Dinge zu sprechen
3. Perceived Marital Self-Efficacy Scale:
   In der Beziehung zu Ihrer Ehefrau/Ihrem Ehemann, wie gut können Sie ...
   - Unterstützung erhalten, wenn Sie persönliche Probleme haben
   - Ihre Partnerin/Ihren Partner unterstützen, wenn die Kinder ignorieren, wozu sie/er sie aufforderte
   - Ihre Partnerin/Ihren Partner dabei unterstützen bei Problemen mit ihren/seinen Eltern.
4. Perceived Collective Family Efficacy Scale:
   Wie gut kann Ihre Familie als Ganzes ...
   - Konflikte lösen, wenn Familienmitglieder sich ungerecht und unfair behandelt fühlen
   - Familienmitglieder dazu bewegen, im Haushalt Verantwortung/Arbeiten zu übernehmen
   - einander helfen, die persönlichen Ziele zu erreichen.

9.15 Weitere Verfahren

- *Adult-Adolescent Parenting Inventory* (AAPI; Bavelok & Keene, 1999): Mit Hilfe von 32 Items sollen dysfunktionale Eltern-Kind-Interaktionen erfasst werden, die mit einem Risiko für Misshandlung und Vernachlässigung verbunden sind (unangemessene Erwartungen an die Adoleszenten, empathisches Erkennen der Bedürfnisse; Glaube an körperliche Bestrafung; Rollenumkehr).

- *Scale of Negative Family Interactions* (SNFI; Simonelli et al., 2005): Mit Hilfe von 34 Items sollen Jugendliche die emotional, körperlich und sexuell aggressiven Handlungen durch Eltern und Geschwister einstufen. Beispiel: Die Feststellung „Warf einen festen Gegenstand nach dir" wird sowohl für Vater und Mutter als auch für ältere Schwester, jüngere Schwester, älterer Bruder und jüngerer Bruder beantwortet, und zwar auf einer vierstufigen Skala zwischen ‚nie', ‚ein oder zwei Mal', ‚drei bis sechs Mal' sowie ‚sieben Mal und mehr'.
- In dem von Sturzbecher (2001) herausgegebenen Band über „Spielbasierte Befragungstechniken. Interaktionsdiagnostische Verfahren für Begutachtung, Beratung und Forschung" werden sowohl standardisierte Verfahren wie auch projektive Befragungstechniken für das Kindesalter (auch Vorschulalter) vorgestellt.
- *Familien- und Kindergarten-Interaktions-Test* (FIT-KIT; Sturzbecher und Freytag, 2000): 4 bis 8 Jahre alte Kinder stufen ihre Beziehungen/Interaktionen zu ihren Bezugspersonen (Eltern, Kindergärtnerinnen, aber auch z.B. an Pflegeeltern sollte gedacht werden) ein. Auf der Grundlage verschiedener Untertests (Problem-, Kooperations-, Konflikt-, Ideen-, Kummer- und Spaßsituationen) werden Verhaltensdimensionen einerseits von Erziehungspersonen (Kooperation, Hilfe, Abweisung, Restriktion, Bekräftigung kindlicher Ideen, Trösten, Emotionale Abwehr sowie Faxen und Toben), andererseits von Kindern (Hilfesuche, Diplomatie, Renitenz) erfasst. Eine ausführliche Testbesprechung findet sich bei Deimann und Kastner-Koller (2001).
- *Familien-Beziehungs-Skalen* (FBS) von Spiel et al. (1995) zur Erfassung der Beziehung Jugendlicher zu ihren Eltern.
- *Fragebogen zum erinnerten elterlichen Erziehungsverhalten* (FEE) von Schumacher et al. (2000). Mit dem FEE werden die folgenden drei Skalen (jeweils getrennt für die Mutter und den Vater) erfasst: Ablehnung und Strafe, emotionale Wärme sowie Kontrolle und Überbehütung. Schumacher et al. (2004) wandten den FEE in einer repräsentativen Stichprobe gemeinsam mit dem Bielefelder Fragebogen zu Partnerschaftserwartungen (BFPE) von Höger und Buschkämper (2002) an. Der BFPE erfasst Akzeptanzprobleme (z.B: „Manchmal kommt mir der Gedanke, dass es meinem Partner/meiner Partnerin zu viel sein könnte, mich so wie ich bin zu ertragen"), Öffnungsbereitschaft (z.B.: „An sich fällt es mir leicht, mit meinem Partner/meiner Partnerin über das zu sprechen, was in mir vorgeht") und Zuwendungsbedürfnis (z.B.: „Wenn sich mein Partner/meine Partnerin einmal nicht genug um mich kümmert, bedrückt mich das sehr") und wird (einschließlich Auswertungshilfen) auf der Internetseite http://www.dpgg.de/BielefelderBindungsskalen.htm veröffentlicht. Schumacher et al. (2004, S. 152f) teilen

Mit Hilfe von 34 Items sollen Jugendliche die emotional, körperlich und sexuell aggressiven Handlungen durch Eltern und Geschwister einstufen.

Personen mit einem unsicher-vermeidenden Bindungsmuster schilderten ihre Eltern als nur wenig emotional warm und zudem als stark ablehnend und strafend.

u.a. folgende Ergebnisse mit: „Personen, die das Erziehungsverhalten ihrer Eltern als ablehnend und kontrollierend wahrgenommen haben, schildern stärkere Akzeptanzprobleme seitens des Partners/der Partnerin und eine geringere Öffnungsbereitschaft ihnen gegenüber als Personen, die das Erziehungsverhalten ihrer Eltern positiv erlebt haben. Darüber hinaus berichten Personen, die ihre Eltern als emotional warm einstufen, auch ein etwas ausgeprägteres Zuwendungsbedürfnis. ... Ermittelt man für die fünf Bindungsmuster, die von Höger und Buschkämper (2002) vorgeschlagen worden sind, die Ausprägungen der FEE-Skalen, so zeigen sich hier folgende spezifische Zusammenhänge: Personen, die auf der Basis des BFPE einem sicheren Bindungsmuster zugeordnet waren, nahmen die im Vergleich zu allen anderen Bindungsmustern ausgeprägteste emotionale Wärme seitens ihrer Eltern wahr. Die bedingtsicheren Personen erinnerten ihre Eltern hingegen als am wenigstens ablehnend und kontrollierend, jedoch auch weniger emotional warm als die sicher Gebundenen. Personen mit einem unsicher-vermeidenden Bindungsmuster schilderten ihre Eltern als nur wenig emotional warm und zudem als stark ablehnend und strafend. Das unsicher-ambivalente (verschlossene) Bindungsmuster ist mit dem Erleben einer erhöhten elterlichen Ablehnung und Kontrolle sowie mit einer geringen emotionalen Wärme der Mutter assoziiert. Das unsicher-ambivalente (anhängliche) Bindungsmuster zeigt hingegen keine spezifischen Verknüpfungen mit dem perzipierten Erziehungsverhalten, da alle FEE-Skalenwerte eher durchschnittlich ausgeprägt sind."

- *Parenting Scale* (PS) von Arnold et al. (1993): Die PS besteht aus 28 Items, die die Bereiche Nachsichtigkeit (sehr schnell nachgeben, wenig auf dem Einhalten von Regeln und Grenzen bestehend), Überreagieren (anschreien, ohrfeigen, allg. übermäßige Emotionen) und Weitschweifigkeit (Neigung, zu viel mit den Kindern zu diskutieren und zu verhandeln) erfassen (siehe Internetseite: http://www.psychology.sunysb.edu/pow-/newpubs.html). Deutsche Versionen wurden von Lösel et al. (2003), Miller (2001; sie wendete den Fragebogen – unter der Bezeichnung Erziehungsfragebogen EFB – in ihrer Dissertation zum Erziehungsverhalten und Kompetenzüberzeugungen von Eltern mit Kindergartenkindern und dem Zusammenhang zu kindlichen Verhaltensstörungen an) sowie Miller und Hahlweg (2000; Kurzform bezüglich der Bereiche Nachsichtigkeit und Überreagieren) entwickelt. Für Eltern von Jugendlichen besteht eine englischsprachige Version von Irvine et al. (1999).
- Konstantares und Desbois (2001) konnten aufzeigen, dass schon Kinder im Alter von 4;0 bis 6;0 Jahren bei Verwendung von Fallvignetten in der Lage waren, die „Fairness/Unfairness" mütterlicher Erziehungspraktiken zu bewerten.

9.16 Literatur

Arbeitsgruppe Deutsche Child Behavior Checklist (1998a). Elternfragebogen über das Verhalten von Kindern und Jugendlichen; deutsche Bearbeitung der Child Behavior Checklist (CBCL/4-18). Einführung und Anleitung zur Handauswertung. 2. Auflage mit deutschen Normen, bearbeitet von M. Döpfner, J. Plück, S. Bölte, P. Melchers & K. Heim. Köln: Arbeitsgruppe Kinder-, Jugend- und Familiendiagnostik (KJFD).

Arbeitsgruppe Deutsche Child Behavior Checklist (1998b). Fragebogen für Jugendliche; deutsche Bearbeitung der Youth Self-Report Form der Child Behavior Checklist (YSR). Einführung und Anleitung zur Handauswertung. 2. Auflage mit deutschen Normen, bearbeitet von M. Döpfner, J. Plück, S. Bölte, P. Melchers & K. Heim. Köln: Arbeitsgruppe Kinder-, Jugend- und Familiendiagnostik (KJFD).

Arnold, D.S., O'Leary, S.G., Wolff, L.S. & Acker, M.M. (1993). The Parenting Scale: A measure of dysfunctional parenting in discipline situations. Psychological Assessment, 5, 137-144.

Baumgärtel, F. (1975). Erziehung und (Erziehungs-)Wissenschaft. Psychologie heute, 3, 13-52.

Baumrind, D. (1989). Rearing Competent Children. In W. Damon. (Hrsg.), Child Development Today and Tomorrow (S. 349-378). San Francisco: Jossey-Bass.

Bavelok, S.J. & Keene, R.G. (1999). Adult-Adolescent Parenting Inventory. Park City, UT: Family Development Resources, Inc.

Bene, E. & Anthony, J. (1985). Family Relations Test. An Objective Technique for exploring amotional attitudes in children. Windsor: NFER-Nelson Publishing.

Caprara, G.V., Regalia, C., Scabini, E., Barbaranelli, C. & Bandura, A. (2004). Assessment of Filial, Parental, Marital, and Collective Family Efficacy Beliefs. European Journal of Psychological Assessment 20 (4), 247-261.

Chamberlain, P., Reid, J.B., Eay, J., Capaldi, D. und Fisher, P. (1994). DSM IV review for Parent Inadequate Discipline (PID). In T.A. Widiger (Ed.), DSM-IV Sourcebook (569-629). Washington DC: American Psychiatric Press.

Deimann, P. & Kastner-Koller, U. (2001). Testbesprechung: Familien- und Kindergarten-Interaktionstest (FIT-KIT). Zeitschrift für Entwicklungspsychologie und Pädagogische Psychologie, 33 (4), 253-256.

Dilling, H., Mombour, W., Schmidt, M.H. & Schulte-Markwort, E. (2000). Internationale Klassifikation psychischer Störungen (ICD-10), Kapitel 5. In Weltgesundheitsorganisation (Hrsg.), Klinisch-diagnostische Leitlinien. Bern: Huber.

Ell, E. (1990). Psychologische Kriterien bei der Sorgerechtsregelung und die Diagnostik emotionaler Beziehungen. Weinheim: Deutscher Studien Verlag.

Flämig, J. & Wörner, U. (1977). Standardisierung einer deutschen Fassung des FRT an Kindern von 6-11 Jahren. Praxis Kinderpsychologie und Kinderpsychiatrie, 26, 5-38.

Frick, P.J., Christian, R.E. und Wotton, J.M. (1999). Age Trends in the Association Between Parenting Practices and Conduct Problems. Behavior Modification, 23, 106-128.

Gerard, A.B. (1994). Parent-Child Relationship Inventory (PCRI): Manual. Los Angeles: Western Psychological Services.

Heinze, M.C. und Grisso, T. (1996). Review of Instruments Assessing Parenting Competencies used in Child Custody Evaluations. Behavioral Sciences and the Law, 14, 293-313.

Höger, D. & Buschkämper, S. (2002). Der Bielefelder Fragebogen zu Partnerschaftserwartungen (BFPE). Ein alternativer Vorschlag zur Operationalisierung von Bindungsmustern mittels Fragebogen. Z. Diff. Diagn. Psychol., 23, 83-98.

Hommers, W. (2001). Psychometrische Normen für eine standardisierte Vorschulversion des Family Relation Test (FRT). Diagnostica, 47 (1), 7-17.

Hunter, W. M., Cox, C. E., Teagle, S., Johnson, R. M., Mathew, R., Knight, E. D. & Leeb, R.T. (2003a). Measures for Assessment of Functioning and Outcomes in Longitudinal Research on Child Abuse. Volume 1: Early Childhood. Internetseite http://www.iprc.unc.edu/longscan/

Hunter, W.M., Cox, C.E., Teagle, S., Johnson, R.M., Mathew, R., Knight, E.D., Leeb, R.T. & Smith, J.B (2003b). Measures for Assessment of Functioning and Outcomes in Longitudinal Research on Child Abuse, Volume 2: Middle Childhood. Internetseite http://www.iprc.unc.edu/longscan/

Irvine, A.B., Biglan, A., Smolkowsky, K. & Ary, D.V. (1999). The value of the Parenting Scale for measuring the discipline practices of parents of middle school children. Behavior Research and Therapy, 37, 127-142.

Kienbaum, J. (1993). Empathisches Mitgefühl und prosoziales Verhalten deutscher und sowjetischer Kindergartenkinder. Regensburg: Roderer.

Konstantares, M.M. & Desbois, N. (2001). Preschoolers perceptions of the unfairness of maternal disciplinary practices. Child Abuse & Neglect, 25, 473-488.

Krohne, H.W. & Pulsack, A. (1995). Das Erziehungsstil-Inventar (2. verbesserte Aufl.). Göttingen: Hogrefe.

Laucht, M., Esser, G. & Schmidt, M.H. (2000). Externalisierende und internalisierende Störungen in der Kindheit: Untersuchungen zur Entwicklungspsychopathologie. Zeitschrift für Klinische Psychologie und Psychotherapie, 29 (4), 284-292.

Leibetseder, M., Laireiter, A.-R., Riepler, A. & Köller, T. (2001). E-Skala: Fragebogen zur Erfassung von Empathie – Beschreibung und psychometrische Eigenschaften. Zeitschrift für Differentielle und Diagnostische Psychologie, 22 (1), 70-85.

Lösel, F. & Bender, D. (1998). Aggressives und delinquentes Verhalten von Kindern und Jugendlichen. In H.-L. Kröber &. K.-P. Dahle (Hrsg.), Sexualstraftaten und Gewaltdelinquenz (S. 13-38). Heidelberg: Kriminalistik Verlag.

Lösel, F., Beelmann, A., Jaursch, S., Scherer, S., Stemmler, M. & Wallner, S. (2003). Parenting Scale. Erlangen: Institut für Klinische Psychologie.

Lukesch, H. (2005). Fragebogen zur Erfassung von Empathie, Pro-Sozialität, Aggressionsbereitschaft und aggressivem Verhalten. Göttingen: Hogrefe.

Mammen, O., Kolko, D. & Pilkonis, P. (2003). Parental Cognitions and Satisfaction: Relationship to Aggressive Parental Behavior in Child Physical Abuse. Child Maltreatment, 8 (4), 288-301.

Miller, Y. (2001). Erziehung von Kindern im Kindergartenalter. Dissertation an der Technischen Universität Braunschweig, 2001. Internet: http://www.biblio.tu-bs.de/ediss/data/20010823b/20010823b.pdf

Miller, Y. & Hahlweg, K. (2000). Entwicklung einer Kurzform der Parenting Scale zur Erhebung elterlichen Erziehungsverhaltens. Poster auf dem 18. Symposium für klinische Psychologie und Psychotherapie, Göttingen

2000. Abstract Band (Hrsg. B. Kröner-Herwig). Internet: http://www.psych.uni-goettingen.de/congress/dgps-2000/abstract-band.pdf?lang=de

Moos, R. H. & Moos, B. S. (1986). Family Environment Scale Manual (2end ed.). Palo Alto, CA.: Consulting Psychologists Press.

Parker, G., Roussos, J., Hadzi-Pavlovic, D., Mitchell, P., Wilhelm, K. & Austin, M. (1979). The development of a refined measure of dysfunctional parenting and assessment of its relevance in patients with affective disorders. Psychol. Med. 27, 1193-1203.

Reitzle, M., Winkler Metzke, C. & Steinhausen, H.C. (2001). Eltern und Kinder: Der Züricher Kurzfragebogen zum Erziehungsverhalten (ZKE). Diagnostica 47 (4), 196-207.

Richter-Appelt, H., Schimmelpfennig, B. & Tiefensee, J. (2004). Fragebogen zu Erziehungseinstellungen und Erziehungspraktiken (FEPS). Eine erweiterte Version des Parental Bonding Instruments (PBI). PPmP - Psychotherapie, Psychosomatik, Medizinische Psychologie, 54 (1), 23-33.

Roth, M. (2002). Entwicklung und Überprüfung einer Kurzform der Familienklimaskalen für Jugendliche. K-FKS-J. Zeitschrift für Differentielle und Diagnostische Psychologie, 23, 225-234.

Schneewind, K.A., Beckmann, M. & Hecht-Jackl, A. (1985). Das Familiendiagnostische Test-System (FDTS). Konzeption und Überblick. Department Psychologie/Persönlichkeitspsychologie, Psychologische Diagnostik und Familienpsychologie der Universität München, Leopoldstr. 13, 80802 München.

Schumacher, J., Eisemann, M. & Brähler, E. (2000). Fragebogen zum erinnerten elterlichen Erziehungsverhalten. Göttingen: Hogrefe.

Schumacher, J., Stöbel-Richter, Y., Strauß, B. & Brähler, E. (2004). Perzipiertes elterliches Erziehungsverhalten und partnerbezogene Bindungsmuster im Erwachsenenalter. PsychotherPsychMed 54, 148-154.

Shelton, K.K., Frick, P.J. & Wotton, J.M. (1996). Assessment of Parenting Practices in Families of Elementary School-Age Children. Journal of Clinical Child Psychology, 25, 317-329.

Simonelli, C.J., Mullis, T. & Rohde, C. (2005). Scale of Negative Family Interactions. A Measure of Parental and Sibling Aggression. Journal of Interpersonal Violence, 20 (7), 792-803.

Spiel, C., Kreppner, K. & von Eye, A. (1995). Die Familien-Beziehungs-Skalen, FBS: Bericht über die Entwicklung eines Screening-Instruments zur Erfassung von Beziehungen Jugendlicher zu ihren Eltern. Diagnostica, 41, 322-333.

Stadler, C., Janke, W. & Schmeck, K. (2004). Inventar zur Erfassung von Impulsivität, Risikoverhalten und Empathie bei 9- bis 14jährigen Kindern. Göttingen: Hogrefe.

Stangl, W. (1989). Der Fragebogen zum elterlichen Erziehungsverhalten (FEV). Ein halbprojektives Verfahren zur Messung des elterlichen Erziehungsverhaltens. Zeitschrift für Differentielle und Diagnostische Psychologie, 4.

Stangl, W. (1996): FEV - Fragebogen zum elterlichen Erziehungsverhalten. Wiener Testsystem, Schuhfried GmbH, A-Mödling.

Steinmetz, M. & Hommers, W. (2003). Das „Parent-Child Relationship Inventory" als deutschsprachiges Eltern-Diagnostikum. Diagnostica, 49 (3), 120-128).

Strauss, M.A., Hamby, S.L., Finkelhor, D., Moore, D.W. und Runyan, D.K. (1998). Identification of Child Maltreatment with the Parent-Child Conflict Tactics Scales - CTS-PC -: Development and Psychometric Data for a National Sample of American Parents. Child Abuse & Neglect, 22 (4), 249-270.

Sturzbecher, D. (2001, Hrsg.). Spielbasierte Befragungstechniken. Interaktionsdiagnostische Verfahren für Begutachtung, Beratung und Forschung. Göttingen: Hogrefe.

Sturzbecher, D. & Freytag, R. (2000). Familien- und Kindergarten-Interaktionstest (FIT-KIT). Göttingen: Hogrefe.

Titze, K., Führer, D., Riezler, B., Lewkowicz, K., Nell, V., Wiefel, A. & Lehmkuhl, U. (2004). The Representation of the Parental Relationship of Children and Adolescents. Results from a New Screening Questionaire. Poster auf dem 16. Weltkongress der International Association for Child and Adolescent Psychiatry and Allied Professions (IACAPAP) in Berlin. Internetseite: http://www.charite.de/rv/kpsych/ebf/Poster%20IACAPAP%20Titze.pdf

Titze, K., Riezler, B., Führer, D., Lewkowicz, K., Nell, V., Wiefel, A. & Lehmkuhl, U. (2005a). Emotional belastete Elternbeziehungen im Jugendalter. Was macht einen Unterschied. Vortrag auf dem 29. Kongress der DGKJP, Heidelberg. Internetseite: http://www.charite.de/rv/kpsych/ebf/Titze%20Elternbeziehung%20von%20emotional%20belasteten%20Jugendlichen.pdf

Titze, K., Wollenweber, S., Nell, V. & Lehmkuhl, U. (2005b). Elternbeziehungen aus Sicht von Kindern, Jugendlichen und Klinikern. Entwicklung und klinische Validierung des Elternbild-Fragebogens (EBF-KJ). Praxis der Kinderpsychologie und Kinderpsychiatrie, 54 (2), 126-143.

Titze, K., Nell, V., Wiefel, A., Lenz, K. & Lehmkuhl, U. (2005c). The Parental-Representation-Screening-Questionnaire (PRSQ). Psychometric Properties and New Results. Poster, 8th European Conference on Psychological Assessment (ECPA8). Budapest, Hungary.

Tschöpe-Scheffler, S. & Niermann, J. (2002). Evaluation des Elternkurskonzepts ‚Starke Eltern - Starke Kinder' des Deutschen Kinderschutzbundes. Forschungsbericht. Fachhochschule Köln, Fakultät für Angewandte Erziehungswissenschaften.

Tschöpe-Scheffler, S. (2003). Elternkurse auf dem Prüfstand. Wie Erziehung wieder Freude macht. Opladen: Leske + Budrich.

Ulich, D., Kienbaum, J. & Volland, C. (2001). Wie entwickelt sich Mitgefühl? Ergebnisse der Forschungsgruppe „Mitgefühl". Universität Augsburg: Augsburger Berichte zur Entwicklungspsychologie und Pädagogischen Psychologie, Nr. 87.

Winkler Metzke, C. & Steinhausen, H.-C. (1999). Risiko-, Protektions- und Vulnerabilitätsfaktoren für seelische Gesundheit und psychische Störungen im Jugendalter. II. Die Bedeutung von elterlichem Erziehungsverhalten, schulischer Umwelt und sozialem Netzwerk. Zeitschrift für Klinische Psychologie, 28 (2), 95-104.

10. Temperament und Persönlichkeit

10.1 Einleitung

Aufgrund der im vorliegenden Buch immer wieder explizit oder implizit angeführten Bedeutung von Temperaments- und Persönlichkeitseigenschaften für die Qualität der Beziehungen zwischen Eltern und Kind sowie als Risiko- und Schutzfaktoren für die gesunde Entwicklung von Kindern und für Kindesmisshandlungen bedarf es sicherlich keiner weiteren Erläuterung, warum diesem Bereich ein eigenes Kapitel eingeräumt wird. Allerdings sei auch an die sehr vorsichtige Einschätzung von Bender & Lösel (2005, S. 329) erinnert, die in ihrer Auswertung der einschlägigen Studien zu folgendem Fazit kommen: „Die hier dargestellten Studien untersuchten meist direkte, univariate Zusammenhänge von kindlichen Merkmalen und späterer Misshandlung. Danach hat das Kindverhalten kaum Einfluss darauf, Opfer der elterlichen Gewalt zu werden. Interaktionen zwischen kindlichen und elterlichen Merkmalen wurden bislang aber zu wenig untersucht. Wie die entwicklungspsychopathologische Forschung nahe legt, kommt es jedoch auf die Passung zwischen Merkmalen von Eltern und Kindern an (vgl. Thomas & Chess, 1984). Das Misshandlungsrisiko dürfte gerade dann erhöht sein, wenn Kinder mit schwierigem Temperament auf überlastete, impulsive und wenig kompetente Eltern treffen (vgl. Moffitt, 1993)."

Danach hat das Kindverhalten kaum Einfluss darauf, Opfer der elterlichen Gewalt zu werden.

10.2 Infant Characteristics Questionnaire

Müttern einer im Mittelwesten der USA gelegenen Stadt mit 43.000 Einwohnern sowie deren ländlichen Umgebung wurden aufgrund von Geburtsanzeigen das *Infant Characteristics Questionnaire* (ICQ; Bates et al., 1979) zugeschickt. Die Mütter erhielten weiter einen portofreien Rückumschlag, und ihnen wurden 3 $ für das Ausfüllen des Fragebogens versprochen. Die Kleinkinder der Mütter waren zu etwa 50% Erstgeborene und zu ungefähr 50% männlich. Aufgrund der Berufstätigkeit wurden die Mütter etwa zu 17% der oberen Mittelschicht, 65% der Mittelschicht und 17% der Unterschicht zugeordnet.

In der nachfolgenden Tabelle finden sich die Faktorenladungen, kurze Beschreibungen der Items sowie die Prozentangaben zur aufgeklärten Varianz jedes Faktors (die fett gedruckten).

Das ICQ wurde im Alter der Kleinkinder von 4 bis 6 Monaten ausgefüllt sowie bei einer Stichprobe zur Erfassung der Retest-Reliabilität erneut im Alter von 5 bis 6 Monaten. Das ICQ besteht aus 24 Items, die auf einer 7 Punkte umfassenden Skala eingestuft werden, wobei 1 = optimale Temperaments-Eigenschaften sowie 7 = ein schwieriges Temperament bedeuten.

Auf der Grundlage der ICQ-Daten von 322 Müttern wurde eine Faktorenanalyse berechnet (Hauptachsenanalyse mit orthogonaler Varimax-Rotation, als Anfangsschätzung der Kommunalitäten wurde das Quadrat des multiplen Korrelationskoeffizienten verwendet). In der nachfolgenden Tabelle finden sich die Faktorenladungen, kurze Beschreibungen der Items sowie die Prozentangaben zur aufgeklärten Varianz jedes Faktors (die fett gedruckten).

Auf der Grundlage der ICQ-Daten von 322 Müttern wurde eine Faktorenanalyse berechnet (Hauptachsenanalyse mit orthogonaler Varimax-Rotation, als Anfangsschätzung Korrelationen verweisen auf jene Items, welche einen Faktor von den anderen unterscheiden):

Variablen	**Ladungen auf Faktor**			
	I	**II**	**II**	**IV**
I. Unruhig/aufgeregt-schwierig (59,8%)				
6. Wie ausgeprägt unruhig/schreiend im Allgemeinen	**.78**	.19	.06	.15
24. Gesamtes Ausmaß an Schwierigkeit	**.70**	.18	.01	.27
22. Wie veränderlich ist die Stimmung des Babys	**.66**	.06	.11	.15
1. Beruhigbarkeit	**.60**	.15	.05	.25
5. Wie oft am Tag aufgeregt, unruhig	**.53**	.03	.04	.06
13. Intensität von Protest	**.50**	.07	-.10	.12
17. Allgemeine Stimmung	.61	.02	.56	.10
12. Wie oft aufgeregt, 'aus der Fassung'	.49	.44	.11	.10
13. Anziehen	. 32	.03	.20	-.03
II. Unangepasst (17,4%)				
10. Reaktion auf neue Umgebung	-.10	**.75**	.01	.03
11. Allgemeine Anpassungsfähigkeit	.06	**.57**	.13	.20
9. Reaktion auf neue Menschen	.08	**.51**	.20	-.15
20. Reaktion auf Störungen, Unterbrechungen	.32	**.48**	.10	.11
7. Reaktion auf Baden	.09	.26	-.07	.09
III. Träge, schwerfällig (14,7%)				
16. Lächeln, fröhlich-zufriedene Geräusche	.33	.04	**.55**	.10
23. begeistert beim Spiel	.02	.01	**.51**	.12
15. Aktivität	.27	-.08	**-.48**	-.06
18. Spiele	.06	.07	.34	.29
IV. Unberechenbar (8,1%)				
3. Hunger	.12	-.03	.11	**.49**
4. Was wird als störend, beunruhigend empfunden	.30	.15	.10	**.47**
2. Schlaf	.21	.05	-.04	**.41**
21. Windeln anlegen	.07	.04	.10	.24
8. Feste Nahrung	-.02	.04	.09	.14
19. Kuscheln, schmusen, halten	.05	.04	.09	.03

Der 1. Faktor 'unruhig/aufgeregt-schwierig' spiegelt die Meinung von Müttern wider, dass leicht erregbare und schwer zu beruhigende Kleinkinder als 'schwierig' sowie zufriedene und leicht zu beruhigende Kinder als 'unkompliziert' angesehen werden. Der 2. Faktor 'unangepasst' enthält Items bezüglich der Reaktionen des Kleinkindes auf neue Ereignisse, neue Menschen und neue Dinge. Der 3. Faktor 'träge, schwerfällig' verweist auf die Ansprechbarkeit, Änderungssensibilität und das Aktivitätsniveau des Kleinkindes. Der 4. Faktor 'unberechenbar' beinhaltet Einstufungen darüber, wie leicht bzw. schwierig die Bedürfnisse des Kindes vorausgesagt bzw. erkannt werden können.
Die interne Konsistenz der ICQ-Faktoren wurde anhand einer Stichprobe von 196 Müttern überprüft, wobei die Skalen aus den die Faktoren diskriminierenden Items gebildet wurden (fett gedruckt in der o.a. Tabelle). Die Test-Retest-Reliabilität der Faktoren-Werte wurde mittels einer Stichprobe von 112 Müttern untersucht, die den Fragebogen zwei Mal ausfüllten, und zwar in einem mittleren Abstand von 30 Tagen. Es ergaben sich die folgenden Koeffizienten:

Reliabilität	**ICQ-Faktoren**			
	I.	**II.**	**III.**	**IV.**
Interne Konsistenz (N = 196)	.79	.75	.39	.50
Test-Retest-Reliabilität (N = 112)	.70	.54	.57	.47

Für die Übereinstimmung zwischen den Einstufungen von Müttern und Vätern wurden Pearson-Korrelationen mit den ICQ-Faktoren-Werten errechnet (N = 89):

Reliabilität	**ICQ-Faktoren**			
	I.	**II.**	**III.**	**IV.**
Übereinstimmung zwischen Vater und Mutter im ICQ (N = 89)	.61	.40	.41	.38

T-Tests auf der Grundlage der mittleren Faktoren-Werte ergaben nur einen signifikanten Unterschied: Die Mütter stuften ihre Kinder beim 4. Faktor als 'vorhersagbarer' ein als die Väter. Weiter ergaben sich Tendenzen dahingehend, dass Mütter, die mehrere Kinder geboren hatten, sowie extravertierte und ältere Mütter ihre Babys als 'unkomplizierter' einstuften.

T-Tests auf der Grundlage der mittleren Faktoren-Werte ergaben nur einen signifikanten Unterschied: Die Mütter stuften ihre Kinder beim 4. Faktor als 'vorhersagbarer' ein als die Väter.

Durchgeführt wurde der ICQ in Interview-Form, er kann aber grundsätzlich auch von den Eltern allein ausgefüllt werden.

Auf der Internetseite von LONGSCAN (Longitudinal Studies of Child Abuse and Neglect, http://www.iprc.unc.edu/longscan) wird die folgende ICQ-6 Form für Kleinkinder etwa im Alter von 6 Monaten aufgeführt: Infant Characteristic Questionnaire - 6 Month Form - ICQA. Durchgeführt wurde der ICQ in Interview-Form, er kann aber grundsätzlich auch von den Eltern allein ausgefüllt werden. Die Instruktion bei der Interview-Form lautet folgendermaßen:
„Die nächsten Fragen betreffen das Verhalten Ihres Babys. Lassen Sie uns gemeinsam in diese Seiten schauen, während ich Ihnen die Fragen und die Antwortmöglichkeiten vorlese. Nennen Sie mir dann bitte die Nummer, die Ihnen am zutreffendsten für Ihr Baby erscheint. 'Etwa durchschnittlich' bezieht sich auf Ihre Meinung, wie sich ein typisches Baby in diesem Alter verhält."

Die Items und ihre 7-Punkte-Skala mit den Erläuterungen lauten folgendermaßen:

1. Wie leicht oder schwierig ist es für Sie, Ihr Baby zu beruhigen oder zu besänftigen, wenn es aufgeregt ist?

1	2	3	4	5	6	7
sehr leicht			**etwa durchschnittlich**			**schwierig**

2. Wie leicht oder schwierig ist es für Sie vorherzusagen, wann das Baby einschlafen oder aufwachen will?

1	2	3	4	5	6	7
sehr leicht			**etwa durchschnittlich**			**schwierig**

3. Wie leicht oder schwierig ist es für Sie vorherzusagen, wann das Baby Hunger bekommt?

1	2	3	4	5	6	7
sehr leicht			**etwa durchschnittlich**			**schwierig**

4. Wie leicht oder schwierig ist es für Sie zu wissen, was Ihr Baby stört, wenn es schreit oder aufgeregt ist?

1	2	3	4	5	6	7
sehr leicht			**etwa durchschnittlich**			**schwierig**

5. Wie häufig wird Ihr Baby durchschnittlich am Tag gereizt oder erregt - sowohl für kürzere wie auch längere Perioden?

1	2	3	4	5	6	7
nie	**1 - 2 mal am Tag**	**3 - 4 mal am Tag**	**5 - 6 mal am Tag**	**7 - 9 mal am Tag**	**10 - 14 mal am Tag**	**mehr als 15 mal**

6. Wie häufig schreit das Baby gewöhnlich?

1	2	3	4	5	6	7
sehr wenig; sehr viel weniger als ein Durchschnitts-Baby			**mittleres Ausmaß, ungefähr so viel wie ein Durchschnitts-Baby**			**sehr viel; sehr viel mehr als ein Durchschnitts-Baby**

7. Wie reagierte Ihr Baby auf sein erstes Bad?

1	2	3	4	5	6	7
sehr gut, liebte es			**weder Lust noch Unlust**			**furchtbar - mochte es nicht**

8. Wie reagierte Ihr Baby auf seine erste feste Nahrung?

1	2	3	4	5	6	7
sehr positiv, mochte sie sofort			**weder Lust noch Unlust**			**eher negativ, mochte sie überhaupt nicht**

9. Wie reagiert Ihr Baby gewöhnlich auf neue Menschen?

1	2	3	4	5	6	7
fast immer positiv			**mal positiv, mal negativ**			**fast immer negativ**

10. Wie reagiert Ihr Baby gewöhnlich auf eine neue Umgebung?

1	2	3	4	5	6	7
fast immer			**mal positiv, mal negativ**			**fast immer positiv negativ**

11. Wie gut gewöhnt sich Ihr Baby letzten Endes an Neues wie in den Fragen 7 bis 10 aufgeführt?

1	2	3	4	5	6	7
sehr gut, letzten Endes immer			**hört etwa jedes zweite Mal auf es zu mögen**			**zeigt letzten Endes fast immer Abneigung**

12. Wie leicht regt sich Ihr Baby auf?

1	2	3	4	5	6	7
nur sehr schwer aufregbar - selbst bei Dingen, die die meisten Babys aufregen			**etwa durchschnittlich**			**sehr leicht erregbar bei Dingen, die meisten Babys nicht aufregen würden**

13. Wenn Ihr Baby sich aufregt (z.B. vor dem Füttern, beim Wechseln der Windeln), wie kräftig oder laut schreit es dann?

1	2	3	4	5	6	7
sehr schwache Intensität und Lautstärke			**mäßige Intensität und intensiv, ist**			**sehr laut und Lautstärke außer sich**

14. Wie reagiert Ihr Baby, wenn Sie es anziehen?

1	2	3	4	5	6	7
sehr gut - mag es			**etwa durchschnittlich - achtet nicht darauf**			**mag es überhaupt nicht**

15. Wie aktiv ist Ihr Baby im Allgemeinen?

1	2	3	4	5	6	7
sehr still und ruhig			**durchschnittlich**			**sehr aktiv und lebhaft**

16. Wie oft lächelt Ihr Baby und macht fröhlich-zufriedene Geräusche?

1	2	3	4	5	6	7
sehr häufig, viel mehr als die meisten Babys			**durchschnittliche Häufigkeit**			**sehr wenig, viel weniger als die meisten Babys**

17. Welche Stimmung weist Ihr Baby im Allgemeinen auf?

1	2	3	4	5	6	7
sehr glücklich und heiter			**weder ernst noch heiter**			**ernst**

18. Wie oft hat Ihr Baby Freude daran, mit Ihnen zu spielen?

1	2	3	4	5	6	7
sehr oft, es liebt dies wirklich			**etwa durchschnittlich**			**sehr wenig, es mag dies nicht sehr**

19. Wie oft möchte Ihr Baby gehalten werden?

1	2	3	4	5	6	7
möchte die meiste Zeit frei sein			**manchmal will es gehalten werden, manchmal nicht**			**sehr viel - möchte fast die ganze Zeit gehalten werden**

20. Wie reagiert Ihr Baby auf Unterbrechungen oder Wechsel in der täglichen Routine, z.B. wenn Sie in die Kirche oder zu einer Versammlung gehen oder einen Ausflug machen?

1 2 3 4 5 6 7

sehr positiv, regt sich nicht auf — **etwa durchschnittlich** — **sehr negativ, wird sehr erregt**

21. Wie leicht war es für Sie vorherzusagen, wann Ihr Baby einen Windelwechsel nötig hatte?

1 2 3 4 5 6 7

sehr leicht — **etwa** — **sehr schwer**
durchschnittlich

22. Wie wechselhaft ist die Stimmung Ihres Babys?

1 2 3 4 5 6 7

wechselt selten und wechselt langsam — **etwa durchschnittlich** — **wechselt oft und rasch**

23. Wie begeistert ist Ihr Baby, wenn Leute mit ihm spielen oder mit ihm sprechen?

1 2 3 4 5 6 7

sehr begeistert — **etwa durchschnittlich** — **überhaupt nicht**

24. Bitte stufen Sie das gesamte Ausmaß der Schwierigkeiten ein, die Ihr Baby für eine durchschnittliche Mutter darstellen würde.

1 2 3 4 5 6 7

sehr unkompliziert — **normal, einige Probleme** — **sehr schwierig**

Abschließende Fragen:
a.) Gibt es sonst irgendetwas, was Sie mir noch über Ihr Baby berichten möchten?
b.) Was sind Ihre Hoffungen für Ihr Baby?

a.) Gibt es sonst irgendetwas, was Sie mir noch über Ihr Baby berichten möchten?
b.) Was sind Ihre Hoffungen für Ihr Baby?

Auf der o.a. LONGSCAN-Internetseite wird das ICQ als Messinstrument des Temperaments des Kleinkindes mit einem Schwerpunkt auf schwierigem Temperament/schwierigem Verhalten angesehen.

Die Auswertung des ICQ erfolgt für diejenigen Items, deren Ladungen in der Faktorenanalyse zwischen den Faktoren diskriminierten. Den gefundenen vier Faktoren werden also die folgenden Items zugeordnet:

I. 'unruhig/aufgeregt-schwierig': Item 1 + Item 5 + Item 6 + Item 13 + Item 22 + Item 24
II. 'unangepasst': Item 9 + Item 10 + Item 11 + Item 20
III. 'träge, schwerfällig': Item 16 + Item 23 + Item 15
IV. 'Unberechenbar': Item 2 + Item 3 + Item 4

Beim Item 15 wird folgendermaßen umgekehrt kodiert:

Skalierung des Items:	1	2	3	4	5	6	7
Bewertung des Items:	7	6	5	4	3	2	1

Auf der LONGSCAN-Internetseite werden folgende Normwerte von den Autoren des ICQ für die ICQ-6-Form mitgeteilt, die anhand von 365 Kindern gewonnen wurden:

I.	'Unruhig/aufgeregt-schwierig':	M = 17,77	SD = 5,88
II.	'Unangepasst':	M = 8,90	SD = 1,85
III.	'träge, schwerfällig':	M = 5,88	SD = 1,85
IV.	'Unberechenbar':	M = 7,32	SD = 2,69

Windham et al. (2004) wendeten u.a. auch das ICQ an und fanden, dass das von den Müttern wahrgenommene schwierige Temperament des Kindes mit seelischer Misshandlung des Kindes korrelierte.

Windham et al. (2004) wendeten u.a. auch das ICQ an und fanden, dass das von den Müttern wahrgenommene schwierige Temperament des Kindes mit seelischer Misshandlung des Kindes korrelierte. Seelische Misshandlung wurde definiert als „assault on child's self-esteem' (Schädigung des kindlichen Selbstwertgefühls), welche wiederum durch folgende Items charakterisiert war: Das Kind als dumm und faul bezeichnen; sagen, dass man das Kind verlassen würde; das Kind wüst beschimpfen/verfluchen.

10.3 Strengths and Difficulties Questionnaire

Der SDQ erfasst Verhaltensauffälligkeiten und -stärken bei Kindern und Jugendlichen, wobei der Fragebogen in Eltern- und Lehrerversionen sowie als Selbsteinstufungsbogen für Kinder/Jugendliche vorliegt.

Das *Strengths and Difficulties Questionnaire (SDQ)* wurde von Goodman (1997) entwickelt und liegt inzwischen in mehr als 40 Sprachen vor. Diese Versionen sind im Internet auf der Seite http://www.sdqinfo.com zu finden, wobei sich auf dieser Seite auch weitere Literatur sowie Auswertungshinweise und -schablonen finden.
Die psychometrische Güte des Verfahrens kann als gut bezeichnet werden, wobei von Woerner et al. (2002) erste vorläufige Normierungen und positive Validierungsergebnisse einer deutschen Elternversion vorgelegt wurden, aber von Rothenberger und Woerner (2004) weitere Forschung für die deutschen Versionen gefordert wird (auch zu der Frage, ob der kürzere SDQ z.T. die weit verbreiteten deutschen Versionen der Child Behavior Cecklist von Achenbach ersetzen kann). Der SDQ erfasst Verhaltensauffälligkeiten und -stärken bei Kindern und Jugendlichen, wobei der Fragebogen in Eltern- und Lehrerversionen sowie als Selbsteinstufungsbogen für Kinder/Jugendliche vorliegt.

Die Eltern-/Lehrerversion zur Einstufung von Kindern und Jugendlichen im Alter von 4 bis 16 Jahren lautet folgendermaßen:
„Bitte markieren Sie zu jedem Punkt ‚Nicht zutreffend', ‚Teilweise zutreffend' oder ‚Eindeutig zutreffend'. Beantworten Sie bitte alle Fragen so gut Sie können, selbst wenn Sie sich nicht ganz sicher sind oder Ihnen eine Frage merkwürdig vorkommt. Bitte berücksichtigen Sie bei der Antwort das Verhalten des Kindes in den letzten sechs Monaten beziehungsweise in diesem Schuljahr."

Die Eltern-/Lehrerversion zur Einstufung von Kindern und Jugendlichen im Alter von 4 bis 16 Jahren lautet folgenderma-ßen

	nicht zutreffend	**teilweise zutreffend**	**eindeutig zutreffend**
Rücksichtsvoll Unruhig, hyperaktiv, kann nicht lange stillsitzen Klagt häufig über Kopfschmerzen, Bauchschmerzen oder Übelkeit Teilt gerne mit anderen Kindern (Süßigkeiten, Spielzeug, Buntstifte usw.) Hat oft Wutanfälle; ist aufbrausend Einzelgänger, spielt meist alleine Im allgemeinen folgsam; macht meist, was Erwachsene verlangen Hat viele Sorgen; erscheint häufig bedrückt Hilfsbereit, wenn andere verletzt, krank oder betrübt sind Ständig zappelig Hat wenigstens einen guten Freund oder eine gute Freundin Streitet sich oft mit anderen Kindern oder schikaniert sie Oft unglücklich oder niedergeschlagen; weint häufig Im allgemeinen bei anderen Kindern beliebt Leicht ablenkbar, unkonzentriert Nervös oder anklammernd in neuen Situationen; verliert leicht das Selbstvertrauen Lieb zu jüngeren Kindern Lügt oder mogelt häufig Wird von anderen gehänselt oder schikaniert Hilft anderen oft freiwillig (Eltern, Lehrern oder anderen Kindern) Denkt nach, bevor er/sie handelt Stiehlt zu Hause, in der Schule und anderswo Kommt besser mit Erwachsenen aus als mit anderen Kindern Hat viele Ängste; fürchtet sich leicht Führt Aufgaben zu Ende; gute Konzentrationsspanne			

Neben diesem Fragebogen liegt noch eine Eltern-/Lehrerversion zur Einstufung von 3 bis 4 Jahre alten Kindern vor.

Neben diesem Fragebogen liegt noch eine Eltern-/Lehrerversion zur Einstufung von 3 bis 4 Jahre alten Kindern vor, wobei 22 Feststellungen nicht geändert, aber die folgenden drei Fragestellungen dem Alter angepasst wurden:
Statt „Lügt oder mogelt häufig": „Verhält sich gegenüber Erwachsenen oft widerwillig".
Statt „Denkt nach, bevor er/sie handelt": „Überlegt bevor er/sie handelt".
Statt „Stiehlt zu Hause, in der Schule oder anderswo": „Kann gegenüber anderen boshaft sein".

Der Selbsteinstufungsbogen für Kinder und Jugendliche im Alter von 11 bis 16 Jahren wird in der folgenden Tabelle wiedergegeben:

	nicht zutreffend	**teilweise zutreffend**	**eindeutig zutreffend**
Ich versuche, nett zu anderen Menschen zu sein, ihre Gefühle sind mir wichtig Ich bin oft unruhig; ich kann nicht lange stillsitzen Ich habe häufig Kopfschmerzen oder Bauchschmerzen; mir wird oft schlecht Ich teile normalerweise mit Anderen (z.B. Süßigkeiten, Spielzeug, Buntstifte) Ich werde leicht wütend; ich verliere oft die Beherrschung Ich bin meistens für mich alleine; ich beschäftige mich lieber mit mir selbst Normalerweise tue ich, was man mir sagt Ich mache mir häufig Sorgen Ich bin hilfsbereit, wenn andere verletzt, krank oder traurig sind Ich bin dauernd in Bewegung und zappelig Ich habe einen oder mehrere gute Freunde oder Freundinnen Ich schlage mich häufig; ich kann Andere zwingen zu tun, was ich will Ich bin oft unglücklich oder niedergeschlagen; ich muss häufig weinen Im allgemeinen bin ich bei Gleichaltrigen beliebt Ich lasse mich leicht ablenken; ich finde es schwer, mich zu konzentrieren Neue Situationen machen mich nervös; ich verliere leicht das Selbstvertrauen Ich bin nett zu jüngeren Kindern Andere behaupten oft, dass ich lüge und mogele Ich werde von anderen gehänselt oder schikaniert Ich helfe anderen oft freiwillig (Eltern, Lehrern oder Gleichaltrigen) Ich denke nach, bevor ich handele Ich nehme Dinge, die mir nicht gehören (von zu Hause, in der Schule oder anderswo) Ich komme besser mit Erwachsenen aus als mit Gleichaltrigen Ich habe viele Ängste; ich fürchte mich leicht Was ich angefangen habe, mache ich zu Ende; ich kann mich lange genug konzentrieren			

Zu diesen Fragebogen für die Fremdeinstufung durch Eltern/Lehrer sowie für die Selbsteinstufung von Kindern/Jugendlichen gibt es auch folgende Ergänzungen zu dem Ausprägungsgrad der Verhaltensauffälligkeiten:

Zu diesen Fragebogen gibt es auch folgende Ergänzungen zu dem Ausprägungsgrad der Verhaltensauffälligkeiten

Für die Elternversion:
Würden Sie sagen, dass Ihr Kind insgesamt gesehen in einem oder mehreren der folgenden Bereiche Schwierigkeiten hat: Stimmung, Konzentration, Verhalten, Umgang mit Anderen?
Nein: _____
Ja, leichte Schwierigkeiten: _____
Ja, deutliche Schwierigkeiten: _____
Ja, massive Schwierigkeiten: _____

Falls Sie diese Frage mit ‚Ja' beantwortet haben, beantworten Sie bitte auch die folgenden Punkte:
Seit wann gibt es diese Schwierigkeiten?
Weniger als einen Monat: _____
1 bis 5 Monate: _____
6 bis 12 Monate: _____
Über ein Jahr: _____

Leidet Ihr Kind unter diesen Schwierigkeiten?
Gar nicht: _____
Kaum: _____
Deutlich: _____
Massiv: _____

Wird Ihr Kind durch diese Schwierigkeiten in einem der folgenden Bereiche des Alltagslebens beeinträchtigt?

	Gar nicht	Kaum	Deutlich	Schwer
Zu Hause	_____	_____	_____	_____
Mit Freunden	_____	_____	_____	_____
Beim Erlernen neuer Dinge	_____	_____	_____	_____
In der Freizeit	_____	_____	_____	_____

Stellen die Schwierigkeiten eine Belastung für Sie oder die gesamte Familie dar?
Keine Belastung _____
Leichte Belastung _____
Deutliche Belastung _____
Schwere Belastung _____

Für die Lehrerversion:
Würden Sie sagen, dass dieses Kind insgesamt gesehen in einem oder mehreren der folgenden Bereiche Schwierigkeiten hat: Stimmung, Konzentration, Verhalten, Umgang mit Anderen?
Nein: _____
Ja, leichte Schwierigkeiten: _____
Ja, deutliche Schwierigkeiten: _____
Ja, massive Schwierigkeiten: _____

Falls Sie diese Frage mit ‚Ja' beantwortet haben, beantworten Sie bitte auch die folgenden Punkte:
Seit wann gibt es diese Schwierigkeiten?
Weniger als einen Monat: _____
1 bis 5 Monate: _____
6 bis 12 Monate: _____
Über ein Jahr: _____

Leidet Ihr Kind unter diesen Schwierigkeiten?
Gar nicht: _____
Kaum: _____
Deutlich: _____
Massiv: _____

Wird das Kind durch diese Schwierigkeiten in einem der folgenden Bereiche des Alltagslebens beeinträchtigt?

	Gar nicht	Kaum	Deutlich	Schwer
Mit Freunden				
Im Unterricht				
In der Freizeit				

Stellen die Schwierigkeiten eine Belastung für Sie oder die gesamte Klasse dar?
Keine Belastung _____
Leichte Belastung _____
Deutliche Belastung _____
Schwere Belastung _____

Für die Selbsteinstufung der 11 bis 16 Jahre alten Kinder/Jugendliche:
Würdest Du sagen, dass Du insgesamt gesehen in einem oder mehreren der folgenden Bereiche Schwierigkeiten hast: Stimmung, Konzentration, Verhalten, Umgang mit Anderen?
Nein: _____
Ja, leichte Schwierigkeiten: _____
Ja, deutliche Schwierigkeiten: _____
Ja, massive Schwierigkeiten: _____

Würdest Du sagen, dass Du insgesamt gesehen in einem oder mehreren der folgenden Bereiche Schwierigkeiten hast: Stimmung, Konzentration, Verhalten, Umgang mit Anderen?

Falls Du diese Frage mit ‚Ja' beantwortet hast, beantworte bitte auch die folgenden Punkte:
Seit wann gibt es diese Schwierigkeiten?
Weniger als einen Monat: _____
1 bis 5 Monate: _____
6 bis 12 Monate: _____
Über ein Jahr: _____

Leidest Du unter diesen Schwierigkeiten?
Gar nicht: _____
Kaum: _____
Deutlich: _____
Massiv: _____

Wirst Du durch diese Schwierigkeiten in einem der folgenden Bereiche des Alltagslebens beeinträchtigt?

	Gar nicht	Kaum	Deutlich	Schwer
Zu Hause	_____	_____	_____	_____
Mit Freunden	_____	_____	_____	_____
Beim Erlernen neuer Dinge	_____	_____	_____	_____
In der Freizeit	_____	_____	_____	_____

Findest Du, dass diese Schwierigkeiten Anderen (Familie, Freunde, Lehrern usw.) das Leben schwer machen?
Keine Belastung _____
Leichte Belastung _____
Deutliche Belastung _____
Schwere Belastung _____

Findest Du, dass diese Schwierigkeiten Anderen (Familie, Freunde, Lehrern usw.) das Leben schwer machen?

Weiter gibt es noch die Fragebogen, in denen zusätzlich Fragen zum Verlauf gestellt werden:

Für die Elternversion:
Seit Sie das letzte Mal hier waren, sind die Probleme Ihres Kindes:
Viel schlimmer _____
Etwas schlimmer _____
Etwa gleich _____
Ein wenig besser _____
Viel besser _____

Empfanden Sie den Termin hier als hilfreich, indem Sie z.B. Informationen bekommen haben oder mit den Problemen besser umgehen können?
Gar nicht hilfreich _____
Kaum hilfreich _____
Ziemlich hilfreich _____
Sehr hilfreich _____

Für die Lehrerversion:
„Seit dem ersten Termin hier sind die Probleme dieses Kindes:
Viel schlimmer ____
Etwas schlimmer ____
Etwa gleich ____
Ein wenig besser ____
Viel besser ____

Empfanden Sie den Termin hier als hilfreich, indem Sie z.B. Informationen bekommen haben oder mit den Problemen besser umgehen können?
Gar nicht hilfreich ____
Kaum hilfreich ____
Ziemlich hilfreich ____
Sehr hilfreich ____

Für die Kinder/Jugendlichen:
Seit Du das letzte Mal hier warst, sind die Probleme:
Viel schlimmer ____
Etwas schlimmer ____
Etwa gleich ____
Ein wenig besser ____
Viel besser ____

Empfandest Du den Termin hier als hilfreich, indem Du z.B. Informationen bekommen hast oder mit den Problemen besser umgehen kannst?

Empfandest Du den Termin hier als hilfreich, indem Du z.B. Informationen bekommen hast oder mit den Problemen besser umgehen kannst?
Gar nicht hilfreich ____
Kaum hilfreich ____
Ziemlich hilfreich ____
Sehr hilfreich ____

Zur Auswertung der Fremdbeurteilungsbögen des SDQ finden sich im Internet (http://www.sdqinfo.com/questionnaires/german/s10.pdf) die folgenden Angaben:
„Die 25 Items im SDQ umfassen jeweils fünf Skalen mit fünf Merkmalen. Der erste Schritt zur Auswertung des Fragebogens besteht darin, die Werte jeder einzelnen Skala aufzuaddieren. ‚Teilweise zutreffend' wird mit einer Eins bewertet, aber ‚nicht zutreffend' oder ‚eindeutig zutreffend' wird je nach Merkmal bewertet. Das Ergebnis kann auf allen fünf Skalen einen Wert zwischen null und 10 ergeben, falls Angaben zu allen fünf Merkmalen gemacht wurden. Falls ein oder zwei Werte fehlen, kann das Ergebnis hochgerechnet werden."

	nicht zutreffend	teilweise zutreffend	eindeutig zutreffend
Emotionale Probleme			
Klagt häufig über Kopfschmerzen	0	1	2
Hat viele Sorgen ...	0	1	2
Oft unglücklich ...	0	1	2
Nervös oder anklammernd ...	0	1	2
Hat viele Ängste ...	0	1	2
Verhaltensprobleme			
Hat oft Wutanfälle ...	0	1	2
Im allgemeinen folgsam ...	2	1	0
Streitet sich oft ...	0	1	2
Lügt oder mogelt häufig ...	0	1	2
Stiehlt zu Hause ...	0	1	2
Hyperaktivität			
Unruhig, überaktiv ...	0	1	2
Ständig zappelig ...	0	1	2
Leicht ablenkbar ...	0	1	2
Denkt nach ...	2	1	0
Führt Aufgaben zu Ende ...	2	1	0
Verhaltensprobleme mit Gleichaltrigen			
Einzelgänger ...	0	1	2
Hat wenigstens einen guten Freund ...	2	1	0
Im allgemeinen bei anderen ...	2	1	0
Wird von anderen gehänselt ...	0	1	2
Kommt besser mit Erwachsenen aus ...	0	1	2
Prosoziales Verhalten			
Rücksichtsvoll ...	0	1	2
Teilt gerne ...	0	1	2
Hilfsbereit ...	0	1	2
Lieb zu jüngeren Kindern ...	0	1	2
Hilft anderen ...	0	1	2

Um den Gesamtproblemwert anzugeben, werden die vier Skalen, die sich auf Probleme beziehen, aufsummiert. Der Gesamtwert liegt zwischen 0 - 40. Die Skala mit prosozialem Verhalten wird dabei nicht berücksichtigt. Falls Angaben zu mindestens 12 der 20 relevanten Items gemacht wurden, kann das Gesamtergebnis wiederum hochgerechnet werden.

Interpretation der Werte und Definition einer Störung: Die angegebene Verteilung wurde so gewählt, dass ca. 80% der Kinder als nor-

Um den Gesamtproblemwert anzugeben, werden die vier Skalen, die sich auf Probleme beziehen, aufsummiert. Der Gesamtwert liegt zwischen 0 - 40. Die Skala mit prosozialem Verhalten wird dabei nicht berücksichtigt.

Sollen bei einer Studie möglichst wenig falsch positive Ergebnisse erfasst werden, empfiehlt es sich, nur Kinder mit einem hohen Wert für Auffälligkeiten mit einzubeziehen.

mal, 10% als grenzwertig auffällig und 10% als auffällig eingestuft werden. So lässt sich z.B. bei der Fragestellung nach einer Gruppe von Kindern mit hohen Risikofaktoren, bei denen eine größere Anzahl falsch positiver Fälle unproblematisch ist, ein cut-off bei grenzwertigen Werten wählen. Sollen bei einer Studie möglichst wenig falsch positive Ergebnisse erfasst werden, empfiehlt es sich, nur Kinder mit einem hohen Wert für Auffälligkeiten mit einzubeziehen.

	Normal	Grenz-wertig	Auffällig
Eltern-Fragebogen			
Gesamtproblemwert	0 - 13	14 - 16	17 - 40
Emotionale Probleme	0 - 3	4	5 - 10
Verhaltensprobleme	0 - 2	3	4 - 10
Hyperaktivität	0 - 5	6	7 - 10
Verhaltensprobleme mit Gleichaltrigen	0 - 2	3	4 - 10
Prosoziales Verhalten	6 - 10	5	0 - 4
Lehrer-Fragebogen			
Gesamtproblemwert	0 - 11	12 - 15	16 - 40
Emotionale Probleme	0 - 4	5	6 - 10
Verhaltensprobleme	0 - 2	3	4 - 10
Hyperaktivität	0 - 5	6	7 - 10
Verhaltensprobleme mit Gleichaltrigen	0 - 3	4	5 - 10
Prosoziales Verhalten	6 - 10	5	0 - 4

Für die Selbsteinstufungsbogen der Kinder/Jugendlichen werden bei den einzelnen Feststellungen die gleichen Punktwerte wie bei der Erwachsenenform vergeben. Für die Verteilung der (Risiko-)Gruppen gilt folgende Tabelle:

	Normal	Grenz-wertig	Auffällig
Gesamtproblemwert	0 - 15	16 - 17	20 - 40
Emotionale Probleme	0 - 5	6	7 - 10
Verhaltensprobleme	0 - 3	4	5 - 10
Hyperaktivität	0 - 5	6	7 - 10
Verhaltensprobleme mit Gleichaltrigen	0 - 3	4 - 5	6 - 10
Prosoziales Verhalten	6 - 10	5	0 - 4

10.4 Hare-Psychopathie-Checkliste (für Erwachsene)

Die *Psychopathie-Checkliste* dient der Risikoabschätzung zukünftiger Gefährlichkeit bei Aggressionsdelikten.

Die *Psychopathie-Checkliste* (PCL; PCL-R, revidierte Version; PCL-SV, gekürzte Screening Version) dient der Risikoabschätzung zukünftiger Gefährlichkeit bei Aggressionsdelikten und wurde von Hare (1980, 1995; siehe auch: Hemphill et al., 1998; Mills, 2005) entwickelt. Die PCL-R umfasst nach Hartmann et al. (2001) eine Skala mit den folgenden 20 Persönlichkeitsmerkmalen, welche in einer antiquierten Diktion umschrieben werden:

1. Trickreich-sprachgewandter Blender mit oberflächlichem Charme
2. Übersteigertes Selbstwertgefühl
3. Stimulationsbedürfnis (Erlebnishunger)/ständiges Gefühl der Langeweile
4. Pathologisches Lügen (Pseudologie)
5. Betrügerisch-manipulatives Verhalten
6. Mangel an Gewissensbissen oder Schuldbewusstsein
7. Oberflächliche Gefühle
8. Mangel an Empathie/Gefühlskälte
9. Parasitärer Lebensstil
10. Unzureichende Verhaltenskontrolle
11. Promiskuität
12. Frühe Verhaltensauffälligkeiten
13. Fehlen von realistischen, langfristigen Zielen
14. Impulsivität
15. Verantwortungslosigkeit
16. Mangelhafte Bereitschaft und Fähigkeit, Verantwortung für eigenes Handeln zu übernehmen
17. Viele kurzzeitige ehe(ähn)liche Beziehungen
18. Jugendkriminalität
19. Widerruf der bedingten Entlassung
20. Polytrope Kriminalität

Die Einstufungen erfolgen u.a. aufgrund von Krankenblättern/Akten/Gutachtenunterlagen und klinischen Interviews.

Die Einstufungen erfolgen u.a. aufgrund von Krankenblättern/Akten/Gutachtenunterlagen und klinischen Interviews. Jedes Persönlichkeitsmerkmal wird mit 0 Punkten (nicht zutreffend), 1 Punkt (fraglich zutreffend) oder 2 Punkten (zutreffend) bewertet, so dass sich ein maximaler Punktwert von 40 ergibt, wobei Hare bei einem Wert von 30 und höher den Probanden als „Psychopath" einstuft. Hartmann et al. schlagen einen Cut-Off-Wert von 25 vor, wobei sie allerdings die Einstufungen aufgrund retrospektiver Durchsicht von Gutachten vornahmen, so dass ggf. bei zusätzlicher Verwendung von Interviews höhere Cut-Off-Werte angesetzt werden müssen.
In der Literatur wurden faktorenanalytisch meist zwei Faktoren gefunden, wobei Hartmann et al. die folgende Übersicht geben (2001):

	Eigene Untersuchung von Hartmann et al. (2001)	Ergebnisse aus der Literatur
Faktor-1-Persönlichkeitsmerkmale	1, 2, 4, 5, 7, 8, 11, 19	1, 2, 4, 5, 6, 7, 8, 16
Faktor-2-Persönlickeitsmerkmale	2, 6, 12, 13, 14, 15, 16	3, 9, 10, 12, 13, 14, 15, 19

Ullrich et al. (2003) verweisen auf neuere Untersuchungen, die folgende 3-Faktoren-Struktur nahe legen würden

Der 1. Faktor korrelierte überwiegend mit ‚psychopathischen Persönlichkeitsmerkmalen' (z.T. wird er auch mit „narzistischer Persönlichkeit" gekennzeichnet), der 2. Faktor mit ‚antisozialen Verhaltensweisen'. Ullrich et al. (2003) verweisen auf neuere Untersuchungen, die folgende 3-Faktoren-Struktur nahe legen würden:

I. Faktor: Arroganter und betrügerischer interpersoneller Stil:
   1. Oberflächlich
   2. Grandios, großspurig
   3. Betrügerisch, manipulativ

II. Faktor: Defizitäres affektives Erleben
   4. Fehlen von Reue, Gewissensbissen, Schuldgefühlen, -bewusstsein
   5. Fehlen von Empathie, Gefühlskälte
   6. Übernimmt keine Verantwortung

III. Faktor: Impulsiver und unverantwortlicher Lebensstil
   7. Impulsiv
   9. Fehlende Lebensziele
   10. Verantwortungslos

IV. Nicht zugeordnete Items
   8. Schlechte Verhaltenssteuerung
   11. Antisoziales Verhalten in der Adoleszenz
   12. Antisoziales Verhalten im Erwachsenenalter

Deutschsprachige Literatur bzw. Versionen finden sich bei Freese (1998, 2000).
Die gekürzte PCL-SV-Version enthält 12 Skalen, und zwar sechs Skalen auf der Charakterebene (oberflächlich; grandios; betrügerisch, manipulativ; Fehlen von Reue; Fehlen von Empathie; übernimmt keine Verantwortung) sowie sechs Skalen auf der Verhaltensebene (impulsiv; schlechte Verhaltenssteuerung; fehlende Lebensziele; verantwortungslos; antisoziales Verhalten in der Adoleszenz; antisoziales Verhalten im Erwachsenenalter).

10.5 Weitere Fragebogen/Skalen

- *Infant Temperament Questionnaire* (Carey and McDevitt, 1978 ; Langkamp & Pascoe, 2001)
- *Mannheimer Beurteilungsskalen zur Erfassung der Mutter-Kind-Interaktion in der Säuglingszeit* (MBS-MKI-S, Esser et al., 1989)
- *Fragebogen zur Erfassung des frühkindlichen Temperaments* (Pauli-Pott et al., 2003)
- *Emotionalitäts-Aktivitäts-Soziabilitäts-Temperamentinventar für Kinder* (Spinath, 2000).
- *Elternfragebogen über das Verhalten von Kindern und Jugendlichen* (CBCL/4-18; Arbeitsgruppe Kinder-, Jugendlichen- und Familiendiagnostik, 1998)
- *Persönlichkeitsfragebogen für Kinder zwischen 9 und 14 Jahren* (PFK 9-14; Seitz und Rausche, 2004)
- *Freiburger Persönlichkeits-Inventar ab 16 Jahren* (Fahrenberg et al., 2001)
- *Depressions-Inventar für Kinder und Jugendliche* (Stiensmeier-Pelster et al., 2000)
- *Skalen zur Erfassung von Hoffnungslosigkeit für ältere Jugendliche und Erwachsene* (Krampen, 1994)
- *Allgemeine Depressionsskala ab 16 Jahren* (Hautzinger und Bailer, 1993)
- *Beck-Depressions-Inventar für Erwachsene* (Hautzinger et al., 1995)
- *Fragebogen zur Lebenszufriedenheit ab 14 Jahren* (Fahrenberg et al., 2000)
- *Fragebogen ‚Konfliktverhalten situativ' für Heranwachsende und Erwachsene* (Klemm, 2002)
- *Brief Impairment Scale* (BIS; Bird et al., 2005): Diese von den Eltern auszufüllende Skala erfasst mit Hilfe von 23 Fragen Beeinträchtigungen/Probleme von Kindern/Jugendlichen im Alter zwischen 4 und 17 Jahren in den Bereichen ‚interpersonale Beziehungen', ‚Schule/Arbeitsplatz' sowie ‚Selbstverwirklichung'. Erfragt werden (global) bezüglich des letzten Jahres Probleme, mit den Eltern, Geschwistern, anderen Familienmitgliedern, Lehrern und Freunden zu Rande zu kommen, weiter Fehlen in der Schule oder Schulausschlüsse, Achten auf die eigene Gesundheit und äußere Erscheinung, Ausmaß von Interessen und sportlichen Aktivitäten, usw.
- *Depression Anxiety Stress Scale (DASS)* von Lovibond und Lovibond (1995): Eine deutsche Version dieses Fragebogens verwendete Miller (2001) in ihrer Dissertation zu Erziehungsverhalten und Kompetenzüberzeugungen von Eltern mit Kindergartenkindern und dem Zusammenhang zu kindlichen Verhaltensstörungen. Die Skala mit 42 Items bildet drei Unterskalen und wird von Miller folgendermaßen beschrieben (ebd., S. 75): „Die Skala Depression enthält Items, die Symptome dysphorischer Stimmung wie Traurigkeit, Hoffnungslosigkeit, Abwertung des Lebens, Selbstaufwertung,

Erfragt werden (global) bezüglich des letzten Jahres Probleme, mit den Eltern, Geschwistern, anderen Familienmitgliedern, Lehrern und Freunden zu Rande zu kommen, weiter Fehlen in der Schule oder Schulausschlüsse, Achten auf die eigene Gesundheit und äußere Erscheinung, Ausmaß von Interessen und sportlichen Aktivitäten, usw.

Die Skala Angst erfasst autonomes Arousal, skelletale Muskeleffekte, situative Angst und subjektive Erfahrung von Angstzuständen wie Panikattacken und Furcht (Z.B. Zittern, Schwäche).

Interessenverlust und Trägheit erfassen. Die Skala Angst erfasst autonomes Arousal, skelletale Muskeleffekte, situative Angst und subjektive Erfahrung von Angstzuständen wie Panikattacken und Furcht (Z.B. Zittern, Schwäche). Die Skala Stress erhebt Zustände anhaltenden, nicht-spezifischem Arousals und Anspannung wie die Schwierigkeit, sich zu entspannen, und einer niedrigen Schwelle für Aufregung, Frustration und Irritierbarkeit." Eingestuft werden soll nach dem Befinden in den letzten beiden Wochen.

10.6 Literatur

Arbeitsgruppe Kinder-, Jugendlichen- und Familiendiagnostik (Hrsg.) (1998). Elternfragebogen über das Verhalten von Kindern und Jugendlichen (es handelt sich um die deutschsprachigen Versionen der bekannten Fragebogen von Achenbach). Göttingen: Hogrefe. Siehe auch: http://www.uni-koeln.de/med-fak/kjp/kjfd/diagnost.html.

Bates, J.E., Bennett Freeland, C.A. & Lounsbury, M.L. (1979). Measurement of Infant Difficulties. Child Development, 1979, 50, 794-803.

Bender, D. & Lösel, F. (2005). Misshandlung von Kindern: Risikofaktoren und Schutzfaktoren. In G. Deegener & W. Körner (Hrsg.), Kindesmisshandlung und Vernachlässigung. Ein Handbuch (S. 317-346). Göttingen: Hogrefe.

Bird, H.R., Canino, G.J., Davies, M., Ramirez, R., Chavez, L., Duarte, C. & Shen, S. (2005). The Brief Impairment Scale (BIS). A Multidimensional Scale of Functional Impairment for Children and Adoelscents. J. Am. Acad. Adolesc. Psychiatry, 44 (7), 699-707. Die Skala ist frei verfügbar über die Seite des Verlages: www.jaacap.com zu erhalten.

Carey, W.B. & McDevitt, S.C. (1978). Revision of the Infant Temperament Questionnaire. Pediatrics, 61, 735-739.

Esser, G., Scheven, A., Petrova, A., Laucht, M. & Schmidt, M.H. (1989). Mannheimer Beurteilungsskalen zur Erfassung der Mutter-Kind-Interaktion im Säuglingsalter (MBS-MKI-S). Zeitschrift für Kinder- und Jugendpsychiatrie, 17, 185-193).

Fahrenberg, J., Myrtek, M., Schumacher, J. & Brähler, E. (2000). Fragebogen zur Lebenszufriedenheit. Göttingen: Hogrefe.

Fahrenberg, J., Hampel, R. & Selg, H. (2001). Das Freiburger Persönlichkeits-Inventar. Göttingen: Hogrefe.

Freese, R. (1998). Die "Psychopathy Checklist" (PCL-R und PCL-SV) von R.D. Hare und Mitarbeitern in der Praxis. In R. Müller-Isberner & S. Gonzalez Cabeza (Hrsg.), Forensische Psychiatrie - Schuldfähigkeit, Kriminaltherapie, Kriminalprognose. Gießener Kriminalwissenschaftliche Schriften Band 9 (S. 81-91). Mönchengladbach: Forum Verlag Godesberg.

Freese, R. (2000). Deutschsprachige Handbuchbeilage (Supplement) zu S.D. Hart, D.N. Cox und R.D. Hare (1996). The Hare PCL:SV. Psychopathy Checklist: Screening Version. North Tonawanda-Toronto, Ontario, CA.: Multi-Health Systems.

Goodman, R. (1997). The Strengths and Difficulties Questionnaire: A research note. J. Child Psychol. Psychiatry, 38, 581-586.

Hare, R.D. (1980). A research scale for the assessment of psychopathy in criminal populations. Personality and Individual Differences, 1, 111-119.
Hare, R.D. (1995). The Hare Psychopathy Checklist - Revised. Toronto: Multi-Health Systems, Inc., 1991; Hart, S.D., Cox, D.N. und Hare, R.D.: The Hare PCL-SV. Psychopathy Checklist: Screening Version. Toronto: Multi-Health Systems, Inc.
Hartmann, J., Hollweg, M. & Nedopil, N. (2001). Quantitative Erfassung dissozialer und psychopathischer Persönlichkeiten bei der strafrechtlichen Begutachtung. Retrospektive Untersuchung zur Anwendbarkeit der deutschen Version der Hare-Psychopathie-Checkliste. Nervenarzt, 72, 365-370.
Hautzinger, M. & Bailer, M. (1993). Allgemeine Depressionsskala. Göttingen: Hogrefe.
Hautzinger, M., Nailer, M., Worall, H. & Keller, F. (1995). Beck-Depressions-Inventar. Göttingen: Huber.
Hemphill, J.F., Hare, R.D. & Wong, S. (1998). Psychopatjy and recidivism: A review. Legal and Criminological Pschology, 3, 139-170.
Klemm, T. (2002). Konfliktverhalten situativ. Göttingen: Hogrefe.
Krampen, G. (1994). Skalen zur Erfassung von Hoffnungslosigkeit. Göttingen: Hogrefe.
Langkamp, D.L. & Pascoe, J.M. (2001). Temperament of pre-term infants at 9 months of age. Ambulatory Child Health, 7 (3-4), 2003.
Lovibond, S.H. & Lovibond, P.F. (1995). Manual for the Depression-Anxiety-Stress-Scale. Sydney: Psychological Foundation of Australia.
Miller, Y. (2001). Erziehung von Kindern im Kindergartenalter. Dissertation an der Technischen Universität Braunschweig, 2001. Internet: http://www.biblio.tu-bs.de/ediss/data/20010823b/20010823b.pdf.
Mills, J.F. (2005). Advances in the Assessment and Prediction of Interpersonal Violence. Journal of Interpersonal Violence, 20 (2), 236-241.
Pauli-Pott, U., Mertesacker, B. & Beckmann, D. (2003). Ein Fragebogen zur Erfassung des ‚frühkindlichen Temperaments' im Elternurteil. Zeitschrift für Kinder- und Jugendpsychiatrie und Psychotherapie, 31 (2), 99-110.
Rothenberger, A. & Woerner, W. (2004). Editorial: Strenghts and Difficulties Questionnaire (SDQ) - Evaluations und applications. European Child & Adolescent Psychiatry (Suppl. 2) 13, II/1-II/2.
Seitz, W. & Rausche, A. (2004). Persönlichkeitsfragebogen für Kinder zwischen 9 und 14 Jahren (PFK 9-14). Göttingen: Hogrefe.
Spinath, F.M. (2000). Temperamentsmerkmale bei Kindern. Psychometrische Güte und verhaltensgenetische Befunde zum deutschen Emotionalitäts-Aktivitäts-Soziabilitäts-Tmeperamentinventar (EAS) nach Buss und Plomin (1984). Zeitschrift für Differentielle und Diagnostische Psychologie, 21 (1), 65-75.
Stiensmeier-Pelster, J., Schürmann, M. & Duda, K. (2000). Depressions-Inventar für Kinder und Jugendliche. Göttingen: Hogrefe.
Ullrich, S., Paelecke, M., Kahle, I. & Marneros, A. (2003). Kategoriale und dimensionale Erfassung von „psychopathy" bei deutschen Straftätern. Prävalenz, Geschlechts- und Alterseffekte. Nervenarzt, 74, 1002-1008.
Windham, A.M., Rosenberg, L., Fuddy, L., McFarlane, E., Sia, C. & Duggan, A.K. (2004). Risk of mother-reported child abuse in the first 3 years of life. Child Abuse & Neglect, 28, 645-667.
Woerner, W., Becker, A., Friedrich, C., Rothenberger, A., Klasen, H. & Goodman, R. (2002). Normierung und Evaluation der deutschen Version des

Strengths and Difficulties Questionnaire (SDQ): Ergebnisse einer repräsentativen Felderhebung. Zeitschrift für Kinder- und Jugendpsychiatrie, 30 (2), 105-112.

11. Selbstwirksamkeit, Coping, Resilienz

11.1 Einleitung

Auch wenn in diesem Kapitel „Selbstwirksamkeit" im Mittelpunkt der Analyse steht, soll damit nicht der Eindruck erweckt werden, dass die aus den Familienpflichten sich je nach sozialer Lage für Familienmenschen ergebenden Härten (vgl. dazu Gröll, 1988; Körner, 1992) nur individuell gelöst werden sollen und etwa die staatlichen Kürzungsprogramme bei Erwerbslosen und in der Jugendhilfe als sog. aktivierende Sozialpolitik legitimiert werden sollen (vgl. dazu Schnath, 2003; siehe auch die Ausführungen von Scheithauer & Petermann, 2000, S. 343-345, über Ansätze zur Frühintervention und -prävention im Säuglings-, Kleinkind- und frühen Kindesalter bei Armut und sozialer Benachteiligung).

Die Begriffe Selbstwirksamkeit, Coping und Resilienz werden in diesem Kapitel in dem Sinne verwendet, dass Personen, die unter besonderen Belastungen stehen (z.B. Arbeitslosigkeit, finanzielle Sorgen, Beziehungsstörungen/Scheidung, beengte Wohnverhältnisse, Verhaltensauffälligkeiten der Kinder, Gewalterfahrungen, Vernachlässigung u.v.a.m.), Ressourcen aufweisen oder sich erwerben, die es ihnen ermöglichen, die Belastungen relativ gut zu verarbeiten bzw. zu bewältigen. Im Zusammenhang mit Kindeswohlgefährdungen ist es dann wichtig, Eltern zu vermitteln, dass sie lernen können, mit den Belastungen so weit wie möglich effektiv umzugehen. Die American Psychological Association veröffentlichte 2004 die Broschüre "The Road To Resilience", in der Wege aufgezeigt werden, Resilienz zu erlernen (Internetseite: http://www.apahelpcenter.org/dl/the_road_to_resilience.pdf).

Zwar hätten die Aspekte von Selbstwirksamkeit, Coping und Resilienz auch im vorangegangenen Kapitel über Temperament und Persönlichkeit dargestellt werden können, aber aufgrund ihrer herausragenden Bedeutung erschien es angebracht, sie in einem gesonderten Kapitel aufzuführen.

Auch wenn in diesem Kapitel „Selbstwirksamkeit" im Mittelpunkt der Analyse steht, soll damit nicht der Eindruck erweckt werden, dass die aus den Familienpflichten sich je nach sozialer Lage für Familienmenschen ergebenden Härten (vgl. dazu Gröll, 1988; Körner, 1992) nur individuell gelöst werden sollen

11.2 Allgemeine Selbstwirksamkeitserwartung (SWE) ab 12 Jahren

Der *Fragebogen zur Allgemeinen Selbstwirksamkeitserwartung* (SWE) wurde von Schwarzer und Jerusalem (1995, 1999) entwickelt und kann ab 12 Jahren eingesetzt werden.

Der *Fragebogen zur Allgemeinen Selbstwirksamkeitserwartung* (SWE) wurde von Schwarzer und Jerusalem (1995, 1999) entwickelt und kann ab 12 Jahren eingesetzt werden. Er liegt in 29 Sprachen vor, wobei diese Versionen auf der Internetseite: http://userpage.fu-berlin.de/~health/selfscal.htm zu finden sind.
Es handelt sich um ein Selbstbeurteilungsverfahren zur Erfassung von allgemeinen optimistischen Selbstüberzeugungen, d.h. der Fragebogen misst die subjektive Überzeugung und optimistische Kompetenzerwartung, eine schwierige Lage bzw. Anforderungssituation aus eigener Kraft und Fähigkeit heraus zu meistern.

Der Fragebogen besteht aus den folgenden 10 Items:

1. Wenn sich Widerstände auftun, finde ich Mittel und Wege, mich durchzusetzen.
2. Die Lösung schwieriger Probleme gelingt mir immer, wenn ich mich darum bemühe.
3. Es bereitet mir keine Schwierigkeiten, meine Absichten und Ziele zu verwirklichen.
4. In unerwarteten Situationen weiß ich immer, wie ich mich verhalten soll.
5. Auch bei überraschenden Ereignissen glaube ich, dass ich gut mit ihnen zurechtkommen kann.
6. Schwierigkeiten sehe ich gelassen entgegen, weil ich meinen Fähigkeiten immer vertrauen kann.
7. Was auch immer passiert, ich werde schon klarkommen.
8. Für jedes Problem kann ich eine Lösung finden.
9. Wenn eine neue Sache auf mich zukommt, weiß ich, wie ich damit umgehen kann.
10. Wenn ein Problem auftaucht, kann ich es aus eigener Kraft meistern.

Die Beantwortung erfolgt auf einer Skala von (1) 'stimmt nicht', (2) 'stimmt kaum', (3) 'stimmt eher' und (4) 'stimmt genau', so dass die möglichen Punktwerte zwischen 10 und 40 liegen.
Die Mittelwerte für die meisten der zahlreich untersuchten Stichproben liegen bei etwa 29 Punkten mit einer Standardabweichung von ca. 4 Punkten. Für eine deutsche Stichprobe von Kindern und Jugendlichen im Alter von 12 bis 17 Jahren (N = 3494) ergab sich ein Mittelwert von 29,60 bei einer Standardabweichung von 4,0 sowie der folgenden Verteilung:

T-Werte für deutsche Kinder und Jugendliche im Alter von 12 bis 17 Jahren					
Punkte	T-Wert	Punkte	T-Wert	Punkte	T-Wert
10	1	20	26	30	51
11	3	21	29	31	54
12	6	22	31	32	56
13	8	23	34	33	59
14	11	24	36	34	61
15	13	25	39	35	64
16	16	26	41	36	66
17	19	27	44	37	69
18	21	28	46	38	71
19	24	29	49	39	74

Für deutsche Erwachsene (N = 1660) wurde ein Mittelwert von 29,28 bei einer Standardabweichung von etwa 5 bei folgender Verteilung ermittelt (die angeführten T-Wert-Normen für die deutschen Stichproben finden sich auf der Internetseite: http://www.fu-berlin.de/gesund/skalen/Language_Selection/Turkish/General_Perceived_Self-Efficac/Validity_and_T-Norms_of_the_Ge/validity_and_t-norms_of_the_ge.htm):

T-Werte für deutsche Erwachsene					
Punkte	T-Wert	Punkte	T-Wert	Punkte	T-Wert
10	12	20	32	30	51
11	14	21	34	31	53
12	16	22	36	32	55
13	18	23	38	33	57
14	20	24	40	34	59
15	22	25	42	35	61
16	24	26	44	36	63
17	26	27	46	37	65
18	28	28	48	38	67
19	30	29	49	39	69
				40	71

Zu den testpsychologische Gütekriterien wird auf einer Internetseite (http://userpage.fu-berlin.de/~health/germanscal.htm) angegeben, dass beim Vergleich von 23 Nationen die internen Konsistenzen (Cronbachs Alpha) zwischen .76 und .90 streuten (in den deutschen Stichproben zwischen .80 und .90). In Untersuchungen zur kriterienbezogenen Validität zeigten sich enge positive Zusammenhänge zum dispositionalen Optimismus und zur Arbeitszufriedenheit sowie enge negative Zusammenhänge zu Ängstlichkeit, Depressivität, Burnout und Stresseinschätzung.

11.3 Resilienzskala ab 14 Jahren

Die nachfolgenden Ausführungen beruhen auf einem Beitrag von Schumacher et al. (2004) auf der Internetseite http://www.uni-leipzig.de/~medpsy/pdf/resilienzskala.pdf .

Die von den o.a. Autoren verwendete deutschsprachige Version beruht auf der *Resilienzskala* von Wagnild und Young (1993; s.a. Leppert, 2002).

Von Wagnild und Young wurde Resilienz als (psychische) Widerstandskraft und als Fähigkeit betrachtet, internale und externale Ressourcen für die Bewältigung von Entwicklungsaufgaben erfolgreich zu nutzen.

Von Wagnild und Young wurde Resilienz als (psychische) Widerstandskraft und als Fähigkeit betrachtet, internale und externale Ressourcen für die Bewältigung von Entwicklungsaufgaben erfolgreich zu nutzen. In dem o.a. Manuskript der deutschen Version führen die Autoren an, dass von einigen Autoren unter Resilienz ein relativ stabiles Persönlichkeitsmerkmal verstanden wird, während andere Autoren den relationalen Charakter des Konstrukts betonen, der erst in spezifischen Beeinträchtigungs-Ressourcen-Konstellationen zum Ausdruck kommt. Außerdem würde mit dem Begriff der Resilienz auch der Prozess der biopsychosozialen Anpassung an widrige Lebensumstände oder aber auch dessen Ergebnis beschrieben werden. Weiter wird darauf hingewiesen, dass Resilienz eine Überlagerung z.B. mit dem Konzept der ‚Selbstwirksamkeitserwartung' aufweist.

Der Ursprungsfragebogen von Wagnild und Young (1993) besteht aus 25 Items, wobei sich aufgrund faktorenanalytischer Auswertung die folgenden zwei Skalen ergaben:

1. ‚Persönliche Kompetenz' (17 Items) mit Merkmalen wie Selbstvertrauen, Unabhängigkeit, Beherrschung, Beweglichkeit und Ausdauer.
   Beispielitems:
   Wenn ich Pläne habe, verfolge ich sie auch.
   Normalerweise schaffe ich alles irgendwie.
   Ich kann mich eher auf mich selbst als auf andere verlassen.
   Es ist mir wichtig, an vielen Dingen interessiert zu bleiben.
   Wenn ich muss, kann ich auch allein sein.
   Ich bin stolz auf das, was ich schon geleistet habe.

2. ‚Akzeptanz des Selbst und des Lebens' mit Charakteristika wie Anpassungsfähigkeit, Toleranz sowie flexible Sicht auf sich selbst und den eigenen Lebensweg.
   Beispielitems:
   Ich lasse mich nicht so schnell aus der Bahn werfen.
   Ich mag mich.
   Ich stelle mir selten Sinnfragen.
   Ich nehme die Dinge wie sie kommen.
   Mein Leben hat einen Sinn.
   Ich beharre nicht auf Dingen, die ich nicht ändern kann.

Die Beantwortung der Items erfolgt auf einer siebenstufigen Antwortskala mit den Polen 1 = ‚ich stimme nicht zu' bis 7 = ‚ich stimme zu'. Durch Summation der Itemrohwerte ergibt sich der Skalen-Gesamtwert. In der deutschen Studie konnte anhand einer repräsentativen Stichprobe (N = 2031; Alter: 14 bis 95 Jahre) aufgrund von Faktorenanalysen die von den Autoren der Ursprungsversion gefundene zweidimensionale Struktur des Fragebogens nicht bestätigt werden, d.h. man geht von einer eindimensionalen Skala aus. Die interne Konsistenz der Gesamtskala (Cronbach's Alpha) lag bei .95, für eine entwickelte Kurzfassung mit 11 Items bei .91.

Die Beantwortung der Items erfolgt auf einer siebenstufigen Antwortskala mit den Polen 1 = ‚ich stimme nicht zu' bis 7 = ‚ich stimme zu'.

Die erwähnte Kurzfassung lautet folgendermaßen:

	1 = nein Ich stimme nicht zu						7 = ja stimme völlig zu
1. Wenn ich Pläne habe, verfolge ich sie auch.	1	2	3	4	5	6	7
2. Normalerweise schaffe ich alles irgendwie.	1	2	3	4	5	6	7
3. Es ist mir wichtig, an vielen Dingen interessiert zu bleiben.	1	2	3	4	5	6	7
4. Ich mag mich.	1	2	3	4	5	6	7
5. Ich kann mehrere Dinge gleichzeitig bewältigen.	1	2	3	4	5	6	7
6. Ich bin entschlossen.	1	2	3	4	5	6	7
7. Ich behalte an vielen Dingen Interesse.	1	2	3	4	5	6	7
8. Ich finde öfter etwas, worüber ich lachen kann.	1	2	3	4	5	6	7
9. Normalerweise kann ich eine Situation aus mehreren Perspektiven betrachten.	1	2	3	4	5	6	7
10. Ich kann mich auch überwinden, Dinge zu tun, die ich eigentlich nicht machen will.	1	2	3	4	5	6	7
11. In mir steckt genügend Energie, um alles zu machen, was ich machen muss.	1	2	3	4	5	6	7

Beim Alter ergaben sich sehr geringe bis vernachlässigbare Effekte auf die Ausprägung der Resilienz als Personmerkmal, während sich Männer gegenüber Frauen geringfügig resilienter einstuften.

Für die Langform (25 Items) sowie die Kurzform (11 Items) der deutschen Resilienzskala teilen die Autoren die folgenden Prozentrangnormen mit (N = 2004; 14 bis 95 Jahre).
Beim Alter ergaben sich sehr geringe bis vernachlässigbare Effekte auf die Ausprägung der Resilienz als Personmerkmal, während sich Männer gegenüber Frauen geringfügig resilienter einstuften.
In der Untersuchung über die deutschsprachige Version der Resilienzskala wurde auch der Fragebogen zur ‚Allgemeinen Selbstwirksamkeitserwartung' (SWE) von Schwarzer und Jerusalem (siehe Kapitel 11.2) angewendet. Es fanden sich signifikant positive Korrelationen zwischen der SWE-Skala und der Resilienzskala, und zwar r = .68 mit der Langform und r = .70 mit der Kurzform der Resilienzskala (jeweils $p < .001$ bei zweiseitiger Testung). Weiter ergab sich, dass eine höhere Resilienz und eine ausgeprägtere Selbstwirksamkeitserwartung mit einem geringeren Ausmaß an subjektiven Körperbeschwerden einher geht (letztere gemessen mit dem Giessener Beschwerdebogen von Brähler et al., 2004).

11.4 Self-Efficacy Questionnaire für Jugendliche

Der *Self-Efficacy Questionnaire für Jugendliche* (SEQ-J) wurde von Muris (2001) entwickelt und enthält drei faktorenanalytisch gewonnene Bereiche:

1. Schulische Selbstwirksamkeit (8 Items), d.h. die wahrgenommenen Fähigkeiten, das eigene Lernverhalten selbstständig zu regeln, den schulischen Anforderungen zu genügen sowie den schulischen Erwartungen gerecht zu werden.
   Beispielitems:
   Wie gut gelingt es Dir, Deine Lehrer dazu zu bringen, Dir zu helfen, wenn Du mit den Schularbeiten nicht zurecht kommst?
   Wie gut kannst Du lernen, wenn auch andere interessante Sachen zu machen sind?
   Wie gut kannst Du ein Kapitel für einen Test/eine Klassenarbeit durcharbeiten?
   Wie gut gelingt es Dir, jeden Tag Deine Hausaufgaben vollständig zu erledigen?

2. Soziale Selbstwirksamkeit (8 Items), d.h. die wahrgenommenen sozialen Fähigkeiten in den Beziehungen zu Gleichaltrigen sowie die Durchsetzungsfähigkeiten.
   Beispielitems:
   Wie gut kannst Du Deine Meinung vertreten, wenn Klassenlameraden Dir nicht zustimmen?
   Wie gut kannst Du mit Gleichaltrigen Freundschaft schließen?

Wie gut kannst Du mit einer unbekannten Person ins Gespräch kommen?
Wie gut kannst Du mit Deinen Klassenkameraden gut und harmonisch zusammenarbeiten?

3. Emotionale Selbstwirksamkeit (8 Items), d.h. die wahrgenommenen Fähigkeiten, mit negativen Gefühlen umgehen zu können.
   Beispielitems:
   Wie gut gelingt es Dir, Dich selbst aufzuheitern, wenn ein unangenehmes Ereignis geschah?
   Wie gut gelingt es Dir, Dich wieder zu beruhigen, wenn Du sehr verschreckt/aufgeschreckt bist?
   Wie gut kannst Du verhindern, nervös zu werden?
   Wie gut kannst Du Deine Gefühle kontrollieren?

Die Einstufung der Items erfolgt auf einer fünfstufigen Skala von 1 = ‚überhaupt nicht' bis 5 = ‚sehr gut'.
Muris erfasste mit dem SEQ-J 330 Jugendliche (140 männliche und 190 weibliche) im Alter zwischen 14 bis 17 Jahren (Mittelwert 15;3 Jahre, Streuung 1,0 Jahre) und gibt folgende Statistiken wieder:

Skala	**Gesamtgruppe (N = 330)**	**Jungen (N = 140)**	**Mädchen (N = 190)**	**Cronbach's Alpha**
Gesamtwert	76,8 (11,2)	78,9 (10,6)	75,3 (11,4)	.88
Soziale Selbstwirksamkeit	28,2 (4,3)	28,5 (4,1)	28,0 (4,3)	.85
Schulische Selbstwirksamkeit	23,6 (5,8)	23,9 (5,7)	23,3 (5,9)	.88
Emotionale Selbstwirksamkeit	25,0 (2,5)	26,5 (4,5)	24,0 (5,0)	.86

Neben dem SEQ-J wurde den Jugendlichen auch ein Depressionsfragebogen vorgelegt, wobei sich folgende Tendenz ergab: Je niedriger der erzielte Wert im SEQ-J, um so höher ist der erreichte Wert im Depressionsfragebogen.

Neben dem SEQ-J wurde den Jugendlichen auch ein Depressionsfragebogen vorgelegt, wobei sich folgende Tendenz ergab: Je niedriger der erzielte Wert im SEQ-J, um so höher ist der erreichte Wert im Depressionsfragebogen.

11.5 Weitere Fragebogen

- Bettge und Ravens-Sieberer (2003) stellen in ihrer Veröffentlichung den Versuch dar, ein mehrdimensionales Verfahren zur Erfassung von Schutzfaktoren psychischer Gesundheit bei Kindern und Jugendlichen zu entwickeln und als Survey-Instrument bei 883 Kindern und Jugendlichen im Alter von 11 bis 17 Jahren zu erproben. Als Erhebungsinstrumente für die Operationalisierung des Schutz-

Aufgrund differenzierter statistischer Auswertungen wurde dann eine Kurzform des Schutzfaktoren-Fragebogen mit den folgenden drei Ressourcen-Skalen gebildet

faktorenkonzepts wurden von ihnen die folgenden sechs Skalen eingesetzt (mit insgesamt 49 Fragen): 1. Deutsche Übersetzung der Social Support Scale von Donald und Ware (1982) mit acht Fragen; 2. Selbst entwickelte Skala zum Familienklima mit vier Items. 3. Kohärenzsinn-Skala von Kern et al. (1995) mit 12 Items zur Erfassung von Verstehbarkeit, Handhabbarkeit und Sinnhaftigkeit (unter Kohärenzsinn kann das Grundvertrauen in drei Fähigkeiten eines Individuums verstanden werden, sich in der Welt zu orientieren, nämlich a.) Verstehbarkeit im Sinne der persönlichen Erwartung, externe und interne Reize bzw. Entwicklungen/Vorgänge ordnen, verstehen und vorhersagen zu können, b.) Handhabbarkeit im Sinne des optimistischen Zutrauens, aus eigener Kraft oder auch mit fremder Hilfe zukünftige Lebensaufgaben und Problemstellungen meistern zu können und c.) Sinnhaftigkeit, d.h. die individuelle Überzeugung, dass Herausforderungen des Lebens sinnvoll sind und es Ziele gibt, für die es sich zu engagieren lohnt, 4. Skala zum Optimismus von Grob et al. (1991; siehe auch Grob et al., 1994) mit acht Items, 5. Skala zur allgemeinen Selbstwirksamkeit von Schwarzer und Jerusalem (1995, 1996), 6. Skala gesundheitsbezogene Kontrollüberzeugungen von Lohaus und Schmitt (1989) mit sieben Items. Aufgrund differenzierter statistischer Auswertungen wurde dann eine Kurzform des Schutzfaktoren-Fragebogen mit den folgenden drei Ressourcen-Skalen gebildet (S. 170):

1. Soziale Ressourcen:

   Gibt es jemand, ...
   der dich umarmt?
   mit dem zusammen du dich entspannen kannst?
   der dich liebt und der dir das Gefühl gibt, geliebt und gebraucht zu werden?
   der dir Liebe und Zuneigung zeigt?
   der dir zuhört, wenn du das Bedürfnis nach einem Gespräch hast?
   mit dem du etwas unternehmen kannst, um dich abzulenken?
   der dir Informationen gibt, um dir beim Verstehen einer Situation zu helfen?
   mit dem du zusammen Spaß hast?

2. Personale Ressourcen:

   Wenn jemand wütend auf mich wird, weiß ich warum.
   Wenn mich meine Freunde um etwas bitten, weiß ich, was sie wollen.
   Wenn ich etwas möchte, bin ich sicher, es zu bekommen.
   Ich kann meine Probleme lösen.

3. Familiäre Ressourcen:

   Meine Eltern besprechen und entscheiden Dinge, die die ganze Familie angehen, gemeinsam mit mir.

Nachmittags oder am Wochenende unternehmen wir als Familie etwas gemeinsam.
Bei uns in der Familie gelten bestimmte Regeln und meine Eltern achten darauf, dass ich sie einhalte.

Alle Kinder und Jugendlichen wurden anhand des *Strengths and Difficulties Questionnaire* (SDQ; Goodman et al., 1998) zur Erfassung psychischer Auffälligkeiten in drei Gruppen (unauffällig, grenzwertig und auffällig) unterteilt und dann wurde varianzanalytisch überprüft, in welchem Ausmaß die drei Gruppen über die erfragten Ressourcen verfügen. Die folgende Abbildung (nach Bettge und Ravens-Sieberer, 2003, S. 171; ungefähre Angaben, da aus der Originaltabelle nicht genau ablesbar) zeigt auf, dass die psychisch unauffälligen Kinder und Jugendlichen jeweils über die höchsten, die psychisch Auffälligen dagegen über die niedrigsten Ressourcen verfügen (ANOVA: $p < 0.01$):

Die folgende Abbildung zeigt auf, dass die psychisch unauffälligen Kinder und Jugendlichen jeweils über die höchsten, die psychisch Auffälligen dagegen über die niedrigsten Ressourcen verfügen.

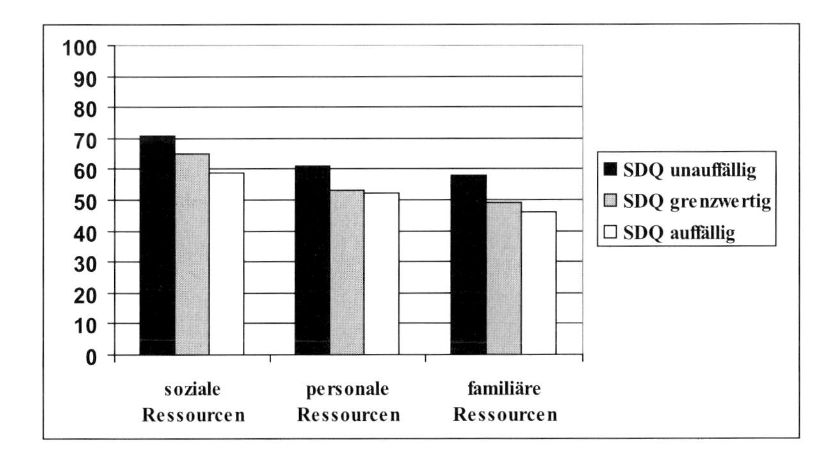

- *Fragebogen zur Erfassung von Kompetenzüberzeugung und Selbstwertgefühl als Eltern* (FKSE; Saile, 2000): Der Fragebogen besteht aus 29 Items, die auf einer vierstufigen Skale (trifft nicht zu, trifft eher nicht zu, trifft eher zu, trifft genau zu) von Vater oder Mutter beantwortet werden sowie vier Bereichen zugeordnet sind: 1. Kompetenzüberzeugung hinsichtlich der Beeinflussbarkeit kindlichen Verhaltens (z.B.: Wenn mein Kind störendes Verhalten zeigt, dann liegt dies vor allem in seiner Natur und ist von mir kaum beeinflussbar; Ich besitze Kenntnisse und Fähigkeiten, das Verhalten meines Kindes zu beeinflussen); 2. Kompetenzüberzeugung hinsichtlich der Kommunikation über Probleme und Gefühle des Kindes (z.B.: Bei Auseinandersetzungen mit meinem Kind erlebe ich es als hilfreich, auch von meinen eigenen Gedanken und Gefühlen zu sprechen; Durch mein Verhalten ermögliche ich meinem Kind, Gefühle und Probleme anzusprechen); 3. Erfüllung durch die Auf-

Mit Hilfe dieses Systems – erstellt insbesondere aufgrund von Untersuchungen von Familien mit chronisch kranken Kindern/Adoleszenten – sollen familiäre Reaktionen auf akute oder chronische Stressoren erfasst werden.

gaben und Anforderungen als Eltern (z.B.: Ich fühle mich der Verantwortung als Mutter/Vater gewachsen; Ich genieße es, Mutter/Vater zu sein); 4. Einschränkungen, die mit der Elternschaft verbunden sind (z.B.: Durch mein Kind bin ich gezwungen, meine beruflichen Interessen zurückzustellen; Die Sorge um mein Kind kostet mich mehr Zeit und Energie als mir zur Verfügung steht).

- *Family Coping Coding Systems* (FCCS; Hauser et al., 1993): Mit Hilfe dieses Systems - erstellt insbesondere aufgrund von Untersuchungen von Familien mit chronisch kranken Kindern/Adoleszenten - sollen familiäre Reaktionen auf akute oder chronische Stressoren erfasst werden, wobei sich aufgrund der Forschung letztlich 20 familiäre (adaptive wie maladaptive) Copingstrategien ergaben, die drei Subskalen zugeordnet werden und im folgenden nach Kirchheim et al. (2002) aufgeführt werden:
  1. Wahrnehmungszentriertes Coping: Betrachtung der Stressoren aus mehreren Perspektiven/kognitive Flexibilität; Sicht der Krankheit als gemeinsames Problem aller Familienmitglieder; Betrachtung der Stressoren aus einer einzigen Perspektive/Schuldzuweisungen; Sicht der Krankheit als alleiniges Problem des betroffenen Jugendlichen; Formulierung einer gemeinsamen Krankheitstheorie; Herunterspielen der Krankheit und der eigenen Belastungen; Zuversicht bezüglich des weiteren Krankheitsverlaufes; pessimistische Zukunftserwartungen im Zusammenhang mit der Krankheit; realistische Einschätzung der Situation/Anerkennung krankheitsbezogener Fakten.
  2. Handlungszentriertes Coping: Vertrauen in die eigene Kompetenz im Umgang mit der Krankheit; Eingeständnis von Problemen/Unfähigkeit im Umgang mit dem Stressor; gemeinsam bzw. aufeinander abgestimmte Handhabung des Krankheitsmanagements; Suche nach Informationen; Suche nach finanzieller, materieller und/oder emotionaler Unterstützung; Beibehaltung der täglichen Routine, die schon vor Krankheitsausbruch existierte; zufällige positive Konsequenzen des Stressors oder unternommener Bewältigungsbemühungen.
  3. Emotionszentriertes Coping: offener Emotionsausdruck; Wahrnehmung der Gefühle anderer; Verleugnung, Unterdrückung und/oder Kontrolle von Gefühlen; impulsive Gefühlsausbrüche.
- *Parenting Sense of Competence Scale* (PSOC) von Gibau-Wallston und Wandersman (1978; zit. nach Johnston und Mash, 1989; s.a. Rogers und Matthews, 2004): Miller (2001) wendete eine deutsche Version dieses Fragebogens - unter der Bezeichnung Fragebogen zum Kompetenzgefühl von Eltern FKE - in ihrer Dissertation zum Erziehungsverhalten und Kompetenzüberzeugungen von Eltern mit Kindergartenkindern und dem Zusammenhang zu kindlichen Verhaltensstörungen an und beschreibt ihn folgendermaßen (S. 74; der Fragebogen selbst ist im Anhang auf S. xvi aufgeführt): „Der Fragebogen enthält 16 Items, die auf einer Skala mit sechs

Abstufungen von ‚stimme völlig zu' (1) bis ‚stimme überhaupt nicht zu' (6) beantwortet werden. Es werden zwei Aspekte des Selbstwertgefühls von Eltern erfasst: die Zufriedenheit mit der Elternrolle (Frustration, Versagensgefühle und Motivation, 9 Items) und das Gefühl der Selbstwirksamkeit (Kompetenz, Problemlösefähigkeiten, Erfolg, 7 Items) bei der Erziehung. Eltern mit hoher Ausprägung auf der Skala Selbstwirksamkeit sind der Meinung, die nötigen Fähigkeiten zur Erziehung zu besitzen und sie bei Schwierigkeiten effektiv einzusetzen. Sie fühlen sich mit der Elternrolle vertraut, erfüllen ihre Erwartungen an sich selbst und trauen sich die Lösung von auftretenden Problemen zu. Eltern mit hohen Werten auf der Skala Zufriedenheit fühlen sich selten bis nie hilflos und manipuliert und glauben, dass sie Erziehungssituationen meist unter Kontrolle haben. Sie sind selten frustriert und fühlen sich der Erziehungsaufgabe gewachsen. Selbstwirksamkeit als kognitive Komponente und Zufriedenheit als affektive Komponente ergeben gemeinsam das Konstrukt elterlichen Selbstwertgefühls."

- *Maternal Self-Efficacy Scale* (Teti und Gelfand, 1991): Erfasst werden soll die wahrgenommene mütterliche Selbstwirksamkeit in der Elternrolle von Kleinstkindern (z.B. bezüglich Füttern und Spielen). Hess et al. (2004) fanden differenzierte Befunde bei gleichzeitiger Anwendung eines Wissenstests über die Entwicklung von Kleinstkindern (*Knowledge of Infant Development Behavior*; KIDI; MacPhee 1981) sowie des *Parent-Child Early Relational Assessment* (Clark, 1985) zur Einstufung mütterlicher (Verhaltens-)Kompetenzen aufgrund von unstrukturierten Spielsituationen zwischen Mutter und Kind: Die mütterliche Selbstwirksamkeit und die elterliche (Verhaltens-)Kompetenz korrelierten positiv miteinander, wenn das mütterliche Wissen hoch war. Im Gegensatz dazu ergab sich eine negative Beziehung zwischen Selbstwirksamkeit und (Verhaltens-) Kompetenz, wenn das Wissen niedrig war. Bei Müttern, die hohe elterliche Selbstwirksamkeit angaben, aber niedriges Wissen aufwiesen, wurde die geringste Sensititivät gegenüber den Kleinstkindern in Spielsituationen gefunden, was dafür sprechen könnte, dass diese Mütter eine falsche Einschätzung ihrer vermeintlich hohen Selbstwirksamkeit besitzen.

Die mütterliche Selbstwirksamkeit und die elterliche (Verhaltens-)Kompetenz korrelierten positiv miteinander, wenn das mütterliche Wissen hoch war. Im Gegensatz dazu ergab sich eine negative Beziehung zwischen Selbstwirksamkeit und (Verhaltens-)Kompetenz, wenn das Wissen niedrig war.

11.6 Literatur

American Psychological Association (2004). Die Broschüre „The Road To Resilience". Internetseite: http://www.apahelpcenter.org/dl/the_road_to_resilience.pdf

Bettge, S. & Ravens-Sieberer, U. (2003). Schutzfaktoren für die psychische Gesundheit von Kindern und Jugendlichen – empirische Ergebnisse zur Validierung eines Konzepts. Gesundheitswesen, 65, 167-172.

Brähler, E., Schumacher, J. & Scheer, J.W. (2004). Giessener Beschwerdebogen (GBB-24). Handbuch, 3. Aufl. Bern: Huber.

Donald, C.A. & Ware, J.E. (1982). The Quantification of Social Contacts and Ressources. Santa Monica, Ca: The Rand Corporation.

Gibau-Wallston, J. & Wandersman, L. P. (1978, August-September). Development and utility of the Parenting Sense of Competency Scale. Paper presented at the 86th Annual Convention of the American Psychological Association, Toronto, Ontario, Canada.

Goodman, R., Meltzer, H. & Bailey, V. (1998). The Strengths and Difficulties Questionnaire: A pilot study on the validity of the self-report version. Eur. Child Adoles. Psy., 7, 125-130.

Gröll, J. (1988). Bürgerliche Familie und Staat. In G. Hörmann, W. Körner & F. Buer (Hrsg.). Familie und Familientherapie. Probleme - Perspektiven - Alternativen (S. 13-58). Opladen: Westdeutscher Verlag.

Grob, A., Lüthi, R. & Kaiser, F.G. (1991). Berner Fragebogen zum Wohlbefinden Jugendlicher (BFW). Diagnostica, 37, 66-75.

Grob, A., Lüthi, R., Kaiser, G., Flammer, A. & Mackinnon, A. (1994). Berner Fragebogen zum Wohlbefinden (BFW). Wiener Testsystem. Mödling: Schuhfried GmbH.

Hauser, S.T., DiPlacido, J., Jacobson, A.M., Willett, J. & Cole, C. (1993). Family coping with an adolescent's chronic illness: An approach and three studies. Journal of Adolescence, 16, 305-329.

Hess, C.R., Teti, D.M. & Hussey-Gardner, B. (2004). Self-efficacy and parenting of high-risk infants: The moderating role of parent knowledge of infant development. Applied Development Psychology, 25, 423-437.

Johnston, C. & Mash, E.J. (1989). A measure of parenting satisfaction and efficacy. Journal of Clinical Child Psychology, 18, 167-175.

Kern, R., Rasky, E. & Noack, R.H. (1995). Indikatoren für Gesundheitsförderung in der Volksschule. Forschungsbericht 95/1 aus dem Institut für Sozialmedizin, Karl-Franzens-Universität Graz, S. 31-32.

Kirchheim, C., Seiffge-Krenke, I. & Sonntag-Dillender, M. (2002). Wie aktiv sind Familien mit Söhnen im Vergleich zu Familien mit Töchtern? Eine Analyse von Family Coping Scores in Familien mit an Diabetes erkrankten Jugendlichen. Zeitschrift für Gesundheitspsychologie, 10 (4), 171-183.

Körner, W. (1992). Die Familie in der Familientherapie. Eine Kritik der systemischen Therapiekonzepte. Opladen: Westdeutscher Verlag.

Leppert, K. (2002). RS - Resilienzskala. In E. Brähler, J. Schuhmacher & B. Strauß (Hrsg.), Diagnostische Verfahren in der Psychotherapie. Diagnostik für Klinik und Praxis, Bd. 1, 2. Aufl.,(S. 295-298). Göttingen: Hogrefe.

Lohaus, A. & Schmitt, G.M. (1989). Kontrollüberzeugungen zu Krankheit und Gesundheit. Bericht über die Entwicklung eines Testverfahrens. Diagnostica, 35, 59-72.

MacPhee, D. (1981). Knowledge of Infant Development Inventory. Unpublished manual and questionnaire. University of North Carolina, Chapel Hill. Dem Erstautor des vorliegenden Buches liegen umfangreiche Materialien (Manual, Fragebogen usw.) über dieses Verfahren vor, die über Internet gegen Bezahlung bezogen wurden; die Internetadresse besteht aber nicht mehr, und auch über Suchmaschinen konnte keine entsprechende Seite mehr gefunden werden.

Miller, Y. (2001). Erziehung von Kindern im Kindergartenalter. Dissertation an der Technischen Universität Braunschweig, 2001. Internet: http://www.biblio.tu-bs.de/ediss/data/20010823b/20010823b.pdf

Muris, P. (2001). A Brief Questionnaire for Measuring Self-Efficacy in Youths. Journal of Psychopathology and Behavioral Assessment, 23, 145-149.

Rogers, H.& Matthews, J. (2004). The parenting sense of competence scale: Investigation of the factor structure, reliability, and validity for an Australian sample. Australian Psychologist, 39 (1), 88-96.

Saile, H. (2000). Fragebogen zur Erfassung von Kompetenzüberzeugungen und Selbstwertgefühl als Eltern (FKSE): Skalenkonstruktion und teststatistische Überprüfung. Trierer Psychologische Berichte, Band 27, Heft 1, Universität Trier, Fachbereich I, Psychologie.

Schnath, M. (2003). Nationalismus, Verwahrlosung, Kriminalität. Was der „aktivierende" Sozialstaat aktiviert. Sozialmagazin, 28, (7-8), S. 56-63.

Scheithauer, H. & Petermann, F. (2000). Frühintervention und -prävention im Säuglings-, Kleinkind- und frühen Kindesalter. In F. Petermann, K. Niebank & H. Scheithauer (Hrsg.), Risiken in der frühkindlichen Entwicklung. Entwicklungspsychopathologie der ersten Lebensjahre (S. 331-372). Göttingen: Hogrefe.

Schumacher, J., Leppert, K., Gunzelmann, T., Strauß, B. & Brähler, E. (2004). Die Resilienzskala - Ein Fragebogen zur Erfassung der psychischen Widerstandsfähigkeit als Personmerkmal. Internetseite: http://www.uni-leipzig.de/~medpsy/pdf/resilienzskala.pdf, wobei vermerkt ist: Revidierte Manuskriptfassung vom 19.04.2004, 10:01, erscheint in: Z. f. Klinische Psychologie, Psychiatrie und Psychotherapie).

Schwarzer, R., & Jerusalem, M. (1995). Generalized Self-Efficacy scale. In J. Weinman, S. Wright, & M. Johnston (Hrsg.), Measures in health psychology: A user's portfolio. Causal and control beliefs (pp. 35-37). Windsor, UK: Nfer-Nelson.

Schwarzer, R. & Jerusalem, M. (1999). Skalen zur Erfassung von Lehrer- und Schülermerkmalen. Dokumentation der psychometrischen Verfahren im Rahmen der Wissenschaftlichen Begleitung des Modellversuchs Selbstwirksame Schulen. Berlin, Freie Universität Berlin. Internetseite: http://www.fu-berlin.de/gesund/.

Teti, D.M. & Gelfand, D.M. (1991). Behavioral competence among mothers of infants in the first year: The mediational role of maternal self-efficacy. Child Development, 62, 918-929.

Wagnild, G.M. & Young, H.M. (1993). Development and Psychometric Evaluation of the Resilience Scale. Journal of Nursing Measurement, 1, 165-178.

12. Stressbelastung innerhalb der Familie

Im folgenden werden einige Verfahren zur Erfassung des Ausmaßes der Belastungen aufgeführt, die insgesamt einen umfassenden Überblick geben über die diagnostisch und präventiv zu beachtenden stressauslösenden Faktoren.

12.1 Einleitung

Das Ausmaß von Belastungen, Konflikten und Stress bei der eigenen Person und bei Familienmitgliedern (Schule, Beruf, körperliche oder psychische Erkrankungen, finanzielle Sorgen, Verhaltensschwierigkeiten, geistige Behinderungen usw.), in Beziehungen (Partnerkonflikte, Erziehungsprobleme, Mobbing am Arbeitsplatz u.a.) sowie belastende Lebensereignisse (z.B. Todesfälle, Unfälle, Traumatisierungen, Arbeitslosigkeit, Scheidung) haben allgemein eine große Bedeutung bei der Einschätzung des Risikos erneuter Kindesmisshandlungen. Im folgenden werden einige Verfahren zur Erfassung des Ausmaßes der Belastungen aufgeführt, die insgesamt einen umfassenden Überblick geben über die diagnostisch und präventiv zu beachtenden stressauslösenden Faktoren.

12.2 Everyday Stressors Index für Erwachsene

Der *'Everyday Stressors Index'* besteht aus 20 Items, die Hall (1983) der 117 Items umfassenden *'Daily Hassles Scale´* von Kanner et al. (1981) entnommen hatte. Die folgenden Angaben zum *'Everyday Stressors Index'* (ESI) beruhen auf den Ausführungen von Hunter et al. (2003b) des LONGSCAN-Forschungsprojektes auf der Internetseite http://www.iprc.unc.edu/longscan.
Die Durchführung des ESI erfolgt in Interviewform: „Ich möchte Ihnen nun einige Fragen stellen über Probleme, wie sie viele Leute jeden Tag haben. Sagen Sie mir bitte, wie stark Sie die folgenden Probleme tagtäglich beunruhigen, aufregen oder belasten. Sind Sie durch die folgenden Punkte (1) überhaupt nicht belastet, (2) ein wenig belastet, (3) etwas belastet oder (4) sehr stark belastet?" (k.A. = keine Antwort).

1. Zu viele Aufgaben und Pflichten 1 2 3 4 k.A.
2. Betreuung von anderen Familienmitgliedern (über die eigenen Kinder hinaus) 1 2 3 4 k.A.
3. Geldschulden oder Kredit zu bekommen 1 2 3 4 k.A.
4. Probleme mit dem Verhalten Ihres Kindes/ Ihrer Kinder 1 2 3 4 k.A.
5. Nicht genügend Geld für den grundlegenden täglichen Bedarf wie Kleidung, Wohnung, Essen und Gesundheitsfürsorge 1 2 3 4 k.A.
6. Nicht genug Zeit für Dinge, die sie machen wollen 1 2 3 4 k.A.
7. Probleme mit Verkehrsmitteln, mit der Beförderung 1 2 3 4 k.A.
8. Probleme mit ihrer Arbeit oder mit Arbeitslosigkeit 1 2 3 4 k.A.
9. Meinungsverschiedenheiten mit anderen über die Erziehung ihrer Kinder 1 2 3 4 k.A.
10. Probleme mit der Wohnung, Unterkunft 1 2 3 4 k.A.
11. Sorgen um die Gesundheit eines Familienmitgliedes (nicht der eigenen Kinder) 1 2 3 4 k.A.
12. Sorgen darüber, wie Ihr Kind/Ihre Kinder in der Schule oder im Kindergarten zurecht kommen 1 2 3 4 k.A.
13. Probleme mit Freunden und Nachbarn 1 2 3 4 k.A.
14. Sorgen um die Gesundheit Ihres Kindes/ Ihrer Kinder 1 2 3 4 k.A.
15. Probleme, mit der Familie zurecht zu kommen 1 2 3 4 k.A.
16. Probleme, verheiratet oder alleinstehend zu sein 1 2 3 4 k.A.
17. Sich in ihrer Nachbarschaft/Wohngegend sicher zu fühlen 1 2 3 4 k.A.
18. Schwierigkeiten mit dem Vater/der Mutter Ihres Kindes/Ihrer Kinder 1 2 3 4 k.A.
19. Probleme, den Arbeitsplatz zu erhalten 1 2 3 4 k.A.
20. Schwierigkeiten, eine Arbeit/Beschäftigung zu finden. 1 2 3 4 k.A.

Diese Items decken die folgenden fünf Problembereiche ab:
- Rollenüberlastung
- finanzielle Sorgen
- Erziehungsprobleme
- Arbeitsplatzprobleme
- interpersonale Konflikte.

Diese Items decken die folgenden fünf Problembereiche ab:
– Rollenüberlastung
– finanzielle Sorgen
– Erziehungsprobleme
– Arbeitsplatzprobleme
– interpersonale Konflikte.

Im Rahmen der LONGSCAN-Untersuchungen wurde der ESI mit den Eltern zu der Zeit durchgeführt, als ihre Kinder im Alter von 6 Jahren waren. Bei einer Stichprobengröße von N = 1166 ergab sich ein Mittelwert von 35,48 bei einer Streuung von 10,48 (bei möglichen Wer-

ten zwischen 20 und 80). Für die interne Konsistenz errechnete sich ein Koeffizient von .85 (Cronbachs Alpha). Auch Hall et al. (1985) teilten eine hohe interne Konsistenz mit (Cronbachs Alpha von .83). Hall & Farel (1988) fanden eine signifikant positive Beziehung zwischen depressiven und psychosomatischen Symptomen sowie den ESI-Werten bei einer Stichprobe von nicht verheirateten Müttern. Die depressiven Symptome wurden mit der 'CES-D-Scale' von Radloff (1987) erfasst. Diese Skala wurde auch in den LONGSCAN-Untersuchungen verwendet (beim Alter der Kinder von 6 Jahren). Bei einer Stichprobe von 1155 Eltern ergab sich eine signifikante Korrelation zwischen ESI und CES-D von .57.
Weiter wurde in den LONGSCAN-Untersuchungen die ESI-Resultate mit zwei Skalen des 'Self-Report Family Inventory' von Beavers et al. (1990) korreliert, und zwar mit 'familiäre Kohäsion' (r = .45) sowie 'familiärer Konflikt' (.38). Dies bedeutet aufgrund der Polung der Skalen, dass eine signifikante Beziehung besteht zwischen dem ESI sowie dem Ausmaß der negativen Wahrnehmung der familiären Kohäsion und dem Ausmaß der familiären Konflikte (Stichprobengröße: N = 1155).

12.3 Parenting Stress Index (für Eltern)

Auf der Grundlage dieser Version untersuchte Tröster mit unterschiedlich langen PSI-Versionen in verschiedenen Studien die Belastung von Müttern mit anfallskranken Kindern, mit neurodermitiskranken Kindern sowie mit blinden und sehbehinderten Kindern.

Der *Parenting Stress Index* (PSI) wurde von Abidin entwickelt zur Erfassung unterschiedlicher Arten elterlicher Belastungen und liegt in einer 3. Auflage aus 1995 vor. In Deutschland wurde 1993 eine Übersetzung von Sarimski vorgenommen. Auf der Grundlage dieser Version untersuchte Tröster (1999a,b, 2000; 2001, 2003) mit unterschiedlich langen PSI-Versionen in verschiedenen Studien die Belastung von Müttern mit anfallskranken Kindern, mit neurodermitiskranken Kindern sowie mit blinden und sehbehinderten Kindern. In Österreich wurde eine deutschsprachige Version der 120 Items umfassenden Ursprungsversion erstellt und bei Müttern sprachentwicklungsgestörter Kind angewendet (Schaunig et al., 2004; diese Version kann bei der Erstautorin angefordert werden unter: inesschaunig@hotmail.com).
Im folgenden wird bei der Darstellung des PSI auf die 67 Items umfassenden Kurzform 10/99 des PSI von Tröster zurückgegriffen (Bezug: Prof. Dr. Heinrich Tröster, Universität Dortmund, Fakultät Rehablilitationswissenschaften: Rehabilitationspsychologie, 44221 Dortmund, heinrich.troester@uni-dortmund.de).
Der *Parenting Stress Index* gliedert sich in die folgenden 13 Subskalen (zu denen jeweils zwei Itembeispiele aufgeführt werden), die dem Kindbereich und dem Elternbereich zugeordnet werden:

Kindbereich/Child Domain:

Anpassungsfähigkeit/Adaptability

Mein Kind reagiert sehr heftig, wenn etwas passiert, das es nicht mag.

Es fällt meinem Kind sehr schwer und es braucht sehr lange, sich an neue Dinge zu gewöhnen.

Akzeptierbarkeit/Acceptability

Ich bin manchmal enttäuscht, wenn mein Kind nicht gerne mit mir schmust.

Es bedrückt mich manchmal, dass mein Kind Dinge nicht so schnell lernt wie andere Kinder.

Anforderung/Demandingness

Es ist schwerer für mein Kind zu sorgen als für die meisten Kinder.

Im Vergleich zu anderen Kindern ist mein Kind sehr problematisch.

Stimmung/Mood

Ich finde, mein Kind ist sehr launisch und leicht erregbar.

Mein Kind nörgelt und quengelt häufiger als andere Kinder.

Ablenkbarkeit, Hyperaktivität/Distractibility, Hyperactivity

Mein Kind ist anstrengend, weil es sehr aktiv ist.

Mein Kind ist häufig unkonzentriert und leicht ablenkbar.

Positive Verstärkung/Reinforces Parent

Wenn ich etwas für mein Kind tue, dann habe ich manchmal das Gefühl, dass es meine Anstrengungen gar nicht recht anerkennt.

Mein Kind macht selten etwas für mich, das mir gut tut.

Wenn ich etwas für mein Kind tue, dann habe ich manchmal das Gefühl, dass es meine Anstrengungen gar nicht recht anerkennt.

Elternbereich/Parent Domain:

Depression/Depression

Jedesmal, wenn mein Kind etwas verkehrt macht, habe ich das Gefühl, es ist eigentlich meine Schuld.

Wenn mein Kind sich schlecht benimmt oder zu viel Quatsch macht, denke ich, dass ich etwas falsch mache.

Elterliche Bindung/Attachment

Es dauert manchmal lange, bis Eltern ein Gefühl der Nähe und Wärme zu ihrem Kind entwickeln.

Es bedrückt mich, dass ich nicht immer so warme Gefühle für mein Kind habe, wie ich es mir wünschen würde.

Persönliche Einschränkung/Restrictions of Roles

Ich habe oft das Gefühl, dass die Bedürfnisse meines Kindes mein Leben bestimmen.

Seit das Kind da ist, habe ich kaum Zeit für mich.

Zweifel an der elterlichen Kompetenz/Sense of Competence
Ich habe manchmal Zweifel, ob ich mit den Aufgaben als Mutter/Vater fertig werde.
Bei der Erziehung meines Kindes habe ich viel mehr Probleme, als ich erwartet hatte.
Soziale Isolation/Social Isolation
Ich habe nicht mehr so viel Interesse an anderen Menschen wie früher.
Seit ich das Kind habe, habe ich viel weniger Gelegenheiten, meine Freunde oder Freundinnen zu treffen oder neue Freundschaften zu schließen.
Beeinträchtigung der Partnerbeziehung/Relationship with Spouse
Seit das Kind da ist, verbringen mein Partner/meine Partnerin und ich nicht so viel Zeit gemeinsam wie ich mir wünsche.
Seit das Kind da ist, habe ich weniger Interesse an Sex.
Gesundheitliche Beeinträchtigung/Parent Health
Seit ich mein Kind habe, bin ich oft krank gewesen.
Im letzten halben Jahr war ich körperlich erschöpfter und hatte mehr Beschwerden als sonst.

Neben den Skalen im Kind- und Elternbereich liegt noch eine zusätzliche Skala zur Verfügbarkeit sozialer Unterstützung vor:
Ich habe einige gute Freunde, mit denen ich über persönliche Probleme sprechen kann.
Es gibt genügend Menschen in meinem Freundes- und Bekanntenkreis, die mir Anerkennung für meine Arbeit als Mutter/Vater schenken.

Die Beantwortung der Items erfolgt auf einer 5-stufigen Antwortskala (1 = trifft gar nicht zu; 2 = trifft eher nicht zu; 3 = nicht sicher; 4 = trifft eher zu; 5 = trifft vollkommen zu).

DiLauro (2004) untersuchte u.a. mit dem PSI (Langform mit 120 Items), inwieweit spezifische psychosoziale Faktoren mit bestimmten Misshandlungsformen korrelieren und kam z.B. zu folgenden Ergebnissen

DiLauro (2004) untersuchte u.a. mit dem PSI (Langform mit 120 Items), inwieweit spezifische psychosoziale Faktoren mit bestimmten Misshandlungsformen korrelieren und kam z.B. zu folgenden Ergebnissen:

- MisshandlerInnen, die nur vernachlässigten, wiesen einen signifikant höheren PSI-Gesamtwert auf als MisshandlerInnen, die ausschließlich körperlich misshandelten.
- Externe Stressoren bezüglich sozioökonomischen und Umgebungs-Faktoren führen eher zu Vernachlässigung, während interne Stressoren aus dem Bereich der interpersonalen Beziehungen eher mit körperlicher Misshandlung in Beziehung stehen.
- Eltern, die sowohl körperlich misshandeln als auch vernachlässigen, scheinen insbesondere Schwierigkeiten bei der Bewältigung mit Verhaltensproblemen der Kinder aufzuweisen.

- Elternteile, die Partnergewalt ausüben, neigen eher zu körperlicher Misshandlung, während Elternteile, die Opfer von Partnergewalt sind, eher vernachlässigen.
- Alkohol- und Drogenmissbrauch korreliert stark mit Vernachlässigung.
- Unter den MisshandlerInnen mit niedrigem Bildungsniveau fanden sich mehr VernachlässigerInnen als körperliche MisshandlerInnen.
- Männer schienen eher körperlich zu misshandeln, Frauen dagegen eher die Kinder zu vernachlässigen.
- Der höchste Prozentsatz von Vernachlässigung trat bei alleinerziehenden Elternteilen auf.
- In Haushalten/Familien, in denen nur körperliche Misshandlung auftrat, waren signifikant weniger Kinder misshandelt worden als in Haushalten/Familien, in denen nur Vernachlässigung oder aber beide Misshandlungsarten erfolgten.

12.4 Parenting Profile Assessment (für KrankenpflegerInnen)

Das *Parenting Profile Asessment* wurde für Krankenpflegepersonal entwickelt, um Risiko-Familien bezüglich elterlicher Probleme und Stressbelastung und daraus entstehender möglicher körperlicher Kindesmisshandlung abzuschätzen (Anderson, 1993, 2000).
Es besteht aus den folgenden 20 Feststellungen, wobei in Klammern die jeweiligen Punkte für die Bejahung einer Feststellung aufgeführt sind, die über alle Skalen dann zum PPA-Summenwert addiert werden (die Punktwerte wurden aufgrund statistischer Analysen gewonnen):

Das *Parenting Profile Asessment* wurde für Krankenpflegepersonal entwickelt, um Risiko-Familien bezüglich elterlicher Probleme und Stressbelastung und daraus entstehender möglicher körperlicher Kindesmisshandlung abzuschätzen

Mittelgradige oder ausgeprägte Züchtigung als Kind	(5)
Partnergewalt in Vergangenheit oder Gegenwart	(3)
Selbsterleben von Stress	(4,5)
Mittlerer bis hoher ‚life change score' *	(4,5)
High-School-Ausbildung oder geringer	(3)
Wenig Beziehungen/Betätigung außerhalb der Familie	(1,25)
Wenig oder keine Schwangerschaftsvorsorge	(2,5)
Ist mit sich selbst nicht zufrieden	(3,5)
Fühlt sich wie zum Davonlaufen	(3)
Alter bei Geburt des ersten Kindes unter 20	(2)
Kein Eintrag im Telefonbuch oder besitzt kein Telefon	(1)
Schwierige Kommunikation innerhalb der Familie	(3,5)
Frühere Arbeitslosigkeit über einen Zeitraum von zwei Monaten **	(2)
Gegenwärtig unterbeschäftigt oder arbeitslos **	(2)
Die Familie hat mit der Polizei zu tun	(2)
Weniger als 20.000 $ Jahreseinkommen	(2,5)

Verfluchen des Kindes bei Disziplinierung	(3,5)
Das Kind weist Anzeichen für körperliche Bestrafung auf	(3)
Sieht die Disziplinierung/Erziehung der Kinder als hart/ streng an	(3)
Schreit die Namen der Kinder bei Disziplinierung/ Erziehung	(3,5)

* ‚life change score' bzw. 'life change unit score' (LCU-Wert): wird über die Social Readjustment Rating Scale (SRRS; soziale Wiederanpassungs-Skala, Holmes und Rahe, 1967; siehe nachfolgenden Abschnitt 11.5) bestimmt. Diese Skala erfasst 43 stressvolle Lebensereignisse, wobei jedem Ereignis ein LCU-Wert zugeordnet wird, der das Ausmaß der aufzubringenden Wiederanpassung bzw. der Coping-Leistung widerspiegeln soll, das Personen angesichts dieser Ereignisse aufbringen müssen. Zum Beispiel wird der Tod eines Partners mit 100 LCU, Heirat mit 50 LCU, Schwierigkeiten mit dem Gesetzes mit 29 LCU sowie Wechsel sozialer Aktivitäten mit 18 LCU bewertet. Nach Holmes und Rahe würden LCU-Werte zwischen 150 bis 199 auf geringen, zwischen 200 bis 299 auf mittleren sowie von 300 und höher auf ausgeprägten Stress/Lebenskrisen hinweisen
** bezogen auf den primären Versorger

Die Feststellungen 1 bis 10 beziehen sich auf die Eltern, die Feststellungen 11 bis 16 auf die Familie sowie die Feststellungen 17 bis 20 auf die Kinder.
Können mehr als drei Feststellungen nicht beantwortet werden, so wird die Aussagekraft des Fragebogens als stark eingeschränkt angesehen bzw. es wird die Anwendbarkeit verneint.
Bei einem Gesamtpunktwert von 21 und größer werden erhöhte elterliche Probleme und Stressbelastungen angenommen, verbunden mit einem erhöhten Risiko für Kindesmisshandlung. Dies gilt auch, wenn alle der fünf folgenden Feststellungen bejaht wurden: 4, 5, 15, 16 und 19. Bei 21 und weniger Gesamtpunkten (oder wenn nicht alle der angeführten 5 Feststellungen bejaht wurden) wird diesbezüglich ein geringes Risiko vermutet.
Der Fragebogen wird mit den Eltern (Mutter oder Vater) in Interviewform im Elternhaus oder im Krankenhaus durchgegangen. Direkte Beobachtungen z.B. der Erziehungsmethoden im Elternhaus oder anderweitige ergänzende Erhebungen werden empfohlen, wenn z.B. im Krankenhaus Hinweise auf Misshandlung wie z.B. Blutergüsse vorliegen oder aber eine der o.a. fünf Feststellungen bejaht wird.

Der Fragebogen wird mit den Eltern (Mutter oder Vater) in Interviewform im Elternhaus oder im Krankenhaus durchgegangen. Direkte Beobachtungen z.B. der Erziehungsmethoden im Elternhaus oder anderweitige ergänzende Erhebungen werden empfohlen, wenn z.B. im Krankenhaus Hinweise auf Misshandlung wie z.B. Blutergüsse vorliegen oder aber eine der o.a. fünf Feststellungen bejaht wird.

12.5 Social Readjustment Rating Scale für Erwachsene

Die *Social Readjustment Rating Scale* (SRRS) wurde von Holmes und Rahe (1967) entwickelt. Sie stellt eine Art Stress-Barometer dar, d.h. bestimmte Lebensereignisse oder bedeutsame Wechsel in den Lebensverhältnissen werden in eine Reihenfolge nach dem Ausmaß des

verursachten Stresses bzw. des Ausmaßes der aufzubringenden Wiederanpassungs- bzw. Coping-Leistung gebracht.
Die folgende Tabelle führt die Ereignisse sowie die jedem Ereignis zugeordneten Punkte auf. Laut Instruktion sollen nur die in den letzten 12 Monaten aufgetretenen Ereignisse berücksichtigt werden. Wenn innerhalb dieses Zeitraumes ein Ereignis z.B. zwei Mal aufgetreten ist, so muss die dem Ereignis zugeordnete Punktzahl verdoppelt werden:

Die folgende Tabelle führt die Ereignisse sowie die jedem Ereignis zugeordneten Punkte auf. Laut Instruktion sollen nur die in den letzten 12 Monaten aufgetretenen Ereignisse berücksichtigt werden.

Ereignis	**Punkte**
1. Tod eines (Ehe-)Partners	100
2. Scheidung	73
3. Trennung vom (Ehe-)Partner	65
4. Gefängnisaufenthalt	63
5. Tod eines nahen Familienmitglieds (z.B. Elternteil oder Geschwister), nicht (Ehe-)Partner	63
6. Eigener Unfall oder eigene schwere Krankheit (bedeutsamen, größeren Ausmaßes)	53
7. Heirat	50
8. Kündigung des Arbeitsplatzes	47
9. Versöhnung mit dem (Ehe-)Partner	45
10. Pensionierung/Ruhestand	45
11. Bedeutsame Änderung bezüglich Gesundheit und Verhalten von Familienmitgliedern	44
12. Schwangerschaft der (Ehe-)Partnerin	40
13. Sexuelle Probleme	39
14. Hinzukommen eines neuen Familienmitgliedes (z.B. durch Geburt, Adoption)	39
15. Größere berufliche Umstellungen/Veränderungen, z.B. durch Firmenzusammenschluss oder Umorganisation	39
16. Größere Veränderungen der finanziellen Verhältnisse (z.B. finanziell sehr viel schlechter oder sehr viel besser gestellt)	38
17. Tod eines engen Freundes/einer engen Freundin	37
18. Wechsel in einen anderen Beruf	36
19. Größerer Wechsel bezüglich der Anzahl der Diskussionen/Streitigkeiten mit dem (Ehe-)Partner	35
20. Aufnahme einer (in bezug auf die eigenen Verhältnisse) hohen Hypothek oder eines hohen Darlehens (größer 50.000 $)	31
21. Kündigung/Zwangsvollstreckung einer Hypothek, eines Darlehens	30
22. Bedeutsame Veränderung bezüglich der Verantwortung am Arbeitsplatz (z.B. Beförderung, Herabstufung, Verantwortungsabgabe)	29
23. Sohn oder Tochter zieht von zu Hause aus	29
24. Schwierigkeiten mit angeheirateten Verwandten	29

Ereignis	Punkte
25. Herausragende persönliche Leistungen/Erfolge	28
26. PartnerIn beginnt eine neue Arbeit oder beendet eine Arbeit	26
27. Beginn oder Abschluss der Schullaufbahn	26
28. Bedeutsamer Wechsel der Lebensbedingungen (z.B. neues Haus, Renovierung)	25
29. Änderung der persönlichen Gewohnheiten (z.B. bezüglich Kleidung, Umgangsformen, Vereine)	24
30. Schwierigkeiten mit dem Chef	23
31. Wechsel am Arbeitsplatz bezüglich Arbeitsstunden oder Arbeitsbedingungen	20
32. Umzug	20
33. Wechsel in eine neue Schule	20
34. Bedeutsamer Wechsel bezüglich Art und Ausmaß der Freizeitaktivitäten	19
35. Bedeutsamer Wechsel bezüglich kirchlicher, religiöser Aktivitäten (z.B. sehr viel mehr oder sehr viel weniger)	19
36. Bedeutsamer Wechsel bezüglich der sozialen Aktivitäten (z.B. Tanz, Filme)	18
37. Aufnahme einer Hypothek/eines Darlehens von weniger als 50.000 $	17
38. Bedeutsamer Wechsel in den Schlafgewohnheiten (z.B. sehr viel mehr oder sehr viel weniger Schlaf)	16
39. Bedeutsame Änderung der Anzahl der Familienmitglieder (z.B. sehr viel mehr oder sehr viel weniger)	15
40. Bedeutsame Änderung der Essgewohnheiten (z.B. sehr viel mehr oder sehr viel weniger Nahrungsaufnahme)	15
41. Ferien/Urlaub	13
42. Weihnachten	11
43. Geringe Gesetzesverstöße (z.B. Halten im Parkverbot, bei Rot die Strasse überqueren)	11

Der erhaltene Summenwert wird folgender Einteilung zugeordnet:

Niedriges Risiko	< 149	Punkte
Leichtes Risiko	150 - 200	Punkte
Mittelgradiges Risiko	200 - 299	Punkte
Hohes Risiko	> 300	Punkte

‚Risiko' wird hier definiert im Sinne einer Anfälligkeit für Krankheiten oder psychische Probleme.

‚Risiko' wird hier definiert im Sinne einer Anfälligkeit für Krankheiten oder psychische Probleme. Auf der Grundlage der Arbeit von Holmes und Rahe werden in der Literatur und im Internet z.T. auch Wahrscheinlichkeitsangaben aufgeführt: Danach würden z.B. Werte von 300 und größer eine Wahrscheinlichkeit von 80% bedeuten, in der Zukunft (es findet sich auch die Zeitangabe von 2 Jahren) krank zu werden, und bei Werten zwischen 150 bis 299 würde diese Wahrscheinlichkeit bei 50% liegen. Solchen groben Vereinfachungen entsprechen dann auch Internetseiten (z.B.: http://www.cygni.org/

scales/social_readjustment_rating_scale.htm oder http://www.stress-tips.com/lifeevents.htm), auf denen ein Selbsttest mit sofortiger Auswertung durchgeführt werden kann.

12.6 Life Experiences Survey

Die folgenden Angaben zum *Life Experience Survey* (LES) beruhen auf den Ausführungen von Hunter et al. (2003a) des LONGSCAN-Forschungsprojektes (Consortium for Longitudinal Studies of Child Abuse and Neglect) auf der Internetseite http://www.iprc.unc.edu/longscan/

Das LES beruht auf der Arbeit von Sarason et al. (1978) und wurde zur Erfassung positiver und negativer Lebenserfahrungen entwickelt. Es besteht aus 57 Items/Ereignissen, die auf einer 7-stufigen Skala nach ihren Auswirkungen zwischen -3 (= extrem negativ) über 0 (= keine Auswirkungen) bis + 3 (extrem positiv) eingestuft werden können.

Das LES beruht auf der Arbeit von Sarason et al. (1978) und wurde zur Erfassung positiver und negativer Lebenserfahrungen entwickelt. Es besteht aus 57 Items/Ereignissen, die auf einer 7-stufigen Skala nach ihren Auswirkungen zwischen –3 (= extrem negativ) über 0 (= keine Auswirkungen) bis + 3 (extrem positiv) eingestuft werden können.

In den LONGSCAN-Untersuchungen besteht das LES aus 30 Items/Ereignissen, die fast alle der Originalversion entnommen wurden, nur zwei Items wurden neu eingefügt, nämlich (13) „Jemals obdachlos (für jede Zeitspanne)“ sowie (27) „Opfer eines Verbrechens“. Gefragt wird nach Ereignissen in den letzten 12 Monaten. Die Auswirkungen werden in den LONGSCAN-Untersuchungen auf einer 5-stufigen Skala eingestuft:

1 sehr gut
2 etwas gut
3 weder gut noch schlecht
4 etwas schlecht
5 extrem schlecht
0 nicht aufgetreten

Bei LONGSCAN werden die folgenden unterschiedlichen Auswertungsvorschläge angeführt:

- Jedes Ereignis, das nicht aufgetreten war, enthält den Wert 0. Alle Ereignisse mit Skalenwerten von 1 bis 5 erhalten den Wert 1, die Summe dieser Ereignisse bildet den Gesamtwert (A).
- Anzahl positiver Ereignisse (B).
- Anzahl negativer Ereignisse (C).
- Den Skalenwerten 1 bis 5 Werte werden folgende Punktwerte zugeordnet:

1 sehr gut	=	+2
2 etwas gut	=	+1
3 weder gut noch schlecht	=	0
4 etwas schlecht	=	-1
5 extrem schlecht	=	-2

„Ich lese Ihnen nun eine Reihe von Ereignissen vor, die Menschen in ihrem Leben erfahren können. Sagen Sie mir bitte jeweils, ob das Ereignis in Ihrem Leben im letzten Jahr auftrat. Wenn ein Ereignis in diesem letzten Jahr aufgetreten war, frage ich Sie weiter, ob es gut oder ob es schlecht für Sie gewesen war, und zwar auf der Skala ...“

Für die positiven Ereignisse werden die Punktwerte addiert und bilden einen Gesamtwert (D).
Für die negativen Ereignisse werden die Punktwerte addiert und bilden einen Gesamtwert (E).
Für die positiven und negativen Ereignisse werden die Punktwerte addiert und bilden einen Gesamtwert (F).

Aufgrund bisheriger LONGSCAN-Untersuchungen werden die Auswertungen (A) und (D) empfohlen, aber auch (E) sollte erwogen werden.

Das LES von LONGSCAN wird folgendermaßen durchgeführt:
„Ich lese Ihnen nun eine Reihe von Ereignissen vor, die Menschen in ihrem Leben erfahren können. Sagen Sie mir bitte jeweils, ob das Ereignis in Ihrem Leben im letzten Jahr auftrat. Wenn ein Ereignis in diesem letzten Jahr aufgetreten war, frage ich Sie weiter, ob es gut oder ob es schlecht für Sie gewesen war, und zwar auf der Skala ...“

Ereignisse: Hatten Sie/waren Sie im letzten Jahr:	1	2	3	4	5	0
1) sich verlobt?						
2) sich verheiratet?						
3) sich von Ihrem Freund getrennt?						
4) sich vom Ehepartner getrennt?						
5) sich scheiden lassen?						
6) wieder mit dem Partner zusammen nach vorheriger Trennung?						
7) schwanger geworden?						
8) eine Schwangerschaftsunterbrechung durch Abtreibung, Fehlgeburt oder Totgeburt?						
9) ein Baby bekommen?						
10) den Einzug einer anderen Person in den Haushalt?						
11) einen Umzug?						
12) einen Verlust der Wohnung durch Kündigung oder Unglück?						
13) jemals obdachlos (für irgendeine Zeitspanne)?						
14) einen starken Einkommenszuwachs?						
15) eine starke Einkommensabnahme?						
16) hohe Schulden bekommen?						
17) die Schule/das Studium abgebrochen?						
18) eine neue Schule besucht oder eine neue Ausbildung begonnen?						
19) die Schule oder Ausbildung abgeschlossen?						
20) eine neue Arbeit begonnen?						
21) auf der Arbeit befördert worden?						
22) Ärger mit Vorgesetzten?						
23) den Arbeitsplatz verloren?						

Ereignisse: Hatten Sie/waren Sie/u.ä. im letzten Jahr:	1	2	3	4	5	0
24) eine schwere Erkrankung/einen schweren Unfall? 25) Freunde/Familienmitglieder eine schwere Erkrankung/einen schweren Unfall? 26) Freunde/Familienmitglieder sind gestorben? 27) Opfer eines Verbrechens gewesen (Sie oder Ihr Partner)? 28) mit dem Gesetz in Konflikt gekommen (Sie oder Ihr Partner)? 29) im Gefängnis gewesen (Sie oder Ihr Partner)? 30) etwas für Sie sehr Wichtiges verwirklicht?						

12.7 Kempe Family Stress Inventory

Das *Kempe Family Stress Inventory* (KFSI) besteht aus 10 Items und soll das Risiko von Kindesmisshandlungen durch Eltern erfassen. Eine Übersicht zur Forschung mit dem KFSI findet sich bei Korfmacher (2000). Es setzt ein ausführliches Interview mit den Eltern u.a. zu deren Vorgeschichte, zu den Einstellungen gegenüber dem Kind, den Erziehungsmethoden und den Stressbelastungen voraus. Die Anwendung erfolgt sehr unterschiedlich, u.a. bei Einstufungen für die einzelnen Items (z.B. „normal, geringfügig, ausgeprägt", „kein Risiko, Risiko, hohes Risiko", „normal, mittleres Risiko, hohes Risiko"), bei einer gewichteten oder ungewichteten Itemauswertung sowie bezüglich des cut-off-Wertes.

Das *Kempe Family Stress Inventory* (KFSI) besteht aus 10 Items und soll das Risiko von Kindesmisshandlungen durch Eltern erfassen. Eine Übersicht zur Forschung mit dem KFSI findet sich bei Korfmacher (2000).

Die 10 Items lauten folgendermaßen:

1. Elternteil wurde als Kind geschlagen oder vernachlässigt.
2. Elternteil hat eine Vorgeschichte mit Kriminalität, psychischer Störung oder Substanzmittelmissbrauch.
3. Elternteil stand in der Vergangenheit unter Verdacht einer Kindesmisshandlung.
4. Elternteil mit sozialer Isolation, geringem Selbstwertgefühl oder Depression.
5. Vielfacher Stress/vielfache Krisen.
6. Gewalttätige Wutausbrüche.
7. Rigide, unrealistische Erwartungen an das Verhalten des Kindes.
8. Harte Bestrafungen des Kindes.
9. Schwieriges Kind und/oder provozierendes Kind, oder es wird so von den Eltern wahrgenommen.
10. Ungewünschtes Kind oder Risiko für schlechte Bindung zum Kind.

Meist wird jedes Item mit 0 = kein Problem, 5 = geringes Problem und 10 = schweres Problem eingestuft, so dass der Gesamtwert zwischen 0 bis 100 Punkten liegen kann. Der cut-off-Wert variiert in verschiedenen Untersuchungen sehr stark: Werte unter 20 können wohl im Sinne von „kein Risiko" gewertet werden, Werte zwischen 25 bis 35 stellen einen mittleren Riskobereich mit „Anlass zur Besorgnis" dar, und bei Werten über 35 oder 40 wird allgemein ein hohes Risiko angenommen.

12.8 Weitere Fragebogen

- *Leipziger Ereignis- und Belastungsinventar* von Richter und Guthke (1996) für Erwachsene im Alter von 18 bis 60 Jahren. Im I. Teil werden 50 Lebensereignisse und Belastungen angeführt, die hinsichtlich des Zeitraums des Auftretens, der erlebten subjektiven Belastung, der Kontrollierbarkeit und erhaltener sozialer Unterstützung eingeschätzt werden sollen, während im II. Teil 16 Lebensziele und -werte erfasst und gewichtet werden.
- *Profil Psychosozialer Belastungen* von Mattejat und Remschmidt (in Vorbereitung) mit 27 Skalen, die u.a. erfassen: außergewöhnliche Familiensituation, individuelle Belastungen in der Familie, disharmonische Beziehungen, auffällige Erziehungsbedingungen und Kommunikationsstörungen.
- *Parental Anger Inventory* (PAI; Sedlar und Hansen, 2001): Erfasst wird mit dem PAI der elterliche Ärger, der durch kindliches Fehlverhalten oder andere Eltern-Kind-Situationen ausgelöst wird (bei Kindern im Alter zwischen 2 und 12 Jahren). Die Eltern sollen 50 kindbezogene Situationen in der Dimension ‚problematisch – nicht problematisch' bewerten und dann auf einer fünfstufigen Skala das Ausmaß des hervorgerufenen Ärgers einstufen. Ausgewertet wird die Anzahl der Problemsituationen sowie die Intensität des Ärgers.

Die Eltern sollen 50 kind-bezogene Situationen in der Dimension ‚problematisch – nicht problematisch' bewerten und dann auf einer fünfstufigen Skala das Ausmaß des hervorgerufenen Ärgers einstufen.

- *Family Needs Scale* (FNS; Dunst et al., 1988; Van Horn et al., 1999; Hanley et al., 2003): Anhand von 41 Items wird die Notwendigkeit der Familie für verschiedene Ressourcen/Hilfen mittels einer fünfstufigen Skala erfasst (von ‚fast nie' bis ‚fast immer' notwendig). Eine Faktorenanalyse ergab folgende sieben Skalen: Grundlegende Bedürfnisse/Ressourcen, Ausbildung/Freizeit, Beschäftigung/Finanzen, Transportmittel, Planung für die Zukunft des Kindes, Familienhaushaltsplan, Soziale Unterstützung und Freundschaften.
- *Zürcher Lebensereignisliste* (ZLEL; Steinhausen, o.J.): Auf der Internetseite http://www.caps.unizh.ch/praxismaterialien.html des Kinder- und Jugendpsychiatrischen Dienstes stellt Steinhausen Materialien zur freien Verfügung (für den persönlichen Bedarf, keine kommerzielle Nutzung), unter denen sich auch die ZLEL befindet. Gefragt wird nach zahlreichen Ereignissen, ob sie sich in den letzten 12 Monaten beim Kind/Jugendlichen ereignet haben. Im Falle der Bejahung soll eingestuft werden, wie unangenehm bzw. angenehm das Ereignis war, und zwar auf einer fünfstufigen Skala (‚sehr unangenehm', ‚unangenehm', ‚weder noch', ‚angenehm', ‚sehr an-

genehm'). Erfragt werden: Schulwechsel; Veränderung der Zahl der Menschen im Haushalt (dazugekommen und weggegangen); Umzug; Zuhause irgendwelche Katastrophen wie Feuer, Überschwemmung, Einbruch (ein Mal oder mehr als ein Mal); schwere Erkrankungen oder Unfälle bei Familienmitgliedern oder Freunden (getrennt für sich selbst, Elternteile, Geschwister, nahestehende Verwandte, enge FreundInnen); entsprechende Fragen bezüglich Krankenhausaufenthalten und Todesfällen; Verlust eines Haustiers; unter Druck gesetzt durch Freunde; Streit/Probleme mit FreundInnen; verliebt oder Beziehung begonnen mit FreundIn; Verschlechterung der Beziehungen von Familienmitgliedern; schlechte Prüfung/schlechte Klassenarbeit; Familienmitglied vor Gericht; in der Schule in Schwierigkeiten gekommen oder von der Schule verwiesen; Ärger/Streit/Kämpfe mit Schülern oder Gleichaltrigen; schlechte Noten/schlechte Beurteilungen; neuer Partner/neue Partnerin eines Elternteils; Streitigkeiten zwischen den Eltern; Veränderungen in der Beziehung zu Jungen/Mädchen, mit denen ProbandIn geht; Pläne, die ins Wasser fielen; Familienmitglied/Verwandter mit Sorgen/Problemen; Streitigkeiten/Probleme mit Jungen/Mädchen, mit denen ProbandIn geht; schulische/berufliche Veränderung bei Familienmitglied (z.B. Schulverweis, Berufsanstellung, Wechsel der Arbeitsstelle); Probleme/Streitigkeiten mit Familienmitgliedern; Probleme/Streitigkeiten mit Lehrern; Sorgen wegen der eigenen Gesundheit/Fitness; Familienmitglieder/Verwandte mit Alkohol- oder Drogenproblemen; Partnerschaft/Freundschaft von sich aus beendet oder von PartnerIn/FreundIn zurückgewiesen; Mutter oder Vater Arbeitsplatz verloren; Trennung/Scheidung der Eltern; guter Freund/gute Freundin weggezogen; Mutter angefangen zu arbeiten; Klassenwiederholung; Verweis von der Schule.

Erfragt werden: Schulwechsel; Veränderung der Zahl der Menschen im Haushalt: Familienmitglied vor Gericht; neuer Partner/neue Partnerin eines Elternteils; Mutter oder Vater Arbeitsplatz verloren.

12.9 Literatur

Abidin, R.F. (1995). Parenting Stress Index. Professional Manual. Odessa, FL: Psychological Assessment Resources.

Anderson, C.L. (1993). The Parenting Profile Assessment: Screening for Child Abuse. Applied Nursing Research, 6, 31-38.

Anderson, C.L. (2000). Revisiting the Parenting Profile Assessment to Screen for Child Abuse. Journal of Nursing Scholarship, 32, 53, 2000).

Beavers, W.R., Hampson, R. & Hulgus, Y (1990). Beavers System Model Manual: 1990 Edition. Dallas, TX: Southwest Family Institute.

DiLauro, M.D. (2004). Psychosocial Factors Associated with Types of Child Maltreatment. Child Welfare, LXXXIII (1), 69-99.

Dunst, C.J., Cooper, C.S., Weeldreyer, J.C., Snyder, K.D., & Chase, J.H. (1988). Family Needs Scale. In C.J. Dunst, C.M. Trivette & A.G. Deal (Eds.), Enabling and empowering families: Principles and guidelines for practice. Cambridge, MA: Brookline Books.

Hall, L. (1983). Social supports, everyday stressors, and maternal mental health. Unpublished doctoral dissertation. University of North Carolina at Chapel Hill.

Hall, L., Williams, C.A. & Greenberg, R.S. (1985). Supports, stressors, and depressive symptoms in mothers of young children. American Journal of Public Health, 75, 518-521.

Hall, L.A. & Farel, A.M. (1988). Maternal stress and depressive symptoms: Correlates of behavior problems in young children. Nursing Research, 37, 156-161.

Hanley, B., Tassé, M.J., Aman, M.G. & Pace, P. (2003). Psychometric Properties and Norms of the Family Needs Scale. Journal of Child and Family Studies, 12 (1), 41-48.

Holmes, T. & Rahe, R. (1967). The social readjustment rating scale. Journal of Psychosomatic Research, 11, 213-218.

Hunter, W. M., Cox, C. E., Teagle, S., Johnson, R. M., Mathew, R., Knight, E. D., & Leeb, R.T. (2003a). Measures for Assessment of Functioning and Outcomes in Longitudinal Research on Child Abuse. Volume 1: Early Childhood. Internetseite http://www.iprc.unc.edu/longscan/.

Hunter, W.M., Cox, C.E., Teagle, S., Johnson, R.M., Mathew, R., Knight, E.D., Leeb, R.T. & Smith, J.B. (2003b). Measures for Assessment of Functioning and Outcomes in Longitudinal Research on Child Abuse, Volume 2: Middle Childhood. Internetseite http://www.iprc.unc.edu/longscan.

Kanner, A.D., Coyne, J.C., Schaefer, C. & Lazarus, R.S. (1981). Comparison of two modes of stress measurement: Daily hassles and uplifts versus major life events. Journal of Behavioral Medicine, 4 (1), 1-25.

Korfmacher, J. (2000). The Kempe Family Stress Inventory: A Review. Child Abuse & Neglect, 24, 129-140.

Mattejat , F. & Remschmidt, H. (in Vorbereitung): Profil Psychosozialer Belastungen. Göttingen: Hogrefe.

Radloff, L.S. (1987). The CES-D-Scale: A self-report depression scale for research in the general population. Applied Psychological Measurement, 1, 385-401.

Richter, V. & Guthke, J. (1996). Leipziger Ereignis- und Belastungsinventar. Göttingen: Hogrefe.

Sarason, G., Johnson, J.H., & Giegel, J. M. (1978). Assessing the impact of life change: Development of the Life Experiences Survey. Journal of Consulting and Clinical Psychology, 46, 932946.

Sarimski, K. (1993). Belastung von Müttern behinderter Kleinkinder. Frühförderung interdisziplinär, 12, 156-164.

Schaunig, I., Willinger, U., Diendorfer-Radner, G., Hager, V., Jörgl, G., Sirsch, U. & Sams, J. (2004). Parenting Stress Index: Einsatz bei Müttern sprachentwicklungsgestörter Kinder. Prax. Kinderpsychol. Kinderpsychiat., 53, 395-405.

Sedlar, G. & Hansen, D.J. (2001). Anger, Child Behavior, and Family Distress: Further Evaluation of the Parental Anger Inventory. Journal of Family Violence, 16 (4), 2001.

Steinhausen, H.-C. (o. J.). Zürcher Lebensereignisliste (ZLEL). Internetseite: http://www.caps.unizh.ch/praxismaterialien.html.

Tröster, H. (1999a). Anforderungen und Belastungen von Müttern mit anfallskranken Kinder. Zeitschrift für Medizinische Psychologie, 2, 53-64.

Tröster, H. (1999b). Belastungen von Müttern mit blinden und sehbehinderten Kindern im Vorschulalter. Heilpädagogische Forschung, 25, 159-173.

Tröster, H., Bersch, M., Ruppert, S. & Boenigk, H.-E. (2000). Determinanten der Belastung von Müttern mit anfallskranken Kindern. Kindheit und Entwicklung, 9, 50-61.

Tröster, H. (2001). Sources of Stress in Mothers of Young Children with Visual Impairments. Journal of Visual Impairment & Blindness, 623-637.

Tröster, H. & Aktas, M. (2003). Die Bedeutung individueller und familiärer Ressourcen für die Krankheitsbewältigung von Müttern mit neurodermitiskranken Kindern. Zeitschrift für Klinische Psychologie und Psychotherapie, 32, 286-294.

Van Horn, M.L., Bellis, J.M. & Snyder, C.W. (1999). Assessing family ressources: A refinement of the Family Resource Scale. Paper presented at the biannual conference of the Society for Research in Child Development, April 1999, Albuquerque, New Mexico. Internetseite: http://www.alabamatrail.org/lee/SRCD_FRS.html.

13. Soziales Netzwerk und soziale Unterstützung

13.1 Einleitung

Soziale Netzwerke/soziale Unterstützung können, wie Forschung und klinische Praxis belegen, eine universelle Ressource bei den vielfältigsten Problemen darstellen (z. B. psychischen und körperlichen Erkrankungen, Schwangerschaftskomplikationen, Scheidungen, Trauerarbeit, beruflichem Stress, Arbeitslosigkeit, Partnerkonflikten, Pflege alter Menschen, usw. usf.).
Unterschieden werden kann mit Diewald (1991; nach Barth, o. J.) nach den folgenden Arten der sozialen Unterstützung:

- konkrete Interaktionen (Verhaltensaspekt): Arbeitshilfen, Pflege, materielle Unterstützung, Interventionen wie z.B. Streitschlichtung
- Vermittlung von Kognitionen: Anerkennung, Orientierung, Zugehörigkeitsgefühl, soziale Kompetenz
- Vermittlung von Emotionen: Geborgenheitsgefühl, Liebe und Zuneigung, motivationale Unterstützung.

Für die Praxis bei Kindeswohlgefährdung bedeutet dies, dass grundsätzlich nach solchen Ressourcen gesucht werden muss, um für alle Familienmitglieder ihre jeweilige angemessene und hinreichende soziale Unterstützung/Einbettung zu erreichen.

Die Personen eines sozialen Netzwerkes, welche Unterstützung geben können, sind: EhepartnerIn, Eltern, weitere Verwandte, FreundInnen/Bekannte, Nachbarn, Vereinsmitglieder, LehrerInnen und ArbeitskollegInnen. Für die Praxis bei Kindeswohlgefährdung bedeutet dies, dass grundsätzlich nach solchen Ressourcen gesucht werden muss, um für alle Familienmitglieder ihre jeweilige angemessene und hinreichende soziale Unterstützung/Einbettung zu erreichen. Dabei sollte aber auch an mögliche negative Auswirkungen von sozialer Unterstützung bei den EmpfängerInnen gedacht werden, z.B. (nach Laireitner & Lettner, 1993) an entstehende Gefühle der eigenen Inkompetenz oder der Abhängigkeit, an entstehende Verpflichtungsgefühle, an enttäuschte Erwartungen aufgrund inadäquater Unterstützung, an Gefühle des erdrückt Werdens bei helferischem Überengagement, an Beziehungsstörungen zu den Helfenden aufgrund zu stark empfundener Kontrolle und Eingriffe in das Familienleben oder dem Gefühl, die eigenen Nöte und Probleme würden nicht ernst genommen und verniedlicht, an Schamgefühle aufgrund des Offenbarens von Schulden, Gewaltverhalten, Erziehungsproblemen, Suchterkrankungen usw.

Elliott et al. (2005) veröffentlichten kürzlich eine Untersuchung zur Beziehung zwischen wahrgenommener sozialer Isolation und körperlicher Misshandlung. Befragt wurden Adoleszente und ihre Eltern. Die Untersuchung wird hier vor allen Dingen deswegen aufgeführt, weil die Autoren in einer Übersicht zunächst eine Reihe von Variablen anführen, welche aufgrund der Literatur die Hypothese erlauben, dass sie zu sozialer Isolierung mit beitragen können, z.B.: Geschlecht (Männer sozial isolierter als Frauen), sozio-ökonomischer Status (je niedriger, um so sozial isolierter, sozial zurückgezogener), Familienstruktur (Scheidung, Trennung), Merkmale der Eltern (z.B. elterliche Nichtbeachtung/Verletzung sozialer Normen und Regeln), Nachbarschaft (z.B. gefährliches soziales Umfeld, hohe Armutsquote) und Alter der Kinder/kindliche Entwicklung (z.B. kann die frühe Adoleszenz - 12 bis 14 Jahre - als ein Entwicklungsalter angesehen werden, in dem das Selbst-Konzept besonders leicht in Richtung auf ein negatives Selbstbild und mangelndes Selbstvertrauen beeinträchtigt werden kann). Weiter gehen die Autoren davon aus, dass zwischen körperlicher Misshandlung und sozialer Isolation eine Verbindung zu gestörtem Bindungs- und Beziehungsverhalten, gestörter sozialer Kompetenz und gestörtem Selbst-Konzept der betroffenen Kinder besteht. In ihrer Untersuchung wurden folgende Variablen erfasst:

Weiter gehen die Autoren davon aus, dass zwischen körperlicher Misshandlung und sozialer Isolation eine Verbindung zu gestörtem Bindungs- und Beziehungsverhalten, gestörter sozialer Kompetenz und gestörtem Selbst-Konzept der betroffenen Kinder besteht.

1. Soziale Isolierung: 11 Fragen bezüglich u.a. Teilnahme an Schulaktivitäten, Interesse von Freunden an den eigenen Problemen, Beziehung zu Lehrern und Freunden.
2. Körperliche Misshandlung: sehr weit definiert im Sinne von: „Bist du jemals von deiner Mutter oder deinem Vater geschlagen/geprügelt worden?"
3. Ehestatus: u. a. allein erziehend, geschieden, getrennt, Stiefelternteil.
4. Anzahl der Kinder in der Familie.
5. Besondere Lebensereignisse in der Familie: u.a. Trennung, Scheidung, Todesfälle, schwere Erkrankungen und Unfälle.
6. Erziehungsstil: anhand von Fallbeispielen, in denen Kinder sich fehl verhielten, wurden die Eltern eingeteilt in jene, die mit dem Kind die Probleme besprachen und ihm mitteilten, warum sie auf das Fehlverhalten verärgert/verstimmt reagierten (= involvierte Eltern), sowie jene, die z.B. nur mit Schreien und Brüllen reagierten (nicht involvierte Eltern). Die Eltern wurden auch danach gefragt, wie wohl der Partner/die Partnerin reagieren würde.
7. Elterliche Nichtbeachtung/Verletzung sozialer Normen und Regeln: 11 Feststellungen bezüglich u.a.: Es ist o.k., Lehrer oder andere Erwachsene zu belügen, wenn dadurch dem Kind Ärger erspart wird; einen guten Eindruck zu machen ist besser als die Wahrheit zu sagen; es ist manchmal notwendig, gegenüber den Kindern zu lügen, um ihren Respekt zu bewahren.

8. Nachbarschaftsprobleme: u.a. bezüglich Vandalismus, Alkoholikern, Junkies, leerstehenden Häusern, heruntergekommenen Häusern, Einbrüchen, Diebstählen, Straßenraub und Überfällen.
9. Wohnortwechsel: gefragt wurde danach, ob die Familie in der gegenwärtigen Wohnung kürzer als ein Jahr, ein bis zwei Jahre, drei bis vier Jahre oder länger als vier Jahre wohnt.
10. Klassenstufe des Kindes.

Die geschlagenen Kinder waren statistisch bedeutsam sozial isolierter als die nicht geschlagenen Kinder; Jungen waren stärker sozial isoliert als Mädchen.

Zu einigen Ergebnissen dieser Untersuchung: Die geschlagenen Kinder waren statistisch bedeutsam sozial isolierter als die nicht geschlagenen Kinder; Jungen waren stärker sozial isoliert als Mädchen; Kinder involvierter Eltern waren weniger sozial isoliert als Kinder nichtinvolvierter Eltern; Kinder, die kürzlich ein belastendes Ereignis erlebten, waren stärker sozial isoliert; Kinder in Risiko-Nachbarschaften waren stärker sozial isoliert als Kinder in Nicht-Risiko-Nachbarschaften; die Anzahl von Kindern in einer Familie korrelierte positiv mit sozialer Isolierung; elterliche Nichtbeachtung/Verletzung sozialer Normen korrelierte mit höherer sozialer Isolierung.
Im Folgenden werden einige Fragebogen für Erwachsene/Eltern und Kinder/Jugendliche aufgeführt, die unterschiedlich umfassend das soziale Netzwerk bzw. die verschiedenen Formen der sozialen Unterstützung durch verschiedene Personen im Umfeld der Befragten zu erfassen versuchen.

13.2 Social Provision Scale (SPA) für Eltern

Die Social Provision Scale (SPA) erfasst das Ausmaß, inwieweit den Eltern in ihren sozialen Beziehungen verschiedene Dimensionen sozialer Unterstützung zur Verfügung stehen. Der Fragebogen auf der Grundlage der Vorarbeiten von Weiss (1974) besteht aus 24 Items, von denen jeweils 4 Items den folgenden Bereichen zugeordnet sind (U = Umpolung bei der Auswertung):

Attachment/Bindung: Items 2U, 11, 17, 21U
Soziale Integration: Items 5, 8, 14U, 22U
Bestätigung des eigenen Wertes: Items 6U, 9U, 13, 20
Verlässlichkeit der Beziehung: Items 1, 10U, 18U, 23
Beratung: Items 3U, 12, 16, 19U
Fürsorge: 4, 7, 15U, 24U

Die nachfolgende Übersetzung des SPA beruht auf den Ausführungen von Hunter et al. (2003) des LONGSCAN-Forschungsprojektes (Consortium for Longitudinal Studies of Child Abuse and Neglect) auf der Internetseite http://www.iprc.unc.edu/longscan.

Die Instruktion zum Fragebogen lautet folgendermaßen:
„Ich werde Ihnen nun einige Fragen stellen zu Ihren Beziehungen zu anderen Menschen. Sagen Sie mir bitte jeweils, wie stark jede Feststellung auf Sie zutrifft, und zwar auf folgender Skala: Starke Ablehnung, Ablehnung, Zustimmung und starke Zustimmung
Wenn Sie also z.B. meinen, dass eine Feststellung sehr stark zutrifft, so würden Sie mit 'Starke Zustimmung' antworten. Wenn eine Feststellung eindeutig nicht auf Ihre Beziehungen zu anderen Menschen zutrifft, so würden Sie mit 'Starke Ablehnung' antworten. Haben Sie dazu noch eine Frage?"

Die Instruktion zum Fragebogen lautet folgendermaßen

	Starke Ablehnung	Ablehnung	Zustimmung	Starke Zustimmung
1. Es gibt Menschen, von denen ich weiß, dass sie mir helfen, wenn ich wirklich Hilfe brauche	1	2	3	4
2. Ich habe keine engen Beziehungen zu anderen Menschen	1	2	3	4
3. Es gibt niemanden, an den ich mich in stressigen Zeiten wenden kann	1	2	3	4
4. Es gibt Menschen, die mich anrufen und um Hilfe bitten	1	2	3	4
5. Es gibt Menschen, die die gleichen sozialen Aktivitäten mögen wie ich	1	2	3	4
6. Andere Menschen denken nicht, dass ich gut bin in dem, was ich tue	1	2	3	4
7. Ich fühle mich dafür verantwortlich, mich um jemand anderes zu kümmern	1	2	3	4
8. Ich bin in einer Gruppe von Menschen, die in der gleichen Art und Weise über Dinge denken wie ich	1	2	3	4
9. Ich denke, dass andere Menschen respektieren, was ich tue	1	2	3	4
10. Wenn etwas schief geht, wird mir niemand helfen	1	2	3	4
11. Ich habe enge Beziehungen, die mich gut fühlen lassen	1	2	3	4
12. Ich habe jemanden, mit dem ich über Entscheidungen in meinem Leben sprechen kann	1	2	3	4
13. Es gibt Menschen, die meine Fähigkeiten und Eignungen wertschätzen	1	2	3	4
14. Es gibt niemanden, der die gleichen Interessen und Anliegen hat wie ich	1	2	3	4
15. Es gibt niemanden, der mich braucht, damit ich mich um ihn kümmere	1	2	3	4

	Starke Ablehnung	Ablehnung	Zustimmung	Starke Zustimmung
16. Ich habe einen vertrauenswürdigen Menschen, an den ich mich wenden kann, wenn ich Probleme habe	1	2	3	4
17. Ich habe eine starke emotionale Beziehung zu mindestens einer anderen Person	1	2	3	4
18. Es gibt niemanden, auf den ich mich verlassen kann, wenn ich wirklich Hilfe brauche	1	2	3	4
19. Es gibt niemanden, bei dem ich mich wohl fühle, mit ihm Probleme zu besprechen	1	2	3	4
20. Es gibt Menschen, die meine Talente und Fähigkeiten bewundern	1	2	3	4
21. Ich habe kein Gefühl von Nähe zu irgend jemand	1	2	3	4
22. Es gibt niemanden, der gerne die Dinge tun möchte, die ich mache	1	2	3	4
23. Es gibt Menschen, auf die ich mich in der Not verlassen kann	1	2	3	4
24. Niemand benötigt mich dafür, dass ich mich um ihn kümmere	1	2	3	4

13.3 Duke-UNC Functional Social Support Questionnaire (FSSQ) für Eltern

Das Functional Social Support Questionnaire (FSSQ) von Broadhead et al. (1988) besteht in seiner ursprünglichen Fassung aus 14 Items mit den vier Skalen ‚Quantität der Unterstützung', ‚sichere Unterstützung', ‚emotionale Unterstützung' und ‚instrumentelle Unterstützung'.

Das Functional Social Support Questionnaire (FSSQ) von Broadhead et al. (1988) besteht in seiner ursprünglichen Fassung aus 14 Items mit den vier Skalen ‚Quantität der Unterstützung', ‚sichere Unterstützung', ‚emotionale Unterstützung' und ‚instrumentelle Unterstützung'.

Für die LONGSCAN-Untersuchungen wurde eine modifizierte Version mit 10 Items verwendet: 7 dieser Items (die Items 1, 2, 3, 4, 5, 6, 8) wurden aufgrund der gefundenen guten Werte bezüglich Reliabilität und Validität der ursprünglichen Version entnommen, 3 Items (7, 9, 10) wurden neu entwickelt. Die nachfolgende Angaben beruhen auf den Ausführungen von Hunter et al. (2003) des LONGSCAN-Forschungsprojektes auf der Internetseite http://www.iprc.unc.edu/longscan.

Die Instruktion für den Fragebogen lautet folgendermaßen:
„Ich möchte Ihnen nun einige Fragen über Sachen stellen, die andere Personen für Sie machen oder Ihnen geben und die für Sie hilfreich und unterstützend sein können. Ich lese Ihnen jede Aussage

vor, und Sie sagen mir bitte, welche Antwort für Sie am ehesten zutrifft.
Ich gebe Ihnen hier ein Beispiel:

	so viel wie ich möchte				**sehr viel weniger als ich möchte**
Ich bekomme genügend freie Zeit	**5**	**4**	**3**	**2**	**1**

Wenn Sie mit '4' antworten, bedeutet dies, dass Sie fast so viel freie Zeit haben, wie Sie es möchten, aber eben nicht ganz so viel freie Zeit wie Sie möchten. Ist Ihnen diese Einstufung verständlich? Antworten Sie bitte so gewissenhaft wie möglich und denken Sie daran, dass es keine falschen oder richtigen Antworten gibt."

Wenn Sie mit '4' antworten, bedeutet dies, dass Sie fast so viel freie Zeit haben, wie Sie es möchten, aber eben nicht ganz so viel freie Zeit wie Sie möchten.

Ich bekomme ...

	so viel wie ich möchte				**sehr viel weniger als ich möchte**
1. Liebe und Zuneigung	**5**	**4**	**3**	**2**	**1**
2. Gelegenheiten, über meine persönlichen und familiären Probleme mit jemand zu sprechen, dem ich vertraue	**5**	**4**	**3**	**2**	**1**
3. Einladungen, um auszugehen oder Sachen mit anderen Menschen zu machen	**5**	**4**	**3**	**2**	**1**
4. Personen, die danach schauen, was mir passiert und wie es mir geht	**5**	**4**	**3**	**2**	**1**
5. Gelegenheiten, über Geldangelegenheiten zu sprechen	**5**	**4**	**3**	**2**	**1**
6. Nützliche Ratschläge über wichtige Dinge im Leben	**5**	**4**	**3**	**2**	**1**
7. Hilfe, wenn ich Transport bzw. Beförderung benötige	**5**	**4**	**3**	**2**	**1**
8. Hilfe, wenn ich krank im Bett liege	**5**	**4**	**3**	**2**	**1**
9. Hilfe beim Kochen und bei der Hausarbeit	**5**	**4**	**3**	**2**	**1**
10. Hilfe bei der Beaufsichtigung meines Kindes/meiner Kinder	**5**	**4**	**3**	**2**	**1**

Die Gesamtpunktwerte des Fragebogens können von 10 bis 50 reichen, wobei ein hoher Wert ein hohes Ausmaß an sozialer Unterstützung bedeutet.
In den LONGSCAN-Untersuchungen wurde der FSSQ im Alter der Kinder von 4 und 6 Jahren durchgeführt. Zum Zeitpunkt von 4 Jahren ergab sich eine interne Konsistenz (Cronbachs Alpha) von .86 (N = 1231), zum Zeitpunkt von 6 Jahren von .87 (N = 1225). Diese beiden Stichproben hatten Mittelwerte von 38,66 (SD = 8,75) bzw. 38,78 (SD = 9.08).
Die Übereinstimmungs-Validität wurde mit dem 'Family APGAR-Fragebogen' überprüft, und zwar im Alter der Kinder von 4 Jahren. Die Hypothese bestand darin, dass Eltern mit hoher Zufriedenheit mit den familiären Beziehungen auch ein hohes Ausmaß an sozialer Unterstützung erleben. Es ergab sich zwischen dem FSSQ und dem Family AGPAR eine signifikante Korrelation von r = .25 (p < 0.001).

13.4 Berliner Social-Support Skalen (BSSS) für Erwachsene

Diese Skalen werden im Zusammenhang von Kindesmisshandlungen und elterlichen Belastungen hier aufgeführt, weil die BSSS sich von anderen Fragebogenverfahren zur sozialen Unterstützung durch einen mehrdimensionalen Ansatz unterscheiden.

Die Berliner Social-Support Skalen (BSSS) wurden von Schwarzer und Schulz (2000) entwickelt und im Rahmen einer Untersuchung von Krebspatienten eingesetzt. Diese Skalen werden im Zusammenhang von Kindesmisshandlungen und elterlichen Belastungen hier aufgeführt, weil die BSSS sich von anderen Fragebogenverfahren zur sozialen Unterstützung durch einen mehrdimensionalen Ansatz unterscheiden. In 5 Subskalen werden folgende Aspekte erfasst (nach der Internetseite: http://userpage.fu-berlin.de/~health/soc_g.htm):

1. Wahrgenommene soziale Unterstützung
Die wahrgenommene soziale Unterstützung wird mit 8 Fragen gemessen, und zwar mit 4 Fragen zur emotionalen und 4 Fragen zur instrumentellen wahrgenommenen sozialen Unterstützung:

Wahrgenommene emotionale soziale Unterstützung:
1. Es gibt Menschen, die mich wirklich gern haben.
2. Wenn es mir schlecht geht, zeigen andere mir, dass sie mich mögen.
3. Wenn ich traurig bin, gibt es Menschen, die mich aufmuntern.
4. Wenn ich Trost und Zuspruch brauche, ist jemand für mich da.

Wahrgenommene instrumentelle soziale Unterstützung:
5. Ich habe Menschen, auf die ich mich immer verlassen kann.
6. Wenn ich Sorgen habe, gibt es jemanden, der mir hilft.
7. Es gibt Menschen, die mir ihre Hilfe anbieten, wenn ich sie brauche.
8. Wenn mir alles zuviel wird, helfen mir andere.

2. Bedürfnis nach sozialer Unterstützung

Dieser Aspekt der sozialen Unterstützung wird mit 4 Fragen, die insbesondere situationsübergreifende persönliche Präferenzen beinhalten, erfasst:

1. Wenn ich niedergeschlagen bin, dann brauche ich jemanden, der mich wieder aufbaut.
2. Mir ist es wichtig, dass immer jemand da ist, der mir zuhört.
3. Bevor ich wichtige Entscheidungen treffe, brauche ich unbedingt die Meinung von anderen.
4. Ich komme am besten ohne fremde Hilfe zurecht. (-)

3. Suche nach sozialer Unterstützung

Die Suche nach sozialer Unterstützung gehört nach Ansicht der Autoren streng genommen in die Kategorie Bewältigung/Coping, da es sich um ein aktives Bemühen handelt, das soziale Netz mit dem Ziel der Stress- und Problembewältigung zu mobilisieren. Wie beim Bedürfnis nach sozialer Unterstützung werden die 5 folgenden Fragen zu den Mobilisierungsbemühungen sozialer Unterstützung situationsunspezifisch gestellt:

1. Wenn es kritisch wird, hole ich mir gerne Rat von anderen.
2. Wenn ich niedergeschlagen bin, treffe ich mich mit anderen, damit sie mich aufmuntern.
3. Wenn ich Sorgen habe, suche ich das Gespräch.
4. Wenn ich nicht weiter weiß, frage ich andere, was sie an meiner Stelle tun würden.
5. Wenn ich Hilfe brauche, bitte ich andere darum.

4. Erhaltene soziale Unterstützung

Die erhaltene soziale Unterstützung wird mit den folgenden 15 Items gemessen, wobei die Instruktion lautet: „Denken Sie nun bitte an Ihre engste Bezugsperson wie (Ehe-)Partner/in, Kind, Freund/in usw. Wie hat sie sich in der letzten Woche Ihnen gegenüber verhalten?"

Die erhaltene soziale Unterstützung wird mit den folgenden 15 Items gemessen, wobei die Instruktion lautet: „Denken Sie nun bitte an Ihre engste Bezugsperson wie (Ehe-)Partner/in, Kind, Freund/in usw. Wie hat sie sich in der letzten Woche Ihnen gegenüber verhalten?"

1. Diese Bezugsperson hat mir gezeigt, dass sie mich mag und akzeptiert. (EMO)
2. Diese Bezugsperson war für mich da, wenn ich sie gebraucht habe. (INST)
3. Diese Bezugsperson hat mich getröstet, wenn es mir schlecht ging. (EMO)
4. Diese Bezugsperson hat mich allein gelassen. (–) (EMO)
5. Diese Bezugsperson hat wenig Verständnis für mich gehabt. (–) (EMO)
6. Diese Bezugsperson hat etwas an mir auszusetzen gehabt. (–) (EMO)
7. Diese Bezugsperson hat viel für mich erledigt. (INST)
8. Diese Bezugsperson hat mir das Gefühl gegeben, wertvoll und wichtig zu sein. (EMO)

9. Diese Bezugsperson hat ihre Sorge um mein Befinden ausgedrückt. (EMO)
10. Diese Bezugsperson hat mir das Gefühl gegeben, dass ich mich auf sie verlassen kann. (EMO)
11. Diese Bezugsperson half mir, meiner Situation etwas Positives abzugewinnen. (INF)
12. Diese Bezugsperson schlug mir eine Tätigkeit vor, die mich etwas ablenken könnte. (INF)
13. Diese Bezugsperson machte mir Mut, mich nicht aufzugeben. (EMO)
14. Diese Bezugsperson kümmerte sich um meine Angelegenheiten, die ich nicht alleine erledigen konnte. (INST)
15. Mit dem Verhalten dieser Bezugsperson bin ich insgesamt sehr zufrieden. (SAT)

EMO = emotional support; INST = instrumentel support; INF = informational support; SAT = satisfaction with support

5. Protektives Abpuffern
Diese Skala zielt auf die beziehungsbezogene Bewältigung von Stress/Belastung, d.h. sie ermittelt Verhaltensweisen wie das Zurückhalten von Kritik oder das Zeigen von Stärke in Gegenwart anderer, die dazu dienen, den Partner nicht zu beunruhigen. Da die andere Person vor zusätzlichen Belastungen geschützt wird, kann 'protektives Abpuffern' auch als Schutz der Quelle sozialer Unterstützung vor Erschöpfung und Versiegen verstanden werden. Es werden in diesem Zusammenhang sechs Fragen gestellt:
1. Ich habe schlechte Nachrichten von ihm (dem Patienten, dem Partner usw.) ferngehalten.
2. Ich habe alles vermieden, was ihn aufregen könnte.
3. Ich habe in seiner Gegenwart Stärke gezeigt.
4. Ich habe mir nicht anmerken lassen, wie verstimmt und niedergeschlagen ich war.
5. Ich habe jegliche Kritik vermieden.
6. Ich habe so getan, als ob ich sehr stark wäre, obwohl ich mich ganz anders fühlte.

Im Rahmen der erhaltenen sozialen Unterstützung kann mit einer weiteren Skala auch nach der tatsächlich geleisteten sozialen Unterstützung durch eine andere Person (z.B. PartnerIn) gefragt werden, wobei die folgenden Fragen inhaltsparallel zu den Fragen im Bereich der erhaltenen sozialen Unterstützung formuliert sind: „Denken Sie nun bitte an .... (z.B. PartnerIn). Wie haben Sie sich in der letzten Woche ihm gegenüber verhalten?"

Im Rahmen der erhaltenen sozialen Unterstützung kann mit einer weiteren Skala auch nach der tatsächlich geleisteten sozialen Unterstützung durch eine andere Person (z.B. PartnerIn) gefragt werden, wobei die folgenden Fragen inhaltsparallel zu den Fragen im Bereich der erhaltenen sozialen Unterstützung formuliert sind

1. Ich habe ihm/ihr gezeigt, dass ich ihn/sie mag und akzeptiere. (EMO)

2. Ich war für ihn/sie da, wenn er/sie mich gebraucht hat. (INST)
3. Ich habe ihn/sie getröstet, wenn es ihm/ihr schlecht ging. (EMO)
4. Ich habe ihn/sie allein gelassen. (-) (EMO)
5. Ich habe wenig Verständnis für ihn/sie gehabt. (-) (EMO)
6. Ich habe etwas an ihm/ihr auszusetzen gehabt. (-) (EMO)
7. Ich habe viel für ihn/sie erledigt. (INST)
8. Ich habe ihm/ihr das Gefühl gegeben, wertvoll und wichtig zu sein. (EMO)
9. Ich habe meine Sorge um sein/ihr Befinden ausgedrückt. (EMO)
10. Ich habe ihm/ihr das Gefühl gegeben, dass er/sie sich auf mich verlassen kann. (EMO)
11. Ich half ihm/ihr, seiner/ihrer Situation etwas Positives abzugewinnen. (INF)
12. Ich schlug ihm/ihr eine Tätigkeit vor, die ihn/sie etwas ablenken könnte. (INF)
13. Ich machte ihm/ihr Mut, sich nicht aufzugeben. (EMO)
14. Ich kümmerte mich um seine/ihre Angelegenheiten, die er/sie nicht alleine erledigen konnte. (INST)

EMO = emotional support; INST = instrumental support; INF = informational support

Die Fragen werden auf einer vierstufigen Skala ('stimmt nicht', 'stimmt kaum', 'stimmt eher', 'stimmt genau') beantwortet.

13.5 Leute um mich herum. Fragebogen zur Effizienz sozialer Netzwerke für Kinder/Jugendliche

Dieser Fragebogen soll die Verfügbarkeit und Effizienz sozialer Beziehungen von Kindern und Jugendlichen erfassen. Er wurde von Reitzle 1993 entwickelt und findet sich auf der folgenden Internetseite: http://www.personal.uni-jena.de/~smr/Sozfrabo.pdf. Weiter stellt Reitzle auf der Internetseite http://www.personal.uni-jena.de/~smr/Soztheo.pdf ein „Technisches Arbeitspapier zur Erstellung eines Fragebogens zur Effizienz sozialer Netzwerke. Zürich, 1993" zur Verfügung. Beide Seiten sind auch über Links auf der folgenden Internetseite von Reitzle zu erreichen: http://www.personal.uni-jena.de/~smr/.

Dieser Fragebogen soll die Verfügbarkeit und Effizienz sozialer Beziehungen von Kindern und Jugendlichen erfassen.

Ausgehend von der Arbeit von Reid et al. (1989) entwickelte Reitzle 10 hypothetische Anlässe, Mitglieder des sozialen Netzwerkes zu kontaktieren. Diese 10 Anlässe lauten folgendermaßen:

Anlass	Konstrukt
1. Wenn Du mit jemandem Deine Gefühle teilen möchtest, z.B. wenn Du glücklich, traurig oder sehr ärgerlich bist, zu wem würdest Du dann gehen?	Emotional support
2. Wenn Du Hilfe brauchst, z.B. bei Deinen Hausaufgaben oder wenn Du für eine Prüfung lernen musst, an wen würdest Du Dich wenden?	Instrumental
3. Wenn Du in Deiner Freizeit etwas erleben möchtest und einfach Spaß haben willst, wen würdest Du dann ansprechen?	Companionship
4. Wenn Du etwas erklärt haben möchtest, z.B. Ereignisse aus den Nachrichten oder wie etwas funktioniert, wen würdest Du dann fragen?	Informational
5. Wenn Dir etwas besonders gut gelungen ist, z.B. eine Prüfung, und Du bist richtig glücklich über Deine Leistung, wem würdest Du das gleich erzählen?	Emotional support
6. Wenn Du Hilfe brauchst, z.B. bei einer Reparatur oder wenn Du etwas verloren hast, wen würdest Du bitten?	Instrumental
7. Wenn Du etwas angestellt hast, was bisher niemand weiß, und Du fühlst Dich sehr schlecht, wem würdest Du das anvertrauen?	Emotional support
8. Wenn Du jemanden brauchst, der nur durch seine Anwesenheit Deine Stimmung verbessern würde, zu wem würdest Du dann gehen?	Companionship
9. Wenn Du mit jemandem reden möchtest, der Deine Eigenarten kennt und Dich richtig versteht, zu wem würdest Du gehen?	Emotional support
10. Wenn Du Probleme mit Deinem Körper oder Deiner Sexualität hast, mit wem würdest Du darüber sprechen?	Informational/ Emotional

Eingeleitet wird der Fragebogen mit Items zu den sozialen Beziehungen des Kindes/Jugendlichen.

Eingeleitet wird der Fragebogen mit Items zu den sozialen Beziehungen des Kindes/Jugendlichen:

Kreuze bitte die Eltern an, mit denen Du im Moment zusammenlebst.

Keine dieser Personen ______
Leibliche Mutter ______
Stiefmutter ______
Adoptiv- oder Pflegemutter ______
Freundin des Vaters ______

Keine dieser Personen ______
Leiblicher Vater ______
Stiefvater ______
Adoptiv- oder Pflegevater ______
Freundin der Mutter ______

Hast Du Geschwister?
Nein: ______ Ja: ______
Anzahl ältere Schwestern: ______
Anzahl jüngere Schwestern: ______
Anzahl ältere Brüder: ______
Anzahl jüngere Brüder: ______
Eine Zwillingsschwester: ______
Einen Zwillingsbruder: ______

Hast Du Großeltern?
Nein: ______ Ja: ______
Großmutter mütterlicherseits: ______
Großvater mütterlicherseits: ______
Großmutter väterlicherseits: ______
Großvater väterlicherseits: ______

Wer – abgesehen von den Eltern – ist die wichtigste erwachsene Person für Dich?
Bitte nur ein Kreuz!
Niemand: ______
Großmutter: ______
Großvater: ______
Tante: ______
Onkel: ______
Andere(r) Verwandter: ______
Lehrerin/Lehrer: ______
Andere Person: ______ Wer?: ________

Bist Du in einer Gruppe von Gleichaltrigen, die sich immer wieder treffen und viel zusammen unternehmen?
Nein: ______ Ja: ______

Frage an Mädchen: Hast Du eine besonders gute Freundin, eine sogenannte „beste Freundin"?
Nein: ______ Ja: ______

Frage an Mädchen: Hast Du im Moment einen festen Freund, mit dem Du gehst?
Nein: ______ Ja: ______

Frage an Jungen: Hast Du einen besonders guten Freund, einen sogenannten „besten Freund"?
Nein: ______ Ja: ______

Frage an Jungen: Hast Du im Moment eine feste Freundin, mit der Du gehst?
Nein: ______ Ja: ______

Auf den folgenden Seiten sind Situationen beschrieben, in denen es um das Zusammensein mit anderen Menschen geht. Lies Dir bitte immer erst den Satz links oben im Kasten gründlich durch und kreuze zuerst einmal an, zu wem Du in einer solchen Situation gehen würdest.

Danach wird folgende Instruktion aufgeführt:
Auf den folgenden Seiten sind Situationen beschrieben, in denen es um das Zusammensein mit anderen Menschen geht. Lies Dir bitte immer erst den Satz links oben im Kasten gründlich durch und kreuze zuerst einmal an, zu wem Du in einer solchen Situation gehen würdest, also *entweder „nein, zu dieser Person würde ich nicht gehen" oder „ja, zu dieser Person würde ich gehen".*
Personen, die es gar nicht gibt, kannst Du einfach überspringen.
„Dann schaust Du Dir bitte die Personen noch einmal an, bei denen Du ja angekreuzt hast. Lies bitte die Frage oben rechts gründlich durch und überlege Dir, wie sehr Dir das hilft, wenn Du zu diesen Personen gehst. Dazu kannst Du jeweils einen der fünf „Smilies" ankreuzen."

Es folgt dann ein Beispiel, zu dem folgende Erklärungen angeführt werden:
„Im Beispiel hat jemand geantwortet, dass er zur Mutter, dem Vater, der Schwester oder dem besten Freund gehen würde, wenn ihm langweilig ist. Zum Bruder würde er nicht gehen, auch nicht zu anderen Verwandten und auch nicht zum Lehrer. Eine Großmutter oder einen Großvater hat er leider nicht mehr und auch keine feste Freundin. Darum hat er bei diesen Personen nichts hingeschrieben.
Zusammen mit der Mutter hat er jeweils viel Spaß, sie ist recht unternehmungslustig – mit dem Vater macht es auch Spaß, aber eben nicht ganz so viel. Am besten unterhält er sich mit seiner Schwester, die hat immer gute Ideen. Ähnlich ist es auch mit dem besten Freund, aber eben nicht ganz so lustig wie mit der Schwester."

Die im Fragebogen zur Effizienz sozialer Netzwerke verwendeten Situationen (in der o.a. Abbildung links oben angeführt) sowie die zu diesen Situationen gestellten Fragen (in der folgenden Abbildung oben rechts aufgeführt) lauten folgendermaßen:

Wenn Dir einmal sehr langweilig ist und Du hättest gern jemanden, der eine Idee hat und etwas mit Dir unternimmt, zu wem würdest Du dann gehen?			**Wenn Du zu dieser Person gehst, habt ihr dann Spass und Unterhaltung miteinander?**				
			meistens nicht 0	ein wenig 1	etwas 2	viel 3	sehr viel 4
Mutter (Stief-/Adoptiv-/Pflegemutter)	☐ nein	X ja				X	
Vater (Stief-/Adoptiv-/Pflegevater)	☐ nein	X ja			X		
Schwester	☐ nein	X ja					X
Bruder	X nein	☐ ja					
Grossmutter / Grossvater	☐ nein	☐ ja					
Verwandte(r)	X nein	☐ ja					
beste Freundin / bester Freund	☐ nein	X ja				X	
mein Freund / meine Freundin	☐ nein	☐ ja					
Lehrerin / Lehrer	X nein	☐ ja					

Anlass	**Konstrukt**
1. Wenn Du mit jemandem Deine Gefühle teilen möchtest, z.B. wenn Du glücklich, traurig oder sehr ärgerlich bist, zu wem würdest Du dann gehen?	Wenn Du mit dieser Person sprichst, fühlst Du Dich danach besser?
2. Wenn Du Hilfe brauchst, z.B. bei Deinen Hausaufgaben oder wenn Du für eine Prüfung lernen musst, an wen würdest Du Dich wenden?	Wenn Du diese Person ansprichst, nützt Dir das dann?
3. Wenn Du in Deiner Freizeit etwas erleben möchtest und einfach Spaß haben willst, wen würdest Du dann ansprechen?	Wenn Du mit dieser Person etwas unternimmst, habt Ihr dann tatsächlich Spaß miteinander?
4. Wenn Du etwas erklärt haben möchtest, z.B. Ereignisse aus den Nachrichten oder wie etwas funktioniert, wen würdest Du dann fragen?	Lernst Du von dieser Person, wenn Du ihr solche Fragen stellst?
5. Wenn Dir etwas besonders gut gelungen ist, z.B. eine Prüfung, und Du bist richtig glücklich über Deine Leistung, wem würdest Du das gleich erzählen?	Wenn Du dieser Person Deinen Erfolg erzählst, empfindest Du Freude und Stolz dabei?
6. Wenn Du Hilfe brauchst, z.B. bei einer Reparatur oder wenn Du etwas verloren hast, wen würdest Du bitten?	Wenn Du diese Person bittest, zeigt sie Hilfsbereitschaft?
7. Wenn Du etwas angestellt hast, was bisher niemand weiß, und Du fühlst Dich sehr schlecht, wem würdest Du das anvertrauen?	Wenn Du dieser Person anvertraust, was Du gemacht hast, fühlst Du Dich danach besser?
8. Wenn Du jemanden brauchst, der nur durch seine Anwesenheit Deine Stimmung verbessern würde, zu wem würdest Du dann gehen?	Wenn Du dann mit dieser Person zusammen bist, wird Deine Stimmung tatsächlich besser?
9. Wenn Du mit jemandem reden möchtest, der Deine Eigenarten kennt und Dich richtig versteht, zu wem würdest Du gehen?	Zeigt diese Person dann wirklich Verständnis für Dich?
10. Wenn Du Probleme mit Deinem Körper oder Deiner Sexualität hast, mit wem würdest Du darüber sprechen?	Wenn Du mit dieser Person sprichst, ist Dir dann geholfen?

13.6 Loneliness & Social Dissatisfaction Questionnaire für Kinder

Die folgenden Angaben zum 'Loneliness & Social Dissatisfaction Questionnaire' beruhen auf Ausführungen von Hunter et al. (2003) des LONGSCAN-Forschungsprojektes auf der Internetseite http://www.iprc.unc.edu/longscan und stützen sich auf die Arbeit von Cassidy und Asher (1992). Der Fragebogen besteht aus den folgenden 24 Items (kursiv = Füll-Items):

Items	ja	manchmal	nein
1. Fällt es dir leicht, in der Schule Freundschaften zu schließen?			
2. Liest du gerne?			
3. Hast du andere Kinder in der Schule, mit denen du sprichst?			
4. Arbeitest du gut mit anderen Kindern in der Schule zusammen?			
5. Siehst du oft Fernsehen?			
6. Fällt es dir schwer, in der Schule Freundschaften zu schließen?			
7. Gehst du gerne zur Schule?			
8. Hast du viele Freunde in der Schule?			
9. Fühlst du dich einsam in der Schule?			
10. Kannst du einen Freund finden, wenn du ihn brauchst?			
11. Machst du viel Sport?			
12. Ist es schwierig für dich zu erreichen, dass die Kinder in der Schule dich mögen?			
13. Interessierst du dich für Technik?			
14. Hast du in der Schule Kinder, mit denen du spielst?			
15. Magst du Musik?			
16. Kommst du mit den anderen Kindern in der Schule zurecht?			
17. Meinst du, dass du in der Schule von Dingen ausgeschlossen wirst?			
18. Gibt es Kinder in der Schule, zu denen du gehen kannst, wenn du Hilfe brauchst?			
19. Magst du gerne malen und zeichnen?			
20. Ist es schwierig für dich, in der Schule mit den anderen Kindern zurecht zu kommen?			
21. Fühlst du dich in der Schule einsam, alleine?			
22. Mögen dich die Kinder in der Schule?			
23. Spielst du gerne Kartenspiele?			
24. Hast du Freunde in der Schule?			

Der Fragebogen zielt auf die sozialen Beziehungen im Schulbereich, aber grundsätzlich können solche Fragen auch für die Beziehungen zu Kindern in der Nachbarschaft oder im Verein übertragen werden. Die Fragen werden in Interviewform gestellt. Der Interviewer leitet z.B. das Gespräch mit dem folgenden Satz ein: „Ich werde dir jetzt einige Fragen über Schule und Freunde stellen. Du kannst die Fragen mit 'ja', 'manchmal' und 'nein' beantworten, gerade so, wie du meinst, dass es für dich zutrifft. Wenn ich dich z.B. frage: 'Gehst du zur Schule?', was würdest du dann antworten? ... Oder: 'Nimmst du Medikamente?' ... ."

Der Fragebogen zielt auf die sozialen Beziehungen im Schulbereich, aber grundsätzlich können solche Fragen auch für die Beziehungen zu Kindern in der Nachbarschaft oder im Verein übertragen werden.

Die im o.a. Fragebogen kursiv geschriebenen Fragen sind Füll-Items z.B. über Hobbys, die nicht in die Auswertung eingehen. Für die verbleibenden 16 Items wird folgendermaßen ausgewertet: 'Nein' = 1 Punkt, 'manchmal' = 2 Punkte, 'ja' = 3 Punkte. Bei den Items 1, 3, 4, 8, 10, 14, 16, 18, 21 und 23 erfolgt eine Umpolung, d.h. 'ja' = 1 Punkt, 'manchmal' = 2 Punkte sowie 'nein' = 3 Punkte. Je höher der Gesamtwert, um so ausgeprägter ist das Ausmaß der erlebten Einsamkeit und sozialen Unzufriedenheit. Es können Werte zwischen 16 und 48 Punkten erzielt werden.

Cassidy und Asher (1992) ließen bei ihrer Untersuchung mit dem Fragebogen versehentlich das Item 20 weg, so dass sich nur Punktwerte zwischen 15 und 45 ergeben konnten. Sie untersuchten 452 Kinder (230 Jungen, 222 Mädchen) aus 7 Kindergärten und 15 Klassen des 1. Schuljahres. Um den sozialen Status der Kinder innerhalb ihrer Gruppe zu erfassen, legten sie jedem Kind Bilder ihrer Klassenkameraden vor und fragten sie, wie gerne sie mit dieser Person spielen würden. Außerdem wurden die Kinder gebeten, bis zu drei Kinder auf die folgenden Fragen hin zu benennen: 'Mit wem würdest du am liebsten spielen?' bzw. 'Mit wem würdest du am wenigsten gerne spielen?'. Auf dieser Grundlage wurden dann die Kinder folgenden Gruppen zugeordnet: beliebt; abgelehnt; vernachlässigt/außer acht gelassen; umstritten/kontrovers; mittelmäßig/durchschnittlich.

Die Mittelwerte für diese Gruppen reichten von 18,3 für die 'beliebten' Mädchen bis zu 23,6 für die 'abgelehnten' Mädchen. Zwischen den Mittelwerten dieser beiden Gruppen lagen die Mittelwerte der 'mittelmäßig/durchschnittlichen' Mädchen sowie der 'umstritten/kontroversen' Mädchen. Die Jungen wiesen in diesen Status-Gruppen geringfügig niedrigere Mittelwerte (geringere Einsamkeit und soziale Unzufriedenheit) auf als die Mädchen.

Für die interne Konsistenz wird von Cassidy und Asher (1992) ein Koeffizient von .79 angegeben (Cronbachs Alpha).

In den LONGSCAN-Untersuchungen wurden die Items mit 'nein' = 0 Punkte, 'manchmal' = 1 Punkt und 'ja' = 2 Punkte bewertet. Um eine Vergleichbarkeit mit den Ergebnissen von Cassidy und Asher zu ermöglichen, wird vorgeschlagen, 15 Punkte zum erzielten Gesamtwert hinzuzufügen (also ohne das Item 20). Alle im Rahmen von LONGSCAN untersuchten Kinder im Alter von 6 Jahren erzielten z.B.

einen Mittelwert von 6,94 (ohne Item 20). 6,94 + 15 = 21,94 Punkte, und dies entspricht etwa den Mittelwerten der 'umstritten/kontroversen' sowie 'abgelehnten' Gruppen bei Cassidy und Ashley. Mit der Frage 20 (16 Items) erzielten die Kinder der LONGSCAN-Untersuchungen (bei 0 bis 2 Punkten je Item) einen Mittelwert von 7,61 (SD = 6,57; N = 1109). Für diese Stichprobe errechnete sich eine Interne Konsistenz von .80 (Cronbachs Alpha). Die Konstrukt-Validität wurde überprüft, indem die Ergebnisse des 'Loneliness & Social Dissatisfaction Questionnaire' korreliert wurden mit Lehrereinstufungen bezüglich 'Peer-Probleme' (Teacher's Estimation of Child's Peer Status). Es ergab sich eine Korrelation von .21 (P < .0001).

13.7 Inventory of Supportive Figures für Kinder

Das Inventory of Supportive Figures (ISF) dient zum einen der Erfassung der wichtigsten Bezugspersonen des Kindes, zum anderen stuft das Kind das Ausmaß und die Art und Weise der erhaltenen Unterstützung und Zuwendung in vier Bereichen ein.

Das Inventory of Supportive Figures (ISF) dient zum einen der Erfassung der wichtigsten Bezugspersonen des Kindes, zum anderen stuft das Kind das Ausmaß und die Art und Weise der erhaltenen Unterstützung und Zuwendung in vier Bereichen ein (Partnerschaft, emotionale Unterstützung, praktische Unterstützung und konkret-fühlbare Unterstützung).

Das Kind wird zunächst aufgefordert, drei wichtige Erwachsene zu nennen und einzustufen. Wenn das Kind dabei nicht einen oder beide Elternteile genannt hatte, bittet der Interviewer das Kind, jedes nicht genannte Elternteil einzustufen.

Die Darstellungen zum ISF beruhen auf den Angaben von Hunter et al. (2003) auf der Internetseite http://www.iprc.unc.edu/longscan von LONGSCAN.

Die Durchführung des ISF erfolgt folgendermaßen (in den LONGSCAN-Untersuchungen für die Altersgruppe der „mittleren Kindheit"):

1. Gibt es in Deinem Leben irgendeinen Erwachsenen, der für Dich besonders hilfreich war? ... Wie z.B. ein Erwachsener, der Dir viel Aufmerksamkeit geschenkt hat, der Dir geholfen hat, etwas herauszufinden, zu verstehen, oder der Dir geholfen hat, Dich besser zu fühlen, wenn Du traurig warst?
   0 = gehe zur Interviewer-Anmerkung 1
   1 = Ja

2. Wer war für Dich der am hilfreichsten Erwachsene?
   ....

3. Auf welche Art und Weise hat er/sie Dir geholfen?
   ....

4. Ich möchte Dich jetzt zu einigen Arten von Hilfen fragen, die Dir ...... (Name) vielleicht gegeben hat. Du sagst mir jeweils, ob Dir ......

(Name) auf eine bestimmte Art, die ich Dir vorlese, geholfen hat, und Du sagst mir dann, wie stark er/sie geholfen hat, und zwar ob er/sie Dir

sehr viel = 3
eine ganze Menge = 2
ein wenig = 1
überhaupt nicht = 0

geholfen hat.

a) Er/sie hat Dir gezeigt, dass er/sie sich um Dich kümmert und sich Gedanken darüber macht, was Du so erlebst und was Dir passiert.
3 2 1 0

b) Er/sie hat Dir Dinge erklärt, Dir Sachen gesagt, die Du wissen musst oder Dir dabei geholfen, ein Problem zu lösen.
3 2 1 0

c) Er/sie hat Zeit mit Dir verbracht.
3 2 1 0

d) Er/sie hat Dir geholfen, Essen, Kleidung oder andere Dinge, die Du benötigt hast, zu bekommen.
3 2 1 0

5. Gab es einen anderen Erwachsenen, der für Dich hilfreich war?
0 = gehe zur Interviewer-Anmerkung 1
1 = Ja

6. Wer war dieser Erwachsene?
....

7. Auf welche Art und Weise hat er/sie Dir geholfen?
....

8. Ich möchte Dich jetzt zu einigen Arten von Hilfen fragen, die Dir ...... (Name) vielleicht gegeben hat. Du sagst mir jeweils, ob Dir ...... (Name) auf eine bestimmte Art, die ich Dir vorlese, geholfen hat, und Du sagst mir dann, wie stark er/sie geholfen hat, und zwar ob er/sie Dir

sehr viel = 3
eine ganze Menge = 2
ein wenig = 1
überhaupt nicht = 0
geholfen hat.

Ich möchte Dich jetzt zu einigen Arten von Hilfen fragen, die Dir ...... (Name) vielleicht gegeben hat. Du sagst mir jeweils, ob Dir ...... (Name) auf eine bestimmte Art, die ich Dir vorlese, geholfen hat.

a) Er/sie hat Dir gezeigt, dass er/sie sich um Dich kümmert und sich Gedanken darüber macht, was Du so erlebst und was Dir passiert.
3 2 1 0

b) Er/sie hat Dir Dinge erklärt, Dir Sachen gesagt, die Du wissen musst oder Dir dabei geholfen, ein Problem zu lösen.
3 2 1 0

c) Er/sie hat Zeit mit Dir verbracht.
3 2 1 0

d) Er/sie hat Dir geholfen, Essen, Kleidung oder andere Dinge, die Du benötigt hast, zu bekommen.
3 2 1 0

9. Gab es einen anderen Erwachsenen, der für Dich hilfreich war?
0 = gehe zur Interviewer-Anmerkung 1
1 = Ja

10. Wer war dieser Erwachsene?
....

11. Auf welche Art und Weise hat er/sie Dir geholfen?
....

12. Ich möchte Dich jetzt zu einigen Arten von Hilfen fragen, die Dir ...... (Name) vielleicht gegeben hat. Du sagst mir jeweils, ob Dir ...... (Name) auf eine bestimmte Art, die ich Dir vorlese, geholfen hat, und Du sagst mir dann, wie stark er/sie geholfen hat, und zwar ob er/sie Dir
sehr viel = 3
eine ganze Menge = 2
ein wenig = 1
überhaupt nicht = 0
geholfen hat.

Er/sie hat Dir gezeigt, dass er/sie sich um Dich kümmert und sich Gedanken darüber macht, was Du so erlebst und was Dir passiert.

a) Er/sie hat Dir gezeigt, dass er/sie sich um Dich kümmert und sich Gedanken darüber macht, was Du so erlebst und was Dir passiert.
3 2 1 0

b) Er/sie hat Dir Dinge erklärt, Dir Sachen gesagt, die Du wissen musst oder Dir dabei geholfen, ein Problem zu lösen.
3 2 1 0

c) Er/sie hat Zeit mit Dir verbracht.
3 2 1 0

d) Er/sie hat Dir geholfen, Essen, Kleidung oder andere Dinge, die Du benötigt hast, zu bekommen.
3 2 1 0

Interviewer-Anmerkung 1:
13. Unterstreichen Sie die für das Kind zutreffende Situation:
1 = Die Mutter des Kindes oder die Mutter-Ersatz-Person wurde bereits genannt: Gehe weiter zur Interviewer-Anmerkung 2.
2 = Das Kind hat keine Mutter oder keine Mutter-Ersatz-Person: Gehe weiter zu Interviewer-Anmerkung 2.
3 = Das Kind hat eine Mutter oder eine Mutter-Ersatz-Person, die bisher aber nicht erwähnt wurde: Fortfahren mit den Items 14 und 15.

14. Was ist mit Deiner Mutter, wie hilfreich war sie für Dich?
....

15. Ich möchte Dich jetzt zu einigen Arten von Hilfen fragen, die Dir Deine Mutter vielleicht gegeben hat. Du sagst mir jeweils, ob Dir Deine Mutter auf eine bestimmte Art, die ich Dir vorlese, geholfen hat, und Du sagst mir dann, wie stark sie geholfen hat, und zwar ob sie Dir
sehr viel = 3
eine ganze Menge = 2
ein wenig = 1
überhaupt nicht = 0
geholfen hat.

Ich möchte Dich jetzt zu einigen Arten von Hilfen fragen, die Dir Deine Mutter vielleicht gegeben hat. Du sagst mir jeweils, ob Dir Deine Mutter auf eine bestimmte Art, die ich Dir vorlese, geholfen hat.

a) Sie hat Dir gezeigt, dass sie sich um Dich kümmert und sich Gedanken darüber macht, was Du so erlebst und was Dir passiert.
3 2 1 0
b) Sie hat Dir Dinge erklärt, Dir Sachen gesagt, die Du wissen musst oder Dir dabei geholfen, ein Problem zu lösen.
3 2 1 0
c) Sie hat Zeit mit Dir verbracht.
3 2 1 0
d) Sie hat Dir geholfen, Essen, Kleidung oder andere Dinge, die Du benötigt hast, zu bekommen.
3 2 1 0

Interviewer-Anmerkung 2:
16. Unterstreichen Sie die für das Kind zutreffende Situation:
1 = Der Vater des Kindes oder die Vater-Ersatz-Person wurde bereits genannt: Gehe weiter zu Item 19.
2 = Das Kind hat keinen Vater oder keine Vater-Ersatz-Person: Gehe weiter zu Item 19.

Ich möchte Dich jetzt zu einigen Arten von Hilfen fragen, die Dir Dein Vater vielleicht gegeben hat. Du sagst mir jeweils, ob Dir Dein Vater auf eine bestimmte Art, die ich Dir vorlese, geholfen hat.

3 = Das Kind hat einen Vater oder eine Vater-Ersatz-Person, die bisher aber nicht erwähnt wurde: Fortfahren mit den Items 17 und 18.

17. Was ist mit Deinem Vater, wie hilfreich war er für Dich?

....

18. Ich möchte Dich jetzt zu einigen Arten von Hilfen fragen, die Dir Dein Vater vielleicht gegeben hat. Du sagst mir jeweils, ob Dir Dein Vater auf eine bestimmte Art, die ich Dir vorlese, geholfen hat, und Du sagst mir dann, wie stark er geholfen hat, und zwar ob er Dir

sehr viel = 3
eine ganze Menge = 2
ein wenig = 1
überhaupt nicht = 0

geholfen hat.

a) Er hat Dir gezeigt, dass er sich um Dich kümmert und sich Gedanken darüber macht, was Du so erlebst und was Dir passiert.
3 2 1 0

b) Er hat Dir Dinge erklärt, Dir Sachen gesagt, die Du wissen musst oder Dir dabei geholfen, ein Problem zu lösen.
3 2 1 0

c) Er hat Zeit mit Dir verbracht.
3 2 1 0

d) Er hat Dir geholfen, Essen, Kleidung oder andere Dinge, die Du benötigt hast, zu bekommen.
3 2 1 0

19. Gab es irgendwelche andere Erwachsene, die für Dich hilfreich waren oder sind?

0 = Nein
1 = Ja

Wer waren diese Erwachsenen?

a. ....
b. ....
c. ....

13.8 Weitere Fragebogen

- *Skalen Soziale Unterstützung (SSU)* von Laireitner (1996). Diese Skalen für Erwachsene im Alter von 20 bis 60 Jahren beruhen auf der Übersetzung folgender Verfahren: Interpersonal Support Evaluation List (ISEL; mit den Skalen „Zugehörigkeit“, „instrumentelle Unterstützung“, „Selbstwert-Unterstützung“, „kognitive Unterstützung“), Social Support Appraisal Scale (SS-A; mit den Skalen „Unterstützung vom Partner“, „Unterstützung von der Familie“, „Unterstützung von Freunden“, „Unterstützung von anderen Personen“) und Inventory of Socially Supportive Behaviors (ISSB; eindimensionaler Fragebogen)
- *Fragebogen zur Sozialen Unterstützung* von Fydrich et al. (1999 sowie als Test im Erscheinen, o. J.) für Personen ab 16 Jahren mit (bei der Langform) folgenden Skalen: „Emotionale Unterstützung“, „praktische Unterstützung“, „soziale Integration“ und „soziale Belastung“ sowie den ergänzenden Skalen „Reziprozität sozialer Unterstützung“, „Verfügbarkeit einer Vertrauensperson“ und „Zufriedenheit mit sozialer Unterstützung“.
- *Soziales Beziehungsverfahren für Kinder* (*SOBEKI*; Roos et al., 1995; Berger, 1996). Das SOBEKI dient der Erfassung einerseits des Personenkreises, mit dem das Kind hauptsächlich in Interaktion tritt, andererseits der spezifischen Funktionsverteilungen im Rahmen des Beziehungssystems sowie der Analyse von Kohäsion und Hierarchie innerhalb der familiären und außerfamiliären Netzwerke von Kindern im Alter zwischen 6 und 12 Jahren. Das Testmaterial besteht aus einem halbstrukturierten Interview und einem Skulpturteil, bei dem ein quadratisches Spielbrett verwendet wird, auf dem sechs konzentrische Ringe sowie ein Mittelpunkt markiert sind und die Netzwerkmitglieder mit männlichen und weiblichen Duplo-Figuren dargestellt werden können. Im Interview werden zunächst die Menschen erfasst, die für das Kind in bestimmten Funktionsbereichen wichtig sind (Spiel/Unternehmung/Freizeit; emotionale Zuwendung; Konflikt; Sanktionen; Bekräftigung; Anregung/Unterstützung; Hilfe bei Schwierigkeiten im zwischenmenschlichen Bereich; Versorgung/Ordnung; Regelmäßigkeiten im Tagesablauf). Danach werden den genannten Personen Figuren zugeordnet, und das Kind wird gebeten, seine eigene Figur in den Mittelpunkt des Spielbrettes zu stellen und dann alle anderen Personen so anzuordnen, dass diejenigen, die das Kind gerne mag, nah bei der mittleren Figur stehen und diejenigen, die es nicht so gerne mag, entsprechend weiter entfernt sind. Außerdem kann das Kind unter jede Figur bis zu drei Plättchen legen, um die Wichtigkeit und die Einflussmöglichkeiten der einzelnen Personen kenntlich zu machen. Insgesamt besteht so die Möglichkeit, die Anzahl der Kontaktpersonen, die Kontakthäufigkeiten, ihre Intensität sowie erlebte Nähe und Wichtigkeit abzubilden und Informationen über die

Im Interview werden zunächst die Menschen erfasst, die für das Kind in bestimmten Funktionsbereichen wichtig sind.

funktionale Bedeutung der Bezugspersonen und ihren Einfluss zu erhalten. Außerdem lassen sich Aussagen über die relative Position des Kindes in seiner Familie und Peergruppe treffen.

- *Lübecker Interview zum psychosozialen Screening (LIPS)* von Benninghoven et al. (2003): Das LIPS ist ein sehr kurzes halbstandardisiertes Interviewverfahren zur Erfassung der psychosozialen Belastungen von Patienten durch Stations- und Hausärzte, wobei die psychosozialen Faktoren soziale Unterstützung, Depressivität und Angst beurteilt werden: 1. Mit wem leben Sie zusammen? Haben Sie Kinder? Ist jemand für Sie erreichbar, der Ihnen bei Problemen zur Seite steht und der Sie gefühlsmäßig unterstützt? 2. Fühlen Sie sich in den letzten Wochen sehr belastet? Fühlen Sie sich häufig müde, erschöpft oder ausgebrannt? 3. Gab es in den letzten Wochen Zeiten, in denen Sie traurig, niedergeschlagen oder hoffnungslos waren? Hat Ihr Interesse an Dingen, die Ihnen sonst Freude bereiteten, nachgelassen? (z.B. sich mit anderen treffen oder reden, lesen, fernsehen). 4. Fühlten Sie sich in den letzten Wochen oft unruhig, oder haben Sie sich leicht Sorgen gemacht? Überkam Sie manchmal ein plötzliches Gefühl der Angst? Innerhalb eines jeden Bereiches wird eingestuft zwischen 1 = gut bzw. keine sowie 5 = schlecht oder sehr stark oder schwer, wobei für jeden Skalenpunkt für den Interviewer Ankerbeispiele vorliegen. Bei starker Belastung (4 oder 5) wird die folgende Zusatzfrage zur Akzeptanz von Hilfeleistung gestellt: Glauben Sie, dass es gut für Sie wäre, in Zukunft Hilfe beim Umgang mit diesen Belastungen in Anspruch zu nehmen?

Glauben Sie, dass es gut für Sie wäre, in Zukunft Hilfe beim Umgang mit diesen Belastungen in Anspruch zu nehmen?

13.9 Literatur

Barth, S. (o.J.). Soziale Unterstützung. Internetseite: http://www.stephanbart.de/sozialeunt.htm.

Benninghoven, D., Specht, T., Kunzendorf, S., Ebeling, A., Friderich, S., Jantschek, I. & Jantschek, G. (2003). Das Lübecker Interview zum psychosozialen Screening (LIPS). Psychother. Psych. Med. 53, 267-274.

Berger, C. (1996). Soziale Beziehungen von Kindern im Grudnschulalter. Praxis der Kinderpsychologie und Kinderpsychiatrie, 45 (3-4), 102-110.

Broadhead, W.E., Gehlbach, S.H., DeGruy, F.V. & Kaplan, B.H. (1988). The Duke-UNC Functional Social Support Questionnaire: Measurement of social support in familiy medicine patients. Medical Care, 26 (7), 709-723.

Cassidy, J. & Asher, S. (1992. Loneliness and peer relations in young children. Child Development, 63, 350-365.

Diewald, M. (1991). Soziale Beziehungen: Verlust oder Liberalisierung? Soziale Unterstützung in informellen Netzwerken. Berlin: edition sigma.

Elliott, G.C., Cunningham, S.M., Linder, M., Colangelo, M. & Gross, M. (2005). Child Physical Abuse and Self-Perceived Social Isolation Among Adolescents. Journal of Interpersonal Violence, 20 (12), 1663-1684.

Fydrich, T., Geyer, M., Hessel, A., Sommer, G. & Brähler, E. (1999). Fragebogen zur Sozialen Unterstützung (F-SozU): Normierung an einer repräsentativen Stichprobe. Diagnostica, 45 (4), 212-216.

Fydrich, T., Sommer, G. & Brähler, E. (in Vorbereitung). Fragebogen zur Sozialen Unterstützung (F-SozU). Göttingen: Hogrefe.

Hunter, W.M., Cox, C.E., Teagle, S., Johnson, R.M., Mathew, R., Knight, E.D., Leeb, R.T. & Smith, J.B. (2003). Measures for Assessment of Functioning and Outcomes in Longitudinal Research on Child Abuse, Volume 2: Middle Childhood. Internetseite http://www.iprc.unc.edu/longscan

Laitreitner, A.-R. & Lettner, K. (1993). Belastende Aspekte sozialer Netzwerke und sozialer Unterstützung. Ein Überblick über den Phänomenbereich und die Methodik. In A.-R. Laireitner (Hrsg.), Soziales Netzwerk und soziale Unterstützung. Konzepte, Methoden und Befunde (S. 101-111). Bern: Huber.

Laireitner, A.-R. (1996). Skalen Sozialer Unterstützung SSU. Testmanual. Mödling: Dr. Schuhfried (Wiener Testsystem).

Reid, M., Landesman, S., Treder, R. & Jaccard, J. (1989). „My family and friends“: Six-to twelve-year-old children's perceptions of social support. Child Development 60, 896-910.

Reitzle, M. (1993). Leute um mich herum. Fragebogen zur Effizienz sozialer Netzwerke für Kinder/Jugendliche. Internetseite: http://www.personal.uni-jena.de/~smr/Sozfrabo.pdf.

Roos, J., Lehmkuhl, U., Berger, C. & Lenz, K. (1995). Erfassung und Analyse sozialer Beziehungsstrukturen von Kindern in der klinischen Praxis und Forschung: „Soziales Beziehungsverfahren für Kinder (SOBEKI)“. Zeitschrift für Kinder- und Jugendpsychiatrie, 23, 255-266.

Schwarzer, R. & Schulz, U. (2000). Soziale Unterstützung bei der Krankheitsbewältigung: Die Berliner Social Support Skalen. Freie Universität Berlin. Internetseite: http://userpage.fu-berlin.de/~health/materials/bsss.pdf.

Weiss, R.S. (1974). The provisions of social relationships. In Z. Rubin (Ed.), Doing under others (pp. 17-26). Englewood Cliffs, NJ: Prentice Hall.

14. Sonstige Fragebogen

14.1 Einleitung

In diesem Kapitel werden einige Fragebogen/Verfahren vorgestellt, die nicht hinreichend den Inhalten der bisherigen Kapitel zugeordnet werden konnten.

In diesem Kapitel werden einige Fragebogen/Verfahren vorgestellt, die nicht hinreichend den Inhalten der bisherigen Kapitel zugeordnet werden konnten, wobei im Abschnitt 14.3 ein Exkurs zur Bindungstheorie sowie zur Erfassung von Bindungsqualitäten/-repräsentationen in Kindheit, Jugend und Erwachsenenalter erfolgt.

14.2 Neighborhood Risk Assessment

Die nachfolgende Übersetzung des *Neighborhood Risk Assessment* (NRA) beruht auf dessen Wiedergabe (für eine Lang- sowie Kurzform) auf der Internetseite von LONGSCAN (Consortium for Longitudinal Studies of Child Abuse and Neglect; http://iprc.unc.edu/longscan; Hunter et al., 2003 a, b).
Die Langform besteht aus den folgenden 25 Items, welche auf einer fünfstufigen Skala beantwortet werden (1 = niemals zutreffend, 2 = trifft fast nie zu, 3 = trifft manchmal zu; 4 = trifft meist zu; 5 = trifft immer zu).

1) Ich würde mich wohl dabei fühlen, einen Nachbarn zu bitten, mir einige Euro oder etwas Lebensmittel auszuleihen.	1	2	3	4	5
2) Meine Nachbarn würden sich wohl dabei fühlen, mich zu bitten, ihnen einige Euro oder etwas Lebensmittel zu leihen.	1	2	3	4	5
3) Ich bekomme Hilfe von einem Nachbarn, wenn ich sie benötige.	1	2	3	4	5
4) Nachbarn können von mir Hilfe bekommen, wenn sie sie benötigen.	1	2	3	4	5
5) Wenn mein Kind die Schule aufgrund einer Krankheit nicht besuchen kann, gibt es immer einen Erwachsenen in der Nachbarschaft, der auf das Kind aufpassen kann.	1	2	3	4	5
6) Ich grüße meine Nachbarn, wenn ich sie sehe.	1	2	3	4	5
7) Wir passen wechselseitig auf unsere Kinder in unserer Nachbarschaft auf.	1	2	3	4	5
8) Ich habe Nachbarn, mit denen ich sprechen kann, die auch Eltern sind.	1	2	3	4	5

9) Mein Kind spielt mit anderen Kindern in der Nachbarschaft.	1	2	3	4	5
10) Die Leute vertrauen einander in meiner Nachbarschaft.	1	2	3	4	5
11) Ich habe ein Zugehörigkeitsgefühl zu meiner Nachbarschaft.	1	2	3	4	5
12) Ich achte darauf, was meine Nachbarn über mein Verhalten denken (z.B. wie ich gekleidet bin, wie ich mein Kind behandele).	1	2	3	4	5
13) Meine Nachbarschaft ist ein guter Platz zum Leben.	1	2	3	4	5
14) Ich würde meine Nachbarschaft verlassen, wenn ich es könnte.	1	2	3	4	5
15) Es gibt in meiner Nachbarschaft einen guten Platz zum Spielen für Kinder (z.B. Spielplatz).	1	2	3	4	5
16) Meine Nachbarschaft ist ein guter Ort für eine Familie mit Kindern.	1	2	3	4	5
17) In unserer Nachbarschaft ist es für ein Kind sicher, draußen zu spielen.	1	2	3	4	5
18) Es gibt in der Nachbarschaft Kinder, von denen ich nicht möchte, dass mein Kind mit ihnen spielt.	1	2	3	4	5
19) In meiner Nachbarschaft werden offen Drogen genommen oder gehandelt.	1	2	3	4	5
20) In meiner Nachbarschaft ist es sicher, tagsüber alleine herumzugehen.	1	2	3	4	5
21) In meiner Nachbarschaft kommen die Leute mit der Polizei gut aus.	1	2	3	4	5
22) Die Häuser und Geschäfte in meiner Nachbarschaft gehen kaputt.	1	2	3	4	5
23) In meiner Nachbarschaft gibt es Vandalismus.	1	2	3	4	5
24) Leute in meiner Nachbarschaft sind Opfer von Kriminalität (z.B. Überfall, Schlägerei, Messerstecherei, Schießerei).	1	2	3	4	5
25) Ich bleibe lieber für mich allein in meiner Nachbarschaft.	1	2	3	4	5

Zusätzlich werden noch zwei offene Fragen gestellt:
1. Was mögen Sie am wenigsten in Ihrer Nachbarschaft?
   ....
2. Was mögen Sie am meisten in Ihrer Nachbarschaft?
   ....

Die Kurzform besteht aus 9 Items und wird eingeleitet mit der folgenden Frage: „Ich möchte Ihnen nun ein paar Fragen zu Ihrer Nachbarschaft stellen. Dabei lese ich Ihnen Feststellungen vor, und Sie sagen mir bitte jeweils, ob eine Feststellung
1 = sehr gut auf Ihre Nachbarschaft zutrifft
2 = einigermaßen auf Ihre Nachbarschaft zutrifft
3 = sehr wenig auf Ihre Nachbarschaft zutrifft
4 = überhaupt nicht auf Ihre Nachbarschaft zutrifft."

1) Die Leute in dieser Nachbarschaft helfen sich wechselseitig.	1	2	3	4
2) Die meisten Leute in dieser Nachbarschaft beziehen Sozialhilfe.	1	2	3	4
3) Es gibt viel Drogenmissbrauch in dieser Nachbarschaft.	1	2	3	4
4) Wir passen wechselseitig auf unsere Kinder in unserer Nachbarschaft auf.	1	2	3	4
5) Ich bin stolz darauf, in dieser Nachbarschaft zu leben.	1	2	3	4
6) Es ist gefährlich in dieser Nachbarschaft.	1	2	3	4
7) Es gibt in dieser Nachbarschaft Leute, auf die ich zählen kann.	1	2	3	4
8) Die Gebäude und Höfe in dieser Nachbarschaft sind wirklich heruntergekommen.	1	2	3	4
9) Es gibt Leute in dieser Nachbarschaft, die einen schlechten Einfluss auf mein(e) Kind(er) haben können.	1	2	3	4

Die Auswertung erfolgt über die Summierung der Werte der einzelnen Feststellungen bei umgekehrter Kodierung bestimmter Items (z.B. der Items 1, 4, 5 und 7 bei der Kurzform).
Für die Kurzform wurde im Rahmen der LONGSCAN-Untersuchungen eine interne Konsistenz (Cronbach's Alpha) von .87 errechnet. Der Mittelwert der Skala lag bei 25,5 (Streuung 7,06) bei der Befragung von 1101 Personen im Alter der Kinder von 4 Jahren.

14.3 Family Visitation Observation Form (Einstufungen der Eltern-Kind-Beziehung bei betreutem Umgang)

Im Rahmen des betreuten Umgangs sowie bei den Vorbereitungen für eine Rückkehr von Kindern in ihr Elternhaus schlagen Ansay und Perkins (2001) einen Einstufungsbogen vor, der auf der Bindungstheorie aufbaut.

Im Rahmen des betreuten Umgangs sowie bei den Vorbereitungen für eine Rückkehr von Kindern in ihr Elternhaus schlagen Ansay und Perkins (2001) einen Einstufungsbogen vor, der auf der Bindungstheorie aufbaut.
Begonnen wird mit der Beobachtung der Eltern-Kind-Interaktionen zu Beginn des Besuchs. Bei den elterlichen Verhaltensweisen soll z.B. darauf geachtet werden, ob die Eltern auf das Kind zugehen, es anlächeln, küssen und umarmen. Weiter wird angeführt: „nicht verbal, keine verbale Reaktion", worunter wohl die Beobachtung der Körpersprache (Mimik, Gestik, Körperhaltung, Spontaneität u.a.) gemeint ist. Letztlich sollen auch die (positiven wie negativen) verbalen Interaktionen vermerkt werden. Auch beim kindlichen Verhalten sollen diese Beobachtungen erfolgen, wobei weiter darauf geachtet werden soll, ob das Kind sich zurückzieht, allein steht und schreit.
Bei der Interpretation solcher Beobachtungen müssen sicherlich eine Reihe von Faktoren beachtet werden, z.B. Alter des Kindes, Dauer der Trennung von einem Elternteil, Art und Weise der Begründungen der Trennung gegenüber dem Kind sowie Art und Weise der Vorbereitung des betreuten Umgangs mit Eltern(teil) und Kind. So kann z.B.

der erste Kontakt nach längerer Zeit für Eltern wie Kind mit sehr viel innerer Anspannung, Aufregung, Unsicherheit sowie Befangenheit gegenüber der Betreuungsperson verbunden sein, wodurch spontanes aufeinander Zugehen eher sehr verhalten ausfallen kann und deswegen nicht als innere Distanzierung oder gar als Ablehnung interpretiert werden darf. Mitzlaf (2004, S. 99) konkretisiert weiter mögliche Konflikte des Kindes und die sich aus ihnen ergebenden Verhaltensweisen/Stimmungen: „Angepasst/überangepasst sein: ‚Ich muss es beiden, Mama und Papa, recht machen, damit wir wieder eine Familie sind'. Verwirrt sein: ‚Wie soll ich mich jetzt bloß verhalten?', ‚Ob das stimmt, was Mama/Papa gesagt hat?'. Nicht anders können als traurig zu sein: ‚Es war alles so schlimm, und jetzt ist es auch nicht gut'. Angst vor dem Verlust von Vater und/oder Mutter haben: ‚Was wird sein, wenn ich jetzt Mama sehe?', Wird Papa mich wieder ausfragen, wenn ich zurückkomme?', ‚Und was ist mit dem neuen Freund/der neuen Freundin von Mama/Papa?'."

In diesem Zusammenhang erscheint es wichtig, einen Exkurs zur Bindungstheorie einzufügen, um so z.B. bei betreutem Umgang oder Hausbesuchen bezüglich der Eltern-Kind-Beziehungen differenzierte Beobachtungen sowie deren adäquate Beurteilung zu erleichtern (ausführliche Literatur bei: Spangler & Zimmermann, 1999; Petermann et al., 2000; Strass et al., 2002; Brisch, 2003; Grossmann & Grossmann, 2003). Die Bindungstheorie wurde Anfang der 70er Jahre von Bowlby (2001) entwickelt. Er ging davon aus, dass Kleinkinder ein Bindungsbedürfnis aufweisen und in mit Beängstigung erlebten Situationen (Trennung, Krankheit, Gefahr, Unbekanntes) ein Bindungsverhaltenssystem aktivieren (Nähe suchen, weinen, rufen, anklammern, nachfolgen). Zusätzlich nahm Bowlby an, dass bei sich sicher und geborgen fühlenden Kleinkinder das Explorationsverhalten (Neugierverhalten, Erkundung der Umgebung) wächst, während umgekehrt die Bindungssuche bei zunehmender Unsicherheit und Angst zunimmt. Mary Ainsworth und ihre Mitarbeiter (Ainsworth et al., 1978) entwickelten dann eine standardisierte Verhaltensbeobachtung (die sog. Fremden Situation), um das Bindungsverhalten von kleinen Kindern (etwa im Alter von 8 bis 22 Monaten) genauer zu untersuchen, mit folgendem Ablauf:

1. Elternteil und Kind kommen gemeinsam in einen Untersuchungsraum mit Spielsachen.
2. Beide verbleiben alleine darin, das Kind kann im Raum herumgehen und spielen.
3. Eine fremde Person betritt den Raum und nimmt Kontakt mit Mutter und Kind auf.
4. Elternteil geht aus dem Raum und lässt die fremde Person und Kind zurück.
5. Erste Wiederbegegnung: Elternteil kommt zurück, beruhigt - wenn notwendig - das Kind und lässt dies wieder spielen. Dann verlässt die fremde Person den Raum.

In diesem Zusammenhang erscheint es wichtig, einen Exkurs zur Bindungstheorie einzufügen, um so z.B. bei betreutem Umgang oder Hausbesuchen bezüglich der Eltern-Kind-Beziehungen differenzierte Beobachtungen sowie deren adäquate Beurteilung zu erleichtern
.

6. Elternteil geht erneut aus dem Raum und das Kind verbleibt alleine zurück.
7. Die fremde Person kommt in den Raum zu dem Kind, beruhigt – wenn erforderlich – das Kind und lässt es wieder spielen
8. Zweite Wiederbegegnung: Elternteil kehrt zurück, beruhigt bei Bedarf das Kind und lässt es wieder spielen. Die fremde Person verlässt den Raum.

Aufgrund dieser Untersuchungen wurden drei Bindungsqualitäten gebildet mit recht typischen Verhaltensweisen der Kleinkinder aufgrund der Trennung von der Mutter und der Begegnung mit der fremden Person.

Aufgrund dieser Untersuchungen wurden drei Bindungsqualitäten gebildet mit recht typischen Verhaltensweisen der Kleinkinder aufgrund der Trennung von der Mutter und der Begegnung mit der fremden Person (vgl. Zimmermann et al., 2000, S. 304): 1. Sichere Bindung: offener emotionaler Ausdruck gegenüber der Bezugsperson; Nähesuchen oder Kommunikation gegenüber der Bezugsperson bei Belastung; rasche Beruhigung durch die Bezugsperson und nachfolgende Exploration. 2. Unsicher-vermeidende Bindung: Vermeidung von Kontakt und Nähe der Bezugsperson (Vermeidung von Blickkontakt, Wegdrehen des Körpers, Rücken zuwenden), kaum Ausdruck emotionaler Belastung; Beschäftigung mit Objekten. 3. Unsicher-ambivalente Bindung: starke emotionale Erregung mit geringer Beruhigbarkeit; Wechsel von Nähesuchen und ärgerlichem Kontaktwiderstand (Weinen und Anklammern); Passivität und kaum Exploration. Spätere Forschung ergab dann noch eine (4.) desorientierte, desorganisierte Bindung: kurze, bizarre Verhaltensweisen (z.B. Einfrieren des Gesichts oder Erstarren des Körpers, Blick ins Leere); widersprüchliche Bindungsverhaltensstrategien.
Diese Bindungsqualitäten sind sicherlich sehr stark abhängig von den Vorerfahrungen des Kindes mit seinen wichtigsten Bezugspersonen, wobei Gloger-Tippelt & König (2005, S. 350) folgende Erläuterungen geben: „Bei einem *sicheren Bindungsmodell* macht das Kind unter Belastung und bei Angst oder Kummer die Erfahrung, dass die Bezugsperson verlässlich und responsiv-zugewandt ist; es kann dadurch ein Selbstbild von sich als beachtenswert und liebenswert aufbauen und sich selbst als kompetent und selbstwirksam im Hinblick auf die Umwelt erfahren. Bei einem *unsicheren Bindungsmodell* hat das Kind entweder die regelmäßige Erfahrung gemacht, dass die Bezugsperson seine Bindungsbedürfnisse zurückweist oder ignoriert, ihm also vorhersehbar keine Aufmerksamkeit schenkt. Entsprechend konstruiert es sein eigenes Selbst als nicht beachtenswert, nicht liebenswert und nicht wirksam oder kompetent. Dies ist bei *unsicher-vermeidender Bindung* der Fall. Erfährt das Kind eine wechselhafte Fürsorge, bei der die Bezugsperson aus seiner Sicht unberechenbar, und zwar teils zugewandt, teils mit sich selbst beschäftigt oder unreif ist, so erfordert dies vom Kind, seine Bindungsbedürfnisse in gesteigerter Form zu signalisieren. Dies kann zu einer *unsicher-ambivalenten Bindung* führen. Die Beziehungserfahrungen von Kindern mit hochunsicherer Bindung unterscheiden sich grundlegend von diesen Mustern. Diese

Form der hoch unsicheren Bindung wurde für das Kleinkindalter als *desorganisiert/desorientiert* im Verhalten beschrieben. Die Bindungsdesorganisation wird auf eine Angstreaktion des Kindes gegenüber der Bindungsperson zurückgeführt (Main & Solomon, 1990). Sie kann sich dadurch entwickeln, dass die Bindungsperson das Kind z.B. durch Misshandlung ängstigt oder selbst durch unverarbeitete Traumata geängstigt ist. In beiden Fällen wird das Kind nicht durch eine externe Situation, sondern durch die Bezugspersonen selbst in einen Alarmzustand versetzt. Dies führt zu einer für das Kind unlösbaren Situation, da die Person, die das Kind schützen sollte, selbst eine Quelle der Angst darstellt".

Aufgrund der mit einem oder 1 ½ Jahren festgestellten Bindungsmuster konnten nun durch die Forschung eine Reihe von Vorhersagen getroffen werden: Unsicher-vermeidende, unsicher-ambivalente und desorganisierte Kinder zeigen z.B. später in Kindergarten und Schule im Vergleich mit sicher gebundenen Kindern weniger adäquates Sozialverhalten, weniger Phantasie, mehr negative Affekte im freien Spiel, geringere Aufmerksamkeitsspanne, niedrigeres Selbstwertgefühl, weniger Aufgeschlossenheit gegenüber neuen Sozialkontakten mit Gleichaltrigen und Erwachsenen, geringere Impulskontrolle, geringeren aktiven Wortschatz und weniger Neugierverhalten auf. Allerdings darf dabei unsichere Bindung nicht an sich als pathologischer, sondern eher als ein disponierender Faktor angesehen werden, welcher erst im Zusammenhang mit weiteren Risikofaktoren negative Auswirkungen zeigt. Desorganisierte Bindung scheint vor allen Dingen bei Kindern mit Gewalterfahrungen und vermehrten Risikobelastungen aufzutreten.

Aufgrund der mit einem oder 1 ½ Jahren festgestellten Bindungsmuster konnten nun durch die Forschung eine Reihe von Vorhersagen getroffen werden: Unsicher-vermeidende, unsicher-ambivalente und desorganisierte Kinder zeigen z.B. später in Kindergarten und Schule im Vergleich mit sicher gebundenen Kindern weniger adäquates Sozialverhalten.

In der neueren Forschung wurde für die Zeit ab dem Jugendalter das *Adult Attachment Interview* entwickelt, mit dem zu erfassen versucht wird, wie die Elternbeziehung in der Kindheit gegenwärtig erlebt und bewertet wird, wobei dann nach den folgenden Bindungsrepräsentationen eingestuft wird: 1. Sicher-autonome Bindungsrepräsentation (hohe Wertschätzung für emotionale Beziehungen zu nahestehenden Menschen; lebhafte Erinnerungen an positive und negative Erfahrungen in der Kindheit; ausgewogenes und objektives Berichten). 2. Unsicher-abwehrende Bindungsrepräsentation (wenig und vage Erinnerungen; Neigung, Zurückweisung in der Kindheit zu verharmlosen und die Eltern zu idealisieren; Abwertung von Bindungspersonen und -themen; Betonung eigener Stärken und Unabhängigkeit. 3. Unsicher-präokkupierte/verwickelte Bindungsrepräsentation (lange, in Details abschweifende Antworten; Erinnerungen an negative Erfahrungen mit Eltern führen zu aktuellem Ärger oder vagen, unklaren Aussagen; nicht hinreichend abgegrenzt/abgelöst von Eltern; noch verwickelt in die früher belastenden Beziehungen). 4. Unverarbeiteter Bindungsstatus (ängstliche oder irrationale Schilderungen früherer Verluste oder traumatische Erlebnisse, z.B. Vorstellung über eigenes Verschulden eines Todesfalles oder der erlittenen Misshandlung).

Schließlich ließ sich für Liebesbeziehungen mit 22 Jahren aufzeigen, dass positive Partnerbeziehungen in diesem jungen Erwachsenenalter durch enge und vertrauensvolle Beziehungen zu Freunden bzw. in den ersten Liebesbeziehungen mit 16 Jahren beeinflusst werden.

Zwischen dem Bindungsverhalten in der Kindheit sowie späteren mentalen Bindungsrepräsentationen in Jugend- und Erwachsenenalter deuten sich aufgrund der bisherigen Forschung z.B. folgende Entwicklungslinien/-konstanten an: Kinder mit einer sicheren Bindung an die Mutter im ersten Lebensjahr zeigten später im Kindergarten weniger Feindseligkeit und einen kompetenteren Umgang mit Konflikten auf. In ihrer mittleren Kindheit wiesen diese Kinder weniger Probleme mit Gleichaltrigen und engere Freundschaften auf als Kinder mit unsicherer Bindung an die Mutter. Kinder mit unsicherer Bindung tendierten dazu, Handlungen von anderen ihnen gegenüber feindselige Absichten zu unterstellen, d.h. die aus Erfahrungen verinnerlichten Erwartungen von Ablehnung und Zurückweisung durch die Eltern könnten generalisieren und somit zu feindseligen Interpretationsschemata gegenüber Gleichaltrigen werden. Jugendliche mit sicherer Bindungsqualität zum Vater in der Kindheit suchten mehr soziale Unterstützung, wenn sie sich hilflos beim Problemlösen fühlten, während Jugendliche mit unsicherer Bindung in ihrer Kindheit an den Vater bei Auftreten von negativen Gefühlen beim Problemlösen eher Freunde ausgrenzten und somit weniger soziale Ressourcen in Anspruch nahmen. Jugendliche mit einer unsicheren Bindung in der Kindheit zeigen weiter mehr Feindseligkeit, geringere Eingebundenheit in die Gleichaltrigengruppe, weniger Vertrauen und geringere Nähe in engen Freundschaften. Kinder, die mit 10 Jahren bei emotionaler Belastung die Nähe der Eltern aufsuchten, wiesen im Jugendalter engere Freundschaftsbeziehungen auf. Schließlich ließ sich für Liebesbeziehungen mit 22 Jahren aufzeigen, dass positive Partnerbeziehungen in diesem jungen Erwachsenenalter durch enge und vertrauensvolle Beziehungen zu Freunden bzw. in den ersten Liebesbeziehungen mit 16 Jahren beeinflusst werden. Veränderungen der Bindungsorganisation scheinen sich u.a. durch Risikofaktoren zu ergeben, welche direkt die Familienstruktur beeinflussen, z.B. Scheidung oder Trennung sowie lebensbedrohliche Erkrankungen oder psychische Störungen eines Elternteils.

Aus den letzten Jahren liegen auch einige Trends zu Zusammenhängen zwischen Bindungsmustern und spezifischen Diagnosen vor. So wurde zunächst einmal beobachtet, dass allgemein bei klinischen Stichproben eine Häufung von unsicheren Bindungsrepräsentationen auftritt. Je schwerwiegender dabei die Störungen sind, um so weniger findet man dann bei Kindern und Erwachsenen sichere Bindungsmuster, aber vermehrt desorganisierte Bindungsstrukturen. Weiter wiesen Jugendliche mit Essstörungen, Drogenmissbrauch und Dissozialität eher unsicher-abwehrende Bindungsrepräsentationen auf, Jugendliche mit unsicher-verwickelter Bindungsrepräsentation dagegen eher depressive Symptome und affektive Störungen. Personen mit unverarbeiteter Trauer und Traumatisierungen sowie desorganisierter Bindungsrepräsentation im Adult Attachment Interview wiesen Korrelationen zu Suizidversuchen und Borderline-Störungen auf.

Nach der Beobachtung zu Beginn des Besuchs schlagen Ansay und Perkins (2001) bei der Beobachtung der Interaktionen des Erwachsenen im Besuchsverlauf die Beantwortung folgender Fragen vor, wobei das negative oder auffällige Verhalten schriftlich ausgeführt werden soll: Werden Fragen nach dem Wochenverlauf des Kindes gestellt? Setzt der Erwachsene Grenzen? Werden bei Aktivitäten oder der Unterhaltung stimulierende Verhaltensweisen des Kindes nachgeahmt? Wird positives Verhalten gelobt? Werden die emotionalen Bedürfnisse des Kindes erfüllt? Stellt der Erwachsene realistische Erwartungen an das Verhalten des Kindes? Ist der Erwachsene auf das Kind konzentriert oder auf andere Dinge/Personen zentriert? Erlaubt der Erwachsene dem Kind, Gefühle zu zeigen (z.B. Trauer, Wut, Enttäuschung)? Gibt oder füttert der Erwachsene das Kind mit altersangemessener Nahrung? Sind die mitgebrachten Geschenke maßlos und nicht altersgerecht? Spricht der Erwachsene mit dem Kind über Probleme Erwachsener? Flüstert er mit dem Kind, tauscht Heimlichkeiten aus? Erniedrigt der Erwachsene andere Personen in Gegenwart des Kindes? Sagt er dem Kind, dass es bald wieder nach Hause kommt? Unterbricht er normales Spiel oder Sprechen des Kindes? Schüchtert er das Kind ein (verbal oder nicht-verbal). Steht der Erwachsene unter dem Einfluss von Drogen oder Alkohol? Fühlt er sich unbehaglich im betreuten Umgang?

Nach der Beobachtung zu Beginn des Besuchs schlagen Ansay und Perkins (2001) bei der Beobachtung der Interaktionen des Erwachsenen im Besuchsverlauf die Beantwortung folgender Fragen vor, wobei das negative oder auffällige Verhalten schriftlich ausgeführt werden soll.

Zur Beobachtung der Interaktionen des Kindes im Besuchsverlauf können z.B. folgende Fragen gestellt werden (wobei ebenfalls das negative bzw. auffällige Verhalten schriftlich ausgeführt werden soll): Wirkt das Kind sauber und gesund? Bringt es natürliche Zuneigung gegenüber den Eltern zum Ausdruck? Reagiert es auf Wünsche der Verhaltensänderung durch die Eltern? Wirkt es entspannt, glücklich und zufrieden während des Besuchs? Testet es die Grenzen aus, die die Eltern setzen? Handelt es wie ein Elternteil (Rollenumkehr)? Hat es Wutanfälle während des Besuchs? Wirkt es abgesondert/alleinstehend oder teilnahmslos während des Besuchs? Treten ungewöhnlich wenig verbale Reaktionen auf? Ist das Kind hyperaktiv oder wird es durch die Erwachsenen überstimuliert? Beklagt es sich über die Pflegefamilie?

In der Trennungsphase von Eltern und Kind schlagen Ansay und Perkins (2001) für Erwachsene wie auch für Kinder u.a. folgende Kriterien der Beobachtung vor: lächeln, küssen, umarmen, weinen, das Kind beruhigen, sich nicht lösen können/immer wieder Abschied nehmen, trauern, sich absondern/zurückziehen,

Schließlich wird abschließend vorgeschlagen, weitere wichtige Beobachtungen während des gesamten Besuches schriftlich festzuhalten.

14.4 Brigid Collins Risk Screener (zur Erfassung des Misshandlungsrisikos durch Mütter vor der Geburt)

Weberling et al. (2003) versuchten bei schwangeren Müttern das Risiko späterer Kindesmisshandlung zu erfassen, wobei der *Brigid Collins Risk Screener* (BCRS) Informationen einerseits aus den medizinischen Befunden, andererseits aus einer ergänzenden Checkliste verwertet, die von den Müttern bei ihrer ersten pränatalen Vorstellung ausgefüllt wird.

Weberling et al. (2003) versuchten bei schwangeren Müttern das Risiko späterer Kindesmisshandlung zu erfassen, wobei der *Brigid Collins Risk Screener* (BCRS) Informationen einerseits aus den medizinischen Befunden, andererseits aus einer ergänzenden Checkliste verwertet, die von den Müttern bei ihrer ersten pränatalen Vorstellung ausgefüllt wird. Das Risiko späterer Kindesmisshandlung wird aufgrund multipler Faktoren eingeschätzt, die folgende Bereiche umfassen: Umgebungs-Stressoren (z.B. niedriges Einkommen, Minoritäten-Zugehörigkeit, instabile Arbeitsverhältnisse), soziale Isolation (z.B. Mangel an FreundInnen, kein Telefonanschluss), körperliches und psychisches Befinden (z.B. Vorgeschichte mit Substanzmittel-Abusus oder psychiatrische Betreuung), Schwangerschaft (emotionale und gesundheitliche Aspekte in der gegenwärtigen Schwangerschaft) sowie Einzelfaktoren (z.B. mütterliche Vorgeschichte mit Misshandlung, frühere Kontakte mit Kinderschutzeinrichtungen). Aufgrund der erhaltenen Angaben wird ein Risikowert aufsummiert, von dem dann der erhaltene Summenwert bezüglich der erfragten protektiven Faktoren (z.B. hoher Schulabschluss, Teilnahme an Geburtsvorbereitungskurs, unterstützende Partnerschaft) abgezogen wird.

14.5 Fragebogen zur Erfassung der gesundheitsbezogenen Lebensqualität bei Kindern und Jugendlichen (KINDL^R)

Der *KINDL^R* von Ravens-Sieberer und Bullinger (2000) erfasst die folgenden sechs Dimensionen

Der *KINDL^R* von Ravens-Sieberer und Bullinger (2000) erfasst die folgenden sechs Dimensionen: Körperliches Wohlbefinden, psychisches Wohlbefinden, Selbstwert, Familie, Freunde und Funktionsfähigkeit im Alltag (Schule bzw. Vorschule/Kindergarten). Neben der deutschen Version ist er auch in 10 weiteren Sprachen verfügbar. Es bestehen einmal Selbstberichtsversionen, zum anderen Elternversionen:

Selbstberichtsversionen:
Kiddy-KINDL^R: Kinder im Alter von 4 bis 7 Jahren (Interview)
Kid-KINDL^R: Kinder von 8 bis 12 Jahren
Kiddo-KINDL^R: Jugendliche zwischen 13 bis 16 Jahren

Elternversionen:
Kiddy-KINDL^R: Kinder im Alter von 4 bis 7 Jahren
KINDL^R: Kinder und Jugendliche zwischen 8 bis 16 Jahren.

Alle *KINDL^R-Versionen* enthalten eine zusätzliche Skala „Erkrankung", die die Lebensqualität in bezug auf die Erkrankung erfasst, wobei z.B. für Adipositas oder Asthma krankheitsspezifische Fragemodule vorliegen.

14.6 Rückfallrisiko bei Sexualstraftätern (RRS)

Der *RRS* von Rehder (2001a) soll hier kurz vorgestellt werden als Beispiel dafür, wie aufgrund der empirischen Forschung Kriterien gefunden werden, mit deren Hilfe versucht wird, das Risiko eines Rückfalls sowie die Behandlungsnotwendigkeit bei Sexualstraftätern abzuschätzen (siehe z.B. auch den HCR 29 von Müller-Isberner et al., 1998). Ausgangspunkt waren Daten zu den Tätern, die zunächst dahingehend überprüft wurden, ob sie einen signifikanten Zusammenhang mit einem erneuten Sexualdelikt oder einer erneuten Inhaftierung aufwiesen. Danach wurde geprüft, „ob sich die Werte dieser Variablen zu solchen Klassen zusammenfassen lassen, die (1) den Zusammenhang mit dem Rückfall verdeutlichen und die (2) einen sinnvollen Punkte-Score für einen Rückfallgesamtwert darstellen. Wenn dies der Fall war, wurden die Variablen als Rückfallkriterien in das RSS aufgenommen; dabei wurde darauf geachtet, dass die Variablen nicht die gleichen Aspekte erfassen, also nicht zu hoch miteinander korrelieren" (ebda, S. 6f). Die verbliebenen Variablen wurden dann zwei Hauptbestandteilen des RSS zugeordnet: RSS-H zur Bestimmung der Wahrscheinlichkeit einer erneuten Inhaftierung und RRS-S zur Abschätzung der Wahrscheinlichkeit eines erneuten Sexualdelikts. Für beide Bereiche werden die Rückfallkriterien (1) Alter beim ersten Sexualdelikt, (2) depressive Persönlichkeitsanteile und (3) Bindungsfähigkeit verwendet. Beim Bereich RRS-H kommen hinzu (4) Hafterfahrung, (5) berufliche Leistungsbereitschaft und (6) soziale Kompetenz, während beim Bereich RRS-S statt (4) bis (6) einbezogen werden (7) Zahl der Verurteilungen wegen Sexualdelikten, (8) Bekanntheitsgrad zwischen Opfer und Täter sowie (9) Planung der Tat. Zusätzlich erfolgt noch eine Bestimmung des Rückfallrisikos getrennt für Vergewaltiger und sexuelle Missbraucher, wobei z.B. auch Alkoholisierung zum Tatzeitpunkt, Bedrohung des Opfers, Zahl der Opfer von Sexualdelikten zusätzlich berücksichtigt werden. In einer ersten Validitätsuntersuchung wurden 41 Sexualstraftäter mit dem RRS untersucht, wobei davon unabhängig die Täter auch einer Rückfalluntersuchung unterzogen wurden. Die Korrelation zwischen RRS und der unabhängigen klinischen Prognose betrug 0.69.

Weitere Literatur zur Kriminalprognose und Rückfälligkeitsprognose bei Gewalttätern: Nedopil (1986, 1996), Rasch (1994), Bock (1995), Lösel (1995), Weber (1996), Scheurer und Kröber (1998), Rehder (2001b), Nowara (2001), Bange (2002), Egg (2004), Kobbe´ (2004), Rehder (2004a, 2004b), Wischka (2004).

Der *RRS* von Rehder (2001a) soll hier kurz vorgestellt werden als Beispiel dafür, wie aufgrund der empirischen Forschung Kriterien gefunden werden, mit deren Hilfe versucht wird, das Risiko eines Rückfalls sowie die Behandlungsnotwendigkeit bei Sexualstraftätern abzuschätzen.

14.7 Literatur

Ainsworth, M.D.S., Blehar, M.C., Waters, E. & Wall, S. (1978). Patterns of attachment. A psychological study of the strange situation. Hillsdale: Erlbaum.

Ansay, S.J. und Perkins, D.F. (2001). Integrating Family Visitation and Risk Evaluation: A Practical Bonding Model for Decision Making. Family Relations, 50, 220-229.

Bange, D. (2002). Rückfälle von Sexualstraftätern. In D. Bange & W. Körner (Hrsg.), Handwörterbuch Sexueller Missabrauch (S. 509-515). Göttingen: Hogrefe.

Bock, M. (1995). Die Methode der idealtypisch-vergleichenden Einzelfallanalyse und ihre Bedeutung für die Kriminalprognose. In D. Dölling (Hrsg.), Die Täter-Individualprognose (S. 1-28). Heidelberg: Kriminalistik-Verlag.

Bowlby, J. (2001). Frühe Bindung und kindliche Entwicklung. München: Reinhardt.

Brisch, K.H. (2003). Bindungsstörungen. Von der Bindungstheorie zur Therapie. Stuttgart: Klett-Cotta.

Gloger-Tippelt, G. & König, L. (2005). Bindungsentwicklung bei Kindern und Jugendlichen mit Misshandlungs- und Missbrauchserfahrungen. In G. Deegener & W. Körner (Hrsg.), Handbuch Kindesmisshandlung und Vernachlässigung (S. 347-367). Göttingen: Hogrefe.

Grossmann, K.E. & Grossmann, K. (Hrsg.) (2003). Bindung und menschliche Entwicklung. John Bowlby, Mary Aisnworth und die Grundlagen der Bindungstheorie. Stuttgart: Klett-Cotta.

Hunter, W. M., Cox, C. E., Teagle, S., Johnson, R. M., Mathew, R., Knight, E. D., & Leeb, R.T. (2003a). Measures for Assessment of Functioning and Outcomes in Longitudinal Research on Child Abuse. Volume 1: Early Childhood. Internetseite http://www.iprc.unc.edu/longscan/.

Hunter, W.M., Cox, C.E., Teagle, S., Johnson, R.M., Mathew, R., Knight, E.D., Leeb, R.T. & Smith, J.B. (2003b). Measures for Assessment of Functioning and Outcomes in Longitudinal Research on Child Abuse, Volume 2: Middle Childhood. Internetseite http://www.iprc.unc.edu/longscan.

Kobbé, U. (2004). Tat und Täter: Standards, Probleme und Innovationen der Begutachtung. In W. Körner & A. Lenz (Hrsg.), Sexueller Missbrauch. Band 1: Grundlagen und Konzepte (S. 510-523). Göttingen: Hogrefe.

Lösel, F. (1995). Die Prognose antisozialen Verhaltens im Jugendalter: Eine entwicklungsbezogene Perspektive. In D. Dölling (Hrsg.), Die Täter-Individualprognose (S. 29-61). Heidelberg: Kriminalistik-Verlag.

Mitzlaf, E. (2004). Forum 4. Aufgabe und Bedeutung von Teamarbeit und Supervision. In: Begleiteter Umgang im Kontext familiärer Gewalt. Kinder als Zeugen eskalierender Partnerschaftskonflikte (S. 98-106). Bundesarbeitsgemeinschaft Begleiteter Umgang (Hrsg.). München, BAGU-Eigenverlag.

Müller-Isberner, R., Conzalez Cabeza, S. & Jöckel, D. (1998). Die Vorhersage von Gewalttaten mit dem HCR-20. Haina: Verlag des Instituts für forensische Psychiatrie Haina.

Nedopil, N. (1986). Kriterien der Kriminalprognose bei psychiatrischen Gutachten. Forensia 7, 167-183.

Nedopil, N. (1996). Forensische Psychiatrie. Stuttgart: Thieme.

Nowara, S. (2001). Beurteilung der Gefährlichkeit von Straftätern. In G. Rehn, B. Wischka, F. Lösel & M. Walter (Hrsg.), Behandlung „gefährlicher Straftäter" (S. 104-110). Herbolzheim: Centaurus-Verlagsgesellschaft.

Petermann, F., Niebank, K. & Scheithauer, H. (Hrsg.). (2000). Risiken in der frühkindlichen Entwicklung. Entwicklungspsychopathologie der ersten Lebensjahre. Göttingen: Hogrefe.

Rasch, W. (1994). Verhaltenswissenschaftliche Kriminalprognosen. In W. Frisch & T. Vogt (Hrsg.), Prognoseentscheidungen in der strafrechtlichen Praxis (S. 235-251). Baden-Baden: Nomos.

Ravens-Sieberer, U. & Bullinger, M. (2000). KINDL[R]. Fragebogen zur Erfassung der gesundheitsbezogenen Lebensqualität bei Kindern und Jugendlichen. Revidierte Form. Manual. Internet: http://www.kindl.org/fragebogen.html.

Rehder, U. (2001a). RRS. Rückfallrisiko bei Sexualstraftätern. Lingen: Kriminalpädagogischer Verlag.

Rehder, U. (2001b). Sexualstraftäter: Klassifizierung und Prognose. In G. Rehn, B. Wischka, F. Lösel & M. Walter (Hrsg.), Behandlung „gefährlicher Straftäter" (S. 81-103). Herbolzheim: Centaurus-Verlagsgesellschaft.

Rehder, U. (2004a). Klassifizierung von Tätern, die wegen sexuellen Missbrauchs von Kindern verurteilt wurden. In W. Körner & A. Lenz (Hrsg.), Sexueller Missbrauch. Band 1: Grundlagen und Konzepte (S. 554-567). Göttingen: Hogrefe.

Rehder, U. (2004b). Legalprognose bei Tätern, die wegen sexuellen Missbrauchs verurteilt wurden. In W. Körner & A. Lenz (Hrsg.), Sexueller Missbrauch. Band 1: Grundlagen und Konzepte (S.581-598). Göttingen: Hogrefe.

Scheurer, H. & Kröber, H.-L. (1998). Einflüsse auf die Rückfälligkeit von Gewaltstraftätern. In H.-L. Kröber & K.-P. Dahle (Hrsg.), Sexualstraftaten und Gewaltdelinquenz (S. 39 - 46). Heidelberg: Kriminalistik-Verlag.

Spangler, G. & Zimmermann, P. (Hrsg.). (1999). Die Bindungstheorie: Grundlagen, Forschung und Anwendung. Stuttgart: Klett-Cotta 1999.

Strass, B., Buchheim, A. & Kächele, H. (Hrsg.). (2002). Klinische Bindungsforschung. Theorien, Methoden, Ergebnisse. Stuttgart: Schattauer.

Weber, F. (1996). Gefährlichkeitsprognose im Maßregelvollzug. Pfaffenweiler: Centaurus-Verlagsgesellchaft.

Weberling, L.C., Forgays, D.K., Crain-Thoreson, C. und Hyman, I. (2003). Prenatal Child Risk Assessment: A Preliminary Validation Study. Child Welfare, LXXXII (3), 319-334.

Wischka, B. (2004). Gesetzliche Rahmenbedingungen und Erfolgsausssichten für die Behandlung von Sexualstraftätern. In W. Körner & A. Lenz (Hrsg.), Sexueller Missbrauch. Band 1: Grundlagen und Konzepte (S. 599-622). Göttingen: Hogrefe.

Zimmermann, P., Suess, G.J., Scheuerer-Englisch, H. & Grossmann, K.E. (2000). Der Einfluss der Eltern-Kind-Bindung auf die Entwicklung psychischer Gesundheit. In F. Petermann K. Niebank, K. & H. Scheithauer (Hrsg.), Risiken in der frühkindlichen Entwicklung. Entwicklungspsychopathologie der ersten Lebensjahre. Göttingen: Hogrefe.

15. Bereichsübergreifende (Risiko-)Einstufungen und zusammenfassende Befundüberblicke

15.1 Einleitung

Angesichts der Komplexität und Multidimensionalität der Risikoeinschätzung der Kindeswohlgefährdung sowie der notwendigen Vernetzung und Kooperation des Helfersystems ist es erforderlich, die erfassten Daten, Risikofaktoren, Merkmale usw. in leicht verständlichen Befundüberblicken ordnend und zusammenfassend darzustellen.

Angesichts der Komplexität und Multidimensionalität der Risikoeinschätzung der Kindeswohlgefährdung und -misshandlung sowie der notwendigen Vernetzung und Kooperation des Helfersystems ist es erforderlich, die erfassten Daten, Risikofaktoren, Merkmale usw. in leicht verständlichen Befundüberblicken ordnend und zusammenfassend darzustellen. Darüber hinaus gilt es für die hier im Mittelpunkt stehenden Formen der Kindesmisshandlung differenzierte übergreifende Schemata zu entwickeln, z.B. nach dem Schweregrad der jeweiligen Misshandlungsform, nach der zeitlichen Dauer und den Häufigkeiten des Gewalterleidens sowie nach dem Alter oder der Entwicklungsphase der betroffenen Kinder.
Ein sehr differenziertes Klassifikations- und Einstufungssystem zur Kindesmisshandlung wird z.B. von Barnett et al. (1993) vorgeschlagen mit jeweils fünf Schweregradeinstufungen (auch mit Beispielen erläutert; eine detaillierte Darstellung von Cicchetti et al., 2003 findet sich auf der Internetseite http://www.ndacan.cornell.edu/NDACAN/Datasets/UsrerguidePDFs/096user.pdf, S. 77-90; diese Seite ist über einen Link der Seite: http://www.ndacan.cornell.edu/NDACAN/Datasets/Abstracts/DatasetAbstract_96.html zu erreichen):

Misshandlungsformen:

- **Körperliche Misshandlung**
- **Sexueller Missbrauch**
- **Vernachlässigung**
  - **Physische Vernachlässigung**
  - **Mangelnde Beaufsichtigung**
- **Emotionale Misshandlung**
- **Vernachlässigung in den Bereichen der Moral, des Rechts, der Bildung**

Auf dieser Grundlage entwickelten English und ihre Mitarbeiter ein *„Modified Maltreatment Coding Scheme"* (MMCS; English et al., 2002; English et al., 2005) mit folgenden Einstufungen zu Unterformen der Misshandlung:

Misshandlungsart	**Unterformen der Misshandlung**
Körperliche Misshandlung	Kopf; Rumpf; Gesäß; gewaltsame Behandlung (stoßen, schupsen, zerren u.ä.); würgen/ersticken; Verbrennungen/Verbrühungen; schütteln/Schütteltrauma; unbestimmbar
Sexueller Missbrauch	Anschauen sexueller Handlungen oder pornographischer Filme; Aufforderungen zu sexuellen Handlungen, ohne dass es zu körperlichen Kontakten kommt; sexualisiertes Streicheln des Kindes/wechselseitige Masturbation; Penetration
Vernachlässigung	Mangelnde Versorgung bezüglich: Nahrung; Hygiene; Kleidung; Unterkunft; Gesundheit Mangelnde Beaufsichtigung bezüglich: fehlender Beaufsichtigung; mangelnder Schutz vor Gefahren; ungeeignete Beaufsichtigung durch Dritte, z.B. Babysitter
Emotionale Misshandlung	Mangelnde psychische Geborgenheit/Sicherheit; Akzeptanz und Wertschätzung; altersentsprechende Autonomie; Einengung/Isolierung
Vernachlässigung in den Bereichen: Moral, Recht, Bildung	

Die Differenziertheit dieses Schemas wird darin deutlich, dass z.B. bei allen neun Unterformen der körperlichen Misshandlung nach sechs Schweregraden eingestuft wird sowie im Rahmen der emotionalen Misshandlung insgesamt 27 Kodierungen nach Schweregrad/Art und Weise dieser Misshandlungsform vorgeschlagen werden (eine detaillierte Wiedergabe des MMCS findet sich auf der Internetseite von Longscan (Consortium for Longitudinal Studies of Child Abuse and Neglect): http://www.iprc.unc.edu/longscan/pages/mmcs/LONGSCAN%20MMCS%20Coding.pdf.

Die Differenziertheit dieses Schemas wird darin deutlich, dass z.B. bei allen neun Unterformen der körperlichen Misshandlung nach sechs Schweregraden eingestuft wird sowie im Rahmen der emotionalen Misshandlung insgesamt 27 Kodierungen nach Schweregrad/Art und Weise dieser Misshandlungsform vorgeschlagen werden.

Lau et al. (2005) verwendeten in ihrer Untersuchung die folgenden drei Klassifikationsmodelle, um auf der Grundlage des MMCS den vorherrschenden Misshandlungstyp zu bestimmen.

Lau et al. (2005) verwendeten in ihrer Untersuchung die folgenden drei Klassifikationsmodelle, um auf der Grundlage des MMCS den vorherrschenden Misshandlungstyp zu bestimmen:

1. Hierarchisches Modell (HM):
   a) Beschuldigungen über Misshandlungen, die nur eine Misshandlungsform betreffen, werden dementsprechend dieser Misshandlungsform zugeordnet.
   b) Beschuldigungen bezüglich mehrerer Misshandlungsformen werden folgendermaßen klassifiziert:
   Sexueller Missbrauch = Jede Art sexuellen Missbrauchs (andere Formen der Misshandlung können vorhanden sein).
   Körperliche Misshandlung = Jede Art körperlicher Misshandlung (Vernachlässigung kann auch vorhanden sein, aber kein sexueller Missbrauch).
   Vernachlässigung = Jede Form der Vernachlässigung (mangelnde Versorgung, mangelnde Beaufsichtigung, Vernachlässigung in den Bereichen: Moral, Recht, Bildung). Emotionale Misshandlung kann vorhanden sein, aber kein sexueller Missbrauch und keine körperliche Misshandlung.
   Emotionale Misshandlung = Jede Form emotionaler Misshandlung, kein Auftreten einer anderen Misshandlungsform.
2. Schweregrad/Häufigkeits-Modell (SHM):
   a) Beschuldigungen über Misshandlungen, die nur eine Misshandlungsform betreffen, werden dementsprechend dieser Misshandlungsform zugeordnet, wobei folgende Formen verwendet werden: Körperliche Misshandlung, sexueller Missbrauch, Vernachlässigung (mangelnde Versorgung, mangelnde Beaufsichtigung, Vernachlässigung in den Bereichen: Moral, Recht, Bildung) und emotionale Misshandlung.
   b) Beschuldigungen bezüglich mehrerer Misshandlungsformen werden folgendermaßen klassifiziert:
   Wenn mehr als eine Misshandlungsform vorliegt, so wird jene Misshandlungsform verwendet, die im MMCS die höchste Kodierung hinsichtlich des Schweregrades erhielt.
   Wenn mehrere Misshandlungsformen mit dem gleichen Schweregrad vorliegen, so wird jene Misshandlungsform verwendet, die im MMCS die höchste Kodierung hinsichtlich der Häufigkeit erhielt.
   Wenn mehrere Misshandlungsformen mit gleichem Schweregrad und gleicher Häufigkeit vorliegen, so wird die Misshandlungsform nach dem HT-System bestimmt.
   Beim SHM müssen weitere Entscheidungsregeln beachtet werden aufgrund mehrfacher Einstufungen im Verlaufe der Zeit.
3. Erweitertes hierarchisches Modell (EHM):
   Nur sexueller Missbrauch (emotionale Misshandlung kann ebenfalls aufgetreten sein)

Sexueller Missbrauch und andere Misshandlungsform: körperliche Misshandlung, Vernachlässigung (mangelnde Versorgung, mangelnde Beaufsichtigung, Vernachlässigung in den Bereichen: Moral, Recht, Bildung), emotionale Misshandlung kann auch vorkommen.
Körperliche Misshandlung (emotionale Misshandlung kann auch vorkommen)
Nur Vernachlässigung (mangelnde Versorgung, mangelnde Beaufsichtigung, Vernachlässigung in den Bereichen: Moral, Recht, Bildung)
Körperliche Misshandlung + Vernachlässigung (kein sexueller Missbrauch, aber emotionale Misshandlung kann vorkommen)
Nur emotionale Misshandlung (keine andere Misshandlungsform kommt vor).

Wie stark die Häufigkeiten der Misshandlungsformen von solchen Klassifizierungsmodellen abhängen, zeigen die folgenden Ergebnisse einer Untersuchung von Lau et al. (2005, S. 542) bezüglich HM und SHM:

Vorherrschende Misshandlungsform	Sexueller Missbrauch	Körperliche Misshandlung	Vernachlässigung	Emotionale Misshandlung
Hierarchisches Modell (HM)	20,2 %	34,3 %	44,3 %	1,2 %
Schweregrad/Häufigkeits-Modell (SHM)	7,3 %	12,5 %	79,0 %	1,2 %

Nach Durchsicht der Literatur gehen die AutorInnen davon aus, dass PraktikerInnen am häufigsten im Sinne des HM vorgehen, d.h. trotz Vorliegen mehrerer Misshandlungsformen würde vorwiegend nur nach einer von vier Misshandlungsformen klassifiziert werden (sexueller Missbrauch, körperliche Misshandlung, Vernachlässigung, emotionale Misshandlung), wobei „aktive" Misshandlungsformen wie z.B. sexueller Missbrauch und körperliche Misshandlung stärker gewichtet werden als „passive" Misshandlungsformen wie Vernachlässigung und emotionale Misshandlung. Wenn also in einem Behandlungsfall sexueller Missbrauch auftritt, so wird dieser auch als die vorherrschende Missbrauchsform klassifiziert werden trotz gleichzeitig bestehender anderer Misshandlungsformen. Da beim SHM vor allen Dingen den Schweregrad und die Häufigkeit berücksichtigt werden, würde bei einem Fall mit sexuellem Missbrauch bei gleichzeitig vorhandenen anderen Missbrauchsformen nicht nach sexuellem Miss-

Nach Durchsicht der Literatur gehen die AutorInnen davon aus, dass PraktikerInnen am häufigsten im Sinne des HM vorgehen, d.h. trotz Vorliegen mehrerer Misshandlungsformen würde vorwiegend nur nach einer von vier Misshandlungsformen klassifiziert werden.

Es ist davon auszugehen, dass im deutschsprachigen Raum die „Diagnosen/Klassifizierungen“ der verschiedenen Formen der Kindesmisshandlung ganz überwiegend noch sehr grob nach einer der Kategorien „sexueller Missbrauch – körperliche Misshandlung – Vernachlässigung – seelische Misshandlung“ erfolgen.

brauch klassifiziert werden, wenn dieser weniger häufig auftritt und einen geringeren Schweregrad aufweist als eine andere Misshandlungsform. In ihrer Untersuchung fanden Lau et al. (2005), dass mit dem EHM die Entwicklung von misshandelten Kindern (erfasst mit der *Child Behavior Checklist*, den *Vineland Scales of Adaptive Behavior* und der *Trauma Symptom Checklist*) am besten vorhergesagt werden konnte (siehe z.B. auch: Kelly et al., 1997, zu bedeutsamen Beziehungen zwischen der Anzahl von Misshandlungsereignissen, deren Schweregrad, zeitliche Dauer und Anzahl der erlittenen Misshandlungsformen einerseits sowie der Häufigkeit und Schwere delinquenten Verhaltens andererseits; Éthier et al., 2004, zu den unterschiedlichen Auswirkungen der zeitlichen Dauer der Misshandlung in einer über sechs Jahre dauernden Langzeitstudie auf Störungen des Verhaltens und Erlebens, gemessen mit der *Child Behavior Ceck-list*).

Es ist davon auszugehen, dass im deutschsprachigen Raum die „Diagnosen/Klassifizierungen“ der verschiedenen Formen der Kindesmisshandlung ganz überwiegend noch sehr grob nach einer der Kategorien „sexueller Missbrauch – körperliche Misshandlung – Vernachlässigung – seelische Misshandlung“ erfolgen, wobei z.B. im Einzelfall allein von sexuellem Missbrauch gesprochen (und nicht selten auch nur beachtet) wird, auch wenn dieser eher einen niedrigen Schweregrad aufweist, aber gleichzeitig ausgeprägte körperliche Misshandlung sowie Vernachlässigung stattfinden. Angesichts der seit Jahren bestehenden Forderung nach verbesserter Vernetzung und Kooperation der mit einem Fall beschäftigten Institutionen und Fachleute ist weiter davon auszugehen, dass wohl auch kaum gemeinsam hinreichend bestimmt wird, wie bei einem Fall von sexuellem Missbrauch weiter differenziert wird z.B. nach Schweregrad und Häufigkeit/Dauer sowie Überlagerung mit anderen Misshandlungsformen. Spezialisierte Einrichtungen z.B. für sexuellen Missbrauch führen z.T. in ihren Statistiken gar nicht auf, welche anderen Misshandlungsformen im Einzelfall noch vorlagen. Vor diesem Hintergrund entstehen Evaluationen verschiedener Hilfeeinrichtungen, bei deren jeweiligen Bewertungen nicht einfließen konnte, in welch unterschiedlichem Ausmaß die in den Institutionen betreuten KlientInnen von sich überlagernden Formen der Kindesmisshandlung sowie deren Schweregraden usw. betroffen waren – was sich natürlich auf die Intensität und Dauer der Behandlungen entscheidend auswirkt.

Die in diesem Rahmen bestehenden Kooperationen und Vernetzungen leiden sicherlich häufig weiter auch darunter, dass zusätzliche für die Fallarbeit wichtige Informationen (z.B. zu Persönlichkeitsmerkmalen der Eltern und Kinder, zum sozialen Netzwerk, zu den Stressbelastungen der Familie, zur Partnerbeziehung, zur Wohnsituation) zu wenig ausgetauscht werden, bei verschiedenen Institutionen/Fachleuten nur fragmentiert vorliegen sowie bei Helferkonferenzen kaum hinreichend überblicksartig und zusammenfassend dargestellt/berücksichtigt werden (zur Evaluation multidisziplinärer Teams bezüglich Diagnose/Behandlung und Fallberatung bei Kindesmisshandlung geben Lalayants und Epstein, 2005, einen Literaturüberblick).

15.2 Child Care HOME Inventories für Kleinstkinder (bis 3 Jahre) und Kindergartenkinder (3 bis 6 Jahre)

Die *Child Care HOME Inventories* für Kinder unter drei Jahren (*Infant-Toddler Child Care HOME*; IT-CC-HOME) sowie für Kindergartenkinder im Alter von 3 bis 6 Jahren (*Early Childhood-Child Care HOME*; EC-CC-HOME) wurden von Bradley et al. (2003) entwickelt, um die Qualität von informellen, familienähnlichen Betreuungen von Kindern (z.B. Tages- oder Nachbarschaftsmütter bzw. Personen, die in ihrem Haushalt Kinder betreuen) zu erfassen. Sie werden hier aufgeführt, um darauf hinzuweisen, dass z.B. auch bei über die Jugendhilfe vermittelten Pflegeeltern entsprechende Qualitätsüberprüfungen erfolgen und die o.a. Fragebogen natürlich auch für ältere Kinder und Jugendliche sowie andere Institutionen (z.B. therapeutische Wohngruppen) angepasst werden können.

Die *Child Care HOME Inventories* für Kinder unter drei Jahren (*Infant-Toddler Child Care HOME*; IT-CC-HOME) sowie für Kindergartenkinder im Alter von 3 bis 6 Jahren (*Early Childhood-Child Care HOME*; EC-CC-HOME) wurden entwickelt, um die Qualität von informellen, familienähnlichen Betreuungen von Kindern zu erfassen.

Die *Infant-Toddler Child Care HOME-Version* besteht aus 43 Items, die mit Ja oder Nein beantwortet werden. Die Einstufungen erfolgen aufgrund von 45 bis 90 Minuten dauernden Hausbesuchen mit Beobachtungen und halb-strukturierten Interviews in Anwesenheit des (wachen) Kindes und seiner Betreuungsperson, wobei auch andere Kinder und Erwachsene anwesend sein können. Erfasst werden die folgenden Bereiche:

1. Responsivität der Betreuungsperson
   Beispiel-Items:
   Die Betreuungsperson antwortet verbal auf die Vokalisierungen und Verbalisierungen des Kindes; sie spricht deutlich und klar vernehmbar; sie initiiert verbalen Austausch mit dem Beobachter; sie erlaubt dem Kind, sich beim Spiel schmutzig zu machen; sie lobt das Kind spontan mindestens zwei Mal; sie reagiert positiv auf Lob des Beobachters gegenüber dem Kind.
2. Akzeptanz des Kindes
   Beispiel-Items:
   Die Betreuungsperson schreit das Kind nicht an; sie gibt dem Kind keinen Klaps und schlägt es nicht; sie beschimpft und tadelt das Kind nicht während der Beobachtungszeit; es sind mindestens 10 Bücher vorhanden und einsehbar.
3. Organisation/Struktur
   Beispiel-Items:
   Die Betreuungsperson ist eine von nicht mehr als drei regelmäßigen Betreuungspersonen des Kindes; das Kind kommt mindestens

vier Mal in der Woche aus dem Haus heraus; die Betreuungsperson hat einen Notfall-Plan für Krankheiten oder Unfälle des Kindes; das Kind hat einen besonderen Platz für sein Spielzeug und für wichtige Dinge/„Schätze"; die Spielumgebung des Kindes ist gefahrlos.

4. Lernanreize/-material
   Beispiel-Items:
   Es sind Spielsachen und Geräte für die Aktivierung der Muskeln und zum Drücken und Greifen vorhanden; es sind Kuscheltiere oder Rollenspiel-Spielzeuge (z.B. Puppen) vorhanden; es sind Kinder-/Fütterstuhl oder kindgerechter Tisch mit Stuhl oder Laufstall vorhanden; es sind Spielsachen für einfache und komplexe Übungen der Augen-Hand-Koordination vorhanden; es sind Kinderbücher und Spielzeug mit Musik vorhanden.
5. Innere Beteiligung/Engagement der Betreuungsperson
   Beispiel-Items:
   Die Betreuungsperson behält das Kind in Sichtweite und schaut oft nach ihm; sie spricht mit dem Kind, während sie Hausarbeiten erledigt; sie fördert bewusst Entwicklungsfortschritte des Kindes und schafft von sich aus neues Spielzeug entsprechend der Reifeentwicklung des Kindes an.
6. Vielseitigkeit der Anreize/Stimulierungen:
   Beispiel-Items:
   Die Betreuungsperson liest dem Kind mindestens drei Mal in der Woche Geschichten vor; sie besucht mit dem Kind mindestens ein Mal im Monat Nachbarn/Freunde oder erhalten von diesen Besuch; dem Kind gehören drei oder mehr Bücher.

Die *Early Childhood-Child Care HOME-Version* enthält 58 Items mit folgenden Bereichen und Beispiel-Items

Die *Early Childhood-Child Care HOME-Version* enthält 58 Items mit folgenden Bereichen und Beispiel-Items:

1. Lernmaterial:
   Beispiel-Items:
   Zwei oder mehr Spielsachen stehen zur Verfügung, die Farben, Größen und Formen lehren; zwei oder mehr Puzzles stehen zur Verfügung; Plattenspieler, Kassetten-Rekorder oder PC stehen zur Verfügung mit Schallplatten, Kassetten oder CD-ROM für Kinder; zwei oder mehr Spielsachen/Spiele sind vorhanden, die freie Entfaltung ermöglichen; zwei oder mehr Spielsachen/Spiele sind vorhanden, die feinmotorische Bewegungen erfordern; zwei oder mehr Spielsachen/Spiele sind vorhanden, die beim Erlernen der Zahlen helfen; 10 oder mehr Bücher stehen dem Kind zur Verfügung.
2. Sprachstimulation:
   Beispiel-Items:
   Zwei oder mehr Spielsachen sind vorhanden zum Erlernen von Tiernamen; das Kind wird angeregt, das Alphabet zu lernen; die

Bezugsperson spricht grammatikalisch korrekt, hat eine klare Aussprache, regt das Kind zum Sprechen und Zuhören an und bringt sprachlich/stimmlich positive Gefühle gegenüber dem Kind zum Ausdruck.

3. Umgebung:
   Beispiel-Items:
   Das Gebäude und die Spielumgebung außerhalb des Hauses scheint sicher und frei von Gefahren; die Innenausstattung der Wohnung/des Hauses der Betreuungsperson ist nicht dunkel oder eintönig-reizarm; die von den Kindern benutzten Räume sind nicht überfüllt mit Einrichtungsgegenständen; die Wohnung der Bezugsperson ist hinreichend sauber und es herrscht wenig Unordnung/Durcheinander.
4. Responsivität der Betreuungsperson:
   Beispiel-Items:
   Die Bezugsperson hat 10 bis 15 Minuten am Tag nahen Körperkontakt zum Kind (in den Arm nehmen); sie unterhält sich mit dem Kind zwei oder drei Mal während der Besuchszeit und beantwortet verbal die Fragen und Bitten des Kindes; sie lobt die Eigenschaften des Kindes zwei Mal während der Besuchszeit und liebkost, küsst oder knuddelt das Kind während der Besuchszeit; sie hilft dem Kind während der Besuchszeit, besondere Fähigkeiten zu zeigen/vorzuführen und erlaubt dem Kind einigen Gestaltungsspielraum beim Schlafen tagsüber.

Die Bezugsperson hat 10 bis 15 Minuten am Tag nahen Körperkontakt zum Kind (in den Arm nehmen); sie unterhält sich mit dem Kind zwei oder drei Mal während der Besuchszeit und beantwortet verbal die Fragen und Bitten des Kindes.

5. Lernstimulation:
   Beispiel-Items:
   Das Kind wird angeregt, Farben zu lernen, vorgesprochene Wörter nachzusprechen, räumliche Beziehungen, Zahlen sowie einige Worte lesen zu lernen.
6. Förderung sozialer Reife:
   Beispiel-Items:
   Ein gewisser zeitlicher Aufschub bei Hunger oder Durst des Kindes wird erwartet; Fernsehen wird in vernünftigem Ausmaß gesehen, wobei das Kind in vernünftigem Ausmaß mitbestimmen kann, was es im Fernsehen sehen will.
7. Vielfalt der Erfahrungen und Akzeptanz des Kindes:
   Beispiel-Items:
   Während der Beobachtungszeit schimpft oder schreit die Betreuungsperson nicht mehr als ein Mal mit dem Kind, wendet gegenüber dem Kind keinen körperlichen Zwang an und gibt dem Kind keinen Klaps und schlägt es nicht.

Ähnlich wie etwa im Rahmen der Ausführungen zur Vernachlässigung bereits diskutiert, ist aufgrund der in diesen Beispiel-Items der *Child Care HOME Inventories* zum Ausdruck kommenden Normanforderungen (z.B. zwei oder mehr Spielsachen sind vorhanden zum Erlernen von Tiernamen) und Verhaltenserwartungen (z.B. das Kind kommt mindestens vier Mal in der Woche aus dem Haus raus) erneut zu fragen, wie häufig verschiedene BeurteilerInnen mit den angeführten Kriterien übereinstimmen oder aber ganz andere Erwartungen/Anforderungen stellen, auch – neben dem Altersaspekt in den beiden Versionen der *Child Care HOME Inventories* – z.B. in Abhängigkeit vom sozioökonomischen Status der Familie, von der Begabung/Bildung der Eltern sowie von ihrer Persönlichkeit. Aus diesen Gründen werden solche ins Detail gehenden Frage-/Einstufungsbogen wohl auch häufig abgelehnt werden, wobei vielleicht aber ein übergreifenderer Konsens dahingehend erzielt werden kann, welche grundlegenden Bedingungen erfüllt sein müssen, um Kindern je nach Altersstufe das Erfüllen ihrer Entwicklungsaufgaben und -schritte im sozialen, kognitiven, seelischen und körperlichen Bereich im Sinne eines „Mindeststandards" zu gewährleisten. Umgekehrt finden sich in der herkömmlichen, alltäglichen Praxis sehr oft globale Bewertungen wie z.B. „dem Kind fehlen die nötigen Entwicklungsanreize" oder „die Wohnung ist verwahrlost", wobei dann völlig unklar bleibt, auf welche Kriterien diese Beurteilungen fußen. Sowohl für die Beurteilten wie aber auch z.B. für ein Familiengericht oder die kollegiale Fallberatung sollte die Möglichkeit bestehen, die Beurteilungen hinterfragen zu können, wozu dann aber wiederum konkrete Angaben/Kriterien vorliegen müssen.

Eine aktuelle Übersicht zu Forschungsergebnissen mit den hier angeführten HOME-Versionen geben Totsika und Syla (2004) für normal entwickelte Kinder, Risiko-Stichproben und die Evaluation therapeutischer Interventionen.

Eine aktuelle Übersicht zu Forschungsergebnissen mit den hier angeführten HOME-Versionen geben Totsika und Syla (2004) für normal entwickelte Kinder, Risiko-Stichproben und die Evaluation therapeutischer Interventionen.

In diesem Artikel ist nachfolgendes Schaubild zu sehen, in dem die Einschätzung der kindlichen Umgebung nach den Entwicklungsbedürfnissen des Kindes, den familiären und sozialen Umgebungsfaktoren sowie der elterlichen Erziehungskompetenz aufgeteilt wird. Die Abbildung findet sich auch in der folgenden Veröffentlichung auf der Internetseite http://www.dh.gov.uk/assetRoot/04/01/44/30/04014430.pdf: Framework for the Assessment of Children in Need and their Families, Department of Health, Department for Education and Employment, Home Office, 2000 (S. 17).

Weiter gibt es auf den Seiten des Department of Health auch über die Internetseite: http://www.dh.gov.uk/PublicationsAndStatistics/Publications/PublicationsPolicyAndGuidance/PublicationsPolicyAndGuidanceArticle/fs/en?CONTENT_ID=4008144&chk=CwTP%2Bc zahlreiche PDF-Dateien mit unterschiedlichen Einstufungs-/Fragebogen im Rahmen der Veröffentlichung über „Framework for the assessment of children in need and their families – pack. The assessment framework, practice guidance, questionnaires and scales, assessment recording forms (2000)":

- Download complete document (PDF, 348K)
- Download the practice guidance (PDF, 446K)

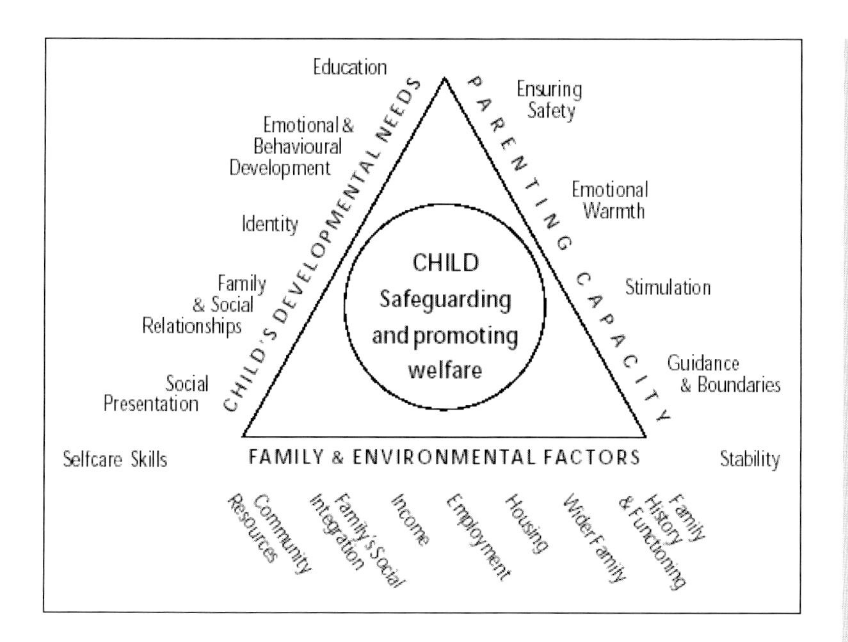

- Download complete family pack of questionnaires and scales (PDF, 1106K)
- Download questionnaire and scale: strengths and difficulties (PDF, 123K)
- Download questionnaire and scale: parenting daily hassles (PDF, 33K)
- Download questionnaire and scale: home conditions assessment (PDF, 25K)
- Download questionnaire and scale: adult wellbeing (PDF, 31K)
- Download questionnaire and scale: adolescent wellbeing (PDF, 96K)
- Download questionnaire and scale: recent life events (PDF, 33K)
- Download questionnaire and scale: family activity (PDF, 39K)
- Download questionnaire and scale: alcohol (PDF, 28K)
- Download guidance notes and glossary for referral and initial information record and core assessment record (PDF, 82K)
- Download referral and initial information record (PDF, 14K)
- Download initial assessment record (PDF, 19K)
- Download core assessment record - child aged 0-2 years (PDF, 124K)
- Download core assessment record - child aged 3-4 years (PDF, 123K)
- Download core assessment record - child aged 5-9 years (PDF, 138K)
- Download core assessment record - young person aged 10-14 years (PDF, 144K)

- Download core assessment record - young person aged 15 years and over (PDF, 144K)

15.3 California Family Risk Assessment Scale

Die *California Family Risk Assessment Scale* findet sich im Internet in zwei verschiedenen Versionen

Die *California Family Risk Assessment Scale* findet sich im Internet in zwei verschiedenen Versionen:
I.) http://www.childsworld.ca.gov/res/pdf/2002_12_10_PP2Manual.pdf
II.) http://www.ncjrs.org/pdffiles1/ojjdp/187759.pdf

Diese beiden Fassungen werden im Folgenden zunächst wiedergegeben, wobei jeweils zwei Skalen vorliegen; eine Skala für Vernachlässigung und eine Skala für Misshandlung.

I. Diese Version auf der o.a. Internetseite findet sich als Link auf der Internetseite http://www.childsworld.ca.gov/Structured_352.htm vom „California Department of Social Services, Devision Child Welfare, Structured Decision Making". Jede Einstufung ist mit genauen Erläuterungen versehen, die hier in kursiver Schrift z.T. gekürzt nach den jeweiligen Items angeführt werden:

Vernachlässigung:
1. Jetzige Meldung/Anzeige betrifft Vernachlässigung?
   Nein .... 0 Punkte
   Ja .... 1 Punkt

Mit 1 Punkt wird gewertet: schwere und allgemeine Vernachlässigung, Ausbeutung (einschließlich sexuelle Ausbeutung), Abwesenheit oder Unfähigkeit der Bezugsperson.

2. Frühere Untersuchungen/Meldungen/Ermittlungen?
   Keine.. 0 Punkte
   Eine oder mehrere, nur Misshandlung .... 1 Punkt
   Eine oder zwei für Vernachlässigung .... 2 Punkte
   Drei oder mehrere für Vernachlässigung .... 3 Punkte

1 Punkt: Für eine oder mehrere Untersuchungen/Meldungen/Ermittlungen, die irgendeine Art von Misshandlung betrafen - bewiesen oder nicht bewiesen.
2 Punkte: Für eine oder zwei Untersuchungen/Meldungen/Ermittlungen, die irgendeine Art von Vernachlässigung betrafen - bewiesen oder nicht bewiesen, mit oder ohne andere Misshandlungsformen.
3 Punkte: Für drei oder mehr Untersuchungen/Meldungen/Ermittlungen, die irgendeine Art von Vernachlässigung betrafen - bewiesen oder nicht bewiesen, mit oder ohne andere Misshandlungsformen.

Vernachlässigung schließt ein: schwere und allgemeine Vernachlässigung, Ausbeutung (einschließlich sexuelle Ausbeutung), Abwesenheit oder Unfähigkeit der Bezugsperson.

3. Wurden frühere Hilfen vom Child Protective Service erhalten? (freiwillig oder gerichtlich angeordnet)
   - Nein .... 0 Punkte
   - Ja .... 1 Punkt

1 Punkt wird vergeben, wenn der Haushalt früher (oder gegenwärtig, wenn dies aufgrund früherer Ereignisse geschah) Hilfen vom Kinderschutzdienst bekam, freiwillig in Anspruch genommen hat oder bei gerichtlicher Anordnung.

4. Anzahl der Kinder, die mit dem Vernachlässigungs-/Misshandlungsereignis in Verbindung stehen?
   - 1, 2 oder 3 .... 0 Punkte
   - 4 oder mehr .... 1 Punkt

Es werden alle die Kinder unter 18 Jahren berücksichtigt, für die im gegenwärtigen Fall Misshandlung oder Vernachlässigung untersucht wird oder bewiesen ist.

5. Alter des jüngsten Kindes in der Familie?
   - 2 Jahre oder älter .... 0 Punkte
   - unter zwei Jahren .... 1 Punkt

Wenn das Kind aufgrund der gegenwärtigen Untersuchung bereits in einer Fremdunterbringung ist, wird es trotzdem berücksichtigt.

6. Die körperliche Fürsorge der primären Bezugsperson entspricht nicht den kindlichen Bedürfnissen?
   - Nein .... 0 Punkte
   - Ja .... 1 Punkt

Als primäre Bezugsperson wird derjenige Erwachsene im Haushalt bezeichnet, der die meiste Verantwortung für die Fürsorge des Kindes/der Kinder ausübt. Wenn bei zwei Bezugspersonen der/die SozialarbeiterIn Zweifel daran hat, wer von den beiden Erwachsenen die meiste Verantwortung für die Fürsorge des Kindes/der Kinder ausübt, so wird derjenige als primäre Bezugsperson gewählt, der die gesetzliche Verantwortung für das/die betroffene(n) Kind(er) besitzt. Wenn z.B. eine Mutter mit einem Freund im selben Haushalt lebt und beide die gleiche Verantwortung für die Fürsorge der betroffenen Kinder übernommen zu haben scheinen, so ist die Mutter die primäre Bezugsperson. Wenn weiter z.B. Mutter und Vater im selben Haushalt leben und beide die gleiche Verantwortung für die betroffenen Kinder übernommen zu haben scheinen, so wird derjenige Elternteil als primäre Bezugsperson gewählt, der Täter/Beschuldigter ist. Für den Fall, dass beide Elternteile Täter sind, im selben Haushalt leben und beide die gleiche Verantwortung für die betroffenen Kinder übernommen zu

Vernachlässigung schließt ein: schwere und allgemeine Vernachlässigung, Ausbeutung (einschließlich sexuelle Ausbeutung), Abwesenheit oder Unfähigkeit der Bezugsperson.

haben scheinen, wird derjenige Elternteil als primäre Bezugsperson gewählt, der die schwereren Taten begangen hat.
1 Punkt wird gegeben, wenn die mangelnde körperliche Fürsorge (altersangemessen bezüglich Füttern, Nahrung, Kleidung, Schutz, Hygiene und medizinische Versorgung) das Wohl des Kindes gefährdet oder bereits dem Kindeswohl schadet. Beispiele: wiederholtes Versäumen von Impfungen; keine Inanspruchnahme medizinischer Versorgung bei schweren oder chronischen Krankheiten; dem Kind wird keine dem Wetter angemessene Kleidung zur Verfügung gestellt; dauerhafte Ratten- oder Kakerlakenplage; inadäquate oder außer Betrieb befindliche Toilette/Wasserversorgung oder Heizung; giftige Substanzen oder gefährliche Objekte liegen in Reichweite von Kindern; Kinder tragen schmutzige Kleidung für längere Zeit; Kinder werden nicht regelmäßig gebadet/gewaschen, was z.B. zu schmutzigem Haar oder verschmutzter Haut oder strengem Geruch führt.

7. Die primäre Bezugsperson hatte in der Vergangenheit oder hat in der Gegenwart seelische Probleme?

Nein	0 Punkte
Ja	1 Punkt

1 Punkt wird gewertet, wenn die primäre Bezugsperson oder eine andere Person glaubhaft oder verifizierbar angibt, dass die primäre Bezugsperson (a) durch einen fachkundigen Kliniker eine Diagnose nach dem Diagnostischen und Statistischen Manual (DSM) gestellt bekam, (b) wiederholt psychiatrische/psychologische Untersuchungen unterzogen wurde oder (c) irgendwann einmal eine Empfehlung zur Behandlung bekam bzw. eine Behandlung erhalten hatte wegen seelischer Probleme.

Das in der Vergangenheit bestandene oder in der Gegenwart bestehende Alkohol-/Drogen-Problem der primären Bezugspersonen wirkt(e) sich aus z.B. auf die Arbeitsfähigkeit, das Begehen von Delikten, die Beziehungen in Ehe und Familie sowie die Fähigkeiten, das Kind/die Kinder zu beschützen, auf sie aufzupassen sowie die Fürsorge zu gewährleisten.

8. Die primäre Bezugsperson hatte in der Vergangenheit oder hat in der Gegenwart Alkohol- oder Drogenprobleme?

Nein	0 Punkte
Ja, Alkohol	1 Punkt
Ja, Drogen	2 Punkte

Das in der Vergangenheit bestandene oder in der Gegenwart bestehende Alkohol-/Drogen-Problem der primären Bezugspersonen wirkt(e) sich aus z.B. auf die Arbeitsfähigkeit, das Begehen von Delikten, die Beziehungen in Ehe und Familie sowie die Fähigkeiten, das Kind/die Kinder zu beschützen, auf sie aufzupassen sowie die Fürsorge zu gewährleisten. Bewertet werden weiter Autofahren unter Alkohol-/Drogeneinfluss, Behandlungen wegen des Alkohol-/Drogenproblems in der Vergangenheit oder in der Gegenwart, gesundheitliche Probleme aufgrund des Substanzmittelgebrauchs, Diagnose einer Alkoholembryopathie sowie positive toxikologische Befunde beim Kind zur Zeit der Geburt bezüglich Alkohol-/Drogenkonsum in der Schwangerschaft (wobei die primäre Bezugsperson die Mutter ist). Legaler, nicht missbräuchlicher Drogenkonsum wird nicht gewertet.

9. Merkmale der Kinder im Haushalt?
   Entfällt .... 0 Punkte
   Krankheitsanfällig, Gedeihstörung .... 1 Punkt
   Entwicklungsverzögerung oder
   körperliche Behinderung .... 1 Punkt
   Positive toxikologische Befunde bei Geburt 1 Punkt

0 Punkte, wenn keines der folgenden Merkmale zutrifft. 1 Punkt, wenn ein Kind im Haushalt krankheitsanfällig ist, d.h. für sechs oder mehr Monate in einem körperlichen Zustand war, der eine ärztliche Intervention notwendig macht oder an Gedeihstörung leidet. 1 Punkt, wenn ein Kind im Haushalt Entwicklungsverzögerungen oder körperliche Behinderungen aufweist wie z.B. geistige Entwicklungsverzögerung, Lernbehinderung oder bedeutsame körperliche Behinderung. 1 Punkt, wenn bei einem Kind im Haushalt positive toxikologische Befunde bei der Geburt auf mütterlichen Alkohol- oder Drogenkonsum vorlagen.

1 Punkt, wenn bei einem Kind im Haushalt positive toxikologische Befunde bei der Geburt auf mütterlichen Alkohol- oder Drogenkonsum vorlagen.

10. Wohnung?
   Entfällt.. 0 Punkte
   Unsicher .... 1 Punkt
   Obdachlos zur Zeit der Untersuchung ... 2 Punkte

1 Punkt, wenn die Gesundheit von Kindern gefährdet ist aufgrund z.B. außer Betrieb befindlicher Toilette/Wasserversorgung oder Heizung, Ratten-/Kakerlakenplage, Abfall/Tierexkremente auf dem Fußboden, verfaulende Lebensmittel, bloßgelegte elektrische Leitungen. 2 Punkte, wenn die Familie obdachlos ist oder gerade zur Räumung der Wohnung gezwungen wird.

Misshandlung:

1. Jetzige Meldung/Anzeige betrifft Misshandlung?
   Nein .... 0 Punkte
   Ja .... 1 Punkt

Mit 1 Punkt gewertet werden körperliche Misshandlung oder seelische Misshandlung oder sexueller Missbrauch.

2. Anzahl früherer Untersuchungen/Meldungen/Ermittlungen?
   Keine.. 0 Punkte
   Eine und mehr... 1 Punkt

3. Wurden frühere Hilfen vom Child Protective Service erhalten? (freiwillig oder gerichtlich angeordnet)
   Nein .... 0 Punkte
   Ja .... 1 Punkt

1 Punkt wird vergeben, wenn der Haushalt früher (oder gegenwärtig, wenn dies aufgrund früherer Ereignisse geschah) Hilfen vom Kinderschutzdienst bekam, freiwillig in Anspruch genommen hat oder bei gerichtlicher Anordnung.

Die Verletzung aufgrund von Misshandlung oder Vernachlässigung kann von Blutergüssen, Schnittwunden und Beulen bis hin zu Knochenbrüchen oder Verbrennungen reichen, die eine ärztliche Behandlung/Krankenhauseinweisung erforderlich machen.

4. Frühere Verletzung aufgrund Misshandlung oder Vernachlässigung?

Nein	0 Punkte
Ja	1 Punkt

Die Verletzung aufgrund von Misshandlung oder Vernachlässigung kann von Blutergüssen, Schnittwunden und Beulen bis hin zu Knochenbrüchen oder Verbrennungen reichen, die eine ärztliche Behandlung/Krankenhauseinweisung erforderlich machen.

5. Erklärung der primären Bezugsperson zu diesem Ereignis/dieser Verletzung?

Entfällt	0 Punkte
Gibt dem Kind die Schuld	1 Punkt
Rechtfertigt die Misshandlung des Kindes.	2 Punkte

1 Punkt, wenn die primäre Bezugsperson die Schuld beim Kind sieht aufgrund dessen Handlungen oder dessen nicht erfolgter Verhaltensweisen (z.B. das Kind habe es herausgefordert oder das Kind habe die Schläge verdient aufgrund seines Fehlverhaltens).

2 Punkte, wenn die primäre Bezugsperson die Misshandlung (durch bestimmte Handlungen - körperliche Strafen - oder durch Unterlassen von Handlungen - Vernachlässigung des Schutzes, der Aufsicht) des Kindes rechtfertigt und für angemessen hält (z.B. meint, diese Form der Disziplinierung sei die richtige Erziehung für Kinder).

6. Häusliche Gewalt/Partnergewalt im Haushalt im letzten Jahr?

Nein	0 Punkte
Ja	2 Punkte

2 Punkte, wenn innerhalb des vergangenen Jahres zwei oder mehr körperliche Angriffe oder mehrere Perioden mit Einschüchterung/Bedrohung/Belästigung zwischen den Elternteilen oder einem Elternteil sowie einem anderen Erwachsenen vorlagen.

7. Merkmale der primären Bezugsperson?

Entfällt	0 Punkte
Unzureichende emotionale Zuwendung	1 Punkt
Unangemessene, exzessive Disziplinierung	1 Punkt
Dominanter Elternteil	1 Punkt

1 Punkt, wenn die primäre Bezugsperson das Kind/die Kinder unzureichend emotional unterstützt, z.B. dauerhaftes Beschimpfen, Herabsetzen oder Erniedrigen sowie Entzug der Zuneigung und emotionalen Unterstützung.

1 Punkt, wenn die Erziehungs-/Disziplinierungspraktiken das Wohl des Kindes bedrohen oder dem Kind Schaden zufügen, weil sie übermäßig harte körperliche oder seelische Verhaltensweisen enthalten und/oder nicht angemessen sind bezüglich Alter oder Entwicklungsstand des Kindes. Beispiele: Einsperren des Kindes in der Toilette oder im Keller; Halten der Hand des Kindes über ein Feuer; Schlagen des

Kindes mit gefährlichen Gegenständen; Entzug von körperlichen und sozialen Aktivitäten für ausgedehnte Zeiten).
1 Punkt, wenn die primäre Bezugsperson dominant ist, was sich in kontrollierendem, ausfallendem, stark einengendem, unfairem Verhalten zeigen kann.

8. Die primäre Bezugsperson wurde als Kind misshandelt oder vernachlässigt?
   Nein .... 0 Punkte
   Ja .... 1 Punkt

1 Punkt, wenn glaubhaft von der primären Bezugsperson oder einer anderen Person angegeben wird, dass die primäre Bezugsperson als Kind misshandelt wurde (Vernachlässigung oder körperliche Gewalt, sexueller Missbrauch oder andere Misshandlungsform).

9. Die sekundäre Bezugsperson hatte in der Vergangenheit oder hat in der Gegenwart Alkohol- oder Drogenprobleme?
   Nein ... . 0 Punkte
   Ja, Alkohol- und/oder Drogenprobleme ...... 1 Punkt

Das in der Vergangenheit bestandene oder in der Gegenwart bestehende Alkohol-/Drogen-Problem der primären Bezugspersonen wirkt(e) sich aus z.B. auf die Arbeitsfähigkeit, das Begehen von Delikten, die Beziehungen in Ehe und Familie sowie die Fähigkeiten, das Kind/die Kinder zu beschützen, auf sie aufzupassen sowie die Fürsorge zu gewährleisten. Bewertet werden weiter Autofahren unter Alkohol-/Drogeneinfluss, Behandlungen wegen des Alkohol-/Drogenproblems in der Vergangenheit oder in der Gegenwart, gesundheitliche Probleme aufgrund des Substanzmittelgebrauchs, Diagnose einer Alkoholembryopathie sowie positive toxikologische Befunde beim Kind zur Zeit der Geburt bezüglich Alkohol-/Drogenkonsum in der Schwangerschaft (wobei die primäre Bezugsperson die Mutter ist). Legaler, nicht missbräuchlicher Drogenkonsum wird nicht gewertet.

10. Merkmale der Kinder im Haushalt?
    entfällt .... 0 Punkte
    Vorgeschichte mit Delinquenz .... 1 Punkt
    Entwicklungsstörungen .... 1 Punkt
    Seelische oder Verhaltensprobleme .... 1 Punkt

0 Punkte, wenn keines der folgenden Merkmale zutrifft. 1 Punkt, wenn ein Kind im Haushalt vor Gericht stand wegen delinquentem Verhalten. Ebenfalls werden mit 1 Punkt bewertet weglaufende oder schulschwänzende Kinder. 1 Punkt, wenn ein Kind im Haushalt Entwicklungsverzögerungen aufweist, wie z.B. geistige Entwicklungsverzögerung und Lernbehinderung. 1 Punkt, wenn bei einem Kind im Haushalt psychische und Verhaltensstörungen vorliegen, die nicht mit körperlichen Behinderungen oder Entwicklungsstörungen zusammenhängen (einschließlich ADAH). Dies liegt z.B. vor bei einer DSM-Diagno-

1 Punkt, wenn ein Kind im Haushalt vor Gericht stand wegen delinquentem Verhalten. Ebenfalls werden mit 1 Punkt bewertet weglaufende oder schulschwänzende Kinder.

se, Behandlung wegen psychischer Probleme, Unterrichtung in speziellen Klassen wegen Verhaltensstörungen und bei gegenwärtiger Einnahme von Psychopharmaka.

Die Risiko-Stufe für eine Familie wird getrennt für die Vernachlässigungs-Skala und die Misshandlungs-Skala bestimmt. Der höhere Wert einer dieser beiden Skalen gilt dann als Risiko-Wert der Familie

Die Risiko-Stufe für eine Familie wird getrennt für die Vernachlässigungs-Skala und die Misshandlungs-Skala bestimmt. Der höhere Wert einer dieser beiden Skalen gilt dann als Risiko-Wert der Familie:

Vernachlässigungs-Wert	Misshandlungs-Wert	Risiko-Stufe der Familie
________ 0 – 1	________ 0 – 1	________ gering
________ 2 – 4	________ 2 – 4	________ mittel
________ 5 – 8	________ 5 – 7	________ hoch
________ 9 +	________ 8 +	________ sehr hoch

Wenn allerdings einer der folgenden Punkte auf den zu untersuchenden Fall zutrifft, so wird generell die endgültige Risiko-Stufe mit „sehr hoch" gewählt, unabhängig von der tatsächlich erreichten Punktzahl:

1. Sexueller Missbrauch und der Täter hat Möglichkeiten des Zugangs zum kindlichen Opfer.
2. Verletzung eines Kindes unter zwei Jahren, die nicht auf einen Unfall zurückzuführen ist.
3. Unabhängig vom Alter des Kindes schwere Verletzungen, die nicht auf einen Unfall zurückzuführen sind.
4. Die Handlungen der Bezugsperson oder das Unterlassen von Handlungen (körperliche Misshandlung oder Vernachlässigung) durch die Bezugsperson führten in der Vergangenheit oder gegenwärtig zum Tod eines Kindes.

II. Diese Version der *California Family Risk Scale* ist zwar der o.a. Version ähnlich, weist aber dennoch einige entscheidende Unterschiede auf. Erläuterungen zu den Einstufungen sind in der zitierten Arbeit nicht aufgeführt.

Vernachlässigung:

1. Jetzige Meldung/Anzeige betrifft Vernachlässigung?
   - Nein .... 0 Punkte
   - Ja .... 1 Punkt
2. Frühere Untersuchungen/Meldungen/Ermittlungen?
   - Keine.. 0 Punkte
   - Eine.. 1 Punkt
   - Zwei oder mehr .... 2 Punkte

3. Anzahl der Kinder im Haushalt?
   - Zwei oder weniger .... 0 Punkte
   - Drei oder mehr .... 1 Punkt
4. Anzahl der Erwachsenen im Haushalt zur Zeit der Untersuchung?
   - Zwei oder mehr .... 0 Punkte
   - Einer/keiner .... 1 Punkt
5. Alter der primären Bezugsperson?
   - 30 Jahre oder älter .... 0 Punkte
   - 29 Jahre oder jünger .... 1 Punkt
6. Merkmale der primären Bezugsperson?
   - Entfällt.. 0 Punkte
   - Mangelnde Erziehungsfähigkeit bzw. mangelnde elterliche Kompetenz sind das Hauptproblem .... 1 Punkt
   - Fehlen von Selbstwertgefühl .... 1 Punkt
   - Apathisch oder zeigt Gefühle der Hoffnungslosigkeit .... 1 Punkt
7. Die primäre Bezugsperson war in schädigende Beziehungen verwickelt?
   - Nein .... 0 Punkte
   - Ja, aber nicht als Opfer Häuslicher Gewalt .. 1 Punkt
   - Ja, als Opfer Häuslicher Gewalt .... 2 Punkte
8. Die primäre Bezugsperson hat gegenwärtig Alkohol- oder Drogenprobleme?
   - Nein .... 0 Punkte
   - Ja, nur Alkoholproblem.............................. 1 Punkt
   - Ja, Drogen (mit oder ohne Alkoholproblem)... 3 Punkte
9. Haushalt mit ausgeprägten finanziellen Problemen?
   - Nein .... 0 Punkte
   - Ja .... 1 Punkt
10. Motivation der primären Bezugsperson zur Verbesserung der Erziehungsfähigkeit/elterlichen Kompetenz?
    - Motiviert und realistisch .... 0 Punkte
    - Unmotiviert .... 1 Punkt
    - Motiviert, aber unrealistisch...................... 2 Punkte
11. Reaktionen der Bezugsperson(en) auf die Untersuchung sowie die Schwere der Beschuldigung?
    - Haltung/Einstellung entspricht der Schwere der Beschuldigung und zufriedenstellende Compliance............. 0 Punkte
    - Haltung/Einstellung entspricht nicht der Schwere der Beschuldigung (Verharmlosungen) .... 1 Punkt
    - Fehlende zufriedenstellende Compliance .... 2 Punkte
    - Die letztgenannten beiden Punkte treffen zu 3 Punkte

Misshandlung:

1. Jetzige Meldung/Anzeige betrifft körperliche Misshandlung, sexuellen Missbrauch oder seelische Misshandlung?
   - Nein .... 0 Punkte
   - Ja .... 1 Punkt
2. Anzahl früherer Untersuchungen/Meldungen/Ermittlungen?
   - Keine.. 0 Punkte
   - Körperliche/seelische Misshandlung .... 1 Punkt
   - Sexueller Missbrauch .... 2 Punkte
   - Beide letztgenannten Punkte...................... 3 Punkte
3. Wurden frühere Hilfen vom Child Protective Service erhalten?
   - Nein .... 0 Punkte
   - Ja .... 1 Punkt
4. Anzahl der Kinder im Haushalt?
   - Eins .... 0 Punkte
   - Zwei oder mehrere .... 1 Punkt
5. Bezugsperson(en) als Kind misshandelt?
   - Nein .... 0 Punkte
   - Ja .... 1 Punkt
6. Sekundäre Bezugsperson hat gegenwärtig ein Alkohol-/Drogenproblem?
   - Nein, oder keine zweite Bezugsperson .... 0 Punkte
   - Ja .... 1 Punkt
7. Primäre oder sekundäre Bezugsperson wendet übertrieben harte und unangemessene Disziplinierungsmethoden an?
   - Nein .... 0 Punkte
   - Ja .... 1 Punkt
8. Bezugsperson(en) mit Vorgeschichte häuslicher Gewalt?
   - Nein .... 0 Punkte
   - Ja .... 1 Punkt
9. Bezugsperson(en) beherrschend, kontrollierend?
   - Nein .... 0 Punkte
   - Ja .... 1 Punkt
10. Kind im Haushalt hat spezifische Bedürfnisse oder delinquente Vorgeschichte?
    - Nein .... 0 Punkte
    - Ja .... 1 Punkt
11. Sekundäre Bezugsperson motiviert zur Verbesserung der Erziehungsfähigkeit/elterlichen Kompetenz?
    - Ja, oder keine sekundäre Bezugsperson .. 0 Punkte
    - Nein .... 2 Punkte
12. Haltung/Einstellung der primären Bezugsperson entspricht der Schwere der Beschuldigungen
    - Ja .... 0 Punkte
    - Nein .... 1 Punkt

Die Risiko-Stufe für eine Familie wird getrennt für die Vernachlässigungs-Skala und die Misshandlungs-Skala bestimmt. Der höhere Wert einer dieser beiden Skalen gilt dann als Risiko-Wert der Familie:

Vernachlässigungs-Wert	Misshandlungs-Wert	Risiko-Stufe der Familie
________ 0 – 4	________ 0 – 2	________ gering
________ 5 – 7	________ 3 – 5	________ mittel
________ 8 – 12	________ 6 – 9	________ hoch
________ 13-20	________ 10-16	________ sehr hoch

Wenn allerdings einer der folgenden Punkte auf den zu untersuchenden Fall zutrifft, so wird generell die endgültige Risiko-Stufe mit „sehr hoch“ gewählt, unabhängig von der tatsächlich erreichten Punktzahl:

1. Sexueller Missbrauch *und* der Täter hat Möglichkeiten des Zugangs zum kindlichen Opfer.
2. Verletzung eines Kindes unter zwei Jahren, die nicht auf einen Unfall zurückzuführen ist.
3. Schwere Verletzungen, die nicht auf einen Unfall zurückzuführen sind und einen Krankenhausaufenthalt oder andere ärztliche Versorgung notwendig machten.
4. Tod eines Kindes in Folge von Misshandlung oder Vernachlässigung.
5. Positive toxikologische Befunde (jegliche Drogen sowie Alkohol) bei der Mutter des Kindes.

Wenn allerdings einer der folgenden Punkte auf den zu untersuchenden Fall zutrifft, so wird generell die endgültige Risiko-Stufe mit „sehr hoch“ gewählt, unabhängig von der tatsächlich erreichten Punktzahl

In der unter II.) angeführten Literaturstelle (http://www.ncjrs.org/pdffiles1/ojjdp/187759.pdf) werden für die o.a. vier Risikostufen die folgenden Häufigkeiten (ungefähre Zahlen aufgrund unklarer Angaben in der Grafik, S. 10) angeführt, in denen es zu erneuter Misshandlung in den Familien gekommen war:

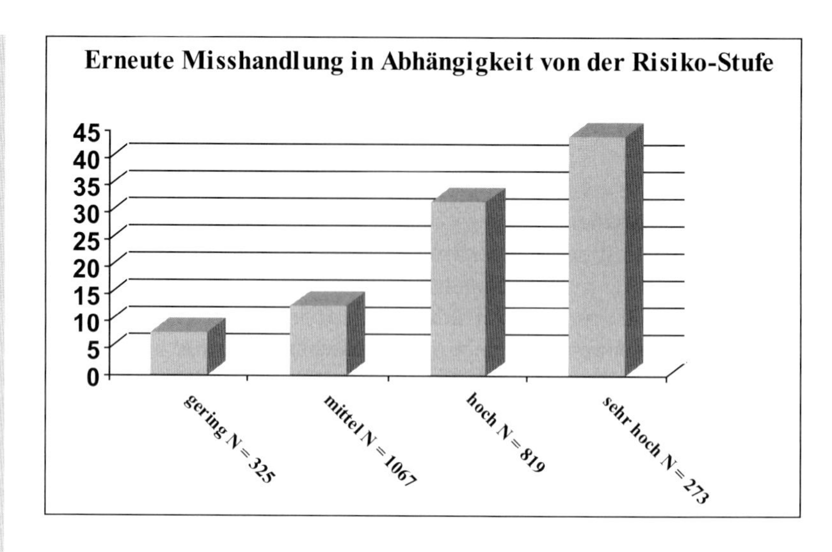

15.4 Michigan Instrument zur Einschätzung von Misshandlungsrisiken

Auf einer Internetseite des Deutschen Jugendinstituts München finden sich eine Übersetzung des *Michigan Abuse Risk Asessment Instrument* (MARAI)

Auf einer Internetseite des Deutschen Jugendinstituts München (http://cgi.dji.de/cgi-bin/inklude.php?inklude=9_dasdji/ThemaMaerz/Beispielverfahren_Michigan.htm) findet sich eine Übersetzung des *Michigan Abuse Risk Asessment Instrument* (MARAI), welches im Original 1996 von Wagner et al. veröffentlicht wurde. Die angeführten 12 Fragen lauten folgendermaßen:

1. Jetzige Meldung dreht sich um Misshandlung?
   - Nein .... 0 Punkte
   - Ja .... 1 Punkt
2. Frühere Meldungen?
   - Keine.......... 0 Punkte
   - Misshandlungsverdacht .... 1 Punkt
   - Verdacht sexueller Missbrauch .... 2 Punkte
   - Beides .... 3 Punkte
3. Wurden frühere Hilfen vom Child Protective Service gewährt?
   - Nein .... 0 Punkte
   - Ja .... 1 Punkt
4. Anzahl der Kinder in der Familie?
   - Eines .... 0 Punkte
   - Zwei und mehr .... 1 Punkt
5. Eine Bezugsperson selbst als Kinder misshandelt?
   - Nein .... 0 Punkte
   - Ja .... 1 Punkt
6. Hat zweite Bezugsperson gegenwärtig ein Suchtproblem?
   - Nein oder keine zweite Bezugsperson .... 0 Punkte
   - Ja .... 1 Punkt

7. Verwendet erste oder zweite Bezugsperson exzessive oder unangemessene Disziplin?
   Nein .... 0 Punkte
   Ja .... 2 Punkte
8. Haben die Bezugspersonen eine Geschichte von Partnerschaftsgewalt?
   Nein .... 0 Punkte
   Ja .... 1 Punkt
9. Eine Bezugsperson als Elternteil sehr dominant?
   Nein .... 0 Punkte
   Ja .... 1 Punkt
10. Betroffenes Kind weist Entwicklungsverzögerung, Behinderung oder delinquentes Verhaltensmuster auf?
   Nein .... 0 Punkte
   Ja .... 1 Punkt
11. Zweite Bezugsperson zur Verbesserung ihrer Erziehungsfähigkeit motiviert?
   Ja oder keine zweite Bezugsperson .... 0 Punkte
   Nein .... 1 Punkt
12. Erste Bezugsperson sieht gegenwärtigen Vorfall im Vergleich zum Jugendamt als weniger ernst an?
   Nein .... 0 Punkte
   Ja .... 1 Punkt

Die Risikopunkte werden addiert, wobei folgende Risikokategorien vorgeschlagen werden:

Gering	=	0 bis 2 Punkte
Moderat	=	3 bis 5 Punkte
Hoch	=	6 bis 9 Punkte
Sehr hoch	=	10 bis 16 Punkte

Verfahren wie das Michigan Instrument zur Einschätzung von Misshandlungsrisiken werden dem empirischen Prädiktor-Ansatz zugeordnet, wobei zunächst aus den Jugendhilfeunterlagen möglichst einfache, beobachtbare, statistische Vorhersagemerkmale späterer Misshandlung oder Vernachlässigung herausgefiltert und zu Einschätzskalen zusammengefasst wurden, die dann in Feldversuchen auf ihre Vorhersagegenauigkeit und Anwendbarkeit hin überprüft und Korrekturen unterworfen wurden (nach Kindler, 2000).

Verfahren wie das Michigan Instrument zur Einschätzung von Misshandlungsrisiken werden dem empirischen Prädiktor-Ansatz zugeordnet.

15.5 California Family Strengths and Needs Assessment für Bezugspersonen und Kinder

Mit Hilfe des *California Family Strengths and Needs Assessment* sollen die Stärken (Kompetenzen, Ressourcen) und Schwächen (Bedürfnisse und Nöte) einer Familie durch SozialarbeiterInnen erfasst werden.

Mit Hilfe des *California Family Strengths and Needs Assessment* sollen die Stärken (Kompetenzen, Ressourcen) und Schwächen (Bedürfnisse und Nöte) einer Familie durch SozialarbeiterInnen erfasst werden. Der Fragebogen findet sich in der folgenden Datei im Internet (S. 41 ff.): http://www.childsworld.ca.gov./res/pdf/2002_12_10_PP2 Manual.pdf. Diese Seite wiederum kann über einen Link auf der Internetseite http://www.childsworld.ca.gov/Structured_352.htm vom "California Department of Social Services, Devision Child Welfare, Structured Decision Making" aufgerufen werden.
Im Folgenden wird der Fragebogen wiedergegeben mit den jeweiligen (z.T. gekürzten) Erläuterungen zu den Einstufungen der einzelnen Fragen:

Allgemeine Instruktion: Bei der Einstufung sollen alle Familienmitglieder bzw. alle im Haushalt lebenden Personen einbezogen werden. Die SozialarbeiterInnen sollten die Ansichten der erwachsenen Familienmitglieder und - wenn angemessen - diejenigen der Kinder berücksichtigen, außerdem ihre eigenen Beobachtungen, verfügbare Berichte und Angaben aufgrund weiterer Kontakte zu Dritten.

A. Eltern-/Bezugspersonen-Version:
Jedes Elternteil wird getrennt eingestuft, eingetragen wird bei jeder Frage dann der niedrigste Wert!

1. Substanzmittelgebrauch/-missbrauch (Alkohol, illegale Drogen, Inhalationsmittel, verschriebene/frei verkäufliche Medikamente)
   a. Erzieht zu einem Verständnis zum gesunden Umgang mit Alkohol und Drogen/Medikamenten und zeigt dies auch im eigenen Verhalten/Umgang mit diesen Substanzen +3
   b. Alkohol und verschriebene Medikamente 0
   c. Alkohol- oder Drogenmissbrauch -3
   d. Chronischer Alkohol-/Drogenmissbrauch -5
   a. Eltern/Bezugspersonen nehmen Alkohol und verschriebene Medikamente zu sich, aber diese Einnahme hat keine negativen Auswirkungen auf die elterlichen Fähigkeiten, und die Eltern erziehen zu einem gesunden Umgang mit Substanzmitteln, sie leben dies auch vor und vermitteln den Kindern die negativen Auswirkungen von Substanzmitteleinnahme auf das Verhalten und die Gesellschaft.
   b. Die Eltern können in der Vergangenheit einen Alkoholmissbrauch aufweisen oder gegenwärtig Alkohol trinken oder verschriebene Medikamente einnehmen, dies wirkt sich jedoch nicht auf die elterlichen Fähigkeiten aus.

c. *Trotz negativer Folgen (z.B. bezüglich Familie, sozialer Kontakte, Gesundheit, rechtlicher Konsequenzen und finanzieller Probleme) besteht Alkohol- oder Drogenmissbrauch. Es wird Hilfe benötigt, um abstinent zu werden und/oder zu bleiben.*
d. *Der Alkohol-/Drogenmissbrauch behindert/verhindert die Fähigkeit, die grundlegenden eigenen Bedürfnisse und diejenigen der Kinder zu erfüllen. Negative Auswirkungen zeigen sich in den meisten Bereichen wie z.B. Familie, Sozialkontakt, Gesundheit, Recht und Finanzen. Es bedarf eindeutiger Strukturgebung und intensiver Unterstützung, um Abstinenz von Alkohol und Drogen zu erreichen.*

Der Alkohol-/Drogenmissbrauch behindert/verhindert die Fähigkeit, die grundlegenden eigenen Bedürfnisse und diejenigen der Kinder zu erfüllen.

2. Familien-/Haushaltsbeziehungen
a. Unterstützend +3
b. Geringfügige, gelegentliche Zwietracht 0
c. Häufige Zwietracht -3
d. Chronische Zwietracht -5
a. *Internale/externale Stressoren können bestehen (z.B. Krankheit, finanzielle Probleme, Scheidung, spezifische Nöte), aber es bleibt bei positiven Interaktionen in der Familie (z.B. wechselseitige Zuneigung, Respekt, offene Kommunikation, Empathie) und gemeinsam getragener und geteilter Verantwortung zwischen den Eltern/den erwachsenen Haushaltsmitgliedern.*
b. *Internale/externale Stressoren bestehen, aber insgesamt werden diese positiv bewältigt bei einigen Unterbrechungen/Störungen der positiven Interaktionen.*
c. *Internale/externale Stressoren bestehen, und diese führen zu dauerhaften verstärkten Unterbrechungen/Störungen der sozialen Interaktionen, die verbunden sein können mit mangelnder Kooperation zwischen den Eltern sowie emotionaler/seelischer Gewalt. Die Beziehung der Eltern/Erwachsenen stellt einen beachtlichen Stress für Kinder dar.*
d. *Internale/externale Stressoren bestehen und führen zu dauerhaften negativen Interaktionen. Es bestehen schwere Konflikte zwischen den Eltern, welche auch zu böswilligen Berichten über den jeweilig anderen Elternteil z.B. bei Kinderschutzdiensten führt. Die gestörte Beziehung der Eltern/Erwachsenen untereinander stellt für die Kinder ein erhöhtes Risiko für Kindesmisshandlung dar und/oder trägt zu schwerem seelischen Stress bei.*

3. Häusliche Gewalt
a. Die Eltern fördern ein gewaltfreies Klima im Haushalt +3
b. Keine Bedrohungen oder Angriffe zwischen Haushaltsmitgliedern 0
c. Körperliche Gewalt, kontrollierendes Verhalten -3
d. Wiederholte und/oder schwere körperliche Gewalt -5

Die Beziehung der Erwachsenen ist gekennzeichnet durch gelegentliche körperliche Wutausbrüche, die aber nicht zu Verletzungen führen, sowie durch kontrollierendes Verhalten, was zur sozialen Isolierung sowie Einschränkung von Aktivitäten führt.

a. *Die Eltern/Haushaltmitglieder vermitteln bei Kontroversen und fördern ein gewaltfreies Klima. Die Haushaltsmitglieder sind untereinander sicher vor Bedrohung, Einschüchterung oder Übergriffen.*
b. *Konflikte werden durch weniger angemessene Strategien gelöst wie z.B. Vermeidung, aber die Familienmitglieder kontrollieren sich nicht wechselseitig oder drohen mit körperlicher oder sexueller Gewalt.*
c. *Die Beziehung der Erwachsenen ist gekennzeichnet durch gelegentliche körperliche Wutausbrüche, die aber nicht zu Verletzungen führen, sowie durch kontrollierendes Verhalten, was zur sozialen Isolierung sowie Einschränkung von Aktivitäten führt. Täter und Opfer suchen Hilfe zur Reduzierung der Gewalt. Wenn nur ein Elternteil dieser Hilfe zustimmt, soll ‚d' eingestuft werden, auch wenn es zu keiner Verletzung gekommen ist.*
d. *Ein Elternteil wendet oder beide Eltern wenden regelmäßig und/oder schwere körperliche Gewalt an sowie auch stark kontrollierendes Verhalten, wobei es auch zu Verletzungen kommt (Blutergüsse, Schnittwunden, Verbrennungen, Beulen, Knochenbrüche), weiter auch zu extremer Isolation, Entwürdigung oder Einschränkung von Aktivitäten.*

4. Soziale Unterstützung
   a. Starke soziale Unterstützung +2
   b. Adäquate soziale Unterstützung 0
   c. Eingeschränkte soziale Unterstützung -2
   d. Keine soziale Unterstützung -4
   a. *Die Familie hat regelmäßige, starke, konstruktive und wechselseitige soziale Unterstützung, und zwar auch mit der erweiterten Familie und FreundInnen sowie bezüglich z.B. kultureller oder religiöser Gruppen oder anderer Aktivitäten/Gruppen/Vereine in der Kommune.*
   b. *Bei wachsenden Problemen/Nöten sucht die Familie ausgedehnte soziale Unterstützung in den o.a. Bereichen, aber auch spezielle Unterstützung wie z.B. Beaufsichtigung der Kinder, Beratung, Elternkurse.*
   c. *Die Familie hat eingeschränkte soziale Unterstützung, ist isoliert und eher zurückhaltend/abweisend gegenüber verfügbarer sozialer Unterstützung.*
   d. *Die Familie hat keine soziale Unterstützung und nimmt sie auch nicht wahr.*

5. Elterliche Erziehungskompetenz
   a. Hohe Erziehungskompetenz +2
   b. Adäquate Erziehungskompetenz 0
   c. Inadäquate Erziehungskompetenz -2
   d. Destruktive, misshandelnde Eltern -4

a. *Die Eltern/Bezugspersonen weisen ein gutes Wissen und Verständnis bezüglich eines altersangemessenen Erziehungs- und Fürsorgeverhaltens auf und können dies in der täglichen Erziehungspraxis auch umsetzen. Die Eltern bringen Zuversicht in die Fähigkeiten der Kinder zum Ausdruck und ermutigen zur Partizipation in Familie und Gemeinde. Die Eltern reagieren auf die sich ändernden Bedürfnisse der Kinder.*
b. *Die Eltern zeigen ein altersangemessenes Erziehungsverhalten bezüglich Erwartungen, Disziplin/Gehorsam, Kommunikation, Schutz vor Gefahren und Fürsorge. Sie besitzen grundlegende elterliche Erziehungskompetenz (Basiswissen).*
c. *Die Eltern benötigen eine Verbesserung ihrer Erziehungskompetenz. Sie weisen einige unrealistische Erwartungen auf und besitzen wenig Wissen über altersentsprechende Erziehungs-/Disziplinierungsmethoden und über die kindliche Entwicklung.*
d. *Die Eltern weisen destruktive, misshandelnde Erziehungspraktiken auf, welche zu bedeutsamen Beeinträchtigungen für die Kinder führen.*

6. Psychische Gesundheit/Coping-Fähigkeiten
   a. Gute Coping-Fähigkeiten +2
   b. Adäquate Coping-Fähigkeiten 0
   c. Geringe bis mittelgradige Symptome -2
   d. Chronische, ausgeprägte Symptome -4
   a. *Die Eltern weisen die Fähigkeit auf, mit Belastungen, Krisen und lang anhaltenden Problemen in einer konstruktiven Art und Weise umzugehen. Sie zeigen ein realistisches logisches Denken und Urteilen. Sie wirken flexibel und besitzen eine positive, hoffnungsvoll-vorwärtsgerichtete Einstellung.*
   b. *Die Eltern zeigen emotionale Reaktionen, die in Einklang stehen mit den Umständen; es liegt keine offensichtliche Unfähigkeit vor, Belastungen, Krisen und lang anhaltenden Problemen zu bewältigen.*
   c. *Es liegen periodisch auftretende psychische Probleme/Symptome vor wie z.B. - aber nicht ausschließlich - Depression, geringes Selbstwertgefühl und Apathie. Gelegentlich treten Schwierigkeiten auf, mit situativem Stress, Krisen oder Problemen umzugehen.*
   d. *Es bestehen bei den Eltern/Bezugspersonen chronische, schwere psychische Störungen, die die Fähigkeit beeinträchtigen, in einem oder mehreren Bereichen wie Elternschaft/Erziehung und Beruf oder Bereitstellung von Nahrung sowie Schutz des Kindes vor Gefahren.*

Es bestehen bei den Eltern/Bezugspersonen chronische, schwere psychische Störungen, die die Fähigkeit beeinträchtigen, in einem oder mehreren Bereichen wie Elternschaft/Erziehung und Beruf oder Bereitstellung von Nahrung sowie Schutz des Kindes vor Gefahren.

7. Vorgeschichte mit kriminellem Verhalten oder Kindesmisshandlung
   a. Vermittlung positiver Werte +1
   b. Kein kriminelles Verhalten oder keine Kindesmisshandlung in der Vorgeschichte; oder: solches Verhalten wurde erfolgreich überwunden 0
   c. Aktive Beteiligung -1
   d. Chronische, ausgeprägte Beteiligung -3
   a. *Vermittlung positiver Werte. Kein kriminelles Verhalten, keine Kindesmisshandlung in der Vorgeschichte. Die Bezugspersonen lehren und leben Werte vor, die den Respekt vor anderen Personen fördern.*
   b. *Kein früheres kriminelles Verhalten, keine frühere Kindesmisshandlung. Oder: Solches Verhalten lag vor, aber es wurde die Fähigkeit mit Hilfe kommunaler Ressourcen erworben, Krisen angemessen zu bewältigen.*
   c. *Die Elternschaft/Erzieherrolle der Bezugspersonen ist negativ beeinflusst (z.B. Verhaftung/Haft) durch kriminelles Verhalten/Kindesmisshandlung oder frühere Inanspruchnahme von Kinderschutzdiensten ohne erfolgreichen Verlauf.*
   d. *Keine Bezugsperson ist fähig, zuverlässig die Elternrolle zu übernehmen aufgrund chronischen kriminellen Verhaltens oder Inanspruchnahme von Kinderschutzdiensten mit gescheiterten Hilfemaßnahmen.*

8. Ressourcen/grundlegende Bedürfnisse
   a. Genügende Ressourcen, um die grundlegenden Bedürfnisse zu erfüllen/befriedigen +1
   b. Begrenzte Ressourcen 0
   c. Ungenügende Ressourcen -1
   d. Keine oder ausgeprägt begrenzte Ressourcen -3
   a. *Eltern/Bezugspersonen/Haushaltsmitglieder sorgen konstant für Schutz vor Gefahren, Gesundheit, beständige Wohnverhältnisse, ausgewogene Ernährung und angemessene Kleidung.*
   b. *Die grundlegenden Bedürfnisse bzgl. der unter a. angeführten Bereiche werden erfüllt.*
   c. *Die Wohnung ist beeinträchtigt durch inadäquate Wasserversorgung, Heizung, Elektrizität und Haushaltsführung. Nahrung und Kleidung erfüllen nicht die notwendigen grundlegenden Bedürfnisse der Kinder. Die Familie kann obdachlos sein, aber es besteht dann kein Anzeichen, dass das Kindeswohl bedroht ist.*
   d. *Es bestehen Bedingungen im Haushalt bezüglich Wasserversorgung, Heizung, Elektrizität und Haushaltsführung, die bereits Krankheiten oder Verletzungen von Haushaltsmitgliedern zur Folge hatten. Es gibt nicht genügend zu Essen, das Essen ist verdorben, kein Essen vorhanden oder Familienmitglieder sind unterernährt. Die Kinder tragen dauerhaft unsaubere Kleidung oder*

Es gibt nicht genügend zu Essen, das Essen ist verdorben, kein Essen vorhanden oder Familienmitglieder sind unterernährt.

diese entspricht nicht den Witterungsbedingungen oder ist in schlechtem, schlecht geflicktem Zustand. Die Familie ist obdachlos, wodurch das Kindeswohl gefährdet ist.

9. Kulturelle Verwurzelung, kommunale Einbettung
   a. Gute kulturelle/kommunale Ressourcen +1
   b. Einige kulturelle/kommunale Ressourcen 0
   c. Eingeschränkte kulturelle/kommunale Ressourcen -1
   d. Abgetrennt von kulturellen/kommunalen Ressourcen -3
   a. Die Familie identifiziert sich mit Kultur, Gemeinschaft, Herkunft, Glauben und ist mit Menschen verbunden, die gleiche Werte aufweisen. Die Eltern/Bezugspersonen kennen die diesbezüglichen – formellen wie informellen – Ressourcen und greifen auf diese bei Bedarf zurück.
   b. Die Familie identifiziert sich mit Kultur, Gemeinschaft, Erbe und Traditionen innerhalb ihrer familiären Gemeinschaft. Sie erkennt, wie sie Zugang finden kann zu Ressourcen im weiteren sozialen Umfeld, in der Gemeinde. Einzelne Familienmitglieder können Konflikte in ihrer kulturellen und ethnischen Identität erleben, sie sind jedoch in der Lage, diese zu bewältigen.
   c. In der Familie kommt es zwischen den Generationen und mit dem sozialen Umfeld zu Konflikten bezüglich der kulturellen und gesellschaftlichen Normen und Werte. Die Eltern/Bezugspersonen sehen Hilfsangebote und Unterstützung als unerreichbar bzw. den Zugang zu ihnen als eingeschränkt an.
   d. Die Familie ist abgetrennt von der kulturellen, religiösen und ethnischen Herkunft/Gemeinschaft, was zu Isolation, Mangel an bzw. Fehlen von Unterstützung und Zugang zu Ressourcen führt, wobei auch Sprachunterschiede eine Rolle spielen können.

Die Familie ist abgetrennt von der kulturellen, religiösen und ethnischen Herkunft/Gemeinschaft, was zu Isolation, Mangel an bzw. Fch len von Unterstützung und Zugang zu Ressourcen führt, wobei auch Sprachunterschiede eine Rolle spielen können.

10. Physische Gesundheit
   a. Praktizierte Gesundheitsfürsorge +1
   b. Gesundheitsprobleme beeinträchtigen nicht das Familienleben 0
   c. Gesundheitsprobleme/Behinderungen beeinträchtigen das Familienleben -1
   d. Schwere Gesundheitsprobleme/Behinderungen führen zur Unfähigkeit, die Fürsorge über Kinder auszuüben -2
   a. Die Eltern/Bezugspersonen lehren und fördern, sich gesund zu erhalten; praktizierte Gesundheitsfürsorge.
   b. Es bestehen bei den Eltern keine gegenwärtigen Gesundheitsprobleme, die das Familienleben beeinträchtigen. Ressourcen zur Gesunderhaltung werden regelmäßig aufgesucht (z.B. Arzt, Zahnarzt).
   c. Gesundheitsprobleme beeinträchtigen das Familienleben und/oder die familiären Ressourcen.

d. Schwere oder chronische Gesundheitsprobleme beeinträchtigen stark die Fähigkeit, für die Kinder zu sorgen oder sie zu beschützen.

11. Kommunikative Fähigkeiten
   a. Gute kommunikative Fähigkeiten +1
   b. Hinreichende kommunikative Fähigkeiten 0
   c. Eingeschränkte kommunikative Fähigkeiten -1
   d. Stark begrenzte kommunikative Fähigkeiten -2
   a. Die kommunikativen Fähigkeiten erleichtern erfolgreich den Zugang zu Hilfeeinrichtungen und Ressourcen zur Förderung des Familienlebens. Wenn Übersetzung/Dolmetscher bei Sprachschwierigkeiten notwendig wird, werden solche Hilfen aktiv in Anspruch aufgesucht.
   b. Die kommunikativen Fähigkeiten stellen kein Hindernis für ein positives Familienleben, den Zugang zu Ressourcen oder die Hilfen für die Kinder in der Gemeinde und Schule dar. Wenn Übersetzung/Dolmetscher notwendig sind, werden entsprechend angebotene Hilfen angenommen.
   c. Die eingeschränkten kommunikativen Fähigkeiten führen zu Schwierigkeiten beim Zugang zu Ressourcen.
   d. Die stark begrenzten kommunikativen Fähigkeiten führen zur Unfähigkeit, den Zugang zu Ressourcen zu finden. Wenn Übersetzung/Dolmetscher notwendig sind, werden solche Hilfen nicht angenommen, selbst wenn sie zur Verfügung gestellt werden.

Die stark begrenzten kommunikativen Fähigkeiten führen zur Unfähigkeit, den Zugang zu Ressourcen zu finden. Wenn Übersetzung/Dolmetscher notwendig sind, werden solche Hilfen nicht angenommen, selbst wenn sie zur Verfügung gestellt werden.

B. Kinder-Version:
Jedes Kind in der Familie/im Haushalt wird bei jedem Bereich gesondert eingestuft.

1. Emotionalität/Verhalten 1. Kind 2. Kind 3. Kind 4. Kind ....
   a. Hohe emotionale Anpassung +3
   b. Adäquate emotionale Anpassung 0
   c. Eingeschränkte emotionale Anpassung -3
   d. Stark eingeschränkte emotionale Anpassung -5
   a. Das Kind besitzt gute Coping-Fähigkeiten beim Umgang mit Krisen, Traumen, Enttäuschungen und täglichen Anforderungen/Schwierigkeiten. Das Kind vermag vertrauensvolle Beziehungen zu entwickeln und aufrecht zu erhalten. Das Kind weiß um die Notwendigkeit von Hilfe, Beratung und Unterstützung, sucht diese bei Bedarf auch von sich aus auf und kann sie auch annehmen.
   b. Das Kind zeigt seinem Entwicklungsstand entsprechend angemessene emotionale Reaktionen und Coping-Fähigkeiten in Familie, Schule und sozialem Umfeld. Es kann ein wenig depressiv

oder traurig oder mit Rückzugstendenzen reagieren, aber dies ist dann auf bestimmte Situationen begrenzt.

c. *Das Kind hat gelegentlich Schwierigkeiten, mit situativen Stressereignissen, Krisen und Problemen umzugehen. Es zeigt dann auch gelegentlich psycho-somatische Symptome wie z.B. Depression, Weglaufen, körperliche Beschwerden, feindseliges Verhalten oder Apathie.*

d. *Stark eingeschränkte Fähigkeiten, mit Stress, Krisen und Problemen umzugehen, verbunden mit ausgeprägten Symptomen/Verhaltensstörungen/psychischen Störungen wie z.B. Feuer legen, suizidales Verhalten und gewalttätiges Verhalten gegenüber Menschen und Tieren.*

2. Familiäre Beziehungen
   a. Fürsorgliche, unterstützende Beziehungen +3
   b. Adäquate Beziehungen 0
   c. Angespannte Beziehungen -3
   d. Schädigende Beziehungen -5
   a. *Das Kind erfährt positive Interaktionen mit Familienmitgliedern, es hat ein Zugehörigkeitsgefühl zur Familie. Die Familie weist Regeln auf, setzt klare Grenzen und unterstützt das kindliche Wachstum und die kindliche Entwicklung.*
   b. *Das Kind erfährt positive Interaktionen mit Familienmitgliedern und fühlt sich in der Familie geborgen und sicher, trotz einiger ungelöster familiärer Konflikte.*
   c. *Stress und Konflikte/Zwietracht beeinträchtigen das Gefühl des Kindes, sich in der Familie geborgen und sicher zu fühlen. Die Familie weist Schwierigkeiten auf, Konflikte zu erkennen und zu lösen und/oder Unterstützung und Hilfe für sich zu suchen/zu erhalten.*
   d. *Chronischer familiärer Stress, Konflikt oder familiäre Gewalt verhindert das Gefühl des Kindes, sich in der Familie geborgen und sicher zu fühlen. Die Familie ist unfähig, Stress und Konflikte zu bewältigen und Gewalt zu beenden, sie ist weiter nicht fähig, Hilfe und Unterstützung zu suchen oder lehnt dies ab.*

Chronischer familiärer Stress, Konflikt oder familiäre Gewalt verhindert das Gefühl des Kindes, sich in der Familie geborgen und sicher zu fühlen.

3. Medizinische Versorgung/körperliche Gesundheit
   a. Praktizierte Gesundheitsprävention +2
   b. Medizinische Versorgung ist gewährleistet 0
   c. Mangelnde medizinische Versorgung mit Beeinträchtigung der Gesundheit -2
   d. Mangelnde medizinische Versorgung mit starker Beeinträchtigung der Gesundheit -2
   a. *Das Kind benötigt keine medizinische Versorgung. Es erhält die routinemäßigen präventiven Untersuchungen (z.B. Kinderarzt, Zahnarzt, Augenarzt) sowie die üblichen Impfungen.*

Das Kind hat schwere chronische oder akute Erkrankungen, die sehr stark den Alltag beeinträchtigen, und es fehlt an medizinischer Versorgung und gesundheitlicher Fürsorge.

b. Das Kind erhält die notwendige medizinische Versorgung, d.h. bestimmte spezifische körperliche Probleme/Krankheiten können vorliegen, sie werden aber adäquat behandelt/versorgt.
c. Die körperliche Gesundheit ist eingeschränkt und beeinträchtigt den Alltag des Kindes. Bestimmte spezifische körperliche Probleme/Krankheiten liegen vor und werden nicht adäquat behandelt/versorgt, oder routinemäßige präventive Untersuchungen/Behandlungen (z.B. Kinderarzt, Zahnarzt, Augenarzt) sind erforderlich.
d. Das Kind hat schwere chronische oder akute Erkrankungen, die sehr stark den Alltag beeinträchtigen, und es fehlt an medizinischer Versorgung und gesundheitlicher Fürsorge.

4. Kindliche Entwicklung
   a. Das Kind ist seiner Entwicklung voraus +2
   b. Altersentsprechende Entwicklung 0
   c. Entwicklungsverzögerungen -2
   d. Ausgeprägte Entwicklungsverzögerungen -4
   a. Die körperlichen und kognitiven Fähigkeiten des Kindes liegen über der Erwartung nach dem chronologischen Alter des Kindes.
   b. Die körperlichen und kognitiven Fähigkeiten des Kindes entsprechen dem chronologischen Alter des Kindes.
   c. Die körperlichen und kognitiven Fähigkeiten des Kindes entsprechen überwiegend nicht der Erwartung nach dem chronologischen Alter des Kindes.
   d. Die körperlichen und kognitiven Fähigkeiten des Kindes liegen überwiegend zwei oder mehr Jahre unterhalb der Erwartung nach dem chronologischen Alter des Kindes.

5. Kulturelle Verwurzelung, kommunale Einbettung
   a. Gute kulturelle/kommunale Ressourcen +1
   b. Adäquate kulturelle/kommunale Ressourcen 0
   c. Eingeschränkte kulturelle/kommunale Ressourcen -1
   d. Abgetrennt von kulturellen/kommunalen Ressourcen -3
   a. Das Kind identifiziert sich mit Kultur, Gemeinschaft, Herkunft, Glauben und ist mit Menschen verbunden, die gleiche Werte aufweisen. Das Kind kennt die diesbezüglichen – formellen wie informellen – Ressourcen und greift auf diese bei Bedarf zurück.
   b. Das Kind identifiziert sich mit Kultur, Gemeinschaft, Erbe und Traditionen innerhalb seiner familiären Gemeinschaft. Es erkennt, wie es Zugang finden kann zu Ressourcen im weiteren sozialen Umfeld, in der Gemeinde. Das Kind kann Konflikte in seiner kulturellen und ethnischen Identität erleben, es ist jedoch in der Lage, diese zu bewältigen.
   c. Das Kind erlebt Konflikte zwischen den Generationen und mit dem sozialen Umfeld bezüglich der kulturellen und gesellschaftlichen Normen und Werte. Das Kind sieht Hilfsangebote und Un-

terstützung als unerreichbar bzw. den Zugang zu ihnen als eingeschränkt an.

d. *Das Kind ist abgetrennt von der kulturellen, religiösen und ethnischen Herkunft/Gemeinschaft, was zu Isolation, Mangel an bzw. Fehlen von Unterstützung und Zugang zu Ressourcen führt, wobei auch Sprachunterschiede eine Rolle spielen können. Konflikte bezüglich der kulturellen sozialen Identität führen zu Verhaltensauffälligkeiten.*

6. Drogen-/Alkoholmissbrauch
   a. Kein Drogen-/Alkoholkonsum +1
   b. Experimentierender Konsum 0
   c. Alkohol-/Drogenkonsum -1
   d. Chronischer Alkohol-/Drogenmissbrauch -3
   a. *Das Kind trinkt weder Alkohol, noch nimmt es Drogen. Es ist sich der Folgen des Alkohol-/Drogengebrauchs bewusst. Das Kind vermeidet Peer-Gruppen oder soziale Aktivitäten, die mit Alkohol-/Drogenkonsum verbunden sind, oder es entscheidet sich gegen den Konsum trotz z.B. Gruppendruck und Gelegenheiten.*
   b. *Das Kind trinkt weder Alkohol, noch nimmt es Drogen. Das Kind kann mit Alkohol oder Drogen experimentiert haben, aber es gibt keinen Anhalt für einen fortwährenden Konsum. In Vergangenheit und Gegenwart lagen/liegen keine Probleme vor, die mit Drogen-/Alkoholkonsum in Verbindung stehen.*
   c. *Der Alkohol- oder Drogenkonsum führt zu störendem Verhalten und zu Spannungen/Zwietracht in den Beziehungen des Kindes in Schule, Familie und sozialem oder beruflichem Umfeld.*
   d. *Der chronische Alkohol- oder Drogenkonsum führt zu ausgeprägten Veränderungen im Erleben und Verhalten und führt u.a. zu Beziehungsverlusten, Kündigung des Ausbildungsplatzes, Schulausschluss, Konflikten mit dem Gesetz und/oder körperlichem Schaden bei sich selbst oder bei anderen Menschen. Medizinische Intervention/Entgiftung kann notwendig sein.*

Das Kind kann mit Alkohol oder Drogen experimentiert haben, aber es gibt keinen Anhalt für einen fortwährenden Konsum. In Vergangenheit und Gegenwart lagen/liegen keine Probleme vor, die mit Drogen-/Alkoholkonsum in Verbindung stehen.

7. Schulische Ausbildung/Leistungen
   a. Hervorragende schulische Leistungen +1
   b. Befriedigende schulische Leistungen 0
   c. Schulische Leistungsschwierigkeiten -1
   d. Ausgeprägte schulische Leistungsschwierigkeiten -3
   a. *Das Kind zeigt Leistungen, die über seinem Klassenniveau liegen.*
   b. *Das Kind zeigt Leistungen entsprechend seinem Klassenniveau.*
   c. *Das Kind hat Schwierigkeiten, das Klassenziel zu erreichen und/oder zeigt in zumindest einem, aber nicht mehr als der Hälfte der Fächer eine Leistung unterhalb des Klassenniveaus.*
   d. *Das Kind erreicht nicht das Klassenziel und/oder liegt in mehr als der Hälfte der Fächer in seinen Leistungen unterhalb des Klassenniveaus.*

8. Soziale Beziehungen zu Gleichaltrigen/Erwachsenen
   a. Gute stabile soziale Beziehungen +1
   b. Adäquate soziale Beziehungen 0
   c. Eingeschränkte soziale Beziehungen -1
   d. Schlechte soziale Beziehungen -2
   a. *Das Kind hat Gefallen an zahlreichen konstruktiven, altersentsprechenden sozialen Aktivitäten sowie wechselseitigen positiven Beziehungen mit anderen Personen.*
   b. *Das Kind besitzt adäquate soziale Fähigkeiten, es hält stabile Beziehungen zu anderen aufrecht. Gelegentliche Konflikte sind geringfügig ausgeprägt und leicht zu bewältigen.*
   c. *Das Kind besitzt unbefriedigende soziale Fähigkeiten und hat eingeschränkte positive Sozialkontakte. Konflikte sind häufiger und schwerwiegender und können gelegentlich vom Kind nicht gelöst werden.*
   d. *Das Kind hat schlechte soziale Fähigkeiten, was zu häufigen Konflikten in Beziehungen führt oder zu ausschließlichen Beziehungen mit belasteten Gleichaltrigen. Das Kind kann auch isoliert sein und keine soziale Unterstützung besitzen.*

9. Delinquentes Verhalten
   a. Präventive Aktivitäten +1
   b. Kein delinquentes Verhalten 0
   c. Gelegentliches delinquentes Verhalten -1
   d. Ausgeprägt delinquentes Verhalten -2
   a. *Das Kind beteiligt sich an Kriminalitäts-Präventionsprogrammen und zeigt eine ablehnende Haltung gegenüber delinquentem Verhalten. In der Vorgeschichte liegt keine Verhaftung vor, weiter bestehen keine Hinweise auf kriminelles Verhalten in der Vorgeschichte.*
   b. *In der Vorgeschichte liegt keine Verhaftung vor, weiter bestehen keine Hinweise auf kriminelles Verhalten in der Vorgeschichte. Oder aber das Kind hat erfolgreich eine Bewährungszeit bestanden und es trat in den letzten zwei Jahren kein kriminelles Verhalten auf.*
   c. *Das Kind beteiligte sich gelegentlich an nicht-gewalttätigem delinquenten Verhalten. Es kann eine Verhaftung oder Bewährungsauflage in den letzten zwei Jahren vorgelegen haben.*
   d. *Das Kind beteiligte sich an gewalttätigem delinquenten Verhalten oder wiederholtem nicht-gewalttätigem delinquenten Verhalten, was zu einer Verhaftung, Haftstrafe oder Bewährungsstrafe führte.*

Das Kind beteiligte sich an gewalttätigem delinquenten Verhalten oder wiederholtem nicht-gewalttätigem delinquenten Verhalten, was zu einer Verhaftung, Haftstrafe oder Bewährungsstrafe führte.

Auf der Basis dieser Einstufungen für die Eltern/Bezugspersonen und die Kinder erfolgen dann die Planungen bezüglich der gezielten Unterstützungs- und Hilfeangebote für die Familie. Zur Kontrolle des

Verlaufs werden die Einstufungen etwa in Abständen von drei Monaten wiederholt.

15.6 Einstufungsbogen zum Schweregrad von Kindesmisshandlungen

Dieser Einstufungsbogen wurde von Deegener und Körner (2004) entwickelt, um

1. den häufigen Überlagerungen der verschiedenen Formen der Kindesmisshandlung (körperliche Kindesmisshandlung, sexueller Missbrauch, Vernachlässigung und seelische Misshandlung) gerecht zu werden,
2. neben den häufig vorzufindenden Schwergradeinteilungen bei körperlicher Misshandlung und sexuellem Missbrauch auch für die Vernachlässigung und die seelische Gewalt eine entsprechende Einteilung zu erstellen sowie
3. die unterschiedlichsten Einteilungen/Einstufungen von verschiedenen Einrichtungen für Forschungsstudien zusammenfassen zu können, also eine Vereinheitlichung bezüglich der Definitionen sowie Schweregrade der verschiedenen Arten der elterlichen Kindesmisshandlung zu erreichen.

Sicherlich werden auch diese Schweregradeinteilungen vielfach hinterfragt werden können sowie im konkreten Fall immer wieder auch Zweifel und Grenzfälle bezüglich der richtigen Zuordnung verbleiben. Dabei wurde versucht, einen Kompromiss zu finden zwischen extrem detaillierten Erläuterungen zu den Schweregraden sowie den zeitökonomischen Bedürfnissen. Da jedoch Praxis und Forschung bezüglich der verschiedenen Formen der Kindesmisshandlungen und ihrer Überlagerungen ein hohes Ausmaß an Komplexität erreicht haben, sind die nachfolgenden Ausführungen dementsprechend recht ausführlich geworden.

Dabei wurde versucht, einen Kompromiss zu finden zwischen extrem detaillierten Erläuterungen zu den Schweregraden sowie den zeitökonomischen Bedürfnissen.

Kriterien zur Einstufung der elterlichen Misshandlungsarten

1. Körperliche Kindesmisshandlung

Körperliche Kindesmisshandlung wird als nicht zufällige, absichtliche körperliche Gewaltanwendung der Eltern gegenüber ihren Kindern aufgefasst. Sie umfasst ein breites Spektrum von Handlungen (z.B. Klapse, Ohrfeigen, Prügel, mit Gegenstand schlagen oder werfen, mit Faust schlagen, Schleudern gegen die Wand, Schütteln eines Kleinstkindes, Verbrennen mit heißem Wasser oder Zigaretten, auf den Ofen setzen, Einklemmen in Türen oder Autofensterscheiben, Pieksen mit Nadeln, ins kalte Badewasser setzen und untertauchen, eigenen Kot essen und Urin trinken lassen, Würgen, Vergiftungen, mit

Waffe bedrohen). Die (nicht durch Unglück oder durch Zufall entstandenen) körperlichen Symptome oder Verletzungen können ebenfalls höchst unterschiedlich sein. Im Folgenden wird deswegen nach geringgradiger, mittelgradiger und hochgradiger körperlicher Kindesmisshandlung zu unterteilen versucht:

Geringgradige körperliche Kindesmisshandlung:
In diesen Bereich fallen diejenigen körperlichen Gewaltmaßnahmen, welche früher dem Bereich der erlaubten körperlichen Züchtigung zugeordnet wurden, also z.B. Klapse auf den Po oder Arm, leichte Ohrfeigen, leichte Schläge mit einem Stock auf den Po. Zwar können diese Schläge zu Rötungen/Striemen auf der Haut führen, aber es kommt nicht zu äußeren oder inneren Verletzungen. Typischerweise ist diese Anwendung von körperlicher Gewalt eher vorübergehend und situationsgebunden, tritt also eher im Sinne von selten/manchmal auf und stellt deswegen überwiegend keine eingefahrene, gewohnheitsmäßige Interaktionsweise mit dem Kind dar. Die Fälle, in denen diese körperliche Gewalt häufiger auftritt (mittleres Ausmaß, d.h. häufiger als manchmal bzw. häufiger als selten, aber noch nicht sehr oft), jedoch weiterhin keine äußeren und inneren Verletzungen im o.a. Sinne auftreten, werden auch noch als geringgradige körperliche Misshandlung betrachtet. In den meisten dieser bisher genannten Fälle ist die Verwendung von körperlicher Gewalt im Sinne unangemessener Anwendung von Erziehungsmethoden anzusehen, wobei diese auch durch Unterschiede hinsichtlich Kultur und Bildung mitbedingt sind. Treten die aufgeführten Züchtigungsmaßnahmen der geringgradigen körperlichen Gewalt sehr oft auf und spiegeln damit eine allgemeine Erziehungshaltung wider, so ist die nachfolgende Kategorie der mittelgradigen körperlichen Kindesmisshandlung zu wählen, auch wenn keine äußeren und inneren Verletzungen auftreten. Andere Formen von negativem Erziehungsverhalten, die physische Manipulationen beinhalten, dabei aber keine Verletzungen bewirken, würden ebenfalls in die Kategorie der geringgradigen körperlichen Kindesmisshandlung fallen. Obwohl die geringgradigen elterlichen Erziehungsmaßnahmen generell abzulehnen sind, werden sie strafrechtlich nicht verfolgt, aber vom § 1631 BGB als unzulässig erklärt. Die Kategorie geringgradiger körperlicher Kindesmisshandlung dient dazu, Verhaltensweisen zu definieren, die oft als eher grenzwertige Fälle von körperlicher Kindesmisshandlung aufgefasst werden.

Die Kategorie geringgradiger körperlicher Kindesmisshandlung dient dazu, Verhaltensweisen zu definieren, die oft als eher grenzwertige Fälle von körperlicher Kindesmisshandlung aufgefasst werden.

Mittelgradige körperliche Kindesmisshandlung
Bei den Personen, die dieser Kategorie zugeordnet werden, führen die körperlichen Gewaltanwendungen zwar zu körperlichen Verletzungen/Symptomen, diese sind aber eher gering ausgeprägt. Dies bedeutet, dass sie zu keinen Beeinträchtigungen der normalen Funktionsfähigkeit führen und keine dauerhaften körperlichen Schäden

oder Behinderungen bewirken. Vorübergehende und situationsgebundene körperliche Kindesmisshandlung, die zu solchen gering ausgeprägten Verletzungen führt, würde ebenfalls der Kategorie der mittelgradigen körperlichen Kindesmisshandlung zugerechnet werden. Dementsprechend würde chronische und gewohnheitsmäßige körperliche Kindesmisshandlung, die nur minimale Verletzungen bewirkt, auch zu dieser Kategorie der mittelgradigen körperlichen Kindesmisshandlung zählen. Wenn die chronische mittelgradige körperliche Kindesmisshandlung ergänzend nicht-physische Beeinträchtigungen zur Folge hat, sollte zusätzlich die Kategorie der emotionalen, seelischen Gewalt gewählt werden, aber bezüglich der körperlichen Gewalt würde weiterhin die Kategorie der mittelgradigen körperlichen Kindesmisshandlung bestehen bleiben. Das Schütteln von Kleinstkindern auch ohne erkennbare körperliche Folgen sollte aufgrund der hohen Gefährdung des Kindes der mittelgradigen Kindesmisshandlung zugeordnet werden. Wie bereits ausgeführt, fallen sehr oft auftretende Züchtigungsmaßnahmen der geringgradigen körperlichen Gewalt, die eine allgemeine Erziehungshaltung widerspiegeln, ebenfalls unter die Kategorie der mittelgradigen körperlichen Kindesmisshandlung, auch wenn keine äußeren und inneren Verletzungen auftreten.

Das Schütteln von Kleinstkindern auch ohne erkennbare körperliche Folgen sollte aufgrund der hohen Gefährdung des Kindes der mittelgradigen Kindesmisshandlung zugeordnet werden.

Hochgradige körperliche Kindesmisshandlung
Die angewandte körperliche Gewalt führt zu Verletzungen des Kindes mit (kurz- oder langfristigen) Beeinträchtigungen der normalen Funktionsfähigkeit bzw. zu (kurz- oder langfristigen) körperlichen Schäden oder Behinderungen. Bei Anwendung dieser Kriterien ist auch eine einmalige körperliche Misshandlung als hochgradige körperliche Kindesmisshandlung einzustufen, wenn sie zu den angeführten Folgen führt. Auch weniger extreme, aber chronische Formen der körperlichen Misshandlung, die mehr als minimale Folgen bewirken, sollten der Kategorie der hochgradigen körperlichen Kindesmisshandlung zugeordnet werden. Verbrennungen auch minimalen Ausmaßes (z.B. leichtes Verbrennen mit kaum sichtbaren Spuren) sind immer dieser Kategorie zuzuordnen, ebenfalls eigenen Kot essen oder Urin trinken lassen. Weiter fallen in diese Kategorie alle Formen von Vergiftungen. Bei ausgeprägten Kontrollverlusten der Eltern, also z.B. bei (blindem) Zusammenschlagen oder im akuten Affekt das Kind die Treppe herunter oder gegen die Wand Werfen, sollte ebenfalls als eine hochgradige körperliche Kindesmisshandlung eingestuft werden. Dies trifft auch für Handlungen zu, die sehr stark im Sinne „sadistischer" Gewaltanwendung interpretiert werden können, also z.B. stundenlanger Schlafentzug, sehr langes Sitzen in der kalten Badewanne und Kniebeugen bis zum Umfallen. Treten die letztgenannten Verhaltensweisen nur in einem geringen zeitlichen Umfang auf, so sollten sie unter der mittelgradigen körperlichen Misshandlung aufgeführt werden.

Diese Gewaltform umfasst jede sexuelle Handlung, die Eltern an oder vor einem Kind entweder gegen den Willen des Kindes vornehmen oder der das Kind aufgrund seiner körperlichen, emotionalen, geistigen oder sprachlichen Unterlegenheit nicht wissentlich zustimmen kann bzw. bei der es deswegen auch nicht in der Lage ist, sich hinreichend wehren und verweigern zu können.

2. *Sexueller Missbrauch*

Diese Gewaltform umfasst jede sexuelle Handlung, die Eltern an oder vor einem Kind entweder gegen den Willen des Kindes vornehmen oder der das Kind aufgrund seiner körperlichen, emotionalen, geistigen oder sprachlichen Unterlegenheit nicht wissentlich zustimmen kann bzw. bei der es deswegen auch nicht in der Lage ist, sich hinreichend wehren und verweigern zu können.

Geringgradiger, wenig intensiver sexueller Missbrauch:
Hierunter fallen folgende Handlungen: TäterIn versuchte, die Genitalien des Opfers anzufassen; TäterIn fasste Brust des Opfers an; sexualisierte Küsse; Zungenküsse. Weiter fallen in diese Kategorie: Exhibitionismus; Opfer musste sich Pornos anschauen; TäterIn beobachtete Opfer zur eigenen sexuellen Stimulierung beim Baden. Mütterlicher sexueller Missbrauch im Sinne sexualisierter Handlungen im Rahmen z.B. der Körperpflege von Kleinkindern ohne Verletzungen bzw. körperliche Symptome wie Rötungen/Reizungen der Haut sollten ebenfalls dieser Kategorie zugeordnet werden. Treten solche körperlichen Folgen auf, ist die nachfolgende Kategorie des mittelgradigen, intensiven sexuellen Missbrauchs zu wählen. Aufnahmen von mehr oder weniger nackten Kindern ohne gleichzeitige Aufforderung zu sexuellen Handlungen sind als geringgradiger sexueller Missbauch zu bewerten.

Mittelgradiger, intensiver sexueller Missbrauch:
Zu dieser Kategorie gehören folgende sexuelle Gewalthandlungen: Opfer musste vor TäterIn masturbieren; TäterIn masturbierte vor Opfer; TäterIn fasste Opfer an die Genitalien; Opfer musste TäterIn an die Genitalien fassen; Opfer musste TäterIn die Genitalien zeigen. Aufnahmen von mehr oder weniger nackten Kindern verbunden mit der Aufforderung zu den in dieser Kategorie genannten sexuellen Handlungen sind als mittelgradiger sexueller Missbauch zu bewerten.

Hochgradiger, sehr intensiver sexueller Missbrauch:
Diesem Ausmaß sexueller Gewalt sind zuzuordnen: versuchte oder vollendete vaginale, anale oder orale Vergewaltigung; Opfer musste Täter oral befriedigen oder anal penetrieren. Aufnahmen von mehr oder weniger nackten Kindern mit der Aufforderung zu den in dieser Kategorie genannten sexuellen Handlungen sind als hochgradiger sexueller Missbauch zu bewerten. Duldung oder Herbeiführung von Kinderprostitution fällt grundsätzlich in diese Kategorie.

3. *Vernachlässigung:*

Hiermit ist die (ausgeprägte, d.h. andauernde oder wiederholte) Beeinträchtigung oder Schädigung der Entwicklung von Kindern durch die Eltern gemeint aufgrund unzureichender Pflege und Kleidung,

mangelnder Ernährung und gesundheitlicher Fürsorge, zu geringer Beaufsichtigung und Zuwendung, unzureichendem Schutz vor Gefahren sowie nicht hinreichender Anregung und Förderung motorischer, geistiger, emotionaler und sozialer Fähigkeiten.
Die Kriterien für Vernachlässigung sind sehr viel schwieriger festzulegen als für die körperliche Misshandlung und den sexuellen Missbrauch. Es wird vorgeschlagen, bei der Einstufung in die drei Schweregrade folgende Faktoren zu berücksichtigen: (a) zeitliche Dauer der Vernachlässigung, (b) Ausprägung der Vernachlässigung innerhalb einzelner Bereiche, (c) Ausdehnung der Vernachlässigung über unterschiedliche Bereiche (z.B. begrenzt auf unzureichende Ernährung oder auch mangelnde Beaufsichtigung und zu geringe Entwicklungsförderung), (d) Ausmaß der Folgen der Vernachlässigung (innerhalb einzelner Bereiche und über alle Bereiche hinweg, z.B. nur reduzierter körperlicher Allgemeinzustand oder generelle Entwicklungsverzögerungen im motorischen, geistigen, emotionalen und sozialen Bereich oder extreme Gedeihstörungen ohne somatische Ursache im Kleinkindalter), (e) Anzahl der vernachlässigenden Personen, z.B. ausschließlich Mutter bzw. Vater oder beide Elternteile.

Die Kriterien für Vernachlässigung sind sehr viel schwieriger festzulegen als für die körperliche Misshandlung und den sexuellen Missbrauch.

Geringgradige Vernachlässigung:
Hier werden eher zeitlich begrenzte Vernachlässigungen aufgrund akuter, vorübergehender Belastungen (z.B. aufgrund elterlicher Konflikte, Scheidung, Erkrankung von Elternteilen, Arbeitslosigkeit) eingestuft, wobei die Ausdehnung der Vernachlässigung eher auf wenige Bereiche beschränkt bleibt, weiterhin das Ausmaß der Vernachlässigung in den betroffenen Bereichen eher gering ist sowie auch die Folgen der Vernachlässigung bezüglich der motorischen, sozialen, emotionalen und sozialen Entwicklung eher begrenzt sind sowie nach Beendigung der Belastungsfaktoren z.T. auch ohne besondere Förder- und Hilfsmaßnahmen überwunden werden. Die Vernachlässigung ist eher auf einen Elternteil begrenzt, wobei häufig der andere Elternteil sie auszugleichen versucht.

Mittelgradige Vernachlässigung:
Für alle unter ‚geringgradige Vernachlässigung' aufgeführten Faktoren liegen stärkere Ausprägungen vor, wodurch oft auch intensivere Hilfe- und Fördermaßnahmen für die Eltern und Kinder notwendig werden, wie frühkindliche Entwicklungsförderung, Ergotherapie, Tagesgruppen, sozialpädagogische Familienhilfe, u.ä.

Hochgradige Vernachlässigung:
Bei dieser Kategorie liegt eine zeitlich überdauernde, langfristige Vernachlässigung vor, die viele Bereiche der kindlichen Entwicklung betrifft und zu übergreifenden, ausgeprägten Entwicklungsverzögerungen und -störungen führt. Häufig bis meist vernachlässigen beide Elternteile das Kind. Die unter ‚mittelgradiger Vernachlässigung' mögli-

chen Hilfe- und Fördermaßnahmen erscheinen nun unabdingbar, wobei nicht selten auch eine ärztliche Untersuchung und Behandlung eingeleitet werden muss. Erwägungen bezüglich einer vorübergehenden Fremdunterbringung (z.B. Pflegefamilie, 5- oder 7-Tage-Wohngruppe) erfolgen oft und werden z.T. auch (ggf. unter Einschaltung des Familiengerichts) durchgesetzt.

4. Seelische Misshandlung/emotionale Kindesmisshandlung:
Hierunter wird die (ausgeprägte) Beeinträchtigung und Schädigung der Entwicklung von Kindern verstanden aufgrund z.B. von Ablehnung, Verängstigung, Terrorisierung und Isolierung. Sie beginnt beim (dauerhaften, alltäglichen) Beschimpfen, Verspotten, Erniedrigen, Liebesentzug und reicht über Einsperren, Isolierung von Gleichaltrigen und Zuweisung einer Sündenbockrolle bis hin zu vielfältigen massiven verbalen Bedrohungen einschließlich Todesdrohungen. Die bei der Vernachlässigung angeführten Faktoren, die bei der Einstufung in die drei Schweregrade zu berücksichtigen sind, können analog auch auf die seelische Misshandlung angewendet werden.

Die bei der Vernachlässigung angeführten Faktoren, die bei der Einstufung in die drei Schweregrade zu berücksichtigen sind, können analog auch auf die seelische Misshandlung angewendet werden.

Geringgradige seelische Misshandlung:
Wie bei der Vernachlässigung werden hier eher zeitlich begrenzte seelische Misshandlungen aufgrund akuter, vorübergehender Überlastungen (z.B. aufgrund elterlicher Konflikte, Scheidung, Erkrankung von Elternteilen, Arbeitslosigkeit, Mitbetreuung/Pflege von Verwandten, beruflichem Stress, finanzieller Sorgen) eingestuft. Die Ablehnung und Erniedrigung des Kindes besteht eher in verbaler Gewalt, wobei die Krassheit der Wortwahl eher gemäßigt ist. Zurückweisung, Liebesentzug und Isolierung erfolgen eher in geringer Häufigkeit. Terrorisierung, Einsperren, Isolierung und krasse Verängstigung kommen nicht oder höchstens extrem vereinzelt vor. In der Regel erfolgt diese Form der seelischen Misshandlung nur durch einen Elternteil, wobei dieser vielfach auch sehr liebevoll zu dem Kind ist und/oder seine Überbelastung erkennt und seine negativen Verhaltensweisen durch überkompensierende Nachgiebigkeit wieder gut zu machen versucht. Die Folgen der geringgradigen seelischen Misshandlung sind insgesamt eher reversibel und vorübergehend, eine tragfähige Beziehung und positive Bindung zum betreffenden Elternteil ist letztlich nicht dauerhaft gefährdet.

Mittelgradige seelische Misshandlung:
Die unter ‚geringgradiger seelischer Misshandlung' aufgeführten Faktoren treten insgesamt gesehen ausgeprägter auf, wobei auch die Zeiten und Handlungen im Zusammenhang mit positivem, liebevollem Kontakt zum Kind geringer sind sowie kompensierende Beziehungen zum anderen Elternteil eher ausbleiben. Zusätzlich zu den genannten Faktoren von Zurückweisung, Liebesentzug und Isolierung wird dem Kind verstärkt eine Sündenbockrolle zugeschrieben,

wobei auch die ablehnende Wortwahl krasser und bedrohlicher wird. Es kommt zu einer insgesamt sehr viel stärkeren Verunsicherung und Verängstigung des Kindes, auch mit Ausgrenzung, Einsperrung und krassem Liebesentzug. Die Folgen der mittelgradigen seelischen Misshandlung bei den Kindern sind sehr viel deutlicher erkennbar als bei der geringgradigen seelischen Misshandlung (bezüglich z.B. geringer Selbstsicherheit, negativem Selbstbild, sozialer Unsicherheit, allgemeiner Gehemmtheit, mangelndem Zutrauen in die eigenen Fähigkeiten).

Hochgradige seelische Misshandlung:
Die äußerst ausgeprägten, zeitlich überdauernden, vielfältigen Verhaltensweisen der hochgradigen seelischen Vernachlässigung führen beim Kind zu ausgeprägten Störungen des Verhaltens und Erlebens. Das Kind lebt in einem Klima sehr häufiger und krasser Entwertung und Entwürdigung. Die unter ‚mittelgradiger seelischer Misshandlung' aufgeführten Folgen sind nun sehr ausgeprägt und beeinträchtigen das Kindeswohl deutlich.

Die Einstufungen können in der folgenden Tabelle vermerkt werden: Setzen Sie bitte bei jeder angeführten Art der Kindesmisshandlung entsprechend den o.a. Erläuterungen ein Kreuz in das zutreffende Feld. Sind mehrere Kinder in der Familie von Misshandlung betroffen, bitte für jedes Kind eine neue Einstufungstabelle ausfüllen.

Die Einstufungen können in der folgenden Tabelle vermerkt werden: Setzen Sie bitte bei jeder angeführten Art der Kindesmisshandlung entsprechend den o.a. Erläuterungen ein Kreuz in das zutreffende Feld.

Schweregrad	**Körperliche Misshandlung**	**Sexueller Missbrauch**	**Vernachlässigung**	**Seelische Gewalt**
geringgradig				
mittelgradig				
hochgradig				
nicht vorhanden bzw. unbekannt				
Geschlecht und Alter des Kindes:				

Zusätzlich wird empfohlen, eine Liste von familiären Risikofaktoren auszufüllen (sie ist in Kapitel 2.4 aufgeführt).

15.7 Das Patienten/Probanden-Einstufungs-Gitter

Das Patienten/Probanden-Einstufungs-Gitter (P-E-G) beruht auf dem *„Pultibec System for the medical assessment for handicapped children"* von Lindon (1963) und wurde von Deegener für deutschsprachige Verhältnisse modifiziert und erweitert sowie 1992 veröffentlicht.
Das P-E-G wird hier deswegen aufgeführt, um beispielhaft auf die Möglichkeit der Zusammenfassung und Visualisierung von Befunden (z.B. verschiedener Fachdisziplinen, verschiedener Einstufungen) hinzuweisen.
Das P-E-G sollte dabei weniger als ein „Bewertungsgitter" im Sinne einer erneuten Klassifizierung verstanden als vielmehr dahingehend angewendet werden, dass es zu einer verbesserten Übersicht zu der Gesamtsituation und Persönlichkeit eines Kindes beitragen soll, wodurch die differenzierten fachspezifischen Befunde und Rehabilitationsmaßnahmen einer optimaleren interdisziplinären Zusammenarbeit zugeführt werden können. Bei größeren Stichproben sollte es mit dem P-E-G auch möglich sein, besser umschriebene Untergruppen einander gegenüberzustellen. Alle Skalen umfassen sechs Stufen, wobei die 1. Stufe der funktionalen Norm, dem gesunden Normalzustand entspricht, während die 6. Stufe schwersten Behinderungen zugeordnet werden muss. Eine Ausnahme bildet die Skala 'Intelligenz', bei der folgende Zuordnung vorliegt: überdurchschnittliche (1), durchschnittliche (2), niedrige (3), sehr niedrige (4) sowie extrem niedrige (5, 6) Intelligenz.

Das P-E-G sollte dabei weniger als ein „Bewertungsgitter" im Sinne einer erneuten Klassifizierung verstanden als vielmehr dahingehend angewendet werden, dass es zu einer verbesserten Übersicht zu der Gesamtsituation und Persönlichkeit eines Kindes beitragen soll.

Erfasst werden mit dem PEG:
I. Allgemeinzustand (AZ); II. Verhalten (V): A. Symptombelastung (SB), B. Leistungs- und Spielverhalten (LS); III. Intelligenz (I); IV. Sauberkeit (SK): A. Blasen- und Mastdarmkontrolle (BM), B. Körperhygiene (KH); V. Kommunikation (K): A. Hören (Hö), B. Sprechen (Sp); VI. Sehfähigkeit (S); VII. Obere Extremitäten (Eo): A. Hände (H), B. Arme (A); VIII. Untere Extremitäten (Eu)

Beispielhaft seien die Einstufungen zu II. Verhalten und III. Intelligenz wiedergegeben (wobei aber die anderen Bereiche durchaus im Rahmen der Forderung von Kendall-Tackett et al. (2005) sehr viel stärker Behinderungen/Erkrankungen der Kinder/Jugendlichen zu berücksichtigen aufgrund des damit ausgeprägt erhöhten Risikos des Erleidens von Misshandlung, durchaus auch bedeutsam seien können):

II. VERHALTEN (V):
A. SYMPTOM-BELASTUNG (SB)
1. Völlig frei von Symptomen psychischer Störungen (Dieser Gruppe werden auch Kinder/Jugendliche zugeteilt, die nach Ansicht von

Bezugspersonen z.B. ein wenig sensibel oder unkonzentriert sind).

2. Leicht symptombelastet. Dabei können wenige Symptome in leichter Form oder ein Symptom in mittelschwerer Form auftreten. Voraussetzung für die Zuteilung eines Kindes in diese Stufe ist, dass es leicht ohne fremde Hilfe seine Symptome bewältigen kann.
3. Mäßig symptombelastet. Das Kind zeigt eine Reihe leichter oder einige mittelschwere Symptome, aufgrund derer es bereits eine gewisse Sonderstellung in der Familie, unter den Spielkameraden oder in der Klasse einnimmt. Es kann aber seine Probleme (vielleicht) mit Mühe gerade noch selbst bewältigen. Dieser Stufe werden Kinder/Jugendliche zugeteilt, für die psychohygienische Präventivmaßnahmen (bzw. ambulante Kriseninterventionen oder zeitlich begrenzte Beratungsgespräche) als notwendig erachtet werden.
4. Stark symptombelastet (Problemkinder). Einige Symptome treten in schwerer Form oder viele Symptome in leichter bis mäßiger Form auf, so dass das Kind in seinem Verhalten deutlich außerhalb der Norm steht und selbst seine Probleme nicht bewältigen kann, sondern bereits längerfristiger ambulanter psychotherapeutischer Behandlung bedarf (in der Regel unter Einschluss familien-therapeutischer Aspekte).
5. Stark symptombelastet. Wie unter Stufe 4, allerdings kann die psychotherapeutische Behandlung nicht mehr ambulant, sondern nur im stationären Rahmen erfolgen. Der Unterschied zu Stufe 4 kann auch weniger in der Zahl und Schwere der Symptome liegen als vielmehr in ihrer Art (eine hochgradige phobische Angst könnte z.B. eher Stufe 4, völlig unkontrollierte und für die Umgebung oder sich selbst gefährliche Aggressivität allerdings eher Stufe 5 zugeordnet werden).
6. Extrem symptombelastet. Das Kind kann aufgrund der auftretenden Symptome nicht mehr in seiner natürlichen Umwelt belassen werden, und zwar bedarf es der (heil-)pädagogischen, ärztlichen sowie psychologischen Behandlung über einen größeren Zeitraum hinweg, als es gewöhnlich in einer Klinikeinrichtung möglich bzw. sinnvoll ist (also länger als etwa 6 bis 9 Monate).

Extrem symptombelastet. Das Kind kann aufgrund der auftretenden Symptome nicht mehr in seiner natürlichen Umwelt belassen werden, und zwar bedarf es der Behandlung über einen größeren Zeitraum hinweg, als es gewöhnlich in einer Klinikeinrichtung möglich bzw. sinnvoll ist.

II. VERHALTEN (V):

B. LEISTUNGS- UND SPIELVERHALTEN (LS)

1. Sehr gute, über der (Alters-)Erwartung liegende Konzentrationsfähigkeit, scheint ablenkende Reize kaum wahrzunehmen. Gewissenhaft und ausdauernd bei jeder Art von Aufgabenstellung. Sehr hoch motiviert für Leistung, hohe Selbständigkeit und Eigenständigkeit, situativ gut angemessene Selbstsicherheit. Keine Probleme im Sozialkontakt zu Erwachsenen und Gleichaltrigen, gute Gruppenfähigkeit. Besitzt viel Initiative, ist sehr einfallsreich, kreativ.

Hochgradig ablenkbar, kaum fixierbar, extreme Bewegungsunruhe, oder aber apathisch, mutistisch, autistisch, perseverierend. Bedarf ständiger Betreuung.

Selbst bei spezifischen Behinderungen keine Einschränkungen bezüglich der o.a. Einstufungen.

2. Reagiert auf starke Ablenkung, fährt aber von sich aus spontan fort; gewissenhaft und ausdauernd bei Aufgaben, die der eigenen Fähigkeit angepasst sind. Benötigt kaum Hilfestellungen von Erwachsenen. Insgesamt altersentsprechende Eigenständigkeit und Angepasstheit, meist keine Probleme im Sozialkontakt sowie gute Gruppenfähigkeit. Altersentsprechende Kreativität und angemessene Konfliktlösungen. Probanden dieser Gruppe sind in der Regel auch bei z.B. beträchtlichen Körperbehinderungen zu einem normalen Schul- bzw. Kindergartenbesuch in der Lage.
3. Reagiert auch auf leichte Ablenkung, fährt jedoch meist von sich aus spontan fort. Gewissenhaft und ausdauernd bei Aufgaben unter günstigen Umständen, es fehlt häufig etwas an Antrieb, Selbständigkeit und Leistungsbereitschaft. Benötigt häufiger Anregung und Unterstützung durch Erwachsene, insgesamt fast altersgemäße Eigenständigkeit, bedarf aber immer wieder des Zuspruchs, der Ermunterung, der Hilfestellung. Im Sozialkontakt gering auffällig, d.h. geringgradige soziale Unsicherheit bzw. geringgradig störendes/aggressives Verhalten. Behinderte dieser Gruppe benötigen häufiger als unter Stufe 2 eine spezielle Einrichtung/Förderung sowie Beratung der Eltern und Lehrer.
4. Vermehrt ablenkbar, jedoch meist noch leicht zur Aufgabe zurückführbar. Benötigt vermehrt fremde Hilfe, geringe Eigenständigkeit. Emotional labiler als unter l., 2. und 3., d.h. z.B.: kann schwerer verlieren; geringere Frustrationstoleranz; unangepasstere Leistungserwartungen; zu geringes oder aber übersteigertes Selbstbewusstsein; ängstlicher oder distanzloser; entzieht sich häufiger der Gruppe oder zeigt störendes Sozialverhalten; ist aggressiver. Das Kind bedarf relativ viel pädagogischer/erzieherischer Zuwendung/Maßnahmen.
5. Vermehrt ablenkbar, nur mit Mühe zur Aufgabe zurückzuführen, oft sehr sprunghaft, unruhig, nur bedingt gruppenfähig, benötigt viel Einzelansprache, -anregung und -beschäftigung, sehr oft auf Hilfestellungen angewiesen, benötigt viel Unterstützung, Führung und Betreuung. Verhaltens- und Erlebensauffälligkeiten ist insgesamt stärker als bei Stufe 4 (auch in Richtung auf mutistisch oder autistisch wirkendes Verhalten); einfallsarm, eher Mitläufer, Einzelgänger, z.T. extreme Widersetzlichkeit bei Forderungen. Im Allgemeinen wird regelmäßige Beratung der Eltern sowie (ärztlich-psychiatrische, sonderpädagogische) Betreuung des Kindes erforderlich.
6. Hochgradig ablenkbar, kaum fixierbar, extreme Bewegungsunruhe, oder aber apathisch, mutistisch, autistisch, perseverierend. Bedarf ständiger Betreuung/Überwachung/Versorgung; z.T. extreme Distanzlosigkeit. Orientierungsstörungen in zeitlicher, örtlicher und persönlicher Hinsicht. Es nimmt Beschäftigungs- und Spielan-

gebot kaum oder nur auf sehr elementarer Stufe wahr. Bedarf immer spezieller Fördereinrichtungen.

III. INTELLIGENZ (I)

überdurchschnittliche Intelligenz	IQ 115 und höher
durchschnittliche Intelligenz	IQ 85 - 114
niedrige Intelligenz	IQ 70 - 84
sehr niedrige Intelligenz	IQ 50 - 69
und 6. extrem niedrige Intelligenz	IQ 49 und kleiner

Die Ergebnisse solcher Einstufungen können dann z.B. in Tabellen der folgenden Art visualisiert und übersichtlich zusammengefasst werden:

Die Ergebnisse solcher Einstufungen können dann z.B. in Tabellen der folgenden Art visualisiert und übersichtlich zusammengefasst werden

	Allgemeinzustand	Verhalten		Intelligenz	Sauberkeit		Kommunikation		Sehfähigkeit	obere untere Extremitäten		
	AZ	SB	LS	I	BM	KH	Hö	Sp	S	H	A	Eu
1												
2												
3												
4												
5												
6												

15.8 Weitere Einstufungen, Indizes, Befundüberblicke

- *United States Air Force Family Advocacy Program's Family Violence Sexurity Index* (Smith Slep & Heyman, 2004) mit Einstufungen (1 = none, 2 = mild, 3 = moderate, 4 = severe, 5 = death) und deren knappe Umschreibungen bezüglich körperlicher Kindesmisshandlung, sexuellem Kindesmissbrauch, Vernachlässigung von Kindern, psychischer Misshandlung von Kindern, emotionaler Gewalt gegenüber dem (Ehe-)Partner, körperlicher Gewalt gegenüber dem (Ehe-)Partner sowie sexueller Gewalt gegenüber dem (Ehe-)Partner
- *Conflict Tactics Scales Parent-Child* (CTSPC; Straus et al., 1998) mit folgenden Skalen: nicht-gewaltförmige Erziehung/Disziplinierung (Erklärungen, time-out, Privilegienentzug, Ersatzaktivitäten), psy-

chische Aggression gegenüber dem Kind (mit der Intention, beim Kind Leid und Angst hervorzurufen), körperliche Gewalt (von der Ohrfeige bis zu schwerer Misshandlung), Vernachlässigung von Kindern sowie sexueller Kindesmissbrauch.

- *Juvenile Victimization Questionnaire* (JVQ; Finkelhor et al., 2005a, b; Internet: http://www.unh.edu/ccrc/jvqhome.html) : Das JVQ erfasst über 30 verschiedene Möglichkeiten der eigenen Opfererfahrungen (u.a. Diebstahl von Eigentum, Erleiden von Vandalismus, Angriffe/Übergriffe, körperliche Gewalt, Bullying, Gewalt durch Geschwister, sexuelle Gewalt, Zeugen von Gewalttaten). Es wurde in einer repräsentativen Befragung von 2030 US-amerikanischen Kindern und Jugendlichen angewendet (im Alter von 10 bis 17 Jahren direkte Befragung, im Alter von 2 bis 9 Jahren Befragung der Eltern). 71% bejahten mindestens eine Viktimisierung im zurückliegenden Jahr, der Mittelwert lag bei 2,63 Viktimisierungen pro Kind).
- *Globalskala zur Erfassung des familiären Umfeldes* (GSEFU, Steinhausen, o. J.): Auf der Internetseite http://www.caps.unizh.ch/praxismaterialien.html des Kinder- und Jugendpsychiatrischen Dienstes stellt Steinhausen Materialien zur freien Verfügung (für den persönlichen Bedarf, keine kommerzielle Nutzung), unter denen sich auch die GSEFU befindet. Die Instruktion lautet folgendermaßen: „Betrachten Sie das familiäre Umfeld auf einem hypothetischen Kontinuum von 1 bis 90 in Abhängigkeit von der Qualität des familiären Umfeldes, in dem das Kind aufgezogen wurde. Nehmen Sie eine Globalbeurteilung der niedrigsten Qualität des familiären Umfeldes vor, dem das Kind über eine beträchtliche Zeitspanne (mindestens 1 Jahr) vor dem Alter von 12 Jahren ausgesetzt war. Benützen Sie alle denkbaren Werte (z.B. 23, 57). Die Beurteilungen sollten sich auf die gesamte Qualität des familiären Umfeldes zentrieren und nicht von dem Ausmaß der Pathologie des Kindes beeinflusst sein. Sie werden bei Ihrer Beurteilung Informationen aus allen verfügbaren Quellen integrieren müssen und die Beurteilung sollte so weit wie möglich durch objektive Faktoren begründet sein. Die Stabilität des familiären Hintergrundes, Veränderungen bei elterlichen Bezugspersonen, die Konsistenz von Disziplin und Grenzsetzungen und eine angemessene Fürsorge und Zuwendung (weder Vernachlässigung noch Überbehütung) müssen berücksichtigt werden. Solange nicht andere Faktoren vorliegen, müssen Familien mit einem alleinstehenden Elternteil oder einer nicht-traditionellen Zusammensetzung nicht notwendigerweise als negativ beurteilt werden.“

  Zur Kodierung wird vorgeschlagen:

  „90 Angemessenes familiäres Umfeld. Stabilität, Sicherheit und Versorgung des Kindes, mit konsistenter Fürsorge, Zuwendung und Disziplin sowie vernünftigen Erwartungen.

Solange nicht andere Faktoren vorliegen, müssen Familien mit einem alleinstehenden Elternteil oder einer nicht-traditionellen Zusammensetzung nicht notwendigerweise als negativ beurteilt werden.

81
80 Geringfügig unbefriedigendes Umfeld. Im Wesentlichen stabil und sicher, aber es gibt einige Konflikte und Inkonsistenzen über Disziplin und Erwartungen (z.B. aufgrund eines häufig wegen Krankheit oder Arbeit abwesenden oder nicht verfügbaren Elternteils; eines wegen einer speziellen Behandlung herausgehobenen Kindes), einige Veränderungen von Wohnort und Schule.
71
70 Mittelgradig unbefriedigendes Umfeld. Mittelgradige elterliche Zwietracht (die zu Trennung oder Scheidung geführt haben kann), ungeeignete oder mittelgradige Konflikte über Disziplin und Erwartungen, mittelgradig unbefriedigende elterliche Aufsicht oder Fürsorge, häufige Wechsel von Aufenthaltsort und Schule.
60
51
50 Schlechtes familiäres Umfeld. Anhaltende elterliche Zwietracht, feindselige Trennung mit Problemen hinsichtlich des Sorgerechtes, Zusammenleben mit mehr als einem Stiefelternteil, beträchtliche elterliche Inkonsistenz oder unangemessene Fürsorge, Hinweise auf Misshandlung (durch elterliche Bezugspersonen oder Geschwister) oder Vernachlässigung, mangelnde Beaufsichtigung und sehr häufiger Wechsel von Wohnort oder Schule.
40
31
30 Sehr schlechtes Umfeld. Mehrere üblicherweise kurzfristige elterliche Bezugspersonen (d.h. in der Regel Väter), schwere elterliche Konflikte, inkonsistente oder unangemessene Fürsorge, nachgewiesene beträchtliche Misshandlung (d.h. grausame Disziplinierung) oder Vernachlässigung oder ein schwerer Mangel an elterlicher Beaufsichtigung
20
11
10 Extrem schlechtes Umfeld. Sehr gestörtes familiäres Umfeld, das häufig dazu führt, das Kind unter öffentliche Aufsicht zu bringen, es mehr als einmal in Heime oder Pflegschaften zu platzieren. Nachgewiesene schwere Misshandlung oder Vernachlässigung oder extreme Deprivation.
1
0 Ungenügende Information für die Beurteilung"
Ein Handbuch mit ausführlicher Beschreibung des für den Einsatz der GSEFU erforderlichen Trainings kann über ein Bestellformular auf der o.a. Internetseite bezogen werden.

- Auch im multiaxialem Klassifikationschema für psychische Störungen des Kindes- und Jugendalters nach ICD-10 der WHO (Remschmidt et al., 2001) können auf der 5. Achse (aktuelle abnorme psychosoziale Umstände) im 1. Abschnitt (abnorme intrafamiliäre Beziehungen) sowie im 4. Abschnitt (abnorme Erziehungsbedin-

Extrem schlechtes Umfeld. Sehr gestörtes familiäres Umfeld, das häufig dazu führt, das Kind unter öffentliche Aufsicht zu bringen, es mehr als einmal in Heime oder Pflegschaften zu platzieren. Nachgewiesene schwere Misshandlung oder Vernachlässigung oder extreme Deprivation.

Unter den abnormen Erziehungsbedingungen werden aufgeführt
1. Elterliche Überfürsorge
2. Unzureichende elterliche Aufsicht und Steuerung
3. Erziehung, die eine unzureichende Erfahrung vermittelt
4. Unangemessene Forderungen und Nötigungen durch die Eltern

gungen) auffällige/gestörte Eltern-Kind-Beziehungen sowie „abnorme Erziehungsmerkmale" verschlüsselt werden, von denen angenommen wird, dass sie ein Risiko für die psychische Gesundheit von Kindern darstellen (siehe auch die im Kapitel 8.1 angeführten dysfunktionalen Erziehungsmerkmale eines weiteren diagnostischen Klassifikationsschemas, des diagnostischen und statistischen Manuals DSM). Bei den abnormen intrafamiliären Beziehungen wird ein „Mangel an Wärme in der Eltern-Kind-Beziehung" beschrieben mit den folgenden diagnostischen Kriterien, von denen mehrere vorliegen sollen, damit auf Mangel an Wärme geschlossen werden kann (weitere diagnostische Richtlinien finden sich auf S. 337f.):

a. „Wenn er mit dem Kind redet, wird dieser Erwachsene abweisend und uneinfühlsam;
b. es mangelt an Interesse an den Aktivitäten, Fortschritten und Leistungen des Kindes;
c. es wird kein Mitgefühl für die Schwierigkeiten des Kindes gezeigt;
d. Lob und Ermutigung werden nur selten erteilt;
e. die Eltern reagieren gereizt oder mit Zurechtweisungen, wenn das Kind ängstliches Verhalten zeigt;
f. körperliche Nähe wird nur kurz oder schematisiert oder gar nicht eingesetzt, um das Kind in Angst- oder Notsituationen zu beruhigen (maßgeblich ist nicht der Erfolg des Elternteils beim Versuch, das Kind zu beruhigen: es kommt auf die Art und Weise an" (S. 338).

Unter den abnormen Erziehungsbedingungen werden aufgeführt
1. Elterliche Überfürsorge
2. Unzureichende elterliche Aufsicht und Steuerung
3. Erziehung, die eine unzureichende Erfahrung vermittelt
4. Unangemessene Forderungen und Nötigungen durch die Eltern

Zu 1.: Unterteilt wird in den diagnostischen Richtlinien nach

a. Verhinderung/Unterdrückung eines unabhängigen, eigenständigen Verhaltens
- „starke Einengung der Freizeitbeschäftigungen, so dass entweder diese nur zusammen mit den Eltern unternommen werden oder nur unter direkter elterlicher Kontrolle bzw. Aufsicht; und/
- oder unangemessene Kontrolle über Freundschaften des Kindes; und/
- oder das Kind wird nicht ermutigt, bei Freunden oder Verwandten zu übernachten; und/

- oder es werden ausschließlich nur jene Beschäftigungen eines Elternteils mit dem Kind gefördert, die nach Art und Intensität dem Alter nicht entsprechen; und/
- oder die Kleidung des Kindes oder seine Beschäftigungen werden nach Gesichtspunkten ausgewählt, die den soziokulturellen Altersnormen nicht entsprechen; und/
- oder dem Kind werden unabhängige Entscheidungen nicht erlaubt; und/
- oder dem Kind wird die Verantwortung abgenommen in dem Sinn, dass es sich mit seinen eigenen sozialen Schwierigkeiten nicht mehr auseinander setzen muss; und/
- das Kind wird in unangemessener Weise daran gehindert, außer Haus seinen Freizeitaktivitäten nachzugehen, wenn sie außerhalb der direkten elterlichen Kontrolle und/oder Aufsicht liegen" (S. 351).

b. Infantilisierung

- „Das Kind wird gekleidet oder gewaschen in einer Weise, die den altersgemäßen kulturellen Normen nicht mehr entspricht; und/
- oder ein Elternteil legt sich abends zusammen mit dem Kind regelmäßig schlafen, um dessen Ängste auf diese Weise zu mildern/um es ihm einfach angenehmer zu machen; und/
- oder das Kind wird regelmäßig zur Schule oder an andere Orte gebracht bzw. von dort abgeholt, statt dass das Kind seinem Alter entsprechend einen Schulbus bzw. öffentliche Transportmittel benutzt; und/
- oder die Freizeitaktivitäten des Kindes werden ungewöhnlich häufig und unangemessen überprüft, indem es auf Spielplätzen u. dgl. beobachtet wird; und/
- oder das Kind wird ungewöhnlich häufig und ungewöhnlich eindringlich überprüft durch Kontakte zum Lehrer oder zu anderen; und/
- oder das Kind wird bei kleineren körperlichen Beschwerden ohne ersichtliche Anlässe gleich zum Arzt gebracht oder ins Bett gesteckt; und/
- oder das Kind wird von den Eltern abgehalten, sich mit altersentsprechenden Herausforderungen oder entsprechenden Ereignissen auseinander zu setzen bzw. selbst damit fertig zu werden; und/
- oder die Eltern bestehen darauf, beim Kind im Krankenhaus zu bleiben oder bei der Untersuchung anwesend zu sein, wenn dies dem Alter nach den üblichen soziokulturellen Normen nicht entspricht; und/
- oder das Kind wird in unangemessener Weise von der Teilnahme an gewöhnlichen sportlichen Aktivitäten (z.B. Schwimmen, Fußball, Radfahren) wegen der damit verbundenen möglichen Gefahren abgehalten" (S.351; weitere Einzelheiten zu den diagnostischen Richtlinien S. 350 f.).

Das Kind wird gekleidet oder gewaschen in einer Weise, die den altersgemäßen kulturellen Normen nicht mehr entspricht.

Das Kind wird oft allein zu Hause gelassen, obwohl dies noch nicht seinem Alter entspricht.

Zu 2.: Unzureichende elterliche Aufsicht und Steuerung: Hier wird unterteilt nach

a. Unkenntnis der Eltern, wo sich das Kind aufhält und was es tut, u.a.:
- „Die Eltern wissen normalerweise nicht, wo sich das Kind aufhält, wenn es nicht zu Hause ist; und/
- oder den Eltern sind die Namen (oder Adressen) der Freunde, die das Kind zu Hause besucht, unbekannt, oder sie wissen nicht, wo sich das Kind über Nacht aufhält; und/
- oder die Eltern wissen gewöhnlich nicht, wann das Kind abends bzw. nachts nach Hause kommt; und/
- oder das Kind befindet sich häufig ohne Aufsicht außer Haus, obwohl es dafür nicht alt genug ist; und/
- oder das Kind wird oft allein zu Hause gelassen, obwohl dies noch nicht seinem Alter entspricht.

b. Unwirksamkeit elterlicher Steuerung u.a. durch:
- einen Mangel an erkennbaren Alltagsregeln dafür, was erlaubt ist und was nicht; und/
- oder das Kind erfährt Anerkennung und Ermutigung durch die Eltern weitgehend eher entsprechend deren Stimmung und Laune als entsprechend seinem Verhalten; und/
- oder die Eltern drücken sich bei erzieherischen Maßnahmen nur ungenau oder allgemein aus (z.B. ‚sei ein gutes Kind'), statt deutlich zu sagen, was sie vom Kind erwarten; und/
- oder die Erziehung ist widersprüchlich/ die Eltern sind sich darin uneinig, so dass es nicht möglich ist, vorhersehbare Reaktionen auf das Fehlverhalten des Kindes zu erkennen; und/
- oder erzieherische Maßnahmen werden nur halb durchgehalten, nicht konsequent bis zu Ende durchgeführt, um das erwünschte Verhalten zu erreichen.

c. Mangel an Fürsorge oder Einflussnahme auf das Kind, wenn sich dieses in einer psychisch gefährdeten Situation befindet, u.a. durch:
- Die Eltern greifen nicht ein, obwohl sie wissen, dass das Kind Kontakte unterhält, die eine wesentliche psychische Gefährdung darstellen (z.B. ein junges Mädchen ist in ein potenzielles Liebesverhältnis mit älteren Männern verwickelt, oder das Kind nimmt am Leben einer ernsthaften kriminellen Gruppierung teil oder einer solchen, die Drogen gebraucht, oder das Kind steht in einer inzestuösen Beziehung zu einem anderen Familienmitglied; und/
- oder die Eltern intervenieren nicht, obwohl ihnen klar ist, dass das Kind ein Verhalten an den Tag legt, dass es wahrscheinlich in ernste Schwierigkeiten bringen wird (z.B. das Kind nimmt ‚harte' Dro-

gen, begeht kriminelle Handlungen oder besitzt gefährliche Waffen); und/
- oder die Eltern reagieren nicht, obwohl sich das Kind in offensichtlich physisch gefährdenden Situationen befindet (z.B. klettert es als kleines Kind auf ein Dach oder spielt an anderen gefährlichen Orten oder mit gefährlichen Materialien" (S. 353; weitere Einzelheiten zu den diagnostischen Richtlinien S. 350 f.).

Zu 3.: Erziehung, die eine unzureichende Erfahrung vermittelt: Unterteilt wird u.a. nach:

a. Mangel an Konversation/Spiel zwischen Eltern und Kind:
- „Dem Kind mangelt es an Gelegenheit, sich mit Familienmitgliedern zu unterhalten, weil sie selten zusammen sind; und/
- oder die Eltern sprechen mit dem Kind nicht über das, was es interessiert oder über seine Aktivitäten, mit denen es beschäftigt ist oder die es plant; und/
- oder (bei einem jüngeren Kind) die Eltern lesen dem Kind selten vor oder hören ihm selten zu, wenn es selbst vorliest; und/
- oder während der Mahlzeiten oder anderer Gelegenheiten, wenn die Familie zusammen ist, wird kaum, wenn überhaupt, eine allgemeine Unterhaltung geführt; und/
- oder die Eltern spielen sehr selten mit dem Kind, balgen sich kaum je mit ihm und pflegen auch keine andere Form von spielerischen Auseinandersetzungen, und/
- oder derartige Interaktionen kommen zwar vor, aber meist auf Initiative der Eltern, gleichzeitig herrscht eine ausgeprägte Tendenz vor, entsprechende Anregungen, die vom Kind ausgehen, zu ignorieren, bzw. darauf nicht zu reagieren.

Die Eltern spielen sehr selten mit dem Kind, balgen sich kaum je mit ihm und pflegen auch keine andere Form von spielerischen Auseinandersetzungen.

b. Mangel an Aktivitäten außerhalb der Wohnung:
- Mangel an gemeinsamen Aktivitäten, z.B. keine Spaziergänge, Besuche von Museen, Galerien oder Fahrten zu anderen Orten; und/
- oder Mangel an gemeinsamen Aktivitäten mit dem Kind z.B. bei Sport, Musik, Hobbys oder Mitarbeit im Haushalt; und/
- oder Mangel an altersentsprechenden Möglichkeiten, z.B. Einkäufe oder Reisen unternehmen.

c. Beschränkungen, die das Kind in ausgeprägter Weise hindern, sich aktiv mit der Umwelt zu beschäftigen:
- Dem Kind wird das Spielen außerhalb der Wohnung verboten; und/
- oder das Kind darf sich nur in Räumen aufhalten, in denen es nicht spielen oder sich unterhalten kann; und/
- oder (bei einem jungen Kind) das Kind wird während langer Zeiträume, in denen es nicht schläft, sich selbst überlassen; und/

- oder das Kind muss derart unangemessen früh zu Bett gehen, dass keine gemeinsame Zeit mit den Eltern oder anderen Familienmitgliedern bleibt.

d. Mangel an zur Verfügung stehendem Spielzeug oder anderen Objekten zum Spielen:
- Dem Kind werden keine altersentsprechenden Spielmaterialien zur Verfügung gestellt. Es gibt bedeutsame soziokulturelle Unterschiede, in welchem Ausmaß Kinder über Spielzeug verfügen, auch wirtschaftliche Überlegungen können hier eine wesentliche Grenze setzen. Allerdings können so gut wie immer, außer bei größter Armut, bestimmte Materialien zum Spielen zur Verfügung gestellt werden, auch wenn dabei improvisiert werden muss. Hier sollte auch eine breite Definition von altersentsprechenden Materialien verwendet werden – das Kind sollte über einige Auswahl solcher Spielmaterialien verfügen, entsprechend seinem Alter und seiner soziokulturellen Einbettung; und/
- oder altersentsprechendes Spielmaterial ist zwar vorhanden, es kann aber nicht benützt werden, weil es weggesperrt ist, oder seine Verwendung auf irgendeine andere Weise verhindert wird." (S. 354-355; weitere Einzelheiten zu den diagnostischen Richtlinien S. 354 f.).

Altersentsprechendes Spielmaterial ist zwar vorhanden, es kann aber nicht benützt werden, weil es weggesperrt ist, oder seine Verwendung auf irgendeine andere Weise verhindert wird.

Zu 4.: Unangemessene Forderungen und Nötigungen durch die Eltern:

a. Dem Geschlecht des Kindes nicht entsprechende Forderungen und Nötigungen:
- „Das Kind wird bedrängt, sich zu kleiden, zu verhalten oder Handlungen auszuführen, die der Art, dem Stil oder der Form nach in der entsprechenden Kultur dem anderen Geschlecht zugeschrieben werden; und/
- oder das Kind wird dauernd bedrängt, sich in extremer Weise seinem Geschlecht entsprechend zu verhalten, jedoch in einer Art und Weise, die einer extremen Übertreibung der entsprechenden Geschlechtsrolle gleichkommt und damit außerhalb der Normen der Subkultur steht; und/
- oder das Kind wird andauernd bedrängt, sich homosexuell zu verhalten, obwohl es heterosexuelle Intentionen zeigt oder umgekehrt.

b. Nicht altersentsprechende Nötigungen:
- Ein älteres Kind wird andauernd dazu gedrängt, sich im manifesten Gegensatz zu seinem Entwicklungsniveau und seiner Subkultur als wesentlich zu jung oder zu alt zu kleiden, zu verhalten oder entsprechende Funktionen auszuüben; und/

- oder das Kind wird andauernd dazu angehalten, gegen seine eigenen Wünsche bestimmte Verantwortungen zu übernehmen, die entsprechend seinem Alter oder seiner Fähigkeiten eine klare Überforderung darstellen; und/
- oder die Eltern besprechen andauernd in unangemessener Weise sehr persönliche Probleme (wie z.B. eheliche oder außereheliche sexuelle Aktivitäten).

Das Kind wird andauernd dazu angehalten, gegen seine eigenen Wünsche bestimmte Verantwortungen zu übernehmen, die entsprechend seinem Alter oder seiner Fähigkeiten eine klare Überforderung darstellen.

c. Der Persönlichkeit des Kindes nicht entsprechende Nötigungen:
- Das Kind wird ständig gedrängt, bestimmte Tätigkeiten wahrzunehmen (wie Sport, Musik oder Schularbeiten), die im Gegensatz zu den durchgängig geäußerten Wünschen, Bedürfnissen und/oder Fähigkeiten des Kindes stehen; und/
- oder das Kind wird andauernd derart verplant und beschäftigt, dass keine Zeit und Energie mehr zur Verfügung steht und es dadurch von angemessenen Kontakten fern gehalten wird und dies auch eher die Ambitionen der Eltern widerspiegelt als die Ziele, bzw. Interessen des Kindes selbst (das Kind wird z.B. mit Nachdruck zu Leistungssport oder künstlerischer Beschäftigung gedrängt)" (S. 356-357; weitere Einzelheiten zu den diagnostischen Richtlinien S. 356 f.).

15.9 Literatur

Barnett, D., Manly, J.T. & Cicchetti, D. (1993). Defining Child Maltreatment: The Interface between Policy and Research. In D. Cicchetti, D. & S.L. Toth (Eds.), Child abuse, child development, and social policy (S. 7-73). Norwood, NJ: Ablex.

Bradley, R.H., Caldwell, B.M. & Corwyn, R.F. (2003). The Child Care HOME Inventories: assessing the quality of family child care homes. Early Childhood Research Quartely 18, 294-309.

Cicchetti, D., Lynch, M. & Manly, J.T. (2003). An Ecological Developmental Perspective on the Consequences of Child Maltreatment. NDACAN Dataset Number 096. User's Guide and Codebook. National Data Archive on Child Abuse and Neglect, Family Life Center, Cornell University, Ithaca, New York. Internet: http://www.ndacan.cornell.edu/NDACAN/Datasets/UsrerguidePDFs/096user.pdf.

Deegener, G. (1992). Die Skalenabstufungen des Patienten-/Probanden-Einstufungs-Gitter, P-E-G. In G. Deegener, B. Dietel, H. Kassel, R. Matthei & H. Nödl (Hrsg.), Neuropsychologische Diagnostik bei Kindern und Jugendlichen. Handbuch zur TÜKI. Tübinger Luri-Christensen Neuropsychologische Untersuchungsreihe für Kinder, S. 237-242. Weinheim: Psychologie Verlags Union.

Deegener, G. & Körner, W. (2004). Einstufungsbogen zum Schweregrad von Kindesmisshandlungen und Liste familiärer Risikofaktoren. Unveröffentlichtes Manuskript.

Èthier, L.S., Lemelin, J.-P. & Lacharité, C. (2004). A longitudinal study of the effects of chronic maltreatment on children's behavioural and emotional problems. Child Abuse & Neglect, 28, 1265-1278.

English, D.J., Spatz Widom, C. & Brandford, C. (2002). Childhood Victimization and Delinquency, Adult Criminality, and Violent Criminal Behavior: A Replication and Extension. National Criminal Justice Reference Service, Rockville.

English, D.J., Bangdiwala, S.I. & Runyan, D.K. (2005). The dimensions of maltreatment: Introduction. Child Abuse & Neglect, 29, 441-460.

Finkelhor, D., Hamby, S.L., Ormrod, R. & Turner, H. (2005a). The Juvenile Victimization Questionnaire: Reliabilty, validity, and national norms. Child Abuse & Neglect, 29, 383-412.

Finkelhor, D., Ormrod, R., Turner, H. & Hamby, S.L. (2005b). The Victimization of Children and Youth: A Comprehensive, National Survey. Child Maltreatment, 10 (1), 5-25.

Kelly, B., Thornberry, T. & Smith, C. (1997). In the Wake of Childhood Maltreatment. Juvenile Justice Bulletin, Office of Juvenile Justice and Delinquency Prevention, August 1997, 1-15. http://www.ncjrs.org/pdffiles1/165257.pdf.

Kendall-Tackett, K., Lyon, T., Taliaferro, G. & Little, L. (2005). Why child maltreatment researchers should include children's disability status in their maltreatment studies. Child Abuse & Neglect, 29, 147-151.

Kindler, H. (2000). Verfahren zur Einschätzung von Misshandlungs- und Vernachlässigungsrisiken. Kindheit und Entwicklung, 9, 222-230.

Lalayants, M. & Epstein, I. (2005). Evaluating Multidisciplinary Child Abuse and Neglect Teams: A Research Agenda. Child Welfare, 84 (4), 433-458.

Lau, A.S., Leeb, R.T., English, D., Graham, J.C., Briggs, E.C., Brody, K.E. & Marshall, J.M. (2005). What's in a name? A comparison of methods for classifying predominant type of maltreatment. Child Abuse & Neglect, 29, 533-551.

Lindon, R.L. (1963). The pultibec-system fort he medical assessment of handicapped children. Develop. Med. Child. Neurol. 5, 125-145.

Remschmidt, H., Schmidt, M. & Poustka, F. (2001). Multiaxiales Klassifikationsschema für psychische Störungen des Kindes- und Jugendalters nach ICD-10 der WHO. Bern: Huber.

Smith Slep, A.M. & Heymann, R.E. (2004). Severity of Partner and Child Maltreatment: Reliability of Scales Used in America's Largest Child and Family Protection Agency. Journal of Family Violence, 19 (2), 95-106.

Steinhausen, H.-C. (o. J.). Globalskala zur Erfassung des familiären Umfeldes (GSEFU). Internetseite http://www.caps.unizh.ch/praxismaterialien.html des Kinder- und Jugendpsychiatrischen Dienstes Zürich.

Straus, M.A., Hamby, S.L., Finkelhor, D., Moore, D.W. & Runyan, D. (1998). Identification of child maltreatment with the parent-child conflict tactics scales: Development and psychometric data for a national sample of American parents. Child Abuse & Neglect, 22 (4), 249-270.

Totsika, V. & Syla, K. (2004). The Home Observation for Measurement of the Environment Revisited. Child and Adolescent Mental Health 9 (1), 25-35.

Wagner, D., Hull, S. & Luttrell, J. (1996). Structured Decision-Making in Michigan. In: T. Tatara, Ed., 9th National Roundtable on CPS Risk Assessment: Summary of Highlights, S. 165-191. Washington, APWA.